COLLECTION TEL

Meyer Schapiro

Style,
artiste
et société

ESSAIS TRADUITS PAR
BLAISE ALLAN, DANIEL ARASSE,
GUY DURAND, LOUIS ÉVRARD,
VINCENT DE LA SOUDIÈRE
ET JEAN-CLAUDE LEBENSZTEJN

Gallimard

Ouvrage publié avec le concours du Centre National des Lettres.

Sur quelques problèmes de sémiotique de l'art visuel: champ et véhicule dans les signes iconiques.

Mon thème sera les éléments non mimétiques du signe iconique et leur rôle dans la constitution du signe. On ne peut décider dans quelle mesure ces éléments sont arbitraires et dans quelle mesure ils sont inhérents aux conditions organiques de la figuration et de la perception. Certains d'entre eux, comme le cadre, sont des formes largement variables qui se sont développées historiquement; pourtant, bien qu'ils soient évidemment conventionnels, on n'a pas besoin de les apprendre pour comprendre l'image; ils peuvent même prendre une valeur sémantique.

Il nous paraît aujourd'hui aller de soi que la forme rectangulaire de la feuille de papier et sa surface lisse, clairement définie, sur laquelle on écrit et dessine, sont un médium indispensable. Mais un tel champ ne correspond à rien dans la nature, ou dans l'imagerie mentale, où les fantômes de la mémoire visuelle apparaissent dans un vague sans limites. Le spécialiste de l'art préhistorique sait que le champ régulier est un artefact élaboré

« On some Problems in the Semiotic of Visual Art, Field and Vehicle in Image-Signs », *Semiotica*, I, 3, 1969, pp. 223-242. Texte d'une conférence prononcée en septembre 1966, à Kazimierz, en Pologne, à l'occasion du deuxième colloque international de sémiotique.

Traduit par Jean-Claude LEBENSZTEJN (*Critique*, septembre 1973, pp. 843-866).

Le traducteur remercie Jean-Claude Bonne, qui lui a fait un certain nombre de suggestions; Henri Zerner, qui l'a aidé sur des points difficiles; Meyer Schapiro, qui a revu la traduction.

qui présuppose un long développement de l'art. Les peintures rupestres du paléolithique ont lieu sur un fond non préparé, la paroi rugueuse d'une grotte; les irrégularités de la terre et du rocher se montrent à travers l'image. L'artiste travaillait alors sur un champ sans limites établies, et pensait si peu à la surface comme fond distinct qu'il peignait souvent sa figure animale sur une image antérieurement peinte sans effacer celle-ci, comme si elle était invisible au spectateur. Ou peut-être, s'il considérait son œuvre propre comme occupant sur la paroi une place réservée dans une série successive de peintures, en raison d'une coutume ou d'un rite spécifiques (comme on allume des feux, année après année, dans le même foyer, sur d'anciennes braises), il ne regardait pas cette place comme un champ au sens où les artistes ultérieurs voyaient leurs figures comme se détachant sur un fond en convenable contraste.

Le champ lisse préparé est une invention datant d'une période plus tardive de l'humanité. Il est associé au développement des outils polis durant le néolithique et l'âge de bronze, et à la création de la poterie et d'une architecture aux assises de maçonnerie régulière. Cela s'est peut-être produit en utilisant ces artefacts comme porteurs de signes. L'imagination inventive reconnut leur valeur comme fond et plus tard donna à la peinture et à l'écriture tracées sur un support poli et symétrique une régularité en harmonie avec la forme de l'objet, dans la direction, l'espacement et le groupement; il en est de même pour les ornements des parties avoisinantes. Par la clôture et l'égalité de la surface picturale préparée, l'image, s'enlevant souvent sur un fond de couleur distincte, acquit un espace défini bien à elle, en contraste avec les images murales de la préhistoire; celles-ci devaient lutter avec les accidents et irrégularités (sortes de bruits de fond) du champ qui n'était pas moins articulé que le signe et pouvait faire intrusion en lui. L'invention d'une surface lisse et fermée rendit possible l'ultérieure transparence du plan pictural, sans laquelle la représentation de l'espace tridimensionnel n'aurait pu s'accomplir[1].

---

1. On trouvera certaines de ces observations, présentées dans mes cours à l'université de Columbia, dans la thèse de doctorat de mon étudiante Miriam S. Bunim, *Space in Mediaeval Painting and the Forerunners of Perspective*, New York, 1940.

Avec cette nouvelle conception du fond, l'art de la représentation construit, comme j'ai dit, un champ à surface plane distincte (ou à courbure régulière) et à frontière définie, celle-ci pouvant être les bords égalisés d'un artefact. Les horizontales de cette frontière servent d'abord de lignes de sol qui supportent les figures et les rattachent les unes aux autres; en outre elles divisent la surface en bandes parallèles, établissant plus fermement les axes du champ comme coordonnées de stabilité et de mouvement dans l'image.

Nous ne savons pas quand au juste cette organisation du champ de l'image fut introduite; les chercheurs ont peu prêté attention à cette mutation fondamentale de l'art qui est à la base de notre propre imagerie, y compris la photographie, le cinéma et l'écran de télévision. Quand on examine les dessins des enfants pour retrouver les processus les plus primitifs de la fabrication des images, on oublie que ces dessins, faits sur des feuilles rectangulaires de papier lisse, souvent avec une variété de couleurs, héritent des résultats d'une longue culture, de même que leur langage simple, passé la phase de lallation, présente des éléments d'un système phonétique et d'une syntaxe déjà développés. Leurs formes s'adaptent vite, à bien des égards, au champ rectangulaire artificiel; leur remplissage uniforme du fond reflète les images qu'ils ont vues, et leur choix des couleurs présuppose la palette de l'adulte, un système de tons acquis durant une longue expérience de la représentation. Les créations remarquables des singes-peintres de nos zoos devraient aussi être considérées de ce point de vue. C'est nous qui provoquons ces résultats fascinants en mettant du papier et des couleurs dans les mains du singe, tout comme nous arrivons à faire monter à bicyclette les singes de cirque et à leur faire exécuter d'autres tours avec des appareils qui appartiennent à la civilisation. Sans aucun doute, l'activité artistique du singe révèle des impulsions et des réactions qui sont à l'état latent dans sa nature; mais comme son équilibre sur les roues, le résultat concret sur le papier, tout spontané qu'il apparaît, est un produit de la domestication, ce qui implique, bien entendu, l'influence d'une culture. C'est une expérience qu'une société civilisée fait avec l'animal, comme elle expérimente, en un sens, avec l'enfant en provoquant chez lui le langage et d'autres habitudes de sa communauté.

Le caractère des champs iconiques les plus anciens que nous connaissions — sans traitement ni limites — n'est pas seulement un phénomène propre à un passé archaïque. S'il nous paraît naturel de créer pour l'image un champ lisse et délimité comme une chose nécessaire pour la percevoir clairement, nous devons reconnaître, en même temps, que des cultures ultérieures, y compris la nôtre, ont continué d'utiliser le fond primitif. Les peintures murales de Hiérakonpolis en Égypte (vers 3500 av. J.-C.) rappellent en leurs groupements dispersés et sans frontières les images rupestres du paléolithique ; et de nombreux peuples primitifs continuent à tracer et inciser leurs images sur des surfaces non traitées et illimitées. Les graffiti spontanés sur les murs des anciennes maisons romaines ne sont, à cet égard, pas différents de ceux qu'on trace aujourd'hui ; comme les graffiti modernes, ils ne tiennent pas compte du champ dont ils se sont emparés, défigurant souvent une image déjà présente. Mais même dans une œuvre préservée avec respect comme un objet précieux, le champ de l'image n'est pas toujours respecté. En Chine, où la peinture était un art noble, le possesseur n'hésitait pas à écrire un commentaire en vers ou en prose sur le fond sans peinture d'un paysage sublime et à imprimer son sceau en évidence sur la surface de l'ouvrage. Le fond de l'image était à peine senti comme faisant partie du signe même ; figure et fond ne composaient pas pour l'œil une unité inséparable. Un connaisseur, tout en contemplant une œuvre admirée, pouvait considérer le fond vide et les marges commes ne faisant pas vraiment partie de l'œuvre, de même que le lecteur d'un livre peut regarder les marges et interstices du texte comme ouverts à l'annotation. Il est clair que le sentiment de l'ensemble dépend des habitudes de la vision, lesquelles sont variables. Un artiste chinois, sensible à la plus petite inflexion d'une touche et à sa place dans la peinture, n'est pas gêné par l'écriture et les sceaux apposés à l'œuvre originale. Il ne les voit pas plus comme faisant partie de la peinture, que nous ne voyons la signature du peintre, au bas d'un paysage, comme un objet placé au premier plan de l'espace représenté. De même, dans l'art assyrien, qui possédait déjà un fond préparé et circonscrit, les corps des rois et des dieux représentés étaient souvent le lieu d'écritures incisées qui traversaient les contours des figures.

À l'inverse et pour d'autres motifs, des artistes de notre temps conservent sur le papier ou sur la toile les premières lignes et touches de couleur qui ont été appliquées au cours du travail. Ils admettent certaines au moins des formes préparatoires et souvent provisoires comme des parties intégrantes et définitives de l'image; celles-ci valent comme signes de l'action du fabricateur dans la production de l'œuvre. Nous assignons à ce fait un autre but qu'à la superposition image sur image dans l'art préhistorique; mais cela mérite d'être noté comme la source d'un effet visuel identique, obtenu d'un point de vue totalement différent. Sans aucun doute, la pratique moderne nous dispose à voir les œuvres préhistoriques comme un beau palimpseste collectif.

L'art moderne, depuis la Renaissance, tout en visant une unité picturale plus stricte — une unité qui implique le jeu réciproque de la figure et des parties réservées du fond —, offre aussi des exemples d'œuvres laissées délibérément à l'état d'esquisses ou de fragments, ou encore d'œuvres incomplètes qui sont appréciées pour des qualités tenant à leur état d'inachèvement et même des exemples d'œuvres peintes sur une petite partie du champ, sans égard aux vides qui l'entourent.

Il est possible que le fond non préparé ait eu une signification positive pour le peintre préhistorique, mais cette idée doit rester à l'état d'hypothèse. On peut supposer que l'artiste s'identifiait au rocher ou à la grotte grâce à l'aspérité originelle du fond de son ouvrage. Un artiste moderne, Joan Miró, qui connaît probablement les vieilles peintures rupestres de sa Catalogne natale, a ressenti l'attrait de la surface irrégulière du rocher immémorial et l'a utilisée comme fond où peindre ses formes abstraites et quasi-signes improvisés. D'autres ont peint sur des galets et sur des fragments trouvés d'objets naturels et artificiels, exploitant les irrégularités du fond et la physionomie de l'objet comme une partie du charme de l'ensemble. Mais j'incline à penser que la surface préhistorique était neutre, simple support de l'image encore indéterminé.

Outre le fond préparé, nous avons tendance à trouver tout naturel que la marge régulière et le cadre soient des caractères essentiels de l'image. On ne se rend pas compte ordinairement à quel point le cadre est d'invention tardive. Auparavant, il y avait le champ rectangulaire divisé en registres; les horizontales comme lignes de sol ou bandes reliant et supportant les figures étaient plus marquées visuellement que les bords verticaux du champ. Selon toute apparence, ce n'est pas avant la fin du deuxième millénaire avant Jésus-Christ (au plus tôt) qu'on songea à isoler l'image par un cadre continu, clôture homogène pareille à la muraille d'une cité. Quand il est en saillie et qu'il enclôt des tableaux avec des vues en perspective, le cadre fait reculer la surface du tableau et aide à creuser la vue; il est comme l'encadrement d'une fenêtre par laquelle on voit un espace déployé derrière la vitre. Le cadre appartient à l'espace du spectateur plutôt qu'à l'espace illusionniste, tridimensionnel, qui se creuse dans ses limites. C'est un appareil fait pour attirer et centrer l'attention, placé entre le spectateur et l'image. Mais le cadre peut aussi jouer un rôle dans la formation de l'image; et cela, pas seulement par les contrastes et les correspondances suggérés par sa forte présence, surtout dans la sculpture architecturale, mais aussi, dans certains styles modernes, par la pratique consistant à faire couper par le cadre, d'une façon inattendue, les objets du premier plan, en sorte qu'ils apparaissent proches du spectateur et vus d'un côté par une ouverture. En interceptant les objets, le cadre semble traverser un champ de représentation qui s'étend derrière lui de toutes parts. Degas et Toulouse-Lautrec étaient passés maîtres dans ce genre d'imagerie.

Une pratique moderne apparentée, l'image rectangulaire à fond perdu sans cadre ni marge, nous aide à voir plus clairement une autre fonction du cadre. Ce rognage, fréquent aujourd'hui dans les illustrations photographiques des livres et magazines, fait ressortir le caractère partiel, fragmentaire, contingent, de l'image, même si l'objet principal est au centre. L'image semble arbitrairement isolée d'un ensemble plus vaste et introduite sans façon dans le champ visuel du spectateur. L'image sans bordure existe comme si l'on devait y jeter un rapide coup d'œil plutôt qu'y arrêter le regard. Comparée à ce type, l'image encadrée a l'air présentée d'une manière plus solennelle; elle semble être complète et exister dans un monde à soi.

Plus récemment, des tableaux ont été accrochés sans aucun cadre. Le tableau moderne sans cadre éclaire en un sens les fonctions du cadre dans l'art du passé. On put se passer du cadre quand la peinture cessa de représenter la profondeur et s'intéressa aux qualités expressives et formelles des traits non mimétiques plus qu'à leur transformation en signes. Si le tableau reculait jadis à l'intérieur de l'espace encadré, la toile maintenant ressort du mur comme un objet à part entière, avec une surface où la peinture est sensible, qu'elle propose des thèmes abstraits ou une représentation essentiellement plate qui montre l'activité de l'artiste dans les lignes et touches marquées, ou dans le caractère largement arbitraire des formes et couleurs choisies. Bien qu'elle soit en accord avec cet aspect de la peinture moderne, la toile sans cadre ne s'est pas généralisée, même pour l'art d'aujourd'hui. Mais les bandes de bois ou de métal qui encadrent maintenant de nombreux tableaux ne sont plus les riches clôtures en saillie qui jadis accentuaient la profondeur de l'espace simulé dans le tableau, et illustraient le caractère précieux de l'œuvre d'art par le moyen de sa monture dorée. Ce sont de fines et discrètes lisières, souvent au ras du plan de la toile, et qui dans leur simplicité affirment aussi le respect de la franchise et de l'honnêteté dans la pratique de l'art. Privé de cadre, le tableau se donne encore plus complètement et plus modestement pour le travail de l'artiste. Un cas parallèle au tableau sans cadre est la sculpture moderne sans piédestal; soit suspendue, soit posée directement sur le sol.

Notre conception du cadre comme clôture régulière isolant le champ de la représentation de la surface environnante ne vaut pas pour tous les cadres. Il y a des peintures et des reliefs où des éléments de l'image traversent le cadre, comme si celui-ci n'était qu'une partie du fond et avait lieu dans un espace simulé, derrière la figure. Le franchissement du cadre est souvent un procédé expressif: une figure représentée en mouvement apparaît plus active si elle traverse le cadre, comme si rien ne limitait son mouvement. Le cadre appartient alors plus à l'espace virtuel de l'image qu'à la surface matérielle; la convention est naturalisée comme élément de l'espace pictural plutôt que de l'espace du spectateur ou de l'espace du véhicule. Dans l'art médiéval, cette violation du cadre est commune, mais il y a déjà des exemples dans l'art antique. Le cadre apparaît alors non comme une clôture mais comme l'environnement pictural de l'image. Et puisqu'il peut servir à accentuer le mouvement de la figure, nous pouvons comprendre un procédé inverse : le cadre qui s'infléchit et pénètre à l'intérieur du champ de l'image pour comprimer ou enchevêtrer les figures (le trumeau de Souillac, l'*Imago Hominis* dans l'évangéliaire d'Echternach, Bibl. nat., ms. lat. 9389).

Outre ces variantes du rapport cadre-champ, je dois en mentionner une autre, également intéressante : le cadre est quelquefois une forme irrégulière qui suit les contours de l'objet. Il n'est plus une caractéristique préexistante du fond ou du véhicule; il est une caractéristique ajoutée qui dépend du contenu de l'image. L'image vient d'abord, et le cadre est tracé autour d'elle. Ici le cadre accentue les formes des signes plutôt qu'il ne circonscrit un champ où les signes sont mis en place. Comme dans les exemples où la figure perce le cadre, l'indépendance et l'énergie du signe sont affirmées dans les détours imposés au cadre par l'image (Vézelay).

Ces œuvres nous apprennent que, bien que le cadre rectangulaire à stricte fonction de clôture semble naturel et satisfasse un besoin de clarté en isolant visuellement l'image, ce n'est là qu'un des usages possibles du cadre. On peut en modifier la forme pour lui faire produire des effets tout opposés, qui satisfont tel besoin ou telle conception. Tous ces types sont intelligibles comme des procédés ordonnateurs et expressifs, mais aucun d'eux n'est universel ou nécessaire. Ils montrent la liberté qu'ont les artistes de construire arbitrairement d'efficaces écarts par rapport à ce qui pourrait d'abord apparaître comme des conditions *a priori* de représentation, intrinsèques et immuables.

Revenons aux propriétés du fond comme champ. Bien que j'aie employé le mot « neutre » pour décrire la surface non préparée, il faut dire que le champ vide sans peinture qui entoure une figure n'est pas entièrement sans effet expressif, même dans les moins délibérées des représentations sans clôture. Imaginons une figure tracée sur l'espace étroit d'une pierre qui l'enferme entre des bords proches du corps figuré; et imaginons la même figure sur une surface plus large, quoique toujours irrégulière. Dans le premier cas, elle apparaîtra allongée et comprimée; dans le deuxième elle se tient dans un espace qui lui donne une plus grande liberté de mouvement et suggère l'activité en puissance du corps. L'espace qui l'entoure est vu inévitablement, non seulement comme fond au sens de la psychologie de la forme, mais aussi comme appartenant au corps et contribuant à ses qualités. Pour la perception esthétique, le corps (et en fait tout objet) semble s'annexer l'espace vide qui l'entoure comme champ d'existence. La participation du vide environnant au signe iconique du corps est encore plus évidente quand plusieurs figures sont présentées; les intervalles entre les figures produisent alors un rythme entre corps et vide et déterminent des effets d'intimité, d'empiétement et d'isolement, comme les intervalles d'espace dans un groupe humain réel.

Les mêmes propriétés du champ comme espace pourvu d'une expressivité latente sont exploitées dans les signes verbaux peints et imprimés. Dans la hiérarchie des mots sur la page de titre d'un livre ou sur une affiche, les mots les plus importants ne sont pas seulement agrandis, mais souvent isolés sur un fond plus étendu sur ses côtés.

Il est clair que le champ pictural a des propriétés locales affectant notre sentiment des signes. Ces propriétés apparaissent dans les différences de qualité expressive entre large et étroit, haut et bas, gauche et droite, central et périphérique, les coins et le reste de l'espace. Lorsque le champ est sans limites, comme dans les peintures de grotte et les images sans cadre tracées sur des rochers ou sur de vastes murs, nous situons l'image au centre de notre champ visuel; dans le champ délimité, le centre est prédéterminé par les limites ou le cadre, et la figure isolée est caractérisée en partie par son emplacement dans le champ. Établie au milieu, elle a une autre qualité à nos yeux que quand elle est placée sur le côté, même si elle est alors équilibrée par un petit détail qui donne du poids au vide le plus important. Une tension visuelle subsiste, et la figure apparaît étrange, déplacée, voire spirituellement tendue; cependant cet effet peut être une expression délibérément recherchée, comme dans un portrait de Munch où le sujet introverti se tient légèrement sur le côté d'un espace vide. L'effet est d'autant plus fort que l'attitude contrainte du sujet et d'autres éléments de l'image travaillent à renforcer une expression de cafard et de repli. On a remarqué chez des enfants présentant des troubles affectifs la tendance à préférer dans leurs dessins une position décentrée.

Les qualités de haut et de bas se rattachent sans doute à la gravité et à notre position verticale, et sont peut-être renforcées par notre expérience visuelle de la terre et du ciel. On peut illustrer leur différence par la non-réversibilité d'un ensemble d'éléments superposés de taille inégale. Quoique formé des mêmes

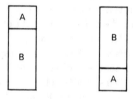

FIGURE 1

éléments, le rectangle avec un petit A sur un grand B n'est pas la même chose expressivement que le rectangle avec B sur A. La composition est non commutative, comme le reconnaissent les architectes dessinant une façade. Le même effet vaut pour des éléments simples; le peintre cubiste Juan Gris remarquait qu'une tache de jaune a un poids visuel différent en haut et en bas du même champ. Néanmoins, quand ils jugent leurs œuvres, les artistes renversent souvent le tableau afin d'en voir les rapports de formes ou de couleurs, leur équilibre et leur harmonie, sans référence aux objets représentés. Mais ce n'est qu'une expérimentation abstrayant un aspect de l'œuvre: l'unité est finalement jugée en un examen envisageant l'œuvre dans son orientation mimétique (ou non mimétique) propre. Toutefois, des peintres abstraits découvrent aujourd'hui de nouvelles possibilités dans ce renversement, parfois même une forme préférée. Fernand Léger considérait comme un but de la peinture figurative une image également valable dans toutes les positions de la toile; cette idée inspira ses tableaux de plongeurs et de nageurs, vus de dessus, et trouve une application évidente dans un sol de mosaïque.

La représentation du mouvement donne plus libre cours à une cryptesthésie en ce qui concerne les qualités des différents axes et directions du champ. Nous vivons plus dans la dimension horizontale que dans la verticale, et nous ne sommes pas surpris d'apprendre que la même ligne semble plus courte quand elle est horizontale que quand elle est verticale. L'espace vécu de l'expérience quotidienne est anisotropique, bien que nous apprenions à nous servir des propriétés métriques d'un espace objectif uniforme quand nous mettons les objets physiques en mutuel rapport.

Quand la représentation traite de figures en mouvement et d'épisodes successifs, l'image peut s'étirer en longues bandes superposées qu'il faut lire comme un texte écrit. Il y a alors dans certaines peintures une direction dominante, même si elles sont données à l'œil comme un tout simultané.

L'orientation comme telle n'est pas conventionnelle; elle naît de la nature des objets représentés et de la tâche consistant à transformer un ordre temporel en ordre spatial. La nécessité de l'orientation dans des scènes successives présentées en ordre contigu admet un choix dans la direction. Bien qu'il devienne conventionnel, ce choix n'est pas arbitraire, car parfois nous reconnaissons dans la direction choisie une bonne solution à un problème technique ou artistique. Les ordres divers, de gauche à droite ou de droite à gauche, et même l'alignement vertical de haut en bas, dans la peinture comme dans l'écriture, ont probablement été déterminés par des conditions spécifiques du champ, de la technique et du contenu dominant de l'art primitif. Il y a des exemples où les orientations vers la gauche et vers la droite coexistent dans le même ouvrage d'imagerie narrative; elles accommodent les scènes à une symétrie architecturale ou à un foyer liturgique, comme dans les mosaïques sur les murs latéraux de la nef de Saint-Apollinaire-le-Neuf à Ravenne, avec les figures de procession avançant vers l'est, tandis qu'au-dessus d'elles les scènes de l'Évangile procèdent d'est en ouest. Dans chaque série, l'orientation gauche-droite et l'orientation droite-gauche sont identiques dans leur terme et leur connotation.

On trouve aussi des représentations en ordre boustrophédon, commençant de gauche à droite et revenant dans un second registre de droite à gauche (*Genèse* de Vienne).

La part de la convention est moindre dans l'ordre de succession de haut en bas d'une série de scènes horizontales étendues. Le même ordre gouverne la séquence verticale descendante des lignes d'écriture horizontale (qu'il faut distinguer de l'ordre vertical des signes dans les écritures chinoise et japonaise et de l'ordre vertical des lettres dans certaines inscriptions grecques et latines sur des images, après le VIe siècle). La priorité du haut dans un champ à représentations superposées n'est pourtant pas une règle absolue. On peut indiquer des sculptures médiévales sur des portails d'églises avec une séquence narrative qui procède des panneaux inférieurs vers le haut (Moissac, Vérone). Dans certaines œuvres, cet ordre est motivé par le contenu; lorsque dans une série verticale la scène capitale est la dernière, comme dans les images de la vie du Christ, elle sera placée au sommet. On peut noter aussi que nous voyons une ligne verticale ou une colonne comme se dirigeant vers le haut.

Le problème de la direction peut aussi se poser à propos d'une seule figure isolée, en particulier si elle est présentée de profil, soit au repos, soit en mouvement. Un exemple familier : la figure en marche, dans la peinture et la sculpture égyptiennes. Représentée en ronde-bosse, cette figure se tient toujours avec la jambe gauche avancée; la rigidité de cette règle suggère que cette attitude a une signification conventionnelle. Le choix de la jambe gauche dépend-il d'une superstition concernant le premier pas ou d'une disposition naturelle, je n'en sais rien. En tout cas, quand on passe dans le champ de la peinture ou du bas-relief, le choix de la jambe qui avance est déterminé par la direction du corps de profil; s'il est tourné vers la droite, la

Détail du portail de l'église Saint-Pierre à Moissac, XIIᵉ siècle.
Photo Giraudon.

Scènes de la Genèse. Bas-relief de la façade de l'église San Zeno,
Vérone, XIIᵉ siècle. Photo Roger-Viollet.

jambe gauche est portée en avant; s'il est tourné vers la gauche, c'est la jambe droite qui s'avance. Dans les deux cas, c'est la jambe la plus éloignée du spectateur qui est choisie pour représenter le mouvement. On peut accorder ce principe avec la règle stricte qui gouverne la figure en ronde-bosse en supposant que celle-ci était conçue pour être regardée de sa droite; elle regarde et avance vers la droite, et par conséquent sa jambe gauche, la plus éloignée, est portée en avant[2].

Dans la figure isolée au repos, indépendante du contexte, la prédominance du profil gauche a été expliquée par un fait de physiologie. Le profil gauche de la tête, suppose-t-on, doit sa fréquence plus grande à ce que la main et le poignet droits de l'artiste se déplacent plus facilement vers l'intérieur (pronation), c'est-à-dire vers la gauche, comme on le voit aussi dans les dessins de cercles à main levée : les gauchers tracent le plus souvent le cercle dans le sens des aiguilles d'une montre, les droitiers dans le sens contraire (voir le travail de Zazzo sur les dessins d'enfants).

Mais souvent un contexte interne détermine l'une ou l'autre orientation dans les portraits de profil; une particularité d'un côté du visage du modèle suffit à déterminer le choix. Quand l'artiste a la liberté de choisir n'importe quelle position du visage, il choisit de préférence l'un des deux profils à cause de telle qualité positive qu'il y trouve.

Ces remarques sur le conventionnel, le naturel, le choix libre et l'arbitraire concernant l'usage de la gauche et de la droite dans le champ iconique nous amènent à un problème plus vaste : savoir, si les côtés gauche et droit d'un champ de perception ont en eux-mêmes des qualités différentes. Toute une littérature s'est constituée sur ce sujet, certains auteurs affirmant que les qualités différentes et l'irréversibilité des deux côtés sont biologiquement innées et résultent de l'asymétrie de l'organisme, et spécialement de l'usage de l'une ou l'autre main. D'autres les mettent en rapport avec les habitudes culturelles de lecture et d'écriture, et avec l'orientation habituelle dans

---

2. Voir Heinrich SCHÄFER, *Grundlagen der ägyptischen Rundbildnerei und ihre Verwandtschaft mit denen der Flachbildnerei*, Leipzig, 1923, p. 27.

l'espace. Un contenu dominant particulier de l'image peut aussi infléchir le sentiment de la gauche et de la droite. Il nous manque toujours une étude comparative expérimentale des réactions aux images renversées dans les différentes cultures, et spécialement dans celles dont les écritures sont différemment orientées.

Le fait que la gauche et la droite sont déjà nettement distinctes dans les objets signifiés eux-mêmes est pertinent pour la sémiotique. Chacun sait bien l'importance vitale de la gauche et de la droite dans le rituel et dans la magie, ce qui a infléchi le sens de ces deux mots, leurs extensions métaphoriques dans le langage quotidien comme termes désignant le bien et le mal, le correct et le maladroit, la norme et l'écart. La signification de la place à la droite du dieu ou du chef dans les images et les cérémonies, comme côté habituellement (mais non pas universellement) favorable, détermine cependant une représentation dans laquelle, du point de vue du spectateur, la gauche de l'image est porteuse des valeurs préférées. Ce renversement dans le champ, qui est aussi celui de l'image reflétée dans le miroir, est un bon exemple du conflit qui peut naître entre la structure qualitative du champ, qu'elle soit intrinsèque ou acquise, et celle des objets représentés. Au Moyen Âge, on discutait sur la signification des diverses positions de saint Pierre et de saint Paul à la gauche et à la droite du Christ dans les vieilles mosaïques de Rome (Pierre Damiani). Quand il n'y a pas de figure centrale à laquelle référer droite et gauche, la gauche et la droite du spectateur déterminent par translation directe plutôt que par réflexion la gauche et la droite du champ, tout comme dans l'espace réel. Dans les deux cas, les parties du champ sont des signes en puissance; mais le champ est ouvert au renversement quand il se soumet à un ordre de valeurs dans le contexte des objets représentés ou dans le support architectural de l'image.

On peut illustrer l'asymétrie latérale du champ par une autre particularité des images et des bâtiments. Si l'on accouple deux formes, l'une haute, l'autre basse (comme dans la fig. 2), le renversement altère sensiblement leur apparence. Comme les rectangles inégaux joints verticalement considérés plus haut, le groupe latéral est non commutatif. Le *et* dans « A et B »,

quand les deux éléments diffèrent nettement en taille, en forme ou en couleur, est adjonctif, non conjonctif; et la situation dans le champ exprime cette relation, tout comme le couple *Père et Fils* a une qualité qui manque dans *Fils et Père.* Cette différence admise, la question est de savoir si la prédominance d'un côté dans le champ visuel est inhérente ou contingente. Dans les compositions asymétriques de figures ou de paysages, le choix d'un côté ou de l'autre comme partie la plus active ou la plus dense de la peinture affecte l'expression; le renversement donne à l'ensemble un aspect étrange, qui va peut-être plus loin que la surprise devant le renversement d'une forme familière. Cependant, il faut dire que certains bons artistes de notre temps, comme les premiers graveurs sur bois, ont été indifférents au renversement d'une composition asymétrique lors de l'impression d'une gravure, et n'ont pas pris la peine de la prévoir en renversant tout d'abord le dessin sur la plaque. Souvent, Picasso ne s'est même pas soucié de sa signature renversée sur l'estampe. C'est une déclaration de spontanéité, faite d'autant plus volontiers que la valeur d'un dessin ou d'une gravure a fini par se loger dans son énergie et sa liberté et dans la surprise de ses formes plutôt que dans le raffinement du détail et la subtilité de l'équilibre. On peut se demander si l'artiste accepterait le renversement d'un tableau soigneusement composé.

(Je peux noter ici, pour montrer le rôle de l'apprentissage et de l'élaboration dans la perception des qualités visuelles différentes des orientations gauche et droite dans les ensembles asymétriques, le renversement fréquent du N et du S majuscules dans l'écriture des enfants et des adultes inexpérimentés. Ces deux lettres sont souvent renversées aussi dans les inscriptions latines du haut Moyen Âge. Apparemment, la différence de qualité entre les deux directions obliques ne suffit pas à fixer fermement dans l'esprit la direction correcte sans une pratique motrice continuelle).

Comment interpréter le fait que l'artiste tolère le renversement si la gauche et la droite diffèrent vraiment en qualité? Dans certains contextes, on peut choisir délibérément le côté supposé anormal en vue d'obtenir un effet particulier renforcé par le contenu de la représentation. Si l'oblique qui va du bas à gauche en haut à droite a pris une qualité ascendante, tandis que l'autre a un effet descendant, un artiste qui représente des figures montant une pente tracée du haut à gauche en bas à droite donne ainsi à l'ascension une qualité de tension et de fatigue plus grandes. Renverser la composition troublera ou affaiblira l'effet. Mais par le renversement d'une image, d'autres qualités se font jour qui peuvent attirer l'artiste et de nombreux spectateurs.

Outre ces caractéristiques du champ — la surface préparée, les limites, les positions et les directions —, nous devons considérer comme un facteur expressif le format du signe iconique.

Par format, j'entends la forme du champ, ses proportions et son axe dominant, aussi bien que sa taille. Je passe sur le rôle des proportions et de la forme du champ, qui soulèvent un vaste problème, et je considère la taille.

La taille d'une représentation peut avoir des motivations d'ordre différent: une exigence physique extérieure, ou les qualités de l'objet représenté. Les statues colossales, les figures peintes plus grandes que nature signifient la grandeur du sujet, et le petit format peut exprimer l'intime, le délicat, le précieux. Mais la taille peut être aussi un moyen de rendre un signe visible à distance, abstraction faite de la valeur du contenu: ainsi l'écran de cinéma et les signes gigantesques de la publicité actuelle. Ou bien, un signe peut être minuscule pour satisfaire une exigence d'économie ou de maniement. Ces fonctions diverses de la taille peuvent se comparer en gros aux fonctions de volume et de longueur dans le discours. Bien entendu, elles ne sont pas sans mutuels rapports; une statue colossale sert les deux fonctions. Nous distinguons, en tout cas, deux groupes de conditions dans la taille des signes visuels: d'une part, la taille comme fonction de valeur et comme fonction de visibilité; et d'autre part, la taille du champ et la taille des différents éléments de l'image dans leur relation aux objets réels qu'ils signifient et aux autres éléments de l'image. Une œuvre peut avoir la grandeur d'un long rouleau peint parce qu'elle représente un grand nombre d'objets qui sont tous de hauteur moyenne; ou elle peut avoir la petitesse d'une miniature et utiliser son espace limité pour exprimer des différences de valeur entre les figures par des différences de taille.

Dans de nombreux styles artistiques, quand des objets de taille très différente en réalité sont représentés dans le même ouvrage, il sont figurés égaux en hauteur. Bâtiments, arbres et montagnes, dans les arts archaïques, ne sont pas plus grands que les figures humaines et sont parfois plus petits; ils leur sont alors subordonnés ainsi. La valeur ou l'importance sont ici plus décisives pour la taille virtuelle que la dimension physique réelle des objets représentés. Je ne suis pas sûr que ce soit là une convention, car la supériorité de la figure humaine sur son entourage apparaît indépendamment dans de nombreuses cultures et chez les enfants. On ne suppose pas que l'artiste ne se rende pas compte des différences réelles de taille entre l'homme et les objets qui l'entourent. La taille des choses dans une image exprime une conception qui n'exige, pour être comprise, aucune connaissance de règle. L'association de la taille et d'une échelle de valeurs est déjà donnée dans la langue: les mots pour les superlatifs désignant une qualité humaine sont souvent des termes de grandeur — très grand, très haut, etc., même quand on les applique à des impondérables comme l'amour ou la sagesse.

La taille comme facteur expressif n'est pas une variable indépendante. Son effet change avec la fonction et le contexte du signe et avec l'échelle et la densité de l'image, c'est-à-dire avec la taille réelle des objets, leur nombre et leur gamme de types; il varie aussi avec les qualités signifiées. Une preuve intéressante de la relation qualitative non linéaire de la taille du signe à la taille de l'objet signifié est donnée par une expérience: des enfants, à qui on avait demandé de dessiner un très petit homme et un grand homme ensemble, d'abord sur une petite feuille de papier, puis sur une grande, agrandirent le grand homme, mais redessinèrent sur la grande feuille le petit homme aussi petit qu'avant.

Dans l'art occidental du Moyen Âge (et probablement aussi dans l'art asiatique), la répartition de l'espace parmi les diverses figures est souvent sujette à une échelle de signification où la taille est en rapport avec la situation dans le champ, la position et le rang spirituel. Dans une image du Christ en gloire avec les évangélistes, leurs symboles et les prophètes de l'Ancien Testament (la Bible de Charles le Chauve, Bibl. nat., ms. lat. 1), le Christ est la figure la plus grande, les évangélistes sont seconds en taille, les prophètes sont plus petits, les symboles sont les plus petits de tous. Le Christ est au centre, assis de face dans une mandorle encadrée par un losange; les évangélistes de profil ou de trois quarts remplissent les quadrants des quatre coins; les prophètes sont en buste dans les médaillons incomplètement encadrés ouverts aux quatre angles du losange entre les évangélistes. Des quatre symboles distribués dans l'espace étroit entre les prophètes et le Christ, l'aigle de saint Jean est au sommet, en accord avec le rang théologique plus élevé de cet évangéliste. Il se distingue aussi des autres symboles en ce qu'il porte un rouleau, alors qu'ils tiennent des livres.

Il est ici évident que la taille, utilisée systématiquement, est expressivement coefficient des parties du champ comme emplacements des figures hiérarchisées. Dans certains systèmes de représentation — qui dépendent de systèmes du contenu —, les valeurs distinctives des différents emplacements dans le champ et des différentes dimensions se renforcent mutuellement. Le fait que l'usage de ces propriétés de l'espace-signe est conventionnel, fait qui se manifeste surtout dans l'art religieux, ne veut pas dire que la signification des diverses parties du champ et des tailles diverses est arbitraire. Elle repose sur un sentiment intuitif des valeurs vitales de l'espace, telles qu'elles sont éprouvées dans le monde réel. S'agissant d'un contenu articulé hiérarchiquement, ces qualités du champ deviennent pertinentes pour l'expression et sont utilisées et développées en conséquence. Un contenu correspondant inciterait aujourd'hui les artistes à produire une disposition similaire de l'espace du

champ signifiant. Étant donné la tâche de monter des photographies séparées de membres d'une hiérarchie politique sur un
champ rectangulaire commun, je suis certain que des maquet-
tistes retrouveraient l'arrangement médiéval : le fondateur au
centre, les principaux disciples à ses côtés, et les figures moins
importantes placées dans les espaces restants, au-dessus ou au-
dessous suivant leur importance relative. Et nous trouverions
naturel que ces photographies soient en ordre de taille décrois-
sant du centre à la périphérie.

La relation de la taille du signe à la taille de l'objet représenté
change avec l'introduction de la perspective — le changement
est le même, que la perspective soit empirique, comme dans
l'Europe du Nord, ou déterminée par une règle stricte de
projection géométrique, comme en Italie. Dans les tableaux
postérieurs au xve siècle, la taille d'un objet peint, humain ou
naturel, relativement à sa taille réelle, dépend de sa distance au
plan du tableau. En contraste avec la pratique médiévale, la
perspective imposa une échelle uniforme à la dimension réelle
des objets sur la surface du tableau. Ce ne fut pas là une déva-
luation de l'humain, comme on pourrait le supposer ; en fait,
cela correspondit à une humanisation plus grande de l'image
religieuse et de ses figures surnaturelles. La grandeur, l'importance sociale ou spirituelle, furent alors exprimées par d'autres
moyens : insignes, costumes, attitude, éclairage, emplacement
dans le champ. Dans le système perspectif, la figure virtuelle-
ment la plus grande peut être une figure accessoire du premier
plan, et les personnages les plus nobles peuvent apparaître
minuscules. C'est un renversement de l'étiquette normale de
l'espace pictural suivant laquelle le puissant est souvent représenté comme une figure de grande taille élevée au-dessus des
figures plus petites qui l'entourent.

C'est une opinion commune que les deux systèmes, hiérarchique et optique-géométrique, sont des perspectives également
arbitraires puisque tous deux sont gouvernés par des conventions. Appeler ces deux genres de peintures des perspectives,
c'est oublier que seul le second présente dans son échelle de
grandeurs une perspective au sens visuel. Le premier n'est une
perspective que par métaphore. Il ne tient pas compte des

variations de la taille apparente et réelle des objets dans la réalité et les remplace par un ordre conventionnel de grandeurs qui signifie leur pouvoir ou leur rang spirituel. La mise en correspondance de la taille des objets, dans le second système, avec leur taille apparente dans l'espace réel à trois dimensions, à une distance donnée du spectateur, n'est pas arbitraire. Elle est facilement comprise du spectateur inexercé, car elle repose sur les mêmes indices que ceux auxquels il répond dans ses rapports avec le monde visuel de tous les jours. Quant à la correspondance de la taille des figures, dans le type hiérarchique, avec le rôle de ces figures, elle est bien conventionnelle en un sens, mais la convention repose sur l'association naturelle d'une échelle de qualités avec une échelle de grandeurs. Parler d'Alexandre le Grand et le représenter plus grand que ses soldats peut être une convention, mais pour l'imagination c'est une chose naturelle et dont l'évidence s'impose.

J'en arrive maintenant aux éléments non mimétiques de l'image qu'on peut appeler son véhicule matériel, la substance imageante : les lignes ou les taches d'encre ou de peinture. (En sculpture, la distinction entre la matière modelée ou taillée et la même substance comme champ soulève des problèmes particuliers dont je ne tiendrai pas compte ici.)

En ce qui concerne la dénotation par ressemblance, qui est spécifique aux images comme signes, ces éléments ont des propriétés différentes des objets qu'ils représentent. Considérons par exemple la ligne tracée par le crayon ou la brosse ou la ligne gravée par un outil acéré, toutes deux représentant le même objet. Tandis que, du point de vue qui considère le dessin comme un signe, chaque partie de cette ligne correspond à une partie de l'objet représenté — à la différence des parties du mot désignant cet objet —, du point de vue esthétique, c'est une marque artificielle avec des propriétés bien à elle. L'artiste et le spectateur sensible à l'œuvre d'art sont caractérisés par leur capacité de déplacer librement leur attention d'un aspect à l'autre, mais surtout de distinguer et de juger les qualités de la substance picturale en elle-même.

Il n'est pas nécessaire que la couleur noire et l'épaisseur du contour, dans un visage représenté, correspondent à des attributs particuliers de ce visage. Le même visage peut être représenté de bien des façons et suivant des motifs très différents de lignes ou de taches qui dénotent les traits de ce visage. Ils peuvent être fins ou épais, continus ou brisés, sans que nous voyions ces qualités comme des particularités d'un visage réel ou inventé. Le tableau sera toujours reconnu comme une image de ce visage dans des portraits différents, quels que soient le style, le médium ou la technique, si la représentation offre le minimum d'indications qui nous permettent de reconnaître le visage désigné dans toutes les variations de position et d'éclairage auxquelles il est soumis dans la vie réelle. Le contour noir épais est un équivalent artificiel de la forme apparente d'un visage ; il a avec le visage un rapport identique au rapport du contour d'une étendue de terre dans une carte avec le caractère de la côte. Il dénoterait toujours le même visage à nos yeux si le signe iconique avait un contour blanc sur fond noir, tout comme un mot écrit est le même quelle que soit la couleur de l'encre.

Une chose distingue cependant le signe pictural : en dépit de l'arbitraire des qualités de la substance imageante, le signe pictural semble être mimétique dans ses moindres détails, et ceci est la source de nombreuses erreurs de lecture des anciennes œuvres d'art. Prises hors de l'image, les parties de la ligne seront vues comme de petites composantes matérielles : traits, courbes, points, qui, comme les cubes d'une mosaïque, n'ont pas de signification mimétique en eux-mêmes. Toutes ces composantes prennent une valeur de signes distincts une fois qu'ils entrent dans certaines combinaisons, et leurs qualités de marques contribuent en quelque façon à l'apparence des objets représentés. Suivant le contexte des marques contiguës ou avoisinantes, le point peut être une tête de clou, un bouton, la pupille d'un œil ; un demi-cercle peut être une colline, un capuchon, un sourcil, l'anse d'un pot, une arche. Il y a, il est vrai, sur un objet représenté dans un dessin ou une gravure, de nombreuses lignes qui ne sont pas regardées comme signes de l'objet réel et de ses parties au sens morphologique. Ces fines hachures qui représentent dans une gravure les demi-teintes et les ombres ne correspondent sur l'objet à aucun réseau de cet ordre. Mais vues à une juste distance, elles rendent les degrés de lumière et d'ombre, les gradations subtiles et les forts contrastes qui font apparaître le volume, le modelé et l'éclairage de l'objet. Produits par différentes techniques, les signes dénotant ces qualités peuvent largement varier dans leur structure de détail et d'ensemble, et cependant ils forment un tout qui correspond suffisamment à l'apparence naturelle que l'on y reconnaît. On découvre dans ces éléments d'exécution un autre aspect de la taille dans les signes iconiques, l'échelle variable de correspondance. Tout comme une carte à petite échelle ne montre rien des irrégularités de terrain au-dessous d'une certaine taille, de même dans un tableau les moyens techniques-artistiques de suggérer le modelé et l'éclairage affectent l'échelle de correspondance. Il y a dans les hachures des unités de petite taille dont la forme en elle-même ne représente rien, mais qui, répétées en grand nombre dans un contexte approprié, évoquent de façon frappante une qualité particulière de l'objet. D'autre part, dans les tableaux impressionnistes, des éléments relativement grands ont pris un aspect non mimétique. Un espace objectif étendu, le paysage, est représenté sur un champ restreint, d'où résulte une augmentation de la taille relative des unités (relative à la totalité du signe complexe dont elles sont une partie). Dans le tableau les parties d'un arbre peint sont des taches sans ressemblance immédiate avec la forme ou la couleur des parties de l'arbre réel. Ici le tableau semble se rapprocher d'un caractère des signes verbaux. Le signe-arbre dans son ensemble est reconnu comme arbre, souvent grâce à son contexte; mais les parties ressemblent à peine à des feuilles et à des branches. Pourtant, aucun changement fondamental n'est intervenu ici dans la relation sémantique de l'image à l'objet. Les impressionnistes ont choisi de représenter une apparence particulière de l'arbre réel dans laquelle ses parties anatomiques ont l'air indistinctes comme si elles étaient fondues l'une dans l'autre et dans les objets avoisinants. Elles ont été éprouvées dans la nature comme des objets distants voilés par l'atmosphère et comme des variations de lumière et de couleur plutôt que comme des formes. La vision perspective discerne ces objets grâce à leur silhouette générale, à la teinte et au contexte, sans distinguer les détails. Bien qu'elles ne ressemblent pas clairement aux objets, certaines taches de couleur dans l'image correspondent à des sensations, et plusieurs de ces sensations ne sont pas sensations de couleur locale, mais découlent de contrastes de couleurs et d'effets lumineux.

C'est ce déplacement de l'intérêt vers un autre aspect ou contenu de la réalité qui conduisit les peintres à critiquer l'arbitraire du contour comme entité distincte, quoique chaque inflexion de la ligne représente une partie connue et reconnaissable de son objet. En affirmant, avec l'appui des savants, qu'il n'y a pas de lignes dans la nature et que nous ne voyons que des couleurs, ils entreprirent de représenter le monde visible d'une manière plus vraie en juxtaposant des taches de couleur sans contours définis. Mais leur système, tout en se donnant comme plus conforme à l'apparence des choses, et en introduisant, dans la fabrication du tableau, de nouveaux signes se rapportant à des aspects de la nature (la lumière, l'atmosphère, les interactions de couleurs) qui ne pouvaient pas être représentés dans les styles du passé, requit à son tour une substance picturale, laquelle est à plus d'un titre aussi arbitraire que le vieux contour noir : je veux parler des touches de peinture, visiblement discontinues, et des épais rehauts de pigments, qui transgressent tout à la fois la continuité et la texture des surfaces représentées. Ce sont là des composantes techniques-matérielles de l'image qui ne sont pas moins arbitraires que le ferme contour des primitifs et des Égyptiens.

Ces qualités de la substance imageante, comme le sait tout artiste, ne sont pas totalement séparées des qualités des objets représentés. Un contour plus épais rend la figure plus massive ; une ligne fine peut lui ajouter grâce et délicatesse ; une ligne brisée ouvre la forme au jeu de la lumière et de l'ombre, avec tout ce qu'elles impliquent d'expressif dans la façon de voir les choses. D'une manière analogue, les taches visibles de pigment dans une œuvre impressionniste contribuent à l'effet général de luminosité et d'atmosphère. Les deux pôles de la substance, l'ancien et le moderne, participent à la manifestation visuelle de l'ensemble et connotent des particularités visuelles et émotives, ainsi que des acceptions subtiles des signes.

Ces variations du médium constituent la poésie de l'image, son aspect musical plutôt que mimétique. Mais un grand peintre moderne, Georges Braque, ayant à l'esprit la valeur figurative du langage poétique, a vu paradoxalement dans les objets représentés dans les tableaux de nature morte la poésie de la peinture. Son œuvre peut nous aider à comprendre cette remarque. Nous sommes souvent captivés par l'invention avec laquelle, de manière inattendue, il donne à ses structures fortement marquées — structures de couleurs, taches et lignes peintes — un aspect d'objets, et réciproquement fait apparaître les choses comme des sources ou porteurs imprévus de structures formelles originales.

Si les éléments du véhicule et leurs propriétés sont les racines de l'effet esthétique de l'œuvre, de sa structure formelle et de son expression intimes, ils doivent leur développement et leur variété en grande partie à leur rôle dans la représentation. Dans la peinture abstraite, le système des marques, touches et taches, et certaines manières de les combiner et de les distribuer sur le champ sont devenus disponibles pour un usage arbitraire, n'étant plus requis d'établir une correspondance signe-objet. Les formes qui résultent ne sont pas des formes d'objets simplifiées par abstraction; pourtant les éléments, appliqués dans un ensemble non mimétique, qui ne suppose pas d'interprétation, retiennent un grand nombre des qualités et des relations formelles de l'art mimétique qui précédait. Cette importante relation entre les deux arts échappe à ceux qui regardent la peinture abstraite comme une espèce d'ornement ou une régression vers un état primitif de l'art. La peinture impressionniste, qui a libéré les parties de la règle de correspondance terme à terme avec les parties de l'objet, est un premier pas vers la peinture abstraite, encore que la génération d'artistes qui suivit ait trouvé l'impressionnisme trop réaliste.

J'ai relevé plusieurs moyens par lesquels le fond et le cadre, conçus comme un champ non mimétique pour les éléments de l'imagerie, affectent la signification de ceux-ci et en particulier leur valeur expressive.

Je voudrais en conclusion indiquer brièvement la lointaine conversion de ces éléments non mimétiques en éléments positifs de représentation. Plus tard, leurs fonctions dans la représentation conduisent à leur tour à de nouvelles fonctions expressives et constructives dans un art non mimétique.

La ligne de sol, épaissie jusqu'à devenir une bande et pourvue d'une couleur distincte, devient un élément de paysage ou d'espace architectural. Son bord supérieur peut être dessiné comme une ligne irrégulière qui suggère un horizon, un terrain de rochers et de collines.

La surface uniforme du fond, par l'intermédiaire d'un ornement ou d'une couleur qui la fait ressortir nettement de la bande du sol, apparaîtra comme la représentation d'un mur ou d'un écran fermant l'espace.

Finalement, par l'introduction de la perspective, les intervalles de la surface du tableau qui séparent les figures deviennent signes d'un espace continu à trois dimensions dans lequel les éléments doivent leur taille virtuelle, leurs formes en raccourci, leurs valeurs tonales, à leur distance au plan transparent du tableau et à l'œil d'un implicite spectateur.

La limite, elle aussi, est transformée en élément de représentation, comme je l'ai déjà noté. Elle peut couper des figures, surtout sur les côtés mais aussi au-dessus et au-dessous, de façon à représenter les limites réelles de la vision d'un spectateur rapproché de la scène originale. La limite est alors comme l'encadrement d'une fenêtre par laquelle on n'entrevoit qu'une partie de l'espace qui s'étend derrière elle. Dans un art plus ancien, on faisait très souvent allusion à un champ qu'un spectateur verrait réellement limité en représentant à l'intérieur même du champ pictural un solide encadrement architectural — montant de porte ou de fenêtre — qui définissait pour le regard un cadre réel et permanent dans le champ même des signifiés.

La conception du champ pictural correspondant dans son intégrité à un segment d'espace extrait d'un ensemble plus vaste est conservée dans la peinture abstraite. Tout en ne représentant plus d'objets, Mondrian construisit une grille de lignes horizontales et verticales d'inégale épaisseur, formant des rectangles dont certains sont incomplets, interrompus par les bords du champ comme les figures de Degas sont coupées par le cadre. Dans ces formes régulières, quoique pas visiblement commensurables, il nous semble que nous ne contemplons qu'une petite partie d'une structure étendue à l'infini; le schéma du reste ne peut pas se déduire de l'échantillon fragmentaire, segment isolite et par certains côtés ambigu qui possède pourtant une cohérence, un équilibre frappants. Dans cette construction on peut voir non seulement l'idéal d'ordre et de précision scrupuleux recherché par l'artiste, mais aussi un modèle d'un aspect de la pensée contemporaine: la conception du monde comme strictement réglé dans les rapports de composantes élémentaires, et formant pourtant un ensemble ouvert, contingent et sans bornes.

La notion de style.

I.

Par « style », on entend la forme constante — et parfois les éléments, les qualités et l'expression constants — dans l'art d'un individu ou d'un groupe d'individus. Le terme s'applique aussi à l'activité globale d'un individu ou d'une société, comme quand on parle d'un « style de vie » ou du « style d'une civilisation ».

Pour l'archéologue, le style se manifeste dans un motif ou un dessin, ou dans une qualité de l'œuvre d'art qu'il saisit directement et qui l'aide à localiser et à dater l'œuvre tout en établissant des liens entre des groupes d'œuvres ou entre des cultures. Le style, c'est ici un trait symptomatique, comme les caractères non esthétiques d'un produit artisanal. On l'étudie plus souvent comme instrument de diagnostic que pour lui-même, et comme composante importante d'une culture. Quand il parle de style, l'archéologue utilise relativement peu de termes esthétiques ou physionomiques.

Pour l'historien de l'art, le style est un objet d'enquête essentiel. Il étudie ses correspondances intérieures, l'histoire de sa vie et les problèmes que posent sa formation et son évolution. Lui aussi utilise le style comme critère pour dater et situer l'origine des œuvres et comme outil pour dégager des relations entre

---

« Style », publié dans *Anthropology Today*, ed. by Alfred Kroeber, University of Chicago Press, 1953 ; rééd., 1962.

Traduit par Daniel ARASSE.

différentes écoles artistiques. Mais le style est alors, par-dessus tout, un système de formes qui possèdent une qualité et une expression significative rendant visibles la personnalité d'un artiste et la conception générale d'une collectivité. C'est aussi un véhicule d'expression à l'intérieur du groupe, qui communique et qui fixe certaines valeurs de sa vie religieuse, sociale et morale à travers les suggestions émotives des formes. C'est, en outre, un fonds commun qui peut aider à évaluer les innovations et le caractère individuel des œuvres particulières. L'historien de l'art considère la succession des œuvres dans le temps et dans l'espace, il compare les variations de style avec les événements historiques et avec les traits changeants dans d'autres champs de la culture ; il tente ainsi d'expliquer les changements de style ou les traits spécifiques, en s'aidant d'une psychologie inspirée à la fois du simple bon sens et d'une théorie sociale. L'étude historique des styles individuels ou collectifs révèle aussi des étapes et des processus qui sont typiques dans le développement des formes.

Pour celui qui fait une histoire synthétique de la culture, ou pour le philosophe de l'histoire, le style est une manifestation de la culture comme totalité ; c'est le signe visible de son unité. Le style reflète ou projette la « forme intérieure » de la pensée et du sentiment collectifs. Ce qui est important ici n'est pas le style d'un individu ou d'un art isolé ; ce sont les formes ou les qualités partagées par tous les arts d'une même culture pendant un laps de temps significatif. C'est en ce sens que l'on parle de l'homme classique, de l'homme médiéval ou de l'homme de la Renaissance, en tenant compte alors des traits communs découverts dans les styles artistiques de chacune de ces périodes, également illustrés par les textes religieux et philosophiques.

Comme l'artiste, le critique tend à concevoir le style en termes de valeur ; le style en tant que tel est une qualité et le critique peut dire d'un peintre qu'il a « du style », ou d'un écrivain qu'il est un « styliste ». Pris dans ce sens normatif, « style » s'applique surtout aux artistes considérés individuellement et semble échapper au domaine des études historiques et ethnologiques de l'art ; cependant on l'y rencontre souvent aussi, et il faut l'envisager avec sérieux. La notion sert à évaluer une réussite et elle est donc utile pour comprendre à la fois l'art et la culture conçus comme totalité. Les critiques peuvent même considérer comme une grande réussite un style d'époque, dans lequel la plupart des historiens voient un goût collectif, manifeste aussi bien dans les œuvres médiocres que dans les ouvrages de qualité. Ainsi, pour Winckelmann et pour Goethe, le style grec classique n'était pas simplement une convention formelle; c'était une conception à son apogée, mettant en valeur des qualités qu'il était impossible de rencontrer dans d'autres styles et qui apparaissaient même dans les copies romaines d'originaux grecs disparus. Certains styles d'époque nous frappent par leur caractère profondément pénétrant, complet, par leur adéquation particulièrement réussie à leur contenu; la création collective d'un tel style, comme la mise au point consciente d'une norme de langue, constitue un véritable accomplissement. Parallèlement, la présence d'un style identique dans un large éventail d'arts différents est souvent considérée comme le signe de la perfection d'une culture et de l'intensité d'un grand moment créateur. Les arts qui manquent de distinction ou de noblesse particulière de style sont souvent considérés comme « dépourvus de style », et la culture sera jugée faible ou décadente. Point de vue partagé par les philosophes de la culture et de l'histoire ainsi que par certains historiens de l'art.

Toutes ces analyses ont un point commun : elles affirment que tout style est propre à une période de culture et que, dans une culture donnée ou dans une époque de culture, il n'existe qu'un style, ou qu'un éventail limité de styles. Les ouvrages dans le style d'une époque n'auraient pu être produits à une autre. Ces postulats s'appuient sur le fait que le lien entre un style et une époque, déduit d'un nombre limité d'exemples, est confirmé par les objets que l'on découvre par la suite. Chaque fois qu'il est possible de situer une œuvre grâce à des éléments non stylistiques, ces éléments renvoient au même moment historique et au même lieu géographique que les caractéristiques formelles, ou tout au moins à une zone géographique culturellement voisine. L'apparition inattendue d'un style dans une autre région s'explique par la migration ou par le commerce. On n'hésite donc pas à trouver dans le style une clef, en elle-même satisfaisante, permettant de déterminer l'époque et le lieu d'origine d'une œuvre d'art. Partant de ces hypothèses, les spécialistes ont élaboré un tableau systématique, bien qu'incomplet, de la répartition temporelle et géographique des styles à travers de larges régions du globe. Si l'on groupe des œuvres d'art selon un ordre correspondant à la position qu'elles avaient à l'origine dans le temps et dans l'espace, on doit trouver dans leur style des rapports significatifs, que l'on peut rattacher à ceux que les œuvres d'art entretiennent encore avec d'autres traits caractéristiques du domaine culturel dans le temps et dans l'espace.

II.

En général, les styles ne sont pas définis d'une manière rigoureusement logique. Il en est comme des langues : la définition indique l'époque et le lieu l'origine d'un style, ou son auteur, ou encore le rapport historique qu'il entretient avec d'autres styles, plutôt que ses caractéristiques propres. Les caractéristiques des styles varient sans cesse et elles résistent à une classification systématique en groupes parfaitement distincts. Essayer de savoir avec exactitude quand l'art antique finit et quand l'art médiéval commence serait une interrogation dénuée de sens. Il existe, bien sûr, des ruptures et des réactions brutales en art, mais l'enquête montre que, là aussi, il existe souvent des anticipations, des mélanges et des continuités. Par convention, on fixe parfois des limites précises pour simplifier l'étude de problèmes historiques ou pour isoler un type.

Quand on envisage une évolution, ces divisions artificielles peuvent même être désignées par des nombres : styles I, II, III. Mais le nom particulier donné au style d'une période correspond rarement à une caractérisation claire et universellement reconnue d'un type. Pourtant le contact direct avec une œuvre d'art non encore analysée nous permettra souvent de reconnaître un autre objet de même origine, tout comme nous voyons immédiatement qu'un visage est de notre pays ou étranger. Ce fait indique un degré de constance en art qui est la base de toute recherche sur le style. Grâce à des descriptions et à des comparaisons précises, grâce à la mise au point d'une typologie plus riche et plus raffinée, adaptée aux continuités qui se font jour dans les évolutions, il a été possible de réduire les zones de vague et de faire progresser notre connaissance des styles.

Bien qu'il n'y ait pas de systèmes établis d'analyse et que les auteurs puissent souligner des aspects différents selon leur propre point de vue ou selon le problème qu'ils étudient, la description d'un style fait en général référence à trois aspects de l'art : les éléments formels ou motifs, les relations formelles et les qualités (y compris une qualité d'ensemble que l'on peut appeler l'« expression »).

Cette conception du style n'est pas arbitraire, elle est née des expériences de l'enquête. Quand on relie des œuvres d'art à un individu ou à une culture, ce sont ces trois aspects qui donnent le critère de jugement le plus large, le plus stable et, donc, le plus sûr, qui s'accorde le mieux à la théorie moderne de l'art, bien qu'à des degrés divers selon les points de vue. La technique, le sujet et le matériau peuvent caractériser un certain groupe d'œuvres et on les inclut parfois dans les définitions ; mais, en général, ces éléments sont moins propres à l'art d'une certaine période que les traits formels ou qualitatifs. On peut facilement imaginer un changement marqué dans le matériau, la technique ou le sujet qui ne soit pas accompagné d'un changement notable dans la forme fondamentale. Ou encore, quand ces éléments sont constants, on constate souvent qu'ils répondent moins aux nouveaux buts artistiques. Une méthode donnée de la taille de la pierre changera moins vite que les formes du sculpteur ou de l'architecte. Quand une technique coïncide effectivement avec le développement d'un style, plus que le travail lui-même, ce sont les traces laissées par la technique sur la forme qui comptent pour décrire le style. Les matériaux ont une signification surtout en ce qui concerne la qualité de la texture et la couleur, bien qu'ils puissent affecter la conception des formes. En ce qui concerne le sujet, on constate que des thèmes assez différents — portraits, natures mortes et paysages — peuvent apparaître à l'intérieur d'un même style.

Il faut ajouter que les éléments formels ou motifs, bien qu'ils soient très frappants, essentiels même, en ce qui concerne l'expression, ne suffisent pas à caractériser un style. L'arc brisé se rencontre à la fois dans l'architecture gothique et dans l'architecture islamique; l'arc en plein cintre dans les édifices romains, byzantins, romans et renaissants. Pour distinguer ces styles, on doit considérer des caractéristiques d'un autre ordre et, surtout, les différentes manières de combiner les éléments.

Bien que certains auteurs conçoivent le style comme une sorte de syntaxe ou de schéma de composition que l'on peut analyser mathématiquement, personne n'a été en pratique capable de le faire sans recourir au langage vague des qualités dans la description des styles. En peinture, certaines caractéristiques de lumière et de couleur sont bien décrites en termes de qualité, et même comme des qualités tertiaires (intersensorielles) ou physionomiques, telles que le froid ou le chaud, le gai ou le triste. L'écart habituel entre le clair et l'obscur, les intervalles entre les couleurs sur une palette particulière — éléments très importants pour la structure d'une œuvre —, constituent des relations distinctes entre différents éléments; elles ne font pourtant pas partie d'un schéma de composition de l'ensemble. Une œuvre d'art est si complexe que la description des formes reste souvent incomplète sur des points essentiels, se limitant à un compte rendu approximatif d'un nombre restreint de relations. Il est encore plus simple — et mieux en rapport avec l'expérience esthétique — de distinguer des lignes en les qualifiant de dures et de douces que de mesurer leur substance. Si l'on veut caractériser un style avec précision, on classe ces qualités selon leur intensité en comparant différents exemples, soit directement entre eux, soit par référence à une œuvre modèle. Quand des mesures quantitatives ont été faites, elles tendent à confirmer les conclusions que l'on atteint grâce à une description qualitative directe. Néanmoins, il n'y a aucun doute qu'en ce qui concerne les qualités, on pourrait atteindre une précision beaucoup plus grande.

L'analyse applique des concepts qui sont couramment utilisés dans l'enseignement, la pratique et la critique de l'art contemporain; quand ce dernier voit naître de nouveaux points de vue et de nouveaux problèmes, l'attention des spécialistes est attirée sur des caractéristiques des styles passés, jusque-là restées inaperçues. Mais l'étude des œuvres d'autres époques influence également les concepts modernes, par la découverte de variantes esthétiques ignorées dans notre propre art. Pour la recherche historique comme pour la critique d'art, le problème qui consiste à différencier ou à rapprocher deux styles révèle des caractéristiques inattendues, subtiles, et suggère de nouveaux concepts formels. Le postulat de la continuité dans le domaine culturel — qui serait une sorte d'inertie au sens physique du terme — amène à chercher des traits communs dans des styles qui se succèdent et que l'on oppose habituellement, en y voyant des pôles formels; parfois on trouvera moins ces ressemblances dans des aspects évidents que dans d'autres plus cachés — les schémas linéaires des compositions de la Renaissance rappellent des traits du style gothique antérieur et, dans l'art abstrait contemporain, on constate des relations formelles analogues à celles de la peinture impressionniste.

Si l'analyse stylistique est devenue plus raffinée, c'est en partie par suite de problèmes particuliers où l'analyse devait dégager et décrire avec précision des différences minimes : par exemple, les variations régionales à l'intérieur d'une même culture, le processus de l'évolution historique d'année en année, l'évolution des artistes considérés individuellement, la discrimination entre les œuvres du maître et celles de l'élève, entre les originaux et les copies. Dans ces recherches, les critères de datation et d'attribution des œuvres sont souvent physiques ou extérieurs — il s'agit de petits détails symptomatiques — mais, ici aussi, la recherche s'est en général orientée vers la découverte de caractéristiques formulables à la fois en termes de structure et en termes d'expression ou de physionomie. Beaucoup de spécialistes estiment que l'on peut traduire tous les termes d'expression en termes de forme et de qualité, car l'expression dépend de formes et de couleurs particulières et peut être transformée par un léger changement de ces dernières. Parallèlement on voit dans les formes le support d'un affect particulier (le sujet étant mis à part). Mais, ici, la relation n'est pas si claire. En général, l'étude du style tend à établir une corrélation toujours plus forte entre la forme et l'expression. Certaines descriptions sont purement morphologiques, comme si elles traitaient d'objets naturels — de fait, l'ornement a été défini, comme les cristaux, dans le langage mathématique de la théorie des groupes. Mais des termes comme *stylisé, archaïque, naturaliste, maniériste, baroque* sont spécifiquement humanistes; ils font référence aux démarches artistiques et ils impliquent un certain effet expressif. C'est seulement par analogie que des figures mathématiques ont été caractérisées comme *classiques* et *romantiques*.

III.

Les normes de l'art occidental récent ont fortement influencé l'analyse et la définition des styles appartenant à des cultures primitives ou remontant aux premières périodes de l'histoire. On peut néanmoins dire que les valeurs de l'art moderne ont conduit à une analyse plus compréhensive et plus objective des arts exotiques que cinquante ou cent ans plus tôt.

Dans le passé, les gens doués de sensibilité eux-mêmes considéraient que, pour une large part — et, en particulier, en ce qui concernait la représentation —, une œuvre primitive était dénuée d'art; ce que l'on appréciait, c'était surtout l'ornementation et l'habileté de l'artisanat primitif. On croyait que les arts primitifs étaient des tentatives puériles pour représenter la nature — tentatives qui échouaient par suite de l'ignorance et d'un goût irrationnel pour le monstrueux et le grotesque. On n'admettait l'art véritable que dans les cultures hautement développées, quand la connaissance des formes naturelles se combinait à un idéal rationnel, qui donnait beauté et convenance à l'image de l'homme. L'art grec et l'art de la Renaissance italienne à son apogée constituaient les normes à partir desquelles toute forme d'art était jugée, bien que l'on acceptât parfois la phase classique de l'art gothique. Ruskin, qui admirait les œuvres byzantines, pouvait écrire que seule l'Europe chrétienne avait « un art antique pur et précieux, car il n'en existe ni en Amérique, ni en Asie, ni en Afrique ». À partir d'un tel point de vue, il était difficile de différencier avec soin les styles primitifs ou d'étudier avec quelque pénétration leur structure et leur expressivité.

Les changements intervenus dans l'art occidental durant les soixante-dix dernières années ont fait perdre à la représentation naturaliste sa position privilégiée. À la base de la pratique contemporaine et de la connaissance que l'on prend aujourd'hui de l'art du passé, on rencontre un même point de vue théorique : ce qui compte dans un art, quel qu'il soit, ce sont les composants esthétiques élémentaires, les qualités des lignes, des points, des couleurs et des surfaces que l'artiste a fabriqués, et leurs rapports. Ces éléments ont deux caractéristiques : ils ont une capacité expressive intrinsèque et ils tendent à constituer un tout cohérent. On retrouve dans les arts de toutes les cultures la même tendance à une structure cohérente et expressive. Il n'y a plus de contenu ou de mode de représentation privilégié (bien que, pour des raisons obscures à nos yeux, les plus grandes œuvres puissent n'apparaître qu'à l'intérieur de certains styles). On peut atteindre un art parfait quel que soit le sujet ou le style. Un style est comme un langage : il a un ordre et une capacité expressive internes, qui admettent des variations dans l'intensité ou la finesse de la phrase. Ce mode d'analyse relatif n'exclut pas les jugements de valeur absolus ; il les rend possibles à l'intérieur de chaque système parce qu'il abandonne toute norme déterminée de style. Ces idées sont acceptées par la plupart de ceux qui étudient l'art aujourd'hui, même si tous ne les appliquent pas avec la même conviction.

Conséquence de ce nouveau mode d'analyse, il est possible d'envisager tous les arts du monde, même les dessins d'enfants ou de malades mentaux, en les situant sur un même plan d'activité expressive et créatrice de forme. L'art est considéré aujourd'hui comme une des principales manifestations de l'unité fondamentale de l'espèce humaine.

Ce changement radical d'attitude dépend en partie de l'évolution des styles modernes : le matériau à l'état brut et les composantes du travail — le plan de la toile, le morceau de bois, les marques de l'outil, les coups de pinceau, les formes de liaison, les particules et les surfaces de couleur pure — y sont aussi affirmés que les éléments de représentation. Avant même l'invention des styles non représentatifs, les artistes avaient pris une conscience plus profonde des composantes qui construisent esthétiquement un ouvrage, sans avoir de significations formulées.

Dans ces nouveaux styles, bien des éléments rappellent l'art primitif. Les artistes modernes furent, de fait, parmi les premiers à apprécier les œuvres indigènes et à y voir de l'art véritable. Le développement du cubisme et de l'abstraction concentra l'attention sur le problème formel et contribua à rendre plus raffinée la perception de ce qu'il y a de créateur dans une œuvre primitive. Par ses effets dramatiques, l'expressionnisme prépara nos yeux à accepter les modes d'expression les plus simples et les plus intenses et, en même temps que le surréalisme qui valorisait surtout ce qu'il y a d'irrationnel et d'instinctif dans l'imagination, il suscita un intérêt nouveau pour les produits de l'imagination primitive. Mais, malgré toutes leurs ressemblances évidentes, les peintures et les sculptures modernes diffèrent, par leur contenu et par leur structure, des ouvrages primitifs. Ce qui, dans l'art primitif, appartient à un monde établi de croyances et de symboles, se manifeste dans l'art moderne comme une expression individuelle qui porte la trace d'une attitude libre, expérimentale à l'égard des formes. Les artistes modernes ressentent, néanmoins, une affinité spirituelle avec le primitif : il est plus proche d'eux que par le passé à cause de leur propre idéal de franchise et d'intensité dans l'expression, et parce qu'ils désirent une vie plus simple, qui permette à l'artiste de participer plus effectivement aux événements collectifs que ne le lui permet la société moderne.

Un des résultats de l'évolution contemporaine a été une tendance à négliger le contenu de l'art du passé ; les représentations les plus réalistes sont contemplées comme de pures constructions de lignes et de couleurs. L'observateur est souvent indifférent aux significations originales des ouvrages, bien qu'il puisse, à travers elles, éprouver un vague sentiment de poésie et de religion. La forme et la capacité expressive des œuvres anciennes sont, alors, envisagées en dehors de tout contexte et l'histoire de l'art devient un développement immanent de formes. Parallèlement à ce courant, d'autres spécialistes ont mené une recherche fructueuse sur les significations, les symboles et les types iconographiques de l'art occidental, en s'appuyant sur les textes mythologiques et religieux; grâce à ces études, on a considérablement approfondi la connaissance du contenu de l'art et on a découvert, dans ce contenu, des analogies avec le caractère des styles. Cela a renforcé le point de vue selon lequel l'évolution des formes, loin d'être autonome, est liée aux changements d'attitudes et d'intérêts qui apparaissent plus ou moins clairement dans le sujet de l'art.

IV.

Les spécialistes ont rapidement remarqué que les traits qui constituent un style ont une qualité en commun. Ils ont tous l'air d'être marqués par l'expression de l'ensemble, ou bien il existe un trait dominant auquel les éléments ont été adaptés. Les différentes parties d'un temple grec ont l'allure d'une famille de formes. Dans l'art baroque, il existe un goût pour le mouvement qui entraîne l'affaiblissement des limites, l'instabilité des masses et la multiplication de larges contrastes. Pour beaucoup d'auteurs, qu'il s'agisse d'un individu ou d'un groupe d'individus, un style est une unité rigoureuse, qui parcourt tout. L'étude stylistique constitue souvent une recherche de correspondances cachées, que l'on explique à l'aide d'un principe organisateur déterminant à la fois le caractère des parties et la disposition de l'ensemble.

Cette attitude s'appuie sur l'expérience du spécialiste qui identifie un style à partir d'un petit fragment trouvé au hasard. Un morceau de pierre sculptée, le profil d'une moulure, quelques lignes dessinées ou même une simple lettre tirée d'une page d'écriture possèdent, pour celui qui les étudie, la qualité de l'ouvrage dans son ensemble et il est possible de les dater avec précision; devant ces fragments, nous avons la conviction que nous pénétrons la totalité originelle. De la même manière, c'est son incongruité qui nous fait identifier un détail ajouté ou restauré dans une œuvre ancienne. Le sentiment de l'ensemble se retrouve dans les parties les plus minimes.

Je ne sais pas dans quelle mesure ce point de vue serait confirmé si l'on comparait des morceaux pris à des œuvres exécutées dans des styles différents. Pour certaines de ces observations, nous touchons peut-être à un niveau microstructurel, niveau auquel l'identité des parties ne renvoie qu'à l'homogénéité d'un style ou d'une technique, et non pas à une unité complexe au sens esthétique du terme. La touche d'un peintre lui est personnelle; on peut la décrire en dégageant des constantes dans la force de sa pression, dans son rythme, dans la dimension des coups de pinceau; pourtant, elle peut très bien n'avoir aucune relation évidente avec d'autres caractéristiques, également uniques, que l'on rencontre dans les formes plus vastes. Il existe des styles dans lesquels de larges parties d'une œuvre sont conçues et exécutées de différentes façons, sans que l'harmonie de l'ensemble soit détruite. Dans la sculpture africaine, une tête extrêmement naturaliste, taillée avec douceur, peut se dresser sur un corps grossier, presque informe. Une esthétique normative pourrait y voir une œuvre imparfaite, mais il serait difficile de justifier ce point de vue. Dans les peintures occidentales du XVe siècle, des personnages et des paysages réalistes sont placés devant un fond d'or, qui, au Moyen Âge, avait un sens spiritualiste. Dans l'art islamique, comme dans certains styles africains et océaniens, des formes à trois dimensions d'une grande clarté et d'une grande simplicité — des plats et des animaux en métal, la coupole des bâtiments — ont des surfaces repoussées aux riches motifs de dessins en dédale; dans l'art gothique et dans l'art baroque, au contraire, le traitement complexe de la surface est associé à la silhouette également compliquée de l'ensemble. Dans l'art roman, les proportions des figures ne sont pas soumises à un canon unique, comme c'est le cas dans l'art grec, mais il existe, à l'intérieur de la même sculpture et variant selon la taille de la figure, deux ou trois systèmes de proportions différents.

On connaît également en littérature de telles variations à

l'intérieur d'un style, parfois dans de grandes œuvres, comme dans les pièces de Shakespeare, où l'on rencontre en même temps vers et prose de textures différentes. Les Français qui les lisaient et qui avaient devant eux le modèle de leurs propres tragédies classiques ont été troublés par les éléments de comédie contenus dans les tragédies de Shakespeare. Nous voyons dans ce contraste une nécessité liée au contenu et à l'idée que le poète se faisait de l'homme — les différents modes d'expression appartiennent à des types d'humanité contrastés; mais le purisme classique condamnait ce contraste : il n'était pas artistique à ses yeux. Dans la littérature moderne, les deux types de style, le style rigoureux et le style libre, coexistent et expriment des points de vue différents. Il est possible de voir, dans des parties opposées, des éléments qui contribuent à construire un ensemble qui doit son caractère au jeu et à l'équilibre de qualités contrastées. Mais, dans ce cas, la notion de style a perdu cette uniformité cristalline et cette correspondance simple des parties au tout que nous avions à l'origine. L'intégration peut se faire d'une manière plus lâche, plus complexe, en travaillant sur des parties dissemblables.

Il existe une autre exception intéressante à l'homogénéité dans le style, c'est la différence entre les domaines marginaux et centraux à l'intérieur de certains arts. Dans les premières œuvres byzantines, les souverains sont représentés à l'aide de formes statuesques, rigides, tandis que les petites figures d'accompagnement, exécutées par le même artiste, conservent la vivacité d'un style plus ancien, anecdotique et naturaliste. Dans l'art roman, cette différence peut être tellement marquée que des spécialistes ont supposé, à tort, que certaines œuvres espagnoles avaient été réalisées partie par un artiste chrétien, partie par un artiste musulman. Dans certains cas, les formes qui se trouvent dans les marges ou à l'arrière-plan ont un style plus avancé que celui des parties centrales et elles annoncent une étape postérieure de l'art. Dans les œuvres médiévales, les figures hors cadre qui se trouvent dans les marges des manuscrits enluminés ou sur les corniches, les chapiteaux et les piédestaux sont souvent plus libres et plus naturalistes que les figures principales. On en est surpris, car on s'attendrait plutôt à rencontrer les formes les plus avancées là où se trouve le contenu dominant. Mais, dans l'art médiéval, le sculpteur ou le peintre est souvent plus hardi quand il est moins tenu par une obligation extérieure; souvent, il cherche, trouve et s'approprie les zones de liberté. De la même manière, les dessins ou les esquisses d'un artiste sont en avance par rapport aux peintures achevées et ils suggèrent un autre aspect de sa personnalité. Dans les peintures du xve siècle, l'exécution des paysages à l'arrière-plan des figures est parfois d'un modernisme étonnant et elle contraste fortement avec les formes précises des grands personnages. Ces observations nous apprennent combien il faut, quand on décrit et explique un style, considérer son aspect non homogène, instable, les obscures tendances qui s'y manifestent vers de nouvelles formes.

S'il est vrai qu'à toutes les époques les artistes mettent tous leurs efforts à créer des œuvres douées d'unité, l'idéal rigoureux de cohérence est essentiellement moderne. Dans l'art civilisé aussi bien que dans l'art primitif, on constate souvent que des ouvrages de styles différents sont combinés pour former un tout unique. On incorporait souvent des pierres antiques dans des reliquaires médiévaux. Il existe peu de bâtiments médiévaux qui soient homogènes, car ils sont le travail de plusieurs générations d'artistes. Ce phénomène est largement reconnu par les historiens, bien que des théoriciens de la culture aient naïvement signalé, dans le conglomérat de la cathédrale de Chartres, un modèle d'unité stylistique, en l'opposant au caractère hétérogène, sans style, des arts de la société moderne. Dans le passé, on n'éprouvait pas le besoin de restaurer un ouvrage endommagé ou de compléter une œuvre inachevée dans le style d'origine. De là vient cette étrange juxtaposition de styles que l'on rencontre dans certains objets médiévaux. On doit cependant reconnaître que certains styles, en vertu de leurs formes irrégulières, ouvertes, tolèrent mieux que d'autres l'inachevé et l'hétérogène.

Tout comme l'œuvre particulière peut contenir des parties que nous rattacherions à des styles différents si nous les rencontrions dans des contextes séparés, un individu peut également produire, dans un même court laps de temps, des œuvres dans lesquelles on reconnaît, pour ainsi dire, deux styles. On trouve un exemple manifeste de ce phénomène dans les écrits d'auteurs bilingues, ou dans l'œuvre du même homme travaillant dans des arts différents, ou même dans différents genres du même art — peinture murale ou de chevalet, poésie dramatique ou lyrique. Un ouvrage de grande dimension exécuté par un artiste qui travaille surtout en petite dimension, ou une petite œuvre exécutée par un maître de la grande dimension, peut égarer un expert des styles. Ce n'est pas seulement la touche qui va changer, c'est aussi l'expression et la méthode du groupement des formes. Un artiste n'est pas présent au même degré dans tout ce qu'il fait, bien que certains traits caractéristiques puissent être constants. Au XXᵉ siècle, certains artistes ont opéré des changements de style si radicaux en l'espace de quelques années, qu'il serait difficile, sinon impossible, de reconnaître une main identique dans ces œuvres, si le nom de leur auteur se perdait. Dans le cas de Picasso, on voit deux styles — le cubisme et une sorte de naturalisme classicisant — pratiqués en même temps. On pourrait découvrir des caractères communs entre certains détails de ces deux styles — dans les qualités des coups de pinceau, les différences d'intensité, ou dans les constantes subtiles de l'espacement et des tons ; mais ces caractères ne sont pas les éléments qui servent, ordinairement, à définir l'un ou l'autre de ces styles. Et même dans ce cas, de même qu'une statistique obtient des résultats différents selon la taille des échantillons de population envisagés, de même, dans des œuvres d'échelles différentes exécutées par un même artiste, l'échelle peut avoir de l'influence sur la fréquence de récurrence des éléments de la taille la plus réduite ou sur la forme des petites unités. L'époque moderne fait l'expérience des variantes stylistiques et du manque d'homogénéité à l'intérieur d'un style artistique ; celle-ci mènera peut-être à une conception plus raffinée du style. En tout état de cause, il est évident que l'idée du style comme constante manifeste et unifiée repose sur une conception particulière et normative de la stabilité d'un style et se déplace des grandes formes aux petites, quand l'ensemble gagne en complexité.

Ce que l'on vient de dire ici sur les limites que peut avoir l'unité de la structure dans une œuvre isolée ou dans les œuvres d'un artiste particulier s'applique aussi au style d'un groupe d'individus. Comme une langue, le style d'un groupe contient souvent des éléments qui appartiennent à des couches historiques différentes. La recherche vise à dégager des critères permettant de distinguer avec précision les œuvres de groupes différents et de relier un style donné à d'autres caractéristiques du groupe auquel il appartient; mais il existe des cultures dans lesquelles on rencontre, au même moment, différents styles de groupe en nombre variable. Ce phénomène se lie souvent aux différences de fonction qu'ont les arts, ou aux différences de classe qui existent entre les artistes. Les arts pratiqués par les femmes ont un autre style que ceux qui le sont par les hommes; l'art religieux diffère de l'art profane, et l'art civique de l'art privé; et, dans des cultures plus développées, la stratification des classes sociales entraîne souvent une variété de style qui ne se manifeste pas seulement entre milieu rural et milieu urbain, mais à l'intérieur d'une même communauté urbaine. Cette diversité apparaît très clairement aujourd'hui où nous voyons coexister un art officiel et académique, un art commercial de masse et un art d'avant-garde plus libre. Mais on est encore plus frappé devant l'immense éventail de styles autorisé par ce dernier — même si, sans doute, les historiens futurs doivent y trouver un dénominateur commun.

Certains critiques considèrent que cette hétérogénéité est le signe d'une culture instable et mal intégrée; on peut au contraire y voir une conséquence nécessaire et positive de la liberté de choix des individus et de la dimension planétaire de la culture moderne, qui autorise une plus grande interaction des styles qu'auparavant. La diversité contemporaine prolonge et intensifie une diversité que l'on avait déjà remarquée dans des états antérieurs de notre culture, y compris au Moyen Âge et à la Renaissance que l'on tient pourtant pour des modèles de forte et étroite intégration. L'unité de style à laquelle s'oppose la diversité actuelle constitue un type particulier d'élaboration stylistique, adéquat à des fins et à des conditions particulières; il serait impossible de l'atteindre de nos jours sans détruire les valeurs les plus appréciées de notre culture.

Si nous envisageons maintenant les relations que peuvent

entretenir entre eux les styles collectifs de différents arts visuels, nous remarquons que, si l'art baroque présente des ressemblances remarquables en architecture, en sculpture et en peinture, d'autres périodes, comme le carolingien ou le pré-roman et l'art moderne, connaissent une diversité artistique sur des points essentiels. En Angleterre, au Xe et au XIe siècle — époque de grande réussite où l'Angleterre était au premier plan de l'art européen —, le dessin et la peinture se caractérisent par un style linéaire plein d'enthousiasme, animé d'un mouvement énergique et débordant, tandis que l'architecture reste inerte, massive, close et possède d'autres principes d'organisation. On a expliqué une telle variété en y voyant un signe d'immaturité; mais on pourrait relever des contrastes similaires entre deux arts différents à des époques postérieures, dans la Hollande du XVIIe siècle, par exemple, où Rembrandt et son école sont contemporains de bâtiments construits dans le style classique de la Renaissance.

Quand on compare les styles contemporains d'arts recourant à des moyens d'expression différents — littérature, musique, peinture —, les différences sont tout aussi frappantes. Il existe cependant des époques où l'unité est très poussée et elles ont attiré l'attention des spécialistes plus que celles qui étaient des exemples de diversité. On a appliqué le concept de baroque à l'architecture, à la sculpture, à la peinture, à la musique, à la poésie, au drame, à l'art des jardins, à l'écriture et même à la philosophie et à la science. Le style baroque a donné son nom à toute la culture du XVIIe siècle, bien qu'elle n'exclût pas des tendances contradictoires à l'intérieur d'un même pays ou une individualité très grande des arts nationaux. C'est ce type de style qui fascine le plus les historiens et les philosophes; ils admirent, dans ce grand spectacle d'unité, le pouvoir qu'ont une idée ou une attitude directrices d'imposer une forme commune aux contextes les plus variés. Pour certains historiens, la force dominante, formatrice de style, s'identifie à une vision du monde partagée par la société dans son ensemble; pour d'autres, c'est une institution particulière, comme l'Église ou la monarchie absolue, qui, dans certaines conditions, devient la source d'un point de vue universel, et le pouvoir organisateur de toute vie culturelle. Cette unité n'est pas nécessairement organique; elle peut être comparée également à celle d'une machine qui n'a qu'une liberté de mouvement limitée; dans un organisme complexe, les parties sont dissemblables et leur intégration est plus une affaire d'interdépendance fonctionnelle que de répétition du même schéma à travers tous les organes.

Une unité stylistique aussi grande est une réussite remarquable et elle semble indiquer une conscience particulière du style — les formes de l'art étant ressenties comme un langage nécessaire et universel; il existe cependant des moments de grande réussite à l'intérieur d'un art particulier, pourvu de caractéristiques plus ou moins isolées par rapport à celles des autres arts de la même époque. Nous chercherions en vain, en Angleterre, un style de peinture qui corresponde à la poésie ou au drame élisabéthains; de même, dans la Russie du XIXᵉ siècle, il n'existait pas, en peinture, de véritable parallèle au grand mouvement qui animait la littérature. Nous constatons, dans ces cas, que les arts ont des rôles différents à l'intérieur de la culture et de la vie sociale d'une époque et qu'ils expriment, dans leur contenu comme dans leur style, des intérêts et des valeurs différents. Le point de vue dominant d'une époque donnée — s'il est possible de l'isoler — n'affecte pas tous les arts au même degré; de même que tous les arts ne sont pas également capables d'exprimer un même point de vue. Les conditions spécifiques d'un art particulier sont souvent assez fortes pour y entraîner une déviation dans l'expression.

V.

La conception organique du style trouve son corollaire dans la recherche d'analogies biologiques en ce qui concerne le développement des formes. Une première conception, calquée sur l'histoire vitale des organismes, attribue à l'art un cycle récurrent passant de l'enfance à la maturité, puis à la vieillesse, et coïncidant avec l'essor, la maturité et le déclin de la culture prise comme une totalité. Une autre conception dépeint ce processus comme une évolution infinie, qui part des formes les plus primitives pour aller vers les formes les plus avancées, et qui comporte, à chaque pas, une polarité manifeste.

Dans le processus cyclique, chaque étape possède son style caractéristique, ou sa série de styles. L'histoire de l'art occidental sert de modèle à un schéma enrichi à l'intérieur duquel l'archaïque, le classique, le baroque, l'impressionniste et l'archaïsant constituent des types de style qui se succèdent selon un mouvement irréversible. On estime alors que la phase classique produit les plus grandes œuvres; celles qui succèdent correspondent à un déclin. On a constaté la même série dans le monde grec et dans le monde romain et, d'une manière un peu moins claire, en Inde et en Extrême-Orient. Cette succession des styles est moins évidente pour d'autres cultures, bien que le type archaïque soit largement répandu et qu'il soit parfois suivi de ce que l'on peut considérer comme une phase classique. C'est seulement en forçant le sens des termes que l'on peut découvrir des tendances aux types baroque et impressionniste à l'intérieur du développement plus simple que connaissent les arts primitifs.

(L'analyse est rendue plus confuse par le fait que les mêmes dénominations — *baroque, classique* et *impressionniste* — peuvent s'appliquer à la fois à un style n'apparaissant qu'une fois dans l'histoire et à un type ou à une phase stylistiques récurrents. Nous distinguerons le nom du style unique par une capitale, le Baroque. Mais cela ne résoudra pas l'embarras qu'il y a à parler de la dernière phase de Baroque au XVIIᵉ siècle comme de *baroque*. Une difficulté similaire est suscitée par le mot de style; il sert à désigner les formes communes d'une période particulière, mais aussi les formes que l'on retrouve dans une même phase de l'évolution dans des périodes différentes.)

Le schéma cyclique d'évolution ne s'applique pas sans difficulté au monde occidental lui-même, à partir duquel il a été pourtant conçu. La phase classique de la Renaissance est précédée par les styles gothique, roman et carolingien; ces trois styles ne peuvent pas être tous classés dans la même catégorie de l'archaïque. Il est cependant possible de découper l'évolution de l'art occidental en deux grands cycles — le médiéval et le moderne — et d'interpréter le Gothique tardif de l'Europe du Nord, contemporain de la Renaissance italienne, comme un style de type baroque. Mais, en même temps que le Baroque du XVIIᵉ siècle, on trouve un style classique qui, à la fin du XVIIIᵉ siècle, remplace le Baroque.

On a également constaté que la dernière phase de l'art gréco-romain, en particulier en architecture, ne constitue pas un style décadent, indiquant une période de déclin : il s'agit de quelque chose de neuf. Le courant archaïsant n'est que secondaire à côté des réalisations originales du dernier art impérial et de l'art paléochrétien. D'une manière similaire, qu'on l'envisage comme la fin d'une vieille culture ou comme le début d'une nouvelle, l'art complexe du XXᵉ siècle ne correspond ni à la catégorie d'un art de déclin, ni à celle d'un art archaïque.

Par suite de ces divergences, et d'autres encore, les historiens de l'art utilisent peu, désormais, l'ancien schéma cyclique, servant aussi à mesurer la durée d'une culture. Il ne constitue qu'une approximation très grossière de ce qui caractérise différents moments isolés de l'art occidental. Pourtant, certaines étapes, certains pas du cycle semblent être assez fréquents pour qu'on les étudie encore comme des processus typiques, en excluant la théorie d'une forme close d'évolution cyclique.

Certains historiens, tout en conservant le concept de cycles, en ont restreint la portée d'application. Ils ne l'appliquent plus à l'évolution à long terme, mais à l'histoire des styles d'une ou deux périodes. L'art roman appartient à la première étape du grand cycle occidental et il a beaucoup de traits en commun avec les arts primitifs grec et chinois ; on y a remarqué différentes phases, à l'intérieur d'une période relativement courte, qui ressemblent aux phases archaïque, classique et baroque du schéma cyclique. On a fait la même observation à propos de l'art gothique. Mais, dans l'art carolingien, la succession est différente ; les phases les plus baroques et impressionnistes sont les premières, les phases classique et archaïque viennent plus tard. Ce phénomène peut être dû en partie au caractère des œuvres plus anciennes que l'on copiait alors ; mais il montre combien il est difficile de proposer une vue systématique de l'histoire de l'art en recourant au schéma cyclique. Dans la ligne continue de développement de l'art occidental, beaucoup de nouveaux styles ont été créés sans qu'il y eût de ruptures ou de nouveaux commencements, causés par l'épuisement ou la mort d'un style précédent. D'un autre côté, dans l'ancienne Égypte, l'idée d'un dynamisme latent des styles est difficilement confirmée à cause du rythme excessivement lent de l'évolution : un style établi se maintient, dans ce cas, avec seulement de légers changements dans la structure de base, pendant plusieurs milliers d'années, ce qui constitue un laps de temps durant lequel l'art grec et occidental parcourt deux fois l'ensemble du cycle des types stylistiques.

Si la courbe exceptionnelle de l'art carolingien est due à des conditions particulières, il peut se faire aussi que ce que l'on suppose être un processus autonome d'évolution dépende de circonstances extra-artistiques. Mais les théoriciens de l'évolution cyclique n'ont pas étudié les mécanismes et les conditions de la croissance comme l'ont fait les biologistes. Ils reconnaissent seulement un principe de latence que certaines conditions peuvent accélérer ou retarder, mais non pas produire. Pour rendre compte du caractère particulier des arts de chaque cycle, pour expliquer, par exemple, la différence évidente qui distingue un style grec d'un style d'Europe occidentale et d'un style chinois à la même étape d'évolution, ils font en général appel à la théorie raciale, chaque cycle étant réalisé par un peuple doué de traits spécifiques.

En opposition avec le schéma organique et cyclique d'évolution, Heinrich Wölfflin a élaboré un modèle plus raffiné, qui exclut tout jugement de valeur et toute métaphore vitale sur la naissance, la maturité et le déclin. Dans une belle analyse de l'art de la Renaissance à son apogée et de l'art du XVIIe siècle, il isole cinq paires de polarités, qui lui servent à définir les styles opposés de ces deux périodes. Il applique ces termes à l'architecture, à la sculpture, à la peinture et à ce qu'on appelle les « arts décoratifs ». Il oppose le linéaire au pittoresque *(malerisch)*, la forme parallèle à la surface à la forme oblique dans la profondeur, le clos (ou tectonique) à l'ouvert (ou atectonique), le composé au continu, le clair au relativement confus. Le premier terme de chacune de ces paires caractérise le stade de la Renaissance classique, le second se rattache au Baroque. Wölfflin pensait que le passage d'une série de qualités à l'autre n'était pas une particularité de l'évolution de cette seule période; il y voyait un processus nécessaire qui survenait dans la plupart des périodes de l'histoire. Adama Van Scheltema appliqua ces catégories aux étapes successives des arts européens, depuis la Préhistoire jusqu'à l'époque des grandes invasions. Le modèle de Wölfflin a servi pour étudier également diverses autres périodes, il a servi aux historiens de la littérature et de la musique et même à un historien de l'évolution économique. Wölfflin reconnaissait que son modèle ne s'appliquait pas uniformément à l'art allemand et à l'art italien; pour expliquer les éléments divergents, il étudia les particularités propres à chacun de ces deux arts nationaux, en pensant qu'il s'agissait de « constantes », résultats de dispositions natives qui modifiaient jusqu'à un certain point les tendances innées et normales de l'évolution. La constante allemande, plus dynamique et plus instable, favorisait la deuxième série de qualités; la constante italienne, plus calme et délimitée, favorisait la première. De cette manière, Wölfflin pensait qu'il pouvait expliquer le caractère précocement *malerisch* et baroque de l'art allemand dans sa phase renaissante et classique, de même que le classicisme persistant dans le Baroque italien.

Les faiblesses du système de Wölfflin sont apparues à la plupart des spécialistes. Non seulement il est difficile d'introduire dans ce schéma l'important style qu'on appelle « Maniérisme » et qui apparaît entre la Renaissance à son apogée et le Baroque; mais, de plus, l'art préclassique du XVᵉ siècle est, pour Wölfflin, un style qui manque de maturité, un style mal intégré car il s'adapte mal aux termes qu'il emploie. On ne peut pas non plus définir l'art moderne grâce à l'une ou l'autre de ces séries de termes, bien que certains styles modernes manifestent des caractéristiques propres aux deux séries — il existe des compositions linéaires qui sont ouvertes, et d'autres picturales et closes. Il est évident que le linéaire et le pictural sont des types fondamentaux de styles, dont on trouve des exemples à d'autres périodes, plus ou moins proches du modèle de Wölfflin. Mais l'unité particulière de chaque série de termes n'est pas une unité nécessaire — bien qu'il soit possible de soutenir que le Classique et le Baroque de la Renaissance sont des styles « purs » dans lesquels se manifestent, d'une manière idéale, complète et lisible, des principes fondamentaux de l'art. On peut imaginer et découvrir, à travers l'histoire, d'autres combinaisons à partir de cinq de ces dix termes. On avait ignoré le Maniérisme en y voyant un phénomène de décadence; on le décrit aujourd'hui comme un type d'art apparaissant également dans d'autres périodes. Wölfflin ne peut donc avoir raison quand il affirme qu'une fois donné le premier type d'art — la phase classique —, le second suivra nécessairement. Cette succession dépend peut-être de conditions particulières qui ont effectivement joué à certaines époques, mais pas à toutes. Wölfflin considère pourtant que l'évolution obéit à une détermination interne; les conditions extérieures ne peuvent, pour lui, que retarder ou faciliter le processus; elles ne font pas partie de ses causes. Ses termes n'ont, pour lui, pas d'autre sens qu'artistique; ils décrivent deux modes typiques de la vision et ils sont indépendants de tout contenu expressif; bien que les artistes puissent choisir des thèmes plus ou moins en accord avec ces formes, ces dernières n'en sont pas, pour autant, le résultat d'un besoin d'expression. Il est donc étonnant que les qualités attribuées à ces formes pures puissent être attribuées aussi aux dispositions psychologiques du peuple italien et du peuple allemand.

Comment ce processus aurait pu être répété après le XVIIᵉ siècle en Europe reste un mystère, puisqu'il exigeait — comme dans le passage du Néo-classicisme à la peinture romantique — une évolution inverse du baroque au néo-classique.

Dans un livre postérieur, Wölfflin nuança certaines de ses positions; il admit que ces formes pures pouvaient correspondre à une vision du monde et que les circonstances historiques, la religion, la politique, etc., pouvaient influencer l'évolution. Mais il était incapable de modifier ses schémas et ses interprétations en accord avec ces nouvelles idées. En dépit de ces difficultés, on ne peut qu'admirer Wölfflin, car il a tenté de s'élever au-dessus des particularités stylistiques, pour atteindre une construction générale qui simplifie et organise la question.

Pour résoudre les difficultés inhérentes au schéma de Wölfflin, Paul Frankl a conçu un modèle d'évolution qui combine la structure bipolaire et le schéma cyclique. Il pose en postulat qu'il existe un mouvement récurrent entre deux pôles stylistiques — entre un style de l'Être et un style du Devenir; mais, à l'intérieur de chacun de ces styles, on trouve trois étapes : préclassique, classique et postclassique; et, dans la première et la troisième étape, il identifie des tendances de choix correspondant à ces moments historiques qui, comme le Maniérisme, sortiraient de la normale dans le schéma de Wölfflin. Ce qui est le plus original dans la construction de Frankl — et nous ne pouvons pas commencer à indiquer la richesse de ses nuances ou la complexité de ses articulations —, c'est que, pour tenter de déduire cette évolution et ces phases — ainsi que les nombreux types de styles compris dans son système —, il part de l'analyse de formes élémentaires et du nombre limité de leurs combinaisons possibles, qu'il a, par ailleurs, étudiées avec le plus grand soin. Ce schéma n'est pas destiné à décrire l'évolution historique réelle — affaire très irrégulière —, mais à fournir, en ce qui concerne les tendances inhérentes ou normales de l'évolution, un modèle ou un plan idéal, qui soit fondé sur la nature des formes. De nombreux facteurs, sociaux et psychologiques, viennent contraindre ou faire diverger les tendances innées et ils déterminent d'autres trajets; mais on ne peut comprendre ces derniers, selon Frankl, si l'on ne fait pas référence à son modèle et au raisonnement déductif qu'il propose pour les possibilités formelles.

Le livre de Frankl, un ouvrage de plus de mille pages, fut malheureusement publié à un moment, en 1938, où il ne pouvait pas recevoir toute l'attention qu'il méritait; et, depuis cette date, on l'a pratiquement ignoré dans la littérature sur le sujet, bien qu'il s'agisse certainement de la tentative la plus sérieuse de ces dernières années en vue de donner des fondations systématiques à l'étude des formes artistiques. Il n'existe pas d'auteur qui ait analysé aussi complètement les types de styles.

En dépit de leurs intuitions et de leur ingéniosité dans l'élaboration de modèles d'évolution, les théoriciens n'ont eu qu'une influence relativement restreinte sur les recherches consacrées à des problèmes particuliers; c'est peut-être parce qu'ils n'ont pas fourni de pont satisfaisant qui permît de passer du modèle au style historique et spécifique, avec ses développements variés. Les principes qui servent à expliquer les grandes ressemblances que l'on trouve dans l'évolution sont d'un autre ordre que ceux qui servent à expliquer les faits isolés. Le mouvement normal et le mouvement dû à des facteurs que l'on suppose perturbateurs appartiennent à deux mondes différents; le premier est inhérent à la morphologie des styles, le second a une origine psychologique ou sociale. C'est comme si la mécanique avait deux séries de lois différentes, l'une pour les mouvements irréguliers, l'autre pour les mouvements réguliers. C'est pourquoi ceux qui sont surtout intéressés par une approche unifiée de l'étude de l'art ont divisé l'histoire du style en deux aspects, que l'on ne peut déduire ni l'un de l'autre, ni d'un principe commun.

Parallèlement aux théoriciens de l'évolution cyclique, d'autres spécialistes ont étudié l'évolution des styles en l'analysant comme un processus continu d'évolution à long terme. Ici aussi, on trouve des pôles et des étapes, ainsi que des allusions à un processus universel, bien que non cyclique; mais les pôles sont, cette fois, ceux de la première et de la dernière étape et ils sont déduits d'une définition du but de l'artiste ou de la nature de l'art, ou encore d'une théorie psychologique.

Ceux qui ont étudié les premiers l'histoire de l'art primitif la concevaient comme une évolution comprise entre deux pôles, le pôle géométrique et le pôle naturaliste. Leur thèse s'appuyait sur la constatation que, dans son développement, l'art des cultures historiques part en général de formes stylisées, géométriques ou simples, pour aller vers des formes plus naturelles; ils se fondaient aussi sur l'idée que les styles les plus naturalistes appartiennent au type le plus élevé de culture, à la culture la plus avancée dans la connaissance scientifique et à celle qui est le mieux capable de représenter le monde par des images exactes. Dans sa démarche, l'art s'accordait pour eux à la nature elle-même, dont l'évolution va du simple au complexe, et on comparait ce développement à celui des dessins d'enfants

qui, dans notre propre culture, vont de formes schématiques ou
géométriques vers des formes naturalistes. Ce point de vue était
également encouragé par l'origine de certaines formes géométriques dans les techniques industrielles primitives.

C'est une contradiction piquante que l'on constate quand on
envisage à la lumière de ces arguments les peintures paléoli-
thiques de l'âge des cavernes, l'art le plus ancien que nous connaissions : ce sont des merveilles de représentation — quels que
soient les éléments de schématisme dans ces œuvres, elles sont
plus naturalistes que l'art postérieur du néolithique et de l'âge
du bronze —, tandis que les formes naturalistes du XXᵉ siècle
ont donné naissance à l'« abstraction » et aux styles appelés
« subjectifs ». Mais, mises à part ces exceptions paradoxales, on
peut constater que, dans les arts historiques — comme à la fin
de l'Antiquité et à l'époque paléochrétienne —, des formes
libres et naturalistes sont progressivement stylisées pour
devenir ornementales. À la fin du XIXᵉ siècle, le dessin d'ornement
se faisait souvent à travers une stylisation, une géométrisation
des motifs naturels ; et ceux qui connaissaient l'art contemporain n'étaient pas longs à distinguer dans les styles géométriques des arts primitifs vivants les traces d'un modèle naturaliste
antérieur. L'enquête scientifique montre que les deux processus
existent dans l'histoire ; il y a peu de raisons pour considérer
l'un plutôt que l'autre comme plus typique ou plus primitif.
Les formes géométriques et les formes naturalistes peuvent
apparaître indépendamment dans des contextes différents et
coexister à l'intérieur d'une même culture. Ce qui s'est passé
dans le domaine artistique ces cinquante dernières années suggère en outre que le degré de naturalisme artistique ne constitue
pas un indice sûr du niveau technologique ou intellectuel atteint
par une culture. Cela ne signifie pas que le style ne dépend pas
de ce niveau ; cela signifie seulement qu'il faut appliquer
d'autres concepts que ceux de naturalisme et de géométrisme
quand on envisage ce type de relations. L'opposition essentielle
ne se trouve pas entre le naturel et le géométrique, mais entre
certains modes de composition de motifs naturels et géométriques. De ce point de vue, l'art « abstrait » de l'époque
moderne manifeste un goût pour les formes ouvertes, asymé-

triques, emmêlées et incomplètes, d'apparence accidentelle; il est, par là, beaucoup plus proche des principes de composition de la peinture et de la sculpture réaliste ou impressionniste que de quelque art primitif que ce soit et de ses éléments géométriques. Le caractère des thèmes, « abstraits » ou naturalistes, joue un rôle important dans l'aspect concret de l'œuvre d'art; les historiens utilisent pourtant moins les catégories de naturalisme et de géométrisme que des concepts structuraux plus subtils, qui s'appliquent aussi à l'architecture où le problème de la représentation semble ne pas se poser. C'est avec des concepts de ce genre que Wölfflin et Frankl ont élaboré leurs modèles.

La représentation des formes naturelles a néanmoins été une fin visée par les arts de nombreuses cultures. On peut y voir une idée commune spontanée ou une idée qui s'est diffusée à partir d'un centre préhistorique donné; il n'en reste pas moins que la question de savoir comment représenter la figure humaine ou animale a été abordée indépendamment par les différentes cultures. Or les solutions données ne présentent pas seulement des traits semblables dans la manière de rendre ces figures, elles offrent aussi un parallélisme remarquable dans la succession des étapes que connaissent les solutions. Il est fascinant de comparer les changements dans la représentation des yeux ou des plis de vêtements à travers la succession des styles dans la sculpture en Grèce, en Chine et dans l'Europe du Moyen Âge. L'évolution de ce genre de détails va d'un type très schématique à un type naturaliste; mais on peut difficilement rapporter l'évolution chinoise ou européenne à une influence directe des modèles grecs; car ces ressemblances ne se manifestent pas seulement entre des styles géographiquement très éloignés; elles se manifestent aussi entre des séries distinctes dans le temps. Pour rendre compte des formes chinoises et romanes comme de copies des formes grecques antérieures, il faudrait supposer qu'à chaque étape de ces styles postérieurs, les artistes avaient recours à des ouvrages grecs de l'étape correspondante et dans le même ordre de succession. De fait, certains schémas cycliques que nous avons analysés ci-dessus consistent, essentiellement, à décrire les étapes à l'intérieur de l'évolution de la représentation; et on peut se demander si les schémas formels, comme celui de Wölfflin, ne constituent pas des catégories déguisées de représentation, même s'ils sont appliqués à l'architecture autant qu'à la sculpture et à la peinture; car on peut concevoir que les normes de représentation utilisées dans ces deux dernières déterminent une norme générale de plasticité et de structure valable pour tous les arts visuels.

Cet aspect du style — la représentation des formes naturelles — a été étudié par l'archéologue de l'Antiquité classique, Emanuel Löwy; son petit livre sur *La Représentation de la nature dans l'art grec archaïque*, publié en 1900, demeure intéressant pour la recherche moderne et on peut l'appliquer plus largement qu'on ne l'a pensé. Löwy a analysé les principes généraux de représentation dans les arts primitifs et il a expliqué leur succession comme celle de pas progressifs à l'intérieur d'un changement continu partant de la représentation conceptuelle, fondée sur l'image de la mémoire, pour aller vers la représentation en perspective, en accord avec la perception directe des objets. Étant donné que la structure de l'image mnémonique est la même dans toutes les cultures, les représentations fondées sur ce processus psychologique manifesteront un certain nombre de traits communs : 1) la forme et le mouvement des figures, ainsi que leurs parties, sont limités à quelques formes typiques; 2) les formes isolées sont schématisées à l'aide de dessins linéaires réguliers; 3) la représentation vient du contour, qu'il s'agisse d'une ligne indépendante ou de la silhouette d'une surface uniformément colorée; 4) quand des couleurs sont utilisées, elles le sont sans gradation d'ombre et de lumière; 5) les parties d'une figure sont présentées au spectateur sous leur aspect le plus large; 6) dans les compositions, les figures, à peu d'exceptions près, sont représentées de manière à ce que leurs parties principales soient recouvertes le moins possible; la succession réelle des figures dans la profondeur se transforme, dans l'image, en une juxtaposition sur le même plan; 7) la représentation de l'espace tridimensionnel dans lequel prend place une action est plus ou moins absente.

On peut critiquer l'idée de Löwy selon laquelle l'image mnémonique est la source de ces particularités; il n'en reste pas moins que la façon dont il rend compte de la représentation archaïque comme d'un type universel, doué d'une structure caractéristique, a une valeur exceptionnelle; elle peut s'appliquer, en général, aux dessins d'enfants, aux œuvres des adultes inexpérimentés de l'époque moderne et aux primitifs. Cette analyse ne s'occupe pas du caractère individuel des styles archaïques; elle ne permet pas non plus de comprendre pourquoi certaines cultures se développent à partir d'eux, tandis que d'autres, comme la culture égyptienne, conservent les caractéristiques de l'archaïsme pendant plusieurs siècles. Les analyses de Löwy étaient limitées par un point de vue évolutionniste et par un jugement de valeur naturaliste; il ignorait donc la perfection et la capacité expressive des œuvres archaïques. Son approche néglige le contenu spécifique des représentations; elle ne peut donc reconnaître le rôle que jouent le contenu et les facteurs émotionnels dans le calcul des proportions et dans l'accentuation des parties. Mais ces réserves ne diminuent pas l'importance du livre de Löwy: il donne une définition particulièrement claire d'un type très répandu de représentation archaïque et il retrace le processus de son évolution vers une forme d'art plus naturaliste.

Je peux faire ici une remarque: les principes de Löwy peuvent également servir à définir le processus inverse qui mène de formes naturalistes à des formes archaïques et que nous constatons chaque fois que nous voyons des primitifs, des colonisés, des provinciaux — et des profanes dans une culture avancée — copier les formes d'un style naturaliste développé.

Il faut citer, pour finir, Alois Riegl, l'auteur de *Stilfragen* et de *Die spätrömische Kunstindustrie*; c'est sans doute l'historien le plus constructif et le plus inventif qui ait tenté d'embrasser l'ensemble de l'évolution artistique, en l'envisageant comme un processus unique et continu.

Riegl s'intéressait particulièrement aux transitions qui marquent le début d'une ère mondiale (celle qui fait passer de l'Orient ancien au monde hellénique, de l'Antiquité au Moyen Âge). Il abandonna non seulement le point de vue normatif qui voit un déclin dans les dernières phases d'un cycle, mais la notion de cycle elle-même. L'art romain tardif était alors considéré comme un art décadent; Riegl y trouva un lien nécessaire de création entre deux grandes étapes d'une évolution ouverte. Son explication du processus ressemble à celle de Wölfflin, bien qu'elle n'en dépende peut-être pas; il définit deux styles comme pôles de l'évolution à long terme, le style « tactile » et le style « optique » — ou pictural, impressionniste. Ils coïncident *grosso modo* avec les pôles des cycles plus courts définis par Wölfflin. On peut observer dans toute époque un processus d'évolution du tactile à l'optique; mais il ne s'agit alors que d'une partie d'un processus plus long, dont les grandes phases sont millénaires et correspondent à des cultures entières. Pour Riegl, l'histoire de l'art est un mouvement sans fin, nécessaire; elle part d'une représentation fondée sur une vision de l'objet et de ses éléments comme proches, tangibles, distincts et se suffisant à eux-mêmes, et elle va vers la représentation de l'ensemble du champ de la perception comme *continuum* directement donné mais plus distant, d'où émergent certaines parties et dans lequel les vides spatiaux jouent un rôle croissant, tandis qu'il y a une référence plus évidente au sujet connaissant comme facteur constituant de la perception. Riegl décrit aussi ce processus artistique en termes de psychologie des facultés; la volonté, le sentiment et la pensée se succèdent pour orienter la forme de nos relations au monde; cette évolution correspond, en philosophie, au changement qui fait passer d'une vision du monde surtout objective à une vision subjective.

Riegl n'étudie pas ce processus en y voyant simplement une évolution du naturalisme qui partirait d'un stade archaïque pour arriver à un stade impressionniste. Chaque phase a ses problèmes formels et expressifs particuliers et Riegl a écrit des pages d'une pénétration remarquable sur la structure intime des styles, sur les principes de composition et sur les relations de la figure et du fond. Dans son étude systématique de l'art antique et de l'art paléochrétien, il a constaté l'existence de principes communs à l'architecture, à la sculpture, à la peinture et à l'ornement avec une perspicacité parfois étonnante. Il a aussi réussi à mettre en lumière des relations inattendues entre différents aspects d'un même style. Dans un travail sur le portrait de groupe en Hollande au XVIe et au XVIIe siècle, thème qui se rattache à la fois à l'histoire de l'art et à l'histoire sociale, il a mené à bien une analyse très subtile des relations changeantes entre éléments objectifs et subjectifs dans le portrait et dans les variations correspondantes dans la manière d'unifier le groupe représenté qui porte progressivement plus d'attention à l'observateur.

Les raisons qu'il trouve à ce processus et l'explication qu'il propose pour les changements qui s'y manifestent dans le temps et dans l'espace sont vagues et souvent fantaisistes. Chaque grande phase correspond à une disposition raciale. L'histoire de l'homme occidental — depuis l'époque des royaumes de l'Orient ancien jusqu'à l'époque contemporaine — se divise en trois grandes périodes, caractérisées par la prédominance successive de la volonté, du sentiment et de la pensée, chez l'homme oriental, antique et occidental. Chaque race joue un rôle prescrit et se retire une fois ce rôle achevé, comme si elle participait à une symphonie de l'histoire mondiale. Il existe des déviations apparentes par rapport aux continuités prévues; elles sont récupérées à l'intérieur du système grâce à une théorie de la régression utile, qui prépare un peuple à jouer le rôle avancé qui va être le sien. L'influence évidente des facteurs sociaux et religieux sur l'art est moins considérée comme une cause que comme une simple manifestation parallèle d'un processus correspondant à l'intérieur de ces domaines. L'évolution fondamentale, immanente de l'objectif au subjectif, gouverne l'ensemble de l'histoire, si bien que tous les domaines contemporains ont une profonde unité par rapport à un processus commun et déterminant.

Ce bref résumé des idées de Riegl rend mal justice aux éléments positifs de son œuvre et, en particulier, à sa conception de l'art comme démarche créatrice active, dans laquelle de nouvelles formes naissent du désir qu'a l'artiste de résoudre des problèmes spécifiquement artistiques. Ses théories raciales elles-mêmes et ses idées étranges sur la situation historique d'un art donné correspondent à un désir d'embrasser des relations d'envergure, même si son intention est gênée par une psychologie et par une théorie sociale inadéquates. Ce goût d'une vision élargie est, depuis lors, devenu chose rare dans les études artistiques. Et il est encore plus exceptionnel de le voir se combiner avec la capacité de recherche minutieuse que Riegl possédait au plus haut point.

On peut résumer ainsi les résultats atteints par les études contemporaines en ce qui concerne les théories cycliques et évolutionnistes :

1. Du point de vue des historiens qui ont essayé de reconstruire la marche précise de l'évolution sans présupposer l'existence de cycles, il existe, au Moyen-Orient et en Europe, une continuité de l'époque néolithique jusqu'aujourd'hui, dont la meilleure image serait peut-être celle d'un arbre avec de nombreuses branches. Certaines formes parmi les plus évoluées de chaque culture sont, dans quelque mesure, retenues à l'intérieur des premières formes que prend la culture suivante.

2. Il y a, d'autre part, dans cette continuité au moins deux longs développements — la Grèce antique et l'Europe occidentale médiévale et moderne ; ils comprennent les types généraux de style décrits dans les différentes théories cycliques. Mais ces deux cycles ne sont pas sans rapport ; les artistes du second cycle ont souvent copié les œuvres qui avaient survécu du premier et l'on peut se demander si certains des principes directeurs de l'art occidental ne viennent pas des Grecs.

3. À l'intérieur de ces deux cycles et dans un certain nombre d'autres cultures — asiatique et américaine —, on rencontre plusieurs fois l'exemple d'évolutions similaires à court terme, en particulier pour celle qui va d'un type de représentation archaïque et linéaire à un style plus « pictural ».

4. Chaque fois qu'existe un art naturaliste progressif, c'est-à-dire un art devenant de plus en plus naturaliste, on trouve, dans le processus d'évolution, des étapes qui correspondent en gros au schéma archaïque-classique-baroque-impressionniste de l'art occidental. Bien que ce ne soit pas en parlant de leur méthode de représentation que l'on décrive correctement ces styles occidentaux, ils n'en incarnent pas moins des progrès spécifiques dans la portée ou dans la méthode de représentation, et ces progrès font passer d'une première étape — où existe une représentation des objets isolés schématisée, « conceptuelle » — à un stade postérieur de représentation perspective — où les conti-

nuités d'espace, de mouvement, de lumière et d'ombre sont devenues importantes.

5. Quand ils décrivent l'évolution occidentale, qui sert de modèle aux théories cycliques, les historiens isolent différents aspects de l'art pour définir leurs types stylistiques. Pour un certain nombre de théories, c'est l'évolution de la représentation qui sert de source principale pour le choix des termes ; d'autres théories isolent des traits formels que l'on peut retrouver dans les formes de l'architecture, de l'écriture et de la poterie ; dans d'autres interprétations, ce sont des qualités d'expression et de contenu qui servent de critère de jugement. On ne voit pas toujours clairement quels sont les traits formels réellement indépendants de la représentation. Il est possible que le dessin d'une colonne ou d'un pot soit également affecté par une manière donnée de voir les objets dans la nature — la vision perspective par exemple, en tant qu'elle diffère du mode de vision archaïque et conceptuel. Mais l'exemple de l'art islamique, où la représentation est secondaire, suggère l'idée que l'évolution des styles de période pour l'architecture et l'ornement ne dépend pas forcément d'un style donné de représentation. Il en va de même pour l'expression : il existe, dans l'art baroque du XVIIe siècle, des œuvres intimes d'une grande sensibilité tragique — celles de Rembrandt, par exemple — et des œuvres monumentales d'une splendeur débordante ; l'un et l'autre de ces traits se retrouvent à d'autres périodes, dans des formes qui ne sont pas de type baroque. Mais ce ne sera pas dans la peinture grecque ou chinoise que l'on trouvera un vrai répondant au clair-obscur de Rembrandt, bien que l'on dise que ces deux peintures ont des phases baroques.

VI.

Nous envisagerons maintenant les explications que l'on a proposées du style sans faire référence aux évolutions cycliques ou « polaires ».

Quand ils expliquaient la genèse d'un style, les premiers spécialistes donnaient une grande importance à la technique, aux
matériaux et aux fonctions pratiques de l'art qu'ils étudiaient.
Ainsi le travail du bois favorise le relief en cannelures ou en
coins, la colonne du tronc d'arbre donne à une statue sa forme
cylindrique, la pierre dure entraîne le compact et l'angulaire, le
tissage engendre les dessins échelonnés et symétriques, le tour
du potier introduit une rotondité parfaite, le bobinage des fils
est la source des spirales, etc. Telle était l'approche de Semper
et de ses disciples au siècle dernier. Boas, entre autres, a identifié le style, ou tout au moins ses aspects formels, aux comportements moteurs dans le maniement des outils. Dans l'art
moderne, ce point de vue apparaît dans le programme de
l'architecture et du *design* fonctionnalistes. On le retrouve également dans l'explication, plus ancienne, qui fait du style
gothique en architecture un système rationnel dérivant de la
construction des voûtes en ogive. Cette théorie est soutenue par
certains sculpteurs modernes qui adhèrent étroitement au bloc,
qui exploitent la texture et le grain du matériau et qui laissent
voir les traces de l'outil. Cette théorie est liée aussi au rôle
immense que joue la technologie dans notre société : les normes
modernes d'efficacité dans la production sont devenues une
norme artistique.

Il n'y a aucun doute que ces conditions pratiques rendent
compte de certains traits de style particuliers. Elles sont également importantes pour expliquer des ressemblances entre les
arts primitifs et les arts populaires, qui ne semblent pas dépendre
d'une diffusion ou d'une imitation des styles. Mais elles ont
moins d'intérêt en ce qui concerne les arts hautement développés. Le bois peut limiter les formes du sculpteur, mais nous
connaissons une grande variété de styles dans le travail du bois,
et certaines œuvres cachent même le matériau dont elles sont
faites. Riegl avait remarqué depuis longtemps qu'à l'intérieur
d'une même culture, les mêmes formes reviennent dans des
œuvres de technique, de matériau et d'utilisation différents ;
c'est ce style commun que la théorie héritée de Semper n'a pas
réussi à expliquer. Le style gothique est, pour simplifier, le
même dans les architectures, dans les sculptures de bois,

d'ivoire et de pierre, dans les peintures sur panneau, les vitraux, les miniatures, le travail du métal, les émaux et les tissus. Il peut se faire qu'en certains cas, un style ait été créé à l'intérieur d'un art donné par suite de l'influence de la technique, du matériau et de la fonction d'objets spécifiques, avant d'être généralisé et appliqué à tous les objets, toutes les techniques, tous les matériaux. Cependant le matériau utilisé n'est pas toujours antérieur au style ; son choix a pu être fait à cause d'un idéal d'expression et de qualité artistique, ou pour un certain symbolisme. L'art égyptien ancien recourt à des matières dures ; les arts de pouvoir utilisent l'or et d'autres substances précieuses et lumineuses ; le *design* moderne aime l'acier, le béton et le verre ; ces matériaux ne sont pas étrangers au but premier de l'artiste : ils entrent dès l'origine dans sa conception de l'œuvre. L'aspect compact d'une sculpture taillée dans un tronc d'arbre est une qualité présente dans l'esprit de l'artiste avant même qu'il ne commence son travail. Car on voit apparaître des formes simples et compactes dans les esquisses en argile, dans les dessins et dans les peintures, toutes techniques où le projet n'est pas limité par le matériau. L'aspect compact peut être considéré comme une caractéristique nécessaire dans un style archaïque ou « tactile » au sens de Löwy ou de Riegl.

Laissant de côté les facteurs matériels, certains historiens voient dans le contenu d'une œuvre d'art la source de son style. Dans les arts de représentation, un style est souvent associé à un corps défini de sujets, tirés d'un seul ordre d'idées ou d'expérience. Ainsi, dans l'art occidental du xive siècle, on inventa une nouvelle iconographie de la vie du Christ et de la Vierge qui favorisait les thèmes douloureux ; on voit alors apparaître de nouveaux schémas de ligne et de couleur plus lyriques, plus pathétiques que dans l'art précédent. À notre époque, le goût pour les valeurs constructives et rationnelles dans l'industrie a entraîné l'utilisation de motifs mécaniques et un style de formes caractérisé par la froideur, la précision, l'objectivité et la puissance.

À propos de ces exemples, beaucoup d'auteurs voient dans le style le support objectif du sujet ou de son idée directrice. Il est alors le moyen de la communication, un langage non seulement dans la mesure où il constitue un système d'instruments servant à transmettre un message précis par la représentation ou la symbolisation d'objets et d'actions, mais également en tant qu'ensemble qualitatif, capable aussi de suggérer des connotations diffuses et d'intensifier les émotions associées ou intrinsèques. Par un effort d'imagination fondé sur l'expérience qu'il a de son métier, l'artiste découvre les éléments et les relations formelles qui exprimeront les valeurs du contenu tout en assurant un bel effet artistique. Un certain nombre de tentatives seront faites dans cette direction et la plus réussie sera retenue, répétée et développée comme norme.

La relation du contenu et du style est plus complexe que cette théorie ne le laisse supposer. Il existe des styles dans lesquels la correspondance entre l'expression et les valeurs transmises par les sujets types n'est pas du tout évidente. Si la différence entre l'art païen et l'art chrétien s'explique en gros par la différence de leur contenu religieux, il n'en existe pas moins une longue période de temps — plusieurs siècles en fait — pendant laquelle des sujets chrétiens ont été représentés dans le style propre à l'art païen. Aussi tardivement qu'en 800, les *Libri Carolini* parlent de la difficulté qu'il y a à faire la différence entre les images de Marie et de Vénus sans les inscriptions correspondantes. Ce phénomène peut être dû au fait que les chrétiens conservaient encore une vision générale propre au paganisme tardif, à un niveau plus fondamental que celui des doctrines religieuses; à moins que la nouvelle religion n'ait pas encore, malgré son importance, transformé les attitudes et les modes de pensée les plus fondamentaux. À moins, encore, que l'art n'ait eu une fonction trop mince dans la vie religieuse pour que tous les concepts de la religion pussent trouver une voie pour s'y exprimer. Mais même plus tard, alors que le style chrétien était bien établi, l'art évolua parfois vers des formes plus naturalistes et vers une imitation d'éléments empruntés au style de l'Antiquité païenne, incompatibles avec les idées majeures de la religion.

Quand un style apparaît en relation avec un contenu déterminé, il devient souvent un principe reconnu qui gouverne toutes les représentations de l'époque. Le style gothique s'applique indifféremment aux œuvres religieuses ou profanes ; et, s'il est vrai qu'aucun bâtiment privé ou civique de ce style n'a la capacité expressive d'un intérieur de cathédrale, il serait cependant difficile de distinguer une différence formelle entre les images religieuses et les images profanes de la peinture et de la sculpture. D'un autre côté, dans des périodes où le style se répand moins qu'à l'époque gothique, on voit différents idiomes ou dialectes formels utilisés selon les domaines de contenu ; remarque que nous avions déjà faite lors de l'analyse du concept d'unité stylistique.

C'est ce genre de constatation qui a amené les spécialistes à modifier l'identification pure et simple entre le style et les valeurs expressives du sujet, selon laquelle le style était le support des significations les plus importantes d'une œuvre d'art. On a élargi au contraire le sens de « contenu » et l'attention s'est portée sur des attitudes plus larges, sur des manières de penser et de sentir plus générales, en estimant qu'elles donnaient sa forme à un style. On envisage alors le style comme une incarnation ou une projection concrètes de dispositions émotionnelles et d'attitudes de pensée communes à toute une culture. Le contenu, produit parallèle du même point de vue, montrera donc souvent des qualités et des structures semblables à celles du style.

Ces visions du monde, ces manières de penser et de sentir sont en général tirées par les historiens des systèmes philosophiques et métaphysiques d'une époque, ou de sa théologie, de sa littérature et même de sa science. La relation du sujet et de l'objet, de l'esprit et de la matière, de l'âme et du corps, de l'homme et de la nature ou de Dieu, les conceptions du temps, de l'espace, du moi et du cosmos sont typiquement les domaines d'où l'on tire les définitions de la vision du monde (ou *Denkweise*) d'une époque ou d'une culture. On illustre alors cette vision du monde dans de nombreux domaines ; mais certains auteurs ont tenté de la formuler en partant des œuvres d'art elles-mêmes. Ils cherchent dans un style des qualités et des structures qu'ils peuvent comparer à quelque aspect de la pensée ou à la vision du monde. À la base de ces systèmes, on trouve parfois une déduction *a priori* sur les visions du monde possibles à partir du nombre limité de solutions possibles aux problèmes métaphysiques; parfois c'est une typologie des attitudes que l'individu peut avoir à l'égard du monde et de sa propre existence qui est comparée à une typologie des styles. Nous avons vu comment Riegl répartissait les trois facultés de la volonté, du sentiment et de la pensée entre trois races et trois styles principaux.

Les tentatives qui ont été faites pour faire dériver le style de la pensée sont souvent trop imprécises pour fournir plus que des aperçus suggestifs; la méthode engendre des spéculations par analogie qui ne résistent pas à une étude critique détaillée. L'histoire de l'analogie que l'on a menée entre la cathédrale gothique et la théologie scolastique en est un exemple. L'élément commun entre ces deux créations contemporaines a été trouvé à la fois dans leur rationalisme et dans leur irrationalité, dans leur idéalisme et dans leur réalisme, dans leur complétude encyclopédique et dans leur aspiration à l'infini et, récemment, dans leur méthode dialectique. On hésite pourtant à rejeter par principe ces analogies, car la cathédrale appartient effectivement à la même sphère religieuse que la théologie qui lui est contemporaine.

Le contenu intellectuel global d'une culture peut sembler parfois être un champ d'étude plus prometteur pour l'explication d'un style; c'est-à-dire quand ces manières de penser et de sentir, ces visions du monde sont formulées comme le point de vue d'une religion, d'une institution ou d'une classe dominantes, dont les mythes ou les valeurs sont représentés ou symbolisés dans l'œuvre d'art. Mais le contenu d'une œuvre d'art appartient souvent à un autre domaine d'expérience que celui où ont été élaborés à la fois le style de l'époque et la pensée dominante; c'est le cas de l'art profane d'une période où dominent les idées et les rites religieux et, à l'opposé, de l'art religieux d'une culture profane. On constate, alors, toute l'importance qu'a, pour un style artistique, le caractère des éléments dominants dans la culture et le rôle que jouent, en particulier, les institutions. Ce n'est pas le contenu en tant que tel qui donne sa forme au style le plus répandu, c'est le contenu en tant qu'il fait partie d'un ensemble dominant de croyances, d'idées et d'intérêts.

Les tentatives qui ont été faites pour expliquer un style en y voyant l'expression artistique d'une vision du monde ou d'un mode de pensée constituent souvent une réduction radicale du caractère concret et de la richesse de l'art; elles n'en ont pas moins aidé à révéler des niveaux inattendus de signification de l'art. Ces tentatives ont donné l'habitude d'interpréter le style lui-même comme contenu intérieur de l'art, en particulier en ce qui concerne les arts non représentatifs. Elles correspondent à la conviction des artistes contemporains, pour lesquels les éléments et la structure formels constituent un tout profondément significatif, relié à des idées métaphysiques.

VII.

La théorie selon laquelle une vision du monde ou une façon de penser et de sentir suscitent des constantes à long terme à l'intérieur du style prend souvent, quand elle est formulée, le caractère d'une théorie raciale ou nationale. J'ai déjà indiqué ces concepts dans l'œuvre de Wölfflin ou de Riegl. Depuis une centaine d'années, on les retrouve souvent dans les textes européens sur l'art et ils ont joué un rôle important dans la mesure où ils ont encouragé la conscience nationale et le sentiment racial; les œuvres d'art constituent les plus importants témoignages concrets sur le monde affectif des ancêtres. Le fait d'entendre répéter que l'art allemand est, par nature, tendu et irrationnel, que sa grandeur dépend de sa fidélité au caractère national, a contribué à faire accepter l'idée que ces traits étaient inscrits dans la destinée de ce peuple.

L'analyse de l'histoire et de la géographie des styles, sans même faire référence à la biologie, montre clairement la faiblesse de la conception raciale du style. Cette prétendue « constante » est moins constante que ne l'ont supposé les historiens qui se réclamaient de l'idée de race — ou de nation. L'art allemand comprend le Classicisme et le style *Biedermeier*, tout autant que les œuvres de Grünewald ou des expressionnistes modernes. Durant les époques où le caractère germanique de l'art était le plus prononcé, la zone d'extension du style indigène coïncide mal avec les limites des régions occupées par le type physique prépondérant ou avec les frontières nationales récentes. Cette différence vaut aussi pour l'art italien que l'on rapproche de l'art germanique pour en faire le pôle opposé.

Il existe néanmoins des récurrences surprenantes dans l'art d'une même région ou d'une même nation, et elles n'ont pas été expliquées. Il est tout à fait étonnant de constater les ressemblances qui existent entre l'art des migrations germaniques et les styles de l'époque carolingienne, de l'époque othonienne et de la fin de l'époque gothique, puis avec celui de l'architecture allemande rococo, enfin avec celui de l'expressionnisme contemporain. Il y a de grands intervalles de temps entre ces différents styles, durant lesquels on aurait du mal à décrire les formes en recourant aux termes germaniques traditionnels. Pour sauver une continuité apparente, les écrivains allemands ont supposé que ces phases intermédiaires étaient dominées par des influences étrangères, ou qu'il s'agissait de périodes où se préparait l'ultime délivrance, à moins qu'ils n'aient conçu ces qualités « déviantes » comme un autre aspect du caractère germanique : les Germains sont à la fois irrationnels et disciplinés.

Si nous nous en tenons à établir des relations historiques plus modestes entre des styles et les types de caractère dominants des cultures ou des groupes sociaux qui ont créé ces styles, nous nous heurtons à diverses difficultés ; on en a déjà vu certaines quand on a analysé le problème général de l'unité stylistique.

1. Les styles varient souvent considérablement dans une même culture ou dans un même groupe social à l'intérieur d'une même période.

2. Jusqu'à une époque récente, les artistes qui créaient un style avaient en général un autre mode de vie que ceux auxquels les œuvre étaient destinées et dont le point de vue, les intérêts, le type de vie, se manifestaient dans l'art. Le meilleur exemple de cette situation est fourni par les arts des grandes monarchies, des aristocraties et des institutions privilégiées.

3. Ce qui est constant dans tous les arts d'une période donnée — ou de différentes périodes — est peut-être moins important pour en définir le style que ce qui change ; la série des

styles qui se succèdent entre 1770 et 1870 conserve toujours une qualité française, mais cette nuance est sans doute moins importante pour la définition du style de l'époque que les traits qui constituent le Rococo, le Néo-classicisme, le Romantisme, le Réalisme et l'Impressionnisme.

Pour expliquer les changements de style selon les périodes, les historiens et les critiques ont ressenti le besoin d'une théorie mettant en rapport des formes particulières et des tendances de caractère ou de sentiment. Cette théorie s'occupe de l'expression et de la structure; elle vise à dire quels affects et quelles dispositions déterminent les choix formels. Les historiens n'ont pas attendu la psychologie expérimentale pour confirmer leurs interprétations physionomiques du style; comme les artistes réfléchis, ils ont eu recours à l'intuition, en s'appuyant sur l'expérience directe qu'ils avaient de l'art. Tout en construisant une science non systématique et empirique des formes, des expressions, des affects et des qualités, ils ont essayé de contrôler leurs jugements en comparant sans cesse les œuvres et en faisant référence aux sources d'information contemporaines sur le contenu de l'art, en estimant que les attitudes qui gouvernent ce contenu doivent aussi se projeter dans le style. L'interprétation du style classique de l'Antiquité ne se fonde pas simplement sur une expérience directe des édifices et des sculptures grecques; elle s'appuie aussi sur une connaissance de la langue et de la littérature grecques, de la religion, de la mythologie, de la philosophie et de l'histoire de la Grèce, qui leur donnaient indépendamment une image du monde grec. Mais cette image est, à son tour, raffinée et enrichie par l'expérience des arts visuels et notre compréhension est rendue plus aiguë par la connaissance que nous avons des arts très différents élaborés par les peuples voisins et des résultats qu'ont donnés les tentatives, faites plus tard et dans d'autres conditions, pour copier les modèles grecs. Aujourd'hui, après presque deux siècles de travail de la part des spécialistes, un esprit sensible, relativement peu informé sur la culture grecque, est capable de ressentir directement l'« esprit grec » dans ces édifices et ces sculptures antiques.

Les interprétations physionomiques des styles collectifs se fondent sur une hypothèse qui demeure problématique: elles supposent que les explications psychologiques de traits spécifiques à l'art d'un individu de l'époque moderne pourraient s'appliquer à toute une culture, à l'intérieur de laquelle des traits semblables ou similaires caractérisent le style d'un groupe ou d'une période.

Si un schizophrène remplit une feuille de papier avec une foule d'éléments serrés selon des schémas répétés, devons-nous pour autant expliquer des tendances similaires qui se manifestent dans l'art d'une culture historique ou primitive par l'existence, dans cette culture, d'une tendance schizophrénique ou par la prédominance d'un type de personnalité schizoïde? Deux raisons nous poussent à douter de ces interprétations. D'abord, nous ne sommes pas sûrs que ce schéma soit exclusivement schizoïde chez les individus modernes; il peut représenter une composante de la personnalité psychique qui existe aussi dans d'autres tempéraments, où elle constitue une tendance liée à des contenus ou à des problèmes émotionnels particuliers. De plus, même si ce schéma naît chez un artiste isolé de type schizoïde, il peut se cristalliser comme convention commune, il peut être accepté par d'autres artistes et par le public parce qu'il satisfait un besoin, et parce qu'il résout très bien un problème particulier de décoration ou de représentation, sans entraîner, cependant, de changement notable dans les habitudes et les attitudes générales du groupe considéré. Cette convention peut être adoptée par des artistes ayant des types de personnalité différents et qui l'appliqueront de différentes manières.

On trouve un bon exemple de cette relation entre le psychotique, l'individu normal et le groupe dans la pratique qui consiste à lire des objets reconnaissables dans des taches relativement informes — comme c'est le cas dans l'hallucination et dans les tests psychologiques. Léonard de Vinci proposait à l'artiste d'utiliser cette méthode comme moyen d'invention. Elle était pratiquée en Chine et, postérieurement, dans l'art occidental; c'est aujourd'hui devenu une méthode très répandue chez des artistes de caractères différents. Chez le peintre qui a introduit cette pratique et qui l'a exploitée à fond, elle peut correspondre à une disposition personnelle; mais pour beaucoup d'autres il s'agit d'une méthode établie. Ce qui est significatif pour la personnalité de l'artiste, ce n'est pas la pratique en elle-même, c'est le type de taches choisies et ce que l'on y voit; l'étude de ce dernier élément révèle une grande diversité de réactions individuelles.

L'art peut être considéré comme une technique de projection personnelle; aujourd'hui, un certain nombre d'artistes pensent leur œuvre en ces termes; l'interprétation de l'œuvre donnera-t-elle pour autant le même résultat qu'un test de projection? Les tests sont dessinés de façon à réduire le nombre des éléments qui dépendent de l'éducation, de la profession et de l'environnement. L'œuvre d'art est, au contraire, fortement conditionnée par ces facteurs. Quand on veut discerner l'expression d'une personnalité dans une œuvre d'art, on doit donc faire la différence entre les aspects conventionnels et ceux qui sont clairement individuels. Quand nous envisageons, pourtant, le style d'un groupe social, nous ne considérons que ces aspects non individuels, collectifs, en les abstrayant des variations personnelles des artistes individuels. Comment, dès lors, pourrait-on appliquer à l'interprétation du style des concepts tirés de la psychologie individuelle?

On peut évidemment dire que les normes établies d'un style collectif font à l'origine partie de la vision d'un artiste et de sa sensibilité et qu'on peut les aborder en les considérant comme les éléments d'une personnalité modale. De la même manière, les habitudes et les attitudes que les scientifiques doivent avoir dans leur profession peuvent constituer une part importante de leur caractère. Mais est-ce que ces traits constituent également les traits typiques d'une culture ou d'une société considérée comme un ensemble? Est-ce qu'un style qui s'est cristallisé comme résultat de problèmes spécifiques est nécessairement l'expression du groupe social tout entier? Ou n'est-ce que dans le cas particulier où l'art est ouvert à la vision commune et aux intérêts quotidiens du groupe tout entier que son contenu et son style peuvent être représentatifs du groupe lui-même?

Il a existé une tendance commune aux approches physiono-miques du style collectif; c'est celle qui consistait à interpréter tous les éléments de représentation comme des expressions. Le fond blanc ou des traits négatifs comme l'absence d'horizon ou de perspective précise dans des peintures ont été considérés comme les symptômes d'une attitude vécue à l'égard du temps et de l'espace. On interprète alors l'espace limité de l'art grec comme un trait fondamental de la personnalité grecque. Cette vacuité du fond est pourtant, nous l'avons vu, commune à de nombreux styles; on la retrouve dans l'art préhistorique, dans l'art de l'Orient ancien, de l'Extrême-Orient, du Moyen Âge et dans la plupart des peintures et des sculptures primitives. Le fait qu'elle existe, à l'époque contemporaine, dans les dessins d'enfants et d'adultes profanes suggère l'idée qu'elle appartient à un niveau primitif universel de représentation. Mais il faut noter que c'est également la méthode d'illustration utilisée pour les travaux scientifiques les plus avancés, dans le passé comme aujourd'hui.

Cette constatation ne signifie pas que la représentation soit totalement dépourvue de traits personnels expressifs. Traiter d'une manière particulière l'arrière-plan « vide » peut devenir un élément expressif très efficace. L'étude attentive d'une méthode de représentation aussi systématique que la perspective géométrique montre qu'il existe de nombreux choix possibles à l'intérieur d'un tel système scientifique : la position du niveau de l'œil, la rapidité de la convergence des lignes de fuite, la distance séparant l'observateur du plan de l'image, tous ces éléments constituent des choix expressifs à l'intérieur des conditions du système. En outre, l'existence même du système implique un intérêt à l'égard du monde environnant dont le degré est déjà un trait culturel doué d'une longue histoire.

Le fait qu'un art représente un monde limité ne nous autorise pas, cependant, à en déduire une limitation corrélative des intérêts et des sensations dans la vie quotidienne. Si tel était le cas, nous devrions supposer qu'en Islam, les gens ne s'intéressaient pas au corps et que la vogue actuelle de l'art « abstrait » signifie une indifférence générale à l'égard de ce qui vit.

Il existe une preuve intéressante des réserves qu'il faut faire en face d'une identification supposée entre les structures spatio-temporelles des œuvres d'art et l'expérience spatio-temporelle des individus : c'est la manière dont les peintres du XIIIe siècle représentaient les cathédrales. Ces vastes édifices, avec leurs hautes voûtes et leurs perspectives presque sans fin, sont représentés comme des structures étroites, à peine plus grandes que les êtres humains qu'elles contiennent. Les conventions de la représentation ne fournissaient aucun moyen de recréer l'expérience de l'espace architectural, alors que cette expérience jouait sûrement un rôle dans la conception de la cathédrale et qu'elle est rapportée dans des descriptions contemporaines. (Il est possible de rapprocher les espaces de l'architecture et de la peinture; mais tenter de le faire nous entraînerait au-delà des limites de cette étude.) L'espace des cathédrales est intensément expressif, mais c'est un espace construit, idéal, qui fait appel à l'imagination; ce n'est pas une tentative pour transposer l'espace de la vie quotidienne. Nous pouvons mieux le comprendre si nous y voyons plus une création adaptée à une certaine conception religieuse qu'une création dans laquelle un sentiment quotidien de l'espace a été matérialisé dans l'architecture. C'est, également, un espace idéologique et, s'il transmet les sentiments des personnalités religieuses les plus inspirées, il ne représente pas une attitude moyenne, collective, à l'égard de l'espace en général, bien que la cathédrale soit utilisée par tout le monde.

Le concept de la personnalité artistique est très important pour la théorie selon laquelle le grand artiste est la source immédiate du style de son temps. Peu étudié, bien qu'il soit implicite dans une bonne part de la recherche historique et de la critique d'art, ce point de vue considère le style collectif comme une imitation du style d'un artiste original. L'étude du développement d'une évolution amène souvent à constater qu'un individu est responsable du changement formel intervenu à une certaine époque. La personnalité du grand artiste et les problèmes hérités de la génération précédente constituent alors les deux facteurs étudiés. À la personnalité prise dans son ensemble, on substitue parfois une faiblesse ou une expérience traumatisante pour en faire l'élément qui active l'impulsion individuelle à la création. Un tel point de vue peut difficilement permettre de comprendre les cultures ou les époques historiques qui ne nous ont pas laissé d'œuvres signées ou de biographies d'artistes; mais c'est le point de vue adopté par beaucoup de spécialistes de l'art des quatre derniers siècles européens. On peut se demander s'il est applicable à des cultures à l'intérieur desquelles l'individu a moins de mobilité et de liberté d'action personnelle et dans lesquelles l'artiste n'est pas un type social déviant. La principale difficulté de cette approche vient cependant du fait que des courants stylistiques similaires apparaissent souvent indépendamment les uns des autres dans différents arts à une même époque; du fait aussi que de grands artistes contemporains travaillant dans la même technique — Léonard, Michel-Ange, Raphaël, par exemple — manifestent une tendance stylistique parallèle, bien que chaque artiste ait sa forme personnelle; et du fait enfin que la nouvelle vision exprimée par un individu de génie est annoncée ou préparée par les œuvres ou la pensée antérieures. Les grands artistes de la période gothique et de la Renaissance constituent des familles qui se partagent un héritage commun et une direction artistique commune. Les changements décisifs sont souvent liés à des œuvres originales d'une qualité exceptionnelle; mais on ne peut comprendre ni une nouvelle direction stylistique ni le fait qu'elle est acceptée de tous sans faire référence aux conditions du moment et à la base collective de l'art.

Ces difficultés et ces complications n'ont pas conduit les spécialistes à abandonner l'approche psychologique de l'art; une longue expérience de l'art a transformé en principe plausible et reconnu l'idée qu'un style individuel constitue une expression personnelle; et des recherches continues ont abondamment confirmé cette idée, partout où il a été possible de vérifier les affirmations sur la personnalité de l'artiste que l'on établissait à partir de l'œuvre elle-même, en faisant référence à une information de fait sur l'artiste. De la même manière, les traits communs de l'art d'une culture ou d'une nation peuvent être comparés à certains traits caractéristiques de la vie sociale, des idées, des coutumes et des dispositions générales de la société considérée. Mais ces rapports ont été toujours établis entre des éléments ou des aspects isolés d'un style et des traits caractéristiques isolés d'un peuple; il est rarement question d'ensembles. Dans notre propre culture, les styles ont changé très rapidement, sans pour autant que les notions courantes sur les caractéristiques collectives permettent d'assurer l'existence de changements correspondants dans les schémas de comportements, ou qu'elles fournissent une formulation de la personnalité collective qui permette d'en déduire comment cette personnalité changera quand les conditions changeront.

Il semble que les concepts concernant la personnalité collective utilisés aujourd'hui soient trop rigides pour expliquer les styles des cultures les plus développées, caractérisés par leur grande variabilité et la rapidité de leur évolution. Ces concepts sous-estiment les fonctions spécifiques de l'art, qui déterminent pourtant des caractéristiques dépassant la seule personnalité. Mais on peut se demander si l'on ne rencontrerait pas également dans l'interprétation des arts primitifs certaines des difficultés soulevées par l'application de concepts caractérologiques aux styles nationaux ou périodiques. Est-ce qu'une analyse psychologique de l'art sioux, par exemple, nous donnerait la même image de la personnalité sioux que celle qui nous est fournie par l'analyse de la vie de famille, des cérémonies et de la chasse chez les Sioux?

VIII.

Nous envisagerons, pour finir, les explications du style à partir des formes de la vie sociale. Le cadre même de l'histoire de l'art suggère déjà l'idée qu'il existe un lien entre ces formes de la vie sociale et les styles. Les divisions principales de l'histoire de l'art, acceptées par tous les spécialistes, constituent également les limites d'unités sociales — cultures, empires, dynasties, cités, classes, églises, etc. — et de périodes qui indiquent des étapes significatives dans le développement social. Les grandes époques historiques de l'art, comme le Moyen Âge, l'Antiquité et l'époque moderne, sont identiques aux époques de l'histoire économique; elles correspondent à de grands systèmes tels que le féodalisme et le capitalisme. Quand d'importants changements économiques et politiques se produisent à l'intérieur de ces systèmes, ils sont souvent accompagnés ou suivis de changements dans les centres artistiques et dans leurs styles. La religion et les conceptions du monde les plus importantes sont en gros liées à ces époques de l'histoire sociale.

Sur nombre de questions, on admet en général que les conditions économiques, politiques et idéologiques jouent un rôle important dans la création d'un style collectif — ou dans la mise au point d'une vision du monde qui influence un style. Le caractère distinctif de l'art grec parmi les autres arts de l'Antiquité peut difficilement être séparé des formes de la société grecque et de sa cité-État. L'idée que la classe bourgeoise, la position particulière qu'elle occupait dans la société et son mode de vie ont joué un rôle important dans l'art florentin du Moyen Âge et du début de la Renaissance, et dans l'art hollandais du xviie siècle, est devenue un lieu commun. Quand on explique l'art baroque, on évoque toujours la Contre-Réforme et la monarchie absolue comme sources de certains traits de style. On possède des études intéressantes sur une foule de problèmes concernant les relations qui lient des styles et des contenus artistiques particuliers avec des institutions ou des situations historiques données. Ces études comparent les idées, les traits caractéristiques et les valeurs suscitées par les conditions de la vie économique, politique et civile d'une part et, de l'autre, les caractéristiques nouvelles d'un art. Cependant, malgré toute cette expérience de la recherche, on n'a étudié de manière systématique ni les principes généraux que l'on applique pour l'explication, ni les rapports qui peuvent exister entre des types d'art et des types de structures sociales. De nombreux spécialistes font appel, ici et là, aux faits économiques ou politiques pour rendre compte de traits particuliers d'un style ou d'un sujet; mais ils ont peu fait pour construire une théorie adéquate et susceptible d'une application étendue. Même quand ils utilisent ces données, les spécialistes refusent souvent l'idée que ces relations « externes » puissent éclairer en quelque manière le phénomène artistique en lui-même. Ils craignent le « matérialisme » car ils y voient une réduction du spirituel ou de l'idéal au niveau sordide des affaires pratiques.

Les auteurs marxistes font partie du petit nombre de ceux

qui ont tenté d'appliquer une théorie générale. Elle se fonde sur une idée que Marx n'a pas développée et selon laquelle les formes les plus élevées de la vie culturelle correspondent à la structure économique d'une société donnée, cette structure étant définie à partir des relations de classe dans le circuit de la production et au niveau technologique. Entre les relations économiques et les styles de l'art intervient le processus de la construction idéologique : cette transposition complexe et imaginaire des rôles et des besoins des différentes classes affecte le champ spécifique — religion, mythologie ou vie civile — qui fournit les thèmes principaux de l'art.

Le grand intérêt de l'approche marxiste ne tient pas seulement au fait qu'elle tente d'interpréter les relations historiquement changeantes de l'art et de la vie économique à la lumière d'une théorie générale de la société ; il réside aussi dans le poids qu'elle donne aux divergences et aux conflits dans le groupe social comme éléments moteurs de l'évolution, et à leur effet sur la vision du monde, sur la religion, les conceptions morales et les idées philosophiques.

Cette théorie n'est qu'esquissée à grands traits dans les œuvres de Marx et elle n'a été que rarement appliquée de façon systématique et dans un véritable esprit de recherche, comme le faisait Marx lui-même dans ses écrits économiques. La littérature marxiste sur l'art a toujours souffert de formulations schématiques et prématurées, ou de jugements grossiers imposés par le loyalisme à l'égard d'une ligne politique.

Il reste toujours à élaborer une théorie du style qui soit adaptée aux problèmes psychologiques et historiques. Il faut attendre que nous possédions une connaissance plus approfondie des principes de la construction et de l'expression par les formes et que nous ayons une théorie unifiée des processus de la vie sociale, qui inclurait à la fois les moyens pratiques de subsistance et les comportements émotifs.

BIBLIOGRAPHIE

1860 SEMPER, G., *Der Stil in den technischen und tektonischen Künsten*, Munich, F. Bruckmann.

1893 RIEGL, A., *Stilfragen: Grundlegungen zu einer Geschichte der Ornamentik*, Berlin, G. Siemens Verlag.

1900 LÖWY, E., *Die Naturwiedergabe in der älteren griechischen Kunst.* (Trad. angl., *The Rendering of Nature in Early Greek Art*, Londres, Duckworth & Co., 1907.)

1901 RIEGL, A., *Die spätrömische Kunstindustrie*, Vienne, Österreichische Staatsdruckerei, 2ᵉ éd., 1927.

1908 WORRINGER, W., *Abstraktion und Einfühlung: Ein Beitrag zur Stilpsychologie*, Munich, R. Piper & Co.

1912 WORRINGER, W., *Formprobleme der Gotik*, Munich, R. Piper & Co. (Trad. angl., *Form Problems of the Gothic*, New York, G.E. Stetchert & Co, 1920.)

1915 WÖLFFLIN, H., *Kunstgeschichtliche Grundbegriffe*, Munich, F. Bruckmann.

1919 SPENGLER, O., *Der Untergang des Abendlandes.* (Trad. angl., *The Decline of the West*, New York, A. A. Knopf, 1926-1928. Trad. franç. par M. Tazerout, *Le Déclin de l'Occident*, Paris, Gallimard, 1931-1933, rééd. 1948.)

1920 NOHL, H., *Stil und Weltanschauung*, Iéna, Diederichs.

1920 FRY, R., *Vision and Design*, Londres, Chatto & Windus.

1921 WEISBACH, W., *Der Barock als Kunst der Gegenreformation*, Berlin, P. Cassirer.

1921 COELLEN, L., *Der Stil in der bildenden Kunst*, Darmstadt, Arkadenverlag.

1922 SCHAEFER, H., *Von ägyptischer Kunst*, Leipzig, J. C. Hinrichs, Arkadenverlag.

1922 DILTHEY, W., *Einleitung in die Geisteswissenschaften (1883)*, in *Gesammelte Schriften*, I, Leipzig, B. G. Teubner.

1923 ADAMA VAN SCHELTEMA, F., *Die altnordische Kunst*, Berlin, Mauritius-Verlag.

1924 DVOŘÁK, M., *Kunstgeschichte als Geistesgeschichte*, Munich, R. Piper & Co.

1927 BOAS, F., *Primitive Art*, Cambridge, Harvard University Press.

1929 FREY, D., *Gotik und Renaissance als Grundlagen der modernen Weltanschauung*, Augsbourg, B. Filser Verlag.

1931 WÖLFFLIN, H., *Italien und das deutsche Formgefühl*, Munich, F. Bruckmann.

1934 FOCILLON, H., *La Vie des formes*, Paris, E. Leroux.
1938 FRANKL, P., *Das System der Kunstwissenschaft*, Brünn et Leipzig, R. M. Rohrer.
1940 WÖLFFLIN, H., *Gedanken zur Kunstgeschichte*, Bâle, B. Schwabe & Co.
1951 HAUSER, A., *The Social History of Art*, New York, A. A. Knopf.

Style et civilisations.
Sur un ouvrage d'A. L. Kroeber.

« Dans ces chapitres, écrit Kroeber, je me propose d'examiner ce en quoi consiste l'essence de la civilisation : ses caractères propres, sa nature profonde, les formes qu'elle a revêtues dans le passé, les perspectives qui peuvent s'offrir à elle dans l'avenir. »

L'idée maîtresse que propose Kroeber pour déchiffrer une civilisation ou une culture — ces deux termes étant ici interchangeables — est celle de « style ». Empruntée à la théorie de l'art, cette notion se voit élargie à l'ensemble de la culture. Le « style » est à la fois une valeur dominante et un principe d'unité. On le rencontre dans la nature comme dans la société : pour Kroeber, la coordination qui règne entre les différentes parties d'un organisme autorise à voir dans chaque espèce un *style biologique*.

Chaque culture possède un *style de vie* spécifique doté d'une histoire dont les phases successives attestent la présence d'un *pattern* [schéma dynamique, modèle, « motif » dominant qui détermine une structure ou une fonction]. Ce *style de vie* commun à l'ensemble enveloppe les styles propres de chaque domaine ; mais ils sont soumis à des conditions originales,

---

« *Style and Civilizations*. A. L. KROEBER. Ithaca : Cornell University Press, 1957, 191 p., appendices. Reviewed by Meyer SCHAPIRO, Columbia University. » *American Anthropologist*, 61, 1959, pp. 303-305.
Traduction de Vincent DE LA SOUDIÈRE.

source de divergences dans leur caractère ou leur développement.

L'histoire d'un style artistique ou vestimentaire est surtout déterminée par des causes « intérieures ». Un changement peut être déclenché par des tensions survenant de l'extérieur, mais celles-ci n'expliquent pas les nouveaux traits particuliers apparus dans le style. Chaque activité possède ses exigences spécifiques, ses *patterns* fondamentaux, ses normes qui à la fois limitent et orientent l'évolution. Les caractères originels d'une culture commandent et conditionnent son développement ultérieur. Du fait que l'homme est capable d'inventer et que la culture s'enrichit d'apports successifs, à cause également de la tendance à réagir de façon extrême dans les circonstances instables, les formes de la culture sont sujettes à des oscillations originales. Le style global d'une culture provient de l'interaction des styles : ils déteignent les uns sur les autres jusqu'à ce que l'emporte à la fin une qualité prépondérante qui leur confère à tous — ou presque tous — une tonalité identique. La science elle-même possède un « style », avec ses hauts et ses bas, ses sommets et ses périodes de stagnation ; et dans chaque culture, les sciences présentent en général le même type de *style de vie* que les arts. Les virtualités contenues dans un *pattern* culturel naissent et se développent, jusqu'à ce qu'une répétition stérile provoquée par l'épuisement du schéma signe le déclin d'une culture ou la fin d'une de ses phases.

Kroeber est conscient des difficultés soulevées par sa manière de voir ; il se porte au-devant des objections et n'hésite pas à formuler des hypothèses, tout en émettant des suggestions audacieuses. Ce qu'il avance, ce sont des questions, des idées, une certaine façon de les aborder, non des réponses définitives. Plus que d'études élaborées, l'ouvrage est composé d'une série de réflexions assez ambitieuses. Il est consacré, pour une large part, à l'exposé et à la critique des théories de Spengler, Toynbee, Danilevsky et Sorokin.

Spengler, de fait, se trouve au centre de l'ouvrage, et Kroeber reconnaît tout ce qu'il doit à l'écrivain allemand. De Spengler, il rejette la numérologie, la séparation des cultures, le *pathos* expressionniste, l'usage excessif du concept de holisme [totalité globalisante], en même temps que la vision tragique du déclin de l'Occident. Mais il retient surtout la conception de Spengler, qui voit dans l'unité globale du style un attribut incontestable de la culture, ainsi que son idée d'une qualité fondamentale imprégnant tous les domaines. Kroeber limite néanmoins la portée de cette thèse, mais sans beaucoup s'interroger sur le sens et les fondements de cette limitation. Il attache du prix à cette vision de Spengler, selon lui profonde et pertinente, qui veut que les cathédrales, les horloges, le crédit, le contrepoint, le calcul infinitésimal, la comptabilité en partie double et la perspective en peinture illustrent la qualité commune — la tension vers l'infini — qui caractérise la culture occidentale prise dans son ensemble.

Le grand intérêt de l'ouvrage réside dans l'énergie et la science que déploie un anthropologue de sa qualité pour affronter l'histoire et des cultures complexes pour lesquelles les documents historiques montrent l'existence de *patterns* récurrents d'évolution. Jusqu'alors, les spécialistes dont c'était là le domaine avaient limité leurs recherches aux sociétés les mieux connues historiquement.

On peut dire aussi de Kroeber qu'il représente bien un certain nombre de penseurs modernes de l'histoire, au sens large, quand il fait choix de l'œuvre d'art pour modèle d'une société — par opposition aux modèles organique, mécanique, psychologique ou linguistique. Ce choix est apparent, non seulement dans le concept de style, mais dans l'usage qu'il fait du terme *pattern*. L'application en est ambiguë, tout comme dans la littérature sur l'art: *pattern* est à la fois un élément que l'on retrouve dans différents domaines et la structure unique de toute une culture considérée dans son ensemble.

Dans ces textes, la notion de style est souvent insaisissable. Bien que Kroeber définisse le style comme un ensemble de formes caractéristique, il décrit les styles de société moins par leurs formes que par des qualités d'ensemble, comme la corporalité (culture classique), l'infinité (Occident), la systématisation abstraite (Inde). Comment le concept d'infini s'applique-t-il de la même manière à l'architecture gothique, au système héliocentrique, au calcul infinitésimal, à la polyphonie, au crédit, aux horloges, à la comptabilité en partie double, à la technique scientifique et à la perspective en peinture ? C'est ce qu'il reste à montrer. Si ces éléments illustrent l'unité d'une culture qui a duré plus de mille ans et qui dure encore, il faut noter qu'ils appartiennent à des périodes et à des groupes nationaux différents. La perspective en peinture et la comptabilité en partie double sont les inventions d'une société italienne du xve siècle qui a rejeté le style gothique en architecture, au profit des formes classiques; le calcul infinitésimal apparaît dans le Nord au cours de l'antigothique xviie siècle; l'intense développement de la technique scientifique au cours de ces cent dernières années est contemporain de l'abandon de la perspective dans la peinture, etc. Quel serait, dans ces conditions, le style global de chacune de ces périodes et de ces lieux ? À quel moment se produit-il une authentique correspondance stylistique entre les différentes parties ? Et que dirons-nous des vastes domaines de la culture qui ne portent pas trace d'un style commun ? Selon quel critère pourra-t-on déterminer l'échelle historique d'une culture et le principe de son explication ? Pour Kroeber, dans sa recherche des styles, tous les éléments d'une culture n'ont pas la même importance; il invoque surtout ceux qui ont un contenu esthétique ou intellectuel — les arts et les sciences lui en fournissent les exemples les plus frappants. Il a tendance à négliger les institutions et les comportements — les relations entre individus ou groupes d'individus —, pour mettre l'accent sur les productions — œuvres d'art et idées —, éléments que l'on peut facilement isoler en entités distinctes. L'économie, la politique, la morale, la religion et la famille ne jouent qu'un rôle mineur dans son explication stylistique de la culture.

Le style n'est pas tant ici un principe d'unification de la culture en un point déterminé de l'espace et du temps, qu'un ensemble de qualités présentes dans un certain nombre de domaines arbitrairement choisis, avant tout artistiques et intellectuels — et sans même attribuer à ces domaines une valeur de tout. Corrigeant l'analyse assez mince de Spengler sur l'Inde, Kroeber en propose un *pattern* fondé sur la tendance à la systématisation abstraite que l'on retrouve dans le jeu d'échecs indien, l'arithmétique et la logique — tous trois d'ordre rationnel. Mais retrouve-t-on cette systématisation abstraite dans la sculpture gupta, la peinture d'Ajanta et la poésie hindoue — négligées par Spengler et citées par Kroeber comme de grandes réussites? Est-ce là leur style? Kroeber ne le dit pas; et l'on peut conserver les doutes les plus sérieux à cet égard.

Quand il explique l'évolution de l'art occidental, Kroeber fait un résumé de son histoire en y voyant l'exemple d'un processus typique de maturation lente menant à un sommet, auquel succède un déclin après épuisement supposé du *pattern*. Le point culminant est la phase de la Renaissance classique. Mais cette analyse repose sur les goûts artistiques personnels de l'auteur, et je doute qu'elle convainque les historiens, les artistes et les critiques d'art. Elle pèche par une sous-estimation de l'art archaïque et médiéval, et des grands accomplissements de la phase postclassique. Sa vision de l'art de la fin du XIXe et du XXe siècle comme négation complète de la forme me semble dénoter un aveuglement fâcheux; il ne s'agit ni d'histoire ni de critique d'art; et l'auteur au surplus contredit l'admiration qu'il voue à Picasso et toute sa conception de la culture contemporaine en général.

Expliquer le déclin d'un art ou d'une culture — ou la création de formes nouvelles — par l'épuisement d'un *pattern* donné constitue un raisonnement circulaire et n'est en rien une explication. L'on fait abstraction des circonstances concrètes qui président à l'apparition de la nouveauté, et l'on tient pour connu ce qu'il reste à montrer : toutes les virtualités d'évolution contenues dans un *pattern*, que, même une fois décrite l'histoire de ce *pattern*, nous continuons toujours d'ignorer.

Léonard et Freud:
une étude
d'histoire de l'art.

Dans la littérature artistique, le petit livre de Freud sur Léonard — *Eine Kindheitserinnerung des Leonardo da Vinci (Un souvenir d'enfance de Léonard de Vinci)*[1] — est la toute première tentative faite pour détecter la personnalité d'un artiste au moyen de concepts psychanalytiques. Quoi qu'on puisse penser des conclusions de Freud, un lecteur non prévenu reconnaîtra la main d'un maître dans cette puissante théorie, exposée ici avec une simplicité et une vigueur admirables. Analysant avec ingéniosité des aveux de l'artiste, jusque-là négligés, le livre donne aussi de l'esprit et du caractère de Léonard une noble image qui emporte l'admiration. Pourtant, la plupart des historiens de l'art qui ont écrit depuis sur Léonard ont passé le livre sous silence, bien qu'ils se soient, comme Freud, intéressés à la psychologie de l'artiste en cherchant à expliquer certains

1. Dans la série des *Schriften zur angewandten Seelenkunde*, Heft VII, Leipzig-Vienne, 1910. L'édition française (Paris, 1927) vaut pour les notes de la traductrice, Marie BONAPARTE. Toutes nos citations sont tirées de l'édition allemande des œuvres de FREUD: *Gesammelte Werke*, Londres, 1943, VIII, pp. 127-211, désignée ici par le sigle *G.W.*

Cet article reprend en substance une conférence donnée au William Alanson White Institute à New York, le 12 janvier 1955. Publié dans *The Journal of History of Ideas*, XVII, 1956, n° 2, pp. 147-178, il a été repris dans les *Renaissance Essays*, éd. par P. O. KRISTELLER et Ph. WIENER, New York, 1968, pp. 303-336.

Traduit par Jean-Claude LEBENSZTEJN.

traits singuliers de son art[2]. Ce n'est que dernièrement que Sir Kenneth Clark, dans l'un des meilleurs livres parus récemment sur Léonard, a rendu hommage à Freud en accueillant comme profondément éclairante son interprétation du tableau de *La Vierge à l'Enfant avec sainte Anne*[3]; mais il n'a pas suivi Freud sur un point plus important: la manière dont celui-ci caractérise la personnalité du peintre[4]. Ce qui manque jusqu'ici — après quarante-cinq ans —, c'est un examen du livre de Freud du point de vue de l'histoire de l'art. C'est cet examen dont je livre ici les résultats, non pour critiquer la théorie psychanalytique, mais plutôt pour juger de son application à un problème dont les données, il faut le dire, sont des plus minces[5].

I.

Lisant les carnets de Léonard, Freud fut particulièrement frappé par le passage suivant, que je cite d'après son texte: « Écrire spécialement sur le vautour semble être ma destinée, car parmi les premiers souvenirs de mon enfance, il me revient qu'étant couché dans mon berceau, un vautour vint à moi et m'ouvrit la bouche de sa queue, et me frappa maintes fois de sa queue contre les lèvres. »[6]

De tous ceux qui avaient écrit jusque-là sur l'artiste, per-

---

2. Par ex. L. H. HEYDENREICH, *Leonardo da Vinci*, Londres, New York, Bâle, 1954, qui comporte une bibliographie spécialisée sur « la figure et la personnalité ».

3. Sir Kenneth CLARK, *Léonard de Vinci*, 1940 (éd. franç., Paris, 1967), en particulier pp. 23, 24, 286, 287.

4. Marcel BRION, *Léonard de Vinci*, Paris, 1952, p. 13, suit l'argumentation de Freud sur le tableau sans le mentionner. Quand il lui arrive de nommer Freud, par ex. p. 130, l'image qu'il en donne est singulièrement faussée. Il déclare également l'épisode de l'oiseau capital pour la vie de Léonard (pp. 12, 216, 217), sans citer Freud à ce sujet. M. Brion attribue à la psychanalyse l'idée que Léonard aurait été privé de tendresse maternelle, et que cette privation aurait développé chez lui des complexes (p. 454).

5. L'article d'ERWIN O. CHRISTENSEN, « Freud on Leonardo da Vinci », *Psychoanalytic Review*, XXXI (1944), pp. 153-164, n'a aucune ambition critique.

6. *G.W.*, VIII, p. 150. (Léonard: *dentro le labbre*, à l'intérieur des lèvres.)

sonne n'avait été arrêté par ce souvenir de Léonard : pourtant, dans cette énorme masse de notes, c'est la seule référence à son enfance. L'expérience thérapeutique de Freud l'avait amené à penser que de tels souvenirs ne renvoient pas à des événements réels, mais constituent des fantasmes élaborés par l'adulte, et reportés à la période de son enfance, en raison d'un certain épisode auquel ils sont associés et qui en livre la clef. Il observa que, chez ses patients, des rêves ou des fantasmes de ce genre ont un contenu sexuel; ils se rattachent à un désir qu'on retrouve souvent chez les homosexuels passifs, qui ont transposé dans la sphère sexuelle de l'adulte une expérience de leur première enfance. La queue phallique du vautour dans la bouche est un substitut du sein maternel.

Pourquoi Léonard a-t-il remplacé la mère par un vautour ? Ici entre en jeu le grand intérêt de Freud pour la philologie, le folklore et l'archéologie, disciplines qui, comme la psychanalyse, découvrent et déchiffrent un passé enfoui. Il rappela que, dans l'écriture égyptienne, le hiéroglyphe pour « mère » est un vautour, et que Mut, la déesse à tête de vautour, est parfois représentée avec un phallus. Et Freud ne pouvait pas considérer comme accidentelle la ressemblance entre « Mut » et « Mutter ».

Il supposa que le vautour fut identifié à la mère dans le fantasme de Léonard, non seulement parce que celui-ci connaissait l'équivalence de la mère et du vautour dans l'écriture égyptienne — les Italiens de la Renaissance connaissaient l'Égypte par un auteur hellénistique, Horapollon —, mais aussi à cause de l'opinion, partagée par les Égyptiens, les Grecs et les Romains, suivant laquelle les vautours sont tous femelles. Cet étrange oiseau était fécondé par le vent, et fut par la suite mentionné par les Pères de l'Église comme un prototype naturel de la Vierge. Si un vautour pouvait être fécondé par le vent, Marie pouvait concevoir par l'opération du Saint-Esprit. Freud ne connaissait pas de texte de la Renaissance rapportant cette croyance, et se référait à des auteurs plus anciens comme saint Augustin, mais l'idée était courante à l'époque de Léonard. Dans un traité de Pierio Valeriano dédié à Cosme de Médicis, le vautour est décrit comme un homologue naturel de la Vierge

Marie en raison de cette fécondation merveilleuse par le vent[7].

Si la lecture d'un ancien texte permit à Léonard d'associer le vautour à sa mère, c'est que, enfant illégitime élevé sans son père, il la voyait comme une mère vierge. Freud suppose que celle-ci, dans sa solitude de femme abandonnée, prodigua à l'enfant tout l'amour qui serait allé au père; ses baisers passionnés éveillèrent chez Léonard une sexualité précoce et une fixation à la mère. Par la suite, il s'identifia à l'image de celle-ci, et ne se sentit attiré que par des garçons, comme celui qu'elle avait aimé. De cette situation infantile dépendirent non seulement l'homosexualité passive de Léonard, mais aussi le développement de sa carrière artistique avec ses étranges inhibitions, et, par la suite, ses intérêts scientifiques. Sa curiosité infantile naturelle, au lieu d'être freinée par une autorité paternelle, fut stimulée par l'absence du père, en sorte que sa pulsion d'investigation put ensuite se développer librement, et s'aventurer au-delà des limites permises par les croyances de l'époque.

Il faut ajouter que Freud considère ces premières expériences comme une condition nécessaire mais non suffisante pour expliquer le développement de Léonard. Pourquoi il se produisit à la fois un refoulement partiel, et une sublimation exceptionnellement intense de la partie non refoulée de la libido (ou énergie sexuelle) dans les sphères artistique et scientifique — en vertu de la théorie freudienne de la convertibilité des forces psychiques —, il avoue ne pas le savoir. Suivant leurs dispositions biologiques, certains individus réagissent par un intense refoulement; d'autres, par la sublimation. Les fondements organiques du caractère sont hors de portée de la recherche psychanalytique. « Le don artistique et l'aptitude au travail étant inti-

---

7. Ioannis Pierii VALERIANI, *Hieroglyphica, sive de sacris Aegyptiorum alia-rumque gentium litteris commentariorum libri* LVIII (trad. franç., Lyon, 1615), I. XVIII, chap. 4, pp. 225, 226. L'édition originale est de 1556. Le vautour concevant sans mâle fut décrit et représenté dans un livre de gravures, *Defensorium inviolatae virginitatis Mariae*, par François de RETZA, dont il y eut plusieurs éditions au XVe siècle. Voir la reproduction en fac-similé de l'édition de Saragosse (v. 1488), publiée par W. L. SCHREIBER, Weimar, 1910, fasc. 15, n° 55.

mement liés à la sublimation, il faut admettre que l'essence de la fonction artistique demeure également inaccessible à la psychanalyse. »

Avant l'âge de cinq ans, peut-être vers trois ans (suppose Freud), le petit Léonard fut adopté par son père, qui s'était marié peu de temps après sa naissance et n'avait pas d'enfant de ce mariage. L'enfant connut ainsi l'affection de deux mères, sa mère naturelle, Caterina, une paysanne du bourg de Vinci, et sa belle-mère Albiera, la première femme de Piero da Vinci. Des années après, poursuit Freud, quand il peignit le groupe de *La Vierge à l'Enfant avec sainte Anne*, Léonard se souvint de ses deux mères. Dans les deux versions — le carton de la Royal Academy à Londres (ill. 1) et le tableau du Louvre (ill. 2) —, la Vierge a l'air à peine plus jeune que sa mère, contrairement à la légende apocryphe suivant laquelle sainte Anne était sans enfant et avait passé l'âge d'enfanter quand elle conçut Marie par un miracle divin. Cette image des deux mères égales en grâce et en charme s'explique, selon Freud, comme une invention de Léonard, invention que seul un artiste ayant vécu cette expérience infantile aurait pu concevoir. L'attrait de la Joconde trouve également son origine dans les premières années de Léonard, comme Walter Pater l'avait déjà deviné. Cette femme souriante, dont le visage, peint par Léonard, n'a cessé depuis de hanter l'Occident, séduisit le peintre justement parce qu'elle touchait à son souvenir d'enfance. C'est après le portrait de Mona Lisa qu'il peignit *La Vierge à l'Enfant avec sainte Anne*, dotant du même sourire le visage des deux femmes. La conception de la femme souriante est elle-même un souvenir réactivé de la tendresse de sa mère. Dans sa vie de Léonard, écrite une trentaine d'années après la mort de l'artiste, Vasari mentionne comme ses premières œuvres des sculptures en plâtre de femmes et d'enfants souriants. L'art de Léonard s'ouvre sur le type d'image qui va dominer ses années de maturité : la mère souriante et son enfant.

Peu de temps après la première édition du livre sur Léonard, un disciple de Freud, l'analyste Oskar Pfister, discerna, dans le tableau du Louvre, la forme d'un vautour se superposant à la robe bleue qui enveloppe la taille de la Vierge et le bas de son

1. Léonard de Vinci, *La Vierge et l'Enfant
avec sainte Anne et saint Jean-Baptiste*. Burlington House, Londres.
Photo The National Gallery, Londres.

2. Léonard de Vinci, *Sainte Anne, la Vierge et l'Enfant.*
Musée du Louvre, Paris. Photo Lauros-Giraudon.

corps[8]. La tête de l'oiseau, avec son bec caractéristique, apparaît à gauche; de l'autre côté, la robe se prolonge comme une queue de vautour se terminant dans la bouche de l'enfant. Freud accepta cette découverte comme une confirmation inespérée de son déchiffrage du souvenir infantile. « La clef de tous les accomplissements de Léonard, et tous ses malheurs, se trouve cachée dans le fantasme infantile du vautour. »[9]

Dans ce résumé de l'argumentation, je n'ai pas rendu la force persuasive de Freud qui fait, dans sa reconstruction de la personnalité de l'artiste, un récit émouvant et cohérent des aventures psychologiques d'un homme de génie. J'ai laissé de côté une partie du matériau théorique grâce auquel Freud bâtit son interprétation. Mais je crois avoir livré les points essentiels de sa spéculation et de sa théorie, pour autant qu'ils concernent l'art de Léonard. Freud se rendait compte qu'une bonne part de son livre reposait sur des suppositions incertaines quant à la vie

8. Oskar PFISTER, « Kryptolalie, Kryptographie und unbewusstes Vexierbild bei Normalen », *Jahrbuch für psychoanalytische und psychopathologische Forschungen*, V (1913), pp. 146-151, cité par Freud et illustré, *G.W.*, VIII, pp. 187-188. Pfister reprend son observation dans son article « Psychoanalyse und bildende Kunst », in P. FEDERN et H. MENG, *Das psychoanalytische Volksbuch*, Berne, 1939, p. 610.

9. *G.W.*, VIII, p. 210.

de l'artiste, et que sa méthode était risquée; il était convaincu cependant qu'étant donné les faits connus, une meilleure explication exigerait de nouveaux développements des concepts psychanalytiques.

II.

Considérons d'abord le passage sur le vautour. En 1923, un spécialiste anglais de la Renaissance,. Eric Maclagan, émit l'objection que Freud, se fiant à une traduction allemande, avait mal lu Léonard[10]. L'oiseau que l'artiste se rappelait introduisant sa queue dans sa bouche n'était pas un vautour, mais un milan — en italien *nibbio*. Le milan est aussi un rapace, mais il ne mange pas de charogne et ne ressemble pas du tout à un vautour. Et surtout, ce n'est pas l'oiseau représenté par les Égyptiens dans l'hiéroglyphe « mère », celui à qui le folklore n'attribue que le sexe féminin, et ce n'est pas l'oiseau mentionné par les Pères de l'Église en relation avec la Vierge[11].

Mais bien que le passage concerne un milan et non un vautour, la question de Freud sur l'origine du fantasme demeure intacte. Je ne me propose pas d'en examiner la signification psychanalytique — ce serait au-dessus de mes forces; mais une lecture textuelle ordinaire peut nous apprendre quelque chose sur son contenu manifeste.

Si nous relisons la phrase de Léonard, il devient clair qu'il se demandait comment il en était venu à écrire sur le milan[12]. Elle

10. Eric MACLAGAN, « Leonardo in the Consulting Room », *Burlington Magazine*, XLII (1923), pp. 54-57.

11. Maclagan fit également observer que la note des *Carnets* se rapportant aux funérailles d'une certaine Caterina ne concernait pas la mère de Léonard, comme l'avait cru Freud, mais plus probablement une servante, étant donné le contexte et la faible dépense de l'enterrement.

12. Voici le passage : « *Questo scriversi distintamente del nibbio par che sia mio destino, perchè nella prima ricordatione della mia infantia e' mi parea che, essendo io in culla, che un nibbio venisse a me e mi aprisse la bocca colla sua coda, e molte volte mi percuotesse con tal coda dentro alle labra* » (« Écrire spécialement sur le milan semble être ma destinée, car c'est mon premier souvenir d'enfance qu'étant au berceau, je vis un milan venir à moi et m'ouvrir la bouche de sa queue, et me frapper

se trouve au dos d'une page où il a noté diverses observations sur le vol des oiseaux[13]. Dans ses écrits sur le vol, plusieurs oiseaux sont mentionnés, mais c'est le milan qui revient le plus souvent. C'est pour Léonard l'oiseau chez qui on peut le mieux observer les mécanismes naturels du vol. Les mouvements de sa queue en particulier donnent des idées concernant la conception d'une machine volante.

« Quand le milan fend l'air, en descendant, et qu'il se retourne entièrement, la tête vers le sol, il est forcé de ployer la queue autant que possible dans le sens opposé à celui qu'il veut suivre, puis il la fléchit de nouveau prestement dans la direction où il entend tourner. La torsion de la queue correspond à celle de l'oiseau, tel le timon du navire qui, à mesure qu'il tourne, le fait virer en sens contraire. »[14]

« Maintes fois l'oiseau, pour se diriger, agite les pointes de sa queue, en ne faisant guère, ou parfois même pas du tout, usage de ses ailes. »[15]

« Mais le choc de l'air contre la queue du milan exerce une violente pression quand il comble le vide que laisse en s'en allant le mouvement de l'oiseau; et ceci se produit de chaque côté du vide ainsi formé. »

Et, sur la même page: « Nous en dirons autant du timon placé derrière le mouvement du navire, à l'instar de la queue des oiseaux; expérience qui nous enseigne combien ce petit timon, pendant les mouvements rapides des grands navires, peut se tourner plus facilement que le navire tout entier. »[16]

Cette idée que la queue du milan peut servir de modèle pour un gouvernail, Léonard la doit à un auteur ancien, Pline, qu'il cite en d'autres endroits. D'après une liste de livres dressée par

maintes fois de cette queue à l'intérieur des lèvres »). Voir le texte italien dans Jean-Paul RICHTER, *The Literary Works of Leonardo da Vinci*, 2e éd., Londres, New York, Toronto, 1939, II, 342, n° 1363. Les écrits de Léonard existent en français dans une traduction de Louise SERVICEN: *Les Carnets de Léonard de Vinci*, Paris, 1942; on trouvera le passage sur le milan t. II, p. 418.

13. SERVICEN, I, p. 346 (*Codex Atlanticus*, f. 66r).

14. *Ibid.*, I, p. 400.

15. *Ibid.*, I, p. 397. Le passage suivant mentionne la queue du milan.

16. *Ibid.*, I, pp. 384 et 383. Noter aussi ce titre: « Comment la queue de l'oiseau lui sert de gouvernail » (I, p. 371).

Léonard, nous savons qu'il possédait l'*Histoire naturelle* de Pline, en traduction italienne probablement[17].

Dans sa description du milan (*milvus*), Pline écrit : « Ils paraissent avoir enseigné l'art du gouvernail par les inflexions de leur queue, la nature montrant dans le ciel ce qu'il fallait faire dans la mer. »[18] Le passage fut cité par le même Valeriano que j'ai mentionné plus haut à propos du vautour. Dans son livre sur les emblèmes et les symboles, au chapitre du milan, on peut lire : « On tient aussi que la navigation & maniere de gouuerner vn vaisseau sur mer est signifiée par l'hieroglyphique du Milan qui vole, d'autant que plusieurs (ee dit Pline) ont opinion que les hommes ayent appris du Milan a mettre vn gouuernail aux nauires, apres auoir pris garde que c'est oiseau guide le cours de son vol en ployant & contournant sa queuë tantost deçà tantost delà. »[19]

Selon Valeriano, le milan est un emblème du timonier[20]. Que Léonard ait choisi le milan pour en faire l'oiseau de sa destinée, voilà qui a manifestement plus de rapport avec son problème scientifique que Freud ne le supposait. Si dans le fantasme de Léonard le milan frappe de sa queue l'intérieur de la bouche de l'enfant, on peut voir là une allusion aux mouvements caractéristiques de la queue contre les vents et les courants aériens, dont la respiration est l'équivalent humain.

Ceci est loin de tout expliquer, mais nous rapproche un peu de la pensée de Léonard. Mais pourquoi, demandera-t-on, place-t-il cet épisode dans son enfance ? Pourquoi l'étrange association du milan et de la bouche de l'enfant ?

Ici encore, une approche philologique peut être utile. Le fantasme à propos d'un épisode de l'enfance comme présage de fortune ou de génie, loin d'être unique, est un motif littéraire constant. Cicéron, dans son livre *De la divination*, écrit : « Lorsque le Phrygien Midas était enfant, il arriva que, pendant son som-

---

17. *Ibid.*, II, p. 454.

18. *Naturalis Historia*, liv. X, chap. 12 : « *Idem videntur artem gubernandi docuisse caudae flexibus, in caelo monstrante natura quod opus esset in profundo.* »

19. *Hieroglyphica*, liv. XVII, chap. 40, p. 221.

20. *Ibid.* Le même texte de Pline fut cité en 1499 par Polidoro VERGILIO, *De rerum inventoribus libri octo*, Bâle, 1575, 229, chap. 15.

meil, les fourmis apportèrent dans sa bouche des grains de fro-
ment : on prédit qu'il deviendrait fort riche, et cette prédiction
s'accomplit. » À la ligne suivante, Cicéron ajoute : « Platon étant
encore au berceau, des abeilles vinrent se poser sur ses lèvres, et
l'on dit que sa parole serait d'une grande douceur : ainsi l'on
connut d'avance le caractère de l'éloquence d'un enfant qui ne
parlait pas encore. »[21] Ces textes furent copiés par l'écrivain
latin Valère Maxime, dont le traité sur les héros et les individus
exemplaires était l'un des livres les plus lus à l'époque de
Léonard[22].

Ces exemples sont intéressants non seulement parce qu'on y
voit un petit animal annoncer l'avenir d'un enfant, mais parce
que c'est la bouche qui est investie par un symbole de cet
avenir. Pline, par exemple, écrit qu'« un rossignol chanta sur la
bouche de Stésichore enfant », lequel devint un grand poète
lyrique[23]. D'après Pausanias, « le jeune Pindare s'endormit dans
la chaleur du midi. Des abeilles volèrent à lui et déposèrent sur
ses lèvres de la cire, lui faisant le don du chant[24]. » Dans toutes
ces légendes antiques, le présage se situe sur la bouche, le lieu
du discours, et plus spécialement du souffle ou de l'inspiration.
Les chrétiens adoptèrent ce lieu commun pour leurs propres
héros. Dans *La Légende dorée* de Jacques de Voragine
(v. 1228/30-1298), qu'on lisait beaucoup à la Renaissance, nous
pouvons lire ceci, dans la *Vie de saint Ambroise* : « Pendant
qu'il dormait dans son berceau, un essaim d'abeilles descendit
sur lui, et les abeilles entrèrent dans sa bouche comme dans une
ruche ; après quoi elles s'envolèrent si haut que l'œil humain les
perdait de vue. Alors le père de l'enfant s'écria tout effrayé :
"Cet enfant, s'il vit, deviendra quelque chose de grand !" »[25]

Nous avons ainsi une série de récits traditionnels, connus à

---

21. *De divinatione*, I, xxxvi, 78, trad. Golbery, Paris, Panckoucke, 1840, p. 81.

22. *Moralium exemplorum libri novem*, Venise, 1546, 20, 1, I, chap. 6. Les
mêmes histoires se retrouvent chez l'écrivain grec ÉLIEN, *Variae historiae*, 1. XII,
45.

23. PLINE, *op. cit.*, X, 43.

24. *Description de la Grèce*, IX, 23, 2. L'histoire de Pindare est également rapportée par PHILOSTRATE (*Imagines*, II, 12) et par ÉLIEN (*Variae historiae*, XII, 45).

25. Jacques de VORAGINE, *La Légende dorée*, trad. Wyzewa (légèrement
modifiée), Paris, 1909, p. 216.

l'époque de Léonard, et qui ressemblent à son souvenir du milan; ils prédisent l'avenir d'un grand homme d'après un épisode de son enfance: un petit animal, généralement oiseau ou abeille, se pose sur les lèvres de l'enfant ou entre dans sa bouche, en présage de sa grandeur future.

Dans un autre passage du même texte sur le vol — une note écrite sur la couverture —, Léonard a recours à l'image de l'oiseau pour exprimer les espoirs de succès qu'il place dans son vol: « Le grand oiseau [c'est-à-dire la machine volante] prendra son premier vol sur le dos du grand cygne, à la stupéfaction de la terre, et remplira toutes les annales de sa grande renommée; et à son nid natal il conférera gloire éternelle. »[26] Le « grand cygne » (*cecero*) est un jeu de mots sur le nom de la montagne, *Monte Ceceri,* d'où il espérait faire s'envoler sa machine.

Excursus:le fantasme de l'oiseau dans la bouche de l'enfant

La mise en rapport de l'oiseau avec le génie ou l'inspiration est très ancienne. La psychanalyse l'explique par l'idée que toute activité créatrice découle de la sexualité, sublimée et effective, et par l'équivalence symbolique du vol et du coït dans le rêve, le folklore et la langue. L'oiseau, dans les littératures grecque et sémitique, est le porteur de dons célestes, la source médiatrice du génie et du pouvoir. L'enfant élevé par des oiseaux est destiné à régner; d'anciens monarques orientaux, Sémiramis, Achamène, sont nourris par des colombes et des aigles[27]. Ces exemples confirment le sens du fantasme de Léonard —annoncer un exploit futur —, mais on n'y trouve pas l'élément spécifique de la queue dans la bouche de l'enfant.

La bouche comme région de la parole, du souffle et de la nutrition, signifie l'inspiration poétique, la sagesse et le don prophétique. L'inspiration est l'introjection d'une puissante force extérieure, souvent identifiée au père. Prophétie veut dire, littéralement, « divination ». Dans la Bible, Dieu touche la bouche du prophète:

Alors Yahvé, étendant la main, me toucha la bouche et me dit:
Voilà, je mets en ta bouche mes paroles.   (Jérémie, I, 9.)

---

26. Servicen, I, p. 344 et note.

27. Sur ces exemples, et d'autres encore, voir Alfred Jeremias, *Das alte Testament im Lichte des alten Orients,* 2e éd., Leipzig, 1906, pp. 411-412.

Dans les traditions celtique et scandinave, manger la chair d'un oiseau ou d'un animal tel que le serpent ou le saumon donnait l'inspiration poétique, la sagesse ou le don de prophétie. Un thème fréquent dans ces littératures est l'acquisition du pouvoir poétique ou divinatoire par l'introduction du pouce écrasé ou brûlé dans· la bouche (Finn, Sigurd, Taliesin)[28].

On peut aussi mettre le fantasme de Léonard en rapport avec l'image du Saint-Esprit. La Trinité est souvent représentée au Moyen Âge avec la queue de la colombe dans la bouche de Dieu le Père[29]. À l'époque de Léonard, on voit apparaître une variante basée sur le *filioque* de la procession du Saint-Esprit dans la doctrine occidentale : les ailes de la colombe se déploient de la bouche du Père jusqu'à celle du Fils[30]. Le fantasme de Léonard pourrait s'interpréter de façon analogue comme une identification au père.

Le psychanalyste Ernest Jones a publié un texte qui offre quelque ressemblance avec le fantasme de Léonard, mais sans faire le rapprochement. Dans une lettre de 1694, le poète Henry Vaughan parle d'« un jeune garçon orphelin de père et de mère, et tellement pauvre qu'il était réduit à mendier ; mais enfin il fut recueilli par un homme riche, qui possédait un grand troupeau de moutons sur les montagnes, non loin de l'endroit où je demeure à présent ; il le vêtit et l'envoya dans les montagnes pour garder. ses moutons. Là, durant l'été, comme il suivait les moutons et veillait à leurs agneaux, il tomba dans un profond sommeil : Il rêva qu'il voyait un beau jeune homme avec une guirlande de feuilles vertes sur la tête, et un faucon au poing ; de plus, un carquois rempli de Flèches sur le dos, qui s'approchait de lui (sifflant cependant plusieurs airs ou mesures), et enfin lâcha le faucon qui (rêva-t-il) vint dans sa bouche et ses parties internes. Il s'éveilla soudain, plein de peur et de consternation : mais se trouva possédé d'une telle veine ou don poétique qu'il laissa là ses moutons et vint au Pays, faisant des̛ chants pour toutes les occasions, et devint en son temps le plus fameux Barde de tout le Pays »[31].

28. Robert D. SCOTT, *The Thumb of Knowledge in Legends of Finn, Sigurd and Taliesin*, New York, 1930.

29. V. Wolfgang BRAUNFELS, *Die heilige Dreifaltigkeit*, Düsseldorf, 1954, fig. 37 (autel portatif de Hildesheim); A. N. DIDRON, *Iconographie chrétienne — Histoire de Dieu*, Paris, 1843, fig. 144. Le thème apparaît dans un bas-relief de Verrocchio, le maître de Léonard, conservé au musée du Bargello à Florence.

30. DIDRON, *op. cit.*, fig. 143.

31. V. Ernest JONES, « The Madonna's Conception Through the Ear », *Jahrbuch der Psychoanalyse*, VI (1914), réimprimé dans *Essays in Applied Psychoanalysis*, Londres, 1923, pp. 338-339; *Vaughan's Works*, éd. par L. C. MARTIN, Oxford, 1914, II, pp. 675-676, lettre du 9 octobre 1694.

L'histoire semble combiner des éléments du paganisme celtique, du paganisme grec et de la Renaissance chrétienne. Vaughan la rapporte à propos du don d'inspiration poétique appelé plus tard *Awen* par les bardes gallois. Voilà un récit dont le thème — la découverte ou l'éveil du don poétique chez un pauvre berger — rappelle l'histoire du poète Caedmon. Le beau jeune homme est évidemment Apollon, le dieu de la poésie, dont le messager auprès des hommes est le faucon. Selon le néoplatonicien Porphyre (235-v. 304), qu'on lisait à la Renaissance, manger le cœur du faucon signifie l'ingestion de l'esprit divin et confère le don de prophétie[32]. En rapport avec l'analyse de Léonard par Freud, on peut remarquer le fait que le garçon n'a ni maison ni parents, et qu'il est finalement adopté. Le faucon qui entre dans sa bouche et touche ses parties internes rappelle non seulement la légende celtique du poète mangeant l'oiseau qui donne l'inspiration, mais aussi un thème de la Renaissance : Dieu en faucon qui se repaît de l'âme et du cœur[33].

Tous ces rapprochements indiquent l'ordre d'idées où se situe le fantasme de Léonard, sans rendre compte de ses traits plus spécifiques : le milan, la queue de l'oiseau dans la bouche de l'enfant. Ici, le contexte des notes sur le vol fournit, je pense, l'essentiel du contenu manifeste.

Le psychanalyste dira : sans doute, Freud s'est trompé en lisant vautour au lieu de milan, et les pièces de son dossier sur le vautour qu'il tire du folklore égyptien ou chrétien sont hors de propos. Mais n'est-il pas vrai que le fantasme d'un milan insérant sa queue dans la bouche de l'enfant conserve la signification homosexuelle que Freud y discernait et donne une certaine base à ses conclusions concernant l'enfance de Léonard ?

Une lecture attentive du livre de Freud montrera qu'il bâtit sur le caractère unique et légendaire du vautour un véritable roman de l'enfance de Léonard, afin de combler les trous laissés par les documents ; des détails comme la solitude de la mère abandonnée, son amour passionné du garçon, et même les circonstances favorables à la fructueuse sublimation scientifique de Léonard, reposent en grande partie sur l'équivalence du vau-

---

32. *De abstinentia ab esu animalium*, 1, II, 48.

33. Cf. le poème d'Alonso de LEDESMA, *El neblí de Amor Divino* : « Le faucon de divin amour / Qui a l'âme pour sa proie / Se nourrit de cœurs. » D'après Otho VAENIUS, *Amoris Divini Emblemata*, Anvers, 1615, cité par Mario PRAZ, *Studies in 17th Century Imagery*, Londres, 1939, I, p. 128.

tour et de la Vierge. Sa théorie des origines infantiles de
l'homosexualité lui permettait tout au plus d'inférer que Léonard avait une fixation à sa mère, mais ne lui disait rien du
détail des événements et des affects qui entrent dans le portrait
psychologique et artistique qu'il trace de Léonard. On peut très
bien imaginer, contrairement à Freud, que tout d'abord cette
jeune mère italienne n'était pas rejetée par sa famille, et qu'en
l'absence du père de l'enfant, ses frères et son père à elle assu-
maient dans les affects et les pensées de l'enfant le rôle de son
père. Nous pouvons également imaginer qu'il a pu être élevé
par une mère hostile à l'enfant illégitime dont la naissance cau-
sait sa disgrâce. Si Caterina était déjà mariée quand l'enfant fut
adopté par son père naturel, nous pouvons supposer que la naissance d'un demi-frère changea la situation de Léonard dans son
foyer, et lui fit désirer le retour chez son vrai père. Un document récemment découvert montre à quel point Freud s'égarait
dans sa reconstitution. Antonio, le grand-père paternel de Léonard, enregistrant dans le journal familial la naissance et le baptême de celui-ci, nomme dix parrains, des voisins pour la plupart, dont la présence à la cérémonie donne fortement à penser
que l'enfant naquit dans le foyer paternel et qu'il y fut tout de
suite accepté[34].

Si Freud négligea toutes ces possibilités, c'est qu'il ne doutait
pas du vautour ni de sa légende. Cette assurance, jointe à sa
théorie du développement sexuel infantile et des origines de
l'homosexualité dans la fixation à une mère trop attentive (l'in-
version même de Léonard était connue par un document qui le
dénonçait pour sodomie quand il avait vingt-quatre ans[35]) con-
duisirent Freud aux conclusions qu'il présente dans son livre.
C'est pourquoi le vautour est si nécessaire à Freud, et c'est
pourquoi son livre s'intitule : *Un souvenir d'enfance de Léonard
de Vinci.*

Le milan est une autre affaire, et quand Léonard parle de son
rôle maternel, le commentaire qu'il ajoute est encore moins

---

34. Voir Emil MÖLLER, « Der Geburtstag des Lionardo da Vinci », *Jahrbuch der
preussischen Kunstsammlungen*, 60 (1939), pp. 71-75.

35. Luca BELTRAMI, *Documenti e memorie riguardanti la vita e le opere di Leonardo da Vinci*, Milan, 1919, pp. 4-5.

favorable à l'interprétation freudienne du souvenir d'enfance. Dans une collection de fables sur les passions que renferment ses *Carnets*, l'une, appelée *Envie*, concerne le milan : « On lit du milan que, lorsque dans son nid il voit ses enfants par trop engraisser, il leur donne des coups de bec au flanc, par envie, et les laisse sans nourriture. »[36] Ici, la femelle du milan n'est pas le modèle de la bonne mère qui souhaite avoir ses enfants avec elle pour toujours ; elle est le contraire du vautour qui, selon une tradition (non retenue par Léonard), est la meilleure des mères, protégeant ses petits durant cent vingt jours et s'écorchant pour leur donner son sang — emblème de compassion au même titre que le pélican, et qui symbolise le sacrifice du Christ[37].

Freud aurait pu lire la fable de *L'Envie* dans les *Carnets* ; mais le père de la psychanalyse rejeta cette partie des écrits de Léonard comme « histoire naturelle allégorique, fables animales, plaisanteries et prophéties, trivialités indignes d'un si grand génie »[38].

La fable du milan n'est pas une invention de Léonard ; il l'a tirée probablement d'un recueil antérieur. Un psychologue intéressé par ce morceau d'histoire naturelle pourrait en conclure que Léonard ne pardonna pas à Caterina sa naissance illégitime et sa promptitude à l'abandonner à sa belle-mère[39].

Si je me suis étendu si longuement sur ce que les analystes appellent le contenu manifeste du fantasme de Léonard, c'est parce que non seulement cet aspect est négligé par Freud, mais qu'il a même été faussé dans sa reconstitution des circonstances et de l'enchaînement des pensées conscientes de Léonard. S'appuyant sur le malheureux vautour, il a imaginé Léonard lisant un Père de l'Église, et tombant sur une référence concernant le

---

36. SERVICEN, II, p. 377 ; RICHTER, II, p. 261. La dureté du faucon envers ses petits est notée, d'après Cassiodore, par l'écrivain gallois GIRAUD LE CAMBRIEN (*Topographie de l'Irlande*, chap. VIII), qui la recommande comme un modèle pour l'éducation des bébés et des enfants.

37. VALERIANO, *Hieroglyphica*, liv. XVIII, chap. V, pp. 226-227.

38. *G.W.*, VIII, p. 136.

39. Dans une autre fable, *Le Singe et l'oiseau*, Léonard raconte l'histoire d'un singe qui, dans son amour incontrôlé pour un oisillon, l'embrassa « et tant le pressa qu'il finit par lui ôter la vie. Dit pour ceux qui pour trop aimer leurs enfants, attirent sur eux le malheur ». (SERVICEN, II, p. 368 ; RICHTER, II, p. 278.)

vautour comme prototype de la Vierge. D'après Freud, cette lecture lui aurait rappelé sa mère et son enfance; il put alors s'identifier à l'Enfant Jésus, qu'il avait si souvent représenté; il put aussi se voir comme le premier homme capable de voler, et sentir la grandeur de son destin de savant[40].

III.

La description que donne Freud du tableau de *La Vierge à l'Enfant avec sainte Anne* (ill. 2) soulève des problèmes d'un autre ordre. Il s'attaque ici à l'un des problèmes les plus fuyants de la psychologie artistique : comment naît une nouvelle conception.

Il faut dire que, dans l'explication de Freud, l'originalité concerne un thème plutôt que l'invention d'une forme; mais plus tard, comme nous verrons, un autre psychanalyste a déduit de l'ouvrage de Freud une conséquence qui porte également sur la création d'une nouvelle forme.

La première chose à faire quand on veut rendre compte d'une nouvelle image artistique, c'est d'établir sa priorité. Il serait vain d'assigner au caractère particulier d'un individu une invention qui se trouverait déjà être le bien commun des artistes. Sur ce point, la psychanalyse doit s'adresser à la discipline de l'histoire de l'art, et dans une certaine mesure aux domaines culturels voisins — l'histoire de la religion et de la vie sociale —, auxquels se rapportent certains des éléments représentés dans les peintures de la Renaissance.

Les historiens qui s'occupent de ces domaines nous diront, si leurs recherches les ont menés à s'occuper de ces questions, dans quelle mesure une nouvelle image a été préparée par d'autres, ou se rattache à une tendance intellectuelle et affective générale; et à quel degré un artiste, réalisant ses propres conceptions, a modifié les données qu'il a héritées.

40. *G.W.*, VIII, p. 159.

Mais si conscient qu'ait été Freud, dans ses essais d'ethno-
logie, des structures culturelles collectives, qu'il rapportait à
certains processus psychiques universels, dans son texte sur
Léonard il négligea les aspects sociaux et historiques, là même
où ils ont le plus à voir avec sa recherche. Et quand il lui arrive
d'y faire allusion, l'idée qu'il se fait des conditions générales de
l'art de la Renaissance a de quoi surprendre. Ainsi, il suppose
que, les hommes de la Renaissance étant agressifs, la douceur de
Léonard doit être comprise comme un trait particulier, exceptionnel et par conséquent signifiant[41]. Freud y voit une abréac-
tion à une pulsion sadique précoce, ou une fixation à la mère et
à son propre stade infantile ; et, puisque tous les grands artistes
ont peint des tableaux érotiques, l'absence de thèmes de cet
ordre dans les œuvres de Léonard est pour Freud une preuve
suffisante de la force de son refoulement sexuel[42]. Quant aux
traits culturels de l'époque qui concernent plus directement le
tableau de *Sainte Anne*, Freud n'en tient pas compte. Il ne se
demande pas, par exemple, ce qu'on pensait de sainte Anne
durant cette période, ou si cette image était couramment représentée. C'est cet aspect de l'œuvre de Léonard que je vais examiner maintenant.

Dans un sermon de 1539, Martin Luther dit : « Tout ce bruit
autour de sainte Anne a commencé quand j'avais quinze ans ;
avant, c'était une inconnue. »[43] Le culte de sainte Anne date
donc, d'après le souvenir de Luther, de ses quinze ans, c'est-à-
dire de l'année 1498. Or, la première version que Léonard a
peinte de *La Vierge à l'Enfant avec sainte Anne* — le carton de
Londres (fig. 1) — est généralement datée de 1498 ou 1499[44].
On pourrait regarder cela comme une coïncidence frappante,
l'une de ces mille concomitances entre des événements sans rapport dont l'histoire est remplie ; mais les historiens de l'Église

41. *Ibid.*, pp. 134-135, 204.

42. *Ibid.*, p. 136.

43. Cité par E. Schaumkell, *Der Kultus der heiligen Anna am Ausgange des
Mittelalters*, Fribourg-en-Br. et Leipzig, 1893, p. 12.

44. C'est l'opinion de Clark et Heydenreich, mais H. Bodmer, *Leonardo, des
Meisters Gemälde und Zeichnungen*, Stuttgart et Berlin, Klassiker der Kunst, 1931,
p. 408, la situe en 1500 à Florence. [Clark la date maintenant de 1505 (1974).]

nous apprennent que le culte de sainte Anne, qui avait un long passé, s'étendit et culmina dans les années 1485-1510[45]. Durant cette période de vingt-cinq ans, sainte Anne était si à la mode qu'un écrivain pouvait dire en 1506 qu'elle « faisait ombrage à la renommée et gloire de sa fille »[46]. Il semble qu'on a plus peint et sculpté sainte Anne, et qu'on a écrit sur elle plus de vies et de légendes pendant ces quelques décennies que durant les siècles précédents ou suivants. Nombre de chapelles et de confraternités religieuses furent fondées en son nom. L'empereur d'Allemagne, Maximilien, fut membre de la confraternité de Sainte-Anne et dédia son étendard à *Anna Selbdritt* d'un côté, à la Vierge de l'autre[47].

Le développement du culte de sainte Anne fut certainement en rapport avec l'intérêt porté à la doctrine de l'Immaculée Conception, encore que d'autres facteurs aient été présents. Souvent discutée depuis le XIIe siècle, l'Immaculée Conception devint un grand sujet de controverses à la fin du XV[e48]. Tout comme la Vierge Marie avait conçu le Christ sans péché, on soutenait qu'elle avait elle-même été conçue sans tache par sa mère Anne, et qu'elle n'avait donc pas hérité du péché d'Adam et d'Ève. Des hommes d'Église d'une grande autorité, saint Bernard de Clairvaux et saint Thomas d'Aquin, s'étaient opposés à cette doctrine parce qu'elle impliquait que Marie n'avait pas besoin d'être rachetée par le Christ, alors que le Christ était venu pour sauver l'humanité tout entière. En 1475, un dominicain milanais, Vincenzo Bandelli, objecta à la doctrine de l'Immaculée Conception qu'elle assimilait Anne à Marie et faisait d'Anne une vierge quand elle conçut Marie — *ejus mater in concipiendo virgo fuisset*. De fait, la croyance populaire tendait à imaginer la conception de la Vierge par

45. SCHAUMKELL, *op. cit.*; et Beda KLEINSCHMIDT, *Die heilige Anna, Ihre Verehrung in Geschichte, Kunst und Volkstum*, Düsseldorf, 1930, 160 ff.; Yrjö HIRN, *The Sacred Shrine, a Study in the Poetry and Art of the Catholic Church*, Londres, 1912, pp. 214-249.

46. Jakob WIMPFELING, cité par KLEINSCHMIDT, *op. cit.*, p. 138, n. 1.

47. SCHAUMKELL, *op. cit.*, p. 16.

48. Pour tout ce paragraphe, voir le *Dictionnaire de théologie catholique*, VII, pp. 1120-1126.

sainte Anne comme un événement miraculeux, sans le commerce charnel ni la concupiscence qui constituaient le péché originel *materialiter*; la voie était ouverte à une série de conceptions surnaturelles des ancêtres de la Vierge, tous libérés ainsi du péché originel. Des théologiens essayèrent de sauver la théorie en distinguant l'acte de la conception du moment où l'embryon est doté d'une âme et où le péché originel est censé être transmis; c'est à ce moment-là que, par une grâce spéciale, Marie fut libérée du péché originel. L'argument fut loin de convaincre tout le monde, et la controverse se poursuivit jusqu'en 1854, date à laquelle l'Immaculée Conception de Marie par sainte Anne devint un dogme officiel de l'Église catholique.

Durant des siècles, la doctrine avait eu pour principal partisan l'ordre des franciscains. Puis les carmes et les augustins l'appuyèrent à leur tour, mais durent faire face à l'opposition acharnée des dominicains, qui étaient puissants dans l'Église. C'est à cette époque que le culte de sainte Anne, confiné jusquelà dans quelques localités, tendit à se généraliser. Mais ce n'est qu'en 1481 que la fête de sainte Anne (le 26 juillet) fut rendue obligatoire par le pape Sixte IV, un ancien franciscain[49]. Quelques années auparavant, en 1476, le même pape avait accordé une indulgence pour chaque office consacré à l'Immaculée Conception. Et en 1477 et 1483, Sixte IV publia deux bulles interdisant aux théologiens de qualifier d'hérétique la doctrine de l'Immaculée Conception, tout en permettant d'adopter le point de vue adverse.

En 1494, peu de temps avant le carton de Léonard, un livre, *Tractatus de laudibus Sanctissimae Annae*, écrit par l'abbé allemand Jean Tritenheim (Trithemius), donna une nouvelle impulsion au culte de sainte Anne. Cet opuscule la présentait comme le modèle de la femme chrétienne, et défendait son culte et la doctrine de l'Immaculée Conception contre les objections des dominicains. Il connut plusieurs éditions et paraît avoir touché un vaste public.

La même année, le pape Alexandre VI publia une indulgence pour qui réciterait une prière aux saintes Anne et Marie,

---

49. KLEINSCHMIDT, *op. cit.*, p. 134.

imprimée sur le billet d'indulgence. Un fidèle qui récitait la prière, où était affirmée l'Immaculée Conception, devant une image réunissant sainte Anne, la Vierge et l'Enfant — on appelait ces images *Anna Metterza* ou *Anna Selbdritt* — recevait une remise de dix mille ans de punition au purgatoire pour des péchés mortels et de vingt mille ans pour des péchés véniels[50]. La prière fut souvent imprimée avec un bois gravé, représentant Anne, Marie et l'Enfant, sur des feuilles volantes que l'on collait aux murs et aux portes. On produisit en abondance des images des trois saints personnages; elles montrent souvent Marie assise sur les genoux de sainte Anne avec l'Enfant assis sur ses genoux à elle, et soumis aux tendres attentions des deux femmes[51].

Ce type d'image fut loin d'être une invention de Léonard, comme Freud l'a supposé, et l'on peut difficilement écrire que son carton ou son tableau sont « presque le premier » exemple, comme l'a fait Ernst Kris[52]. Loin de trouver son origine dans la constellation unique de la personnalité de Léonard, l'*Anna Metterza* était un thème traditionnel remis en vogue dans toute l'Europe catholique à l'époque de Léonard. Et cette vogue ne reposait pas seulement sur une doctrine théologique, mais sur des nécessités plus mondaines. Un chapitre du livre de Trithemius est consacré à expliquer et à justifier l'expansion du culte de sainte Anne. Dans la situation critique où se trouvait la chrétienté, alors que les nations occidentales avaient été battues par la flotte turque, que la foi déclinait et que la société se désintégrait, il était indispensable, croyait-il, de renforcer la famille et d'encourager une vie spirituelle plus intime en propageant le culte de cette sainte maternelle. La fondation de nombreuses confraternités dévouées à sainte Anne rapprochait ceux qui en étaient membres, et qui appartenaient aux métiers et aux conditions les plus diverses[53].« Son patronage, écrivait-il, nous

---

50. KLEINSCHMIDT, *op. cit.*, p. 134.

51. W. L. SCHREIBER, *Handbuch der Holz und Metallschnitte des XV. Jahrhunderts*, Leipzig, 1927, III, n°s 1191, 1195.

52. *Psychoanalytic Explorations in Art*, New York, 1952, p. 19.

53. *Op. cit.*, Mayence, 1494, chap. XV.

permet d'échapper aux misères de ce monde chancelant. »[54] Elle est plus généreuse que la Vierge, et accorde aux fidèles ce que sa fille leur refuse. Elle accomplit des miracles, et même ressuscite les morts.

Un spécialiste moderne de son culte a signalé le rôle de sainte Anne comme protectrice des femmes enceintes et patronne de la famille, à une époque où les familles étaient exceptionnellement nombreuses, et comptaient jusqu'à vingt enfants[55]. Selon la légende, Anne, qui s'était mariée trois fois, était un modèle de fécondité. On la représente souvent en *Anna Trinuba* et *Tripara*, entourée du produit de ses trois mariages. Dans un portrait de l'empereur Maximilien et de sa famille, chaque figure porte un nom de la famille de sainte Anne[56].

Derrière le tableau de Léonard, on trouve donc le culte de sainte Anne, alors très répandu, et un intérêt renouvelé pour la sainte Famille. Anne, Marie et le Christ étaient adorés comme une trinité, une *humanissima trinitas* plus accessible que la *divinissima trinitas* du Père, du Fils et du Saint-Esprit. Quand le pape Sixte IV rendit la fête de sainte Anne obligatoire, il imposa dans le même décret la fête d'un autre saint familial, Joseph, le père adoptif de Jésus et l'époux de Marie.

Mais le tableau de Léonard n'est-il pas unique par la façon dont il représente sainte Anne et la Vierge comme des femmes d'âge presque égal — caractère que Freud explique par le souvenir inconscient qu'avait Léonard des deux mères de son enfance ? Contrairement à ce que croit Freud, sainte Anne et la Vierge ont été représentées ensemble comme deux jeunes femmes bien avant Léonard. L'originalité de sa conception se trouve ailleurs, comme nous le verrons bientôt. La jeunesse de sainte Anne dans certaines images peut s'expliquer par l'idéalisation théologique qui faisait d'elle un double de sa fille Marie, et par une tendance générale, dans l'art du Moyen Âge et de la Renaissance, à doter les saintes d'un certain type de beauté virginale. Dans les récits populaires des miracles de sainte Anne,

---

54. « *Per cujus patrocinium omnis mundi labentis mala securi possumus evadere* », *op. cit.*, chap. XI.

55. KLEINSCHMIDT, *op. cit.*, p. 164 sq.

56. *Ibid.*, p. 158 et fig. 94 et 95 (de B. Striegel).

dans les légendes et les *exempla* des années 1500, elle apparaît aux fidèles comme une femme « belle » ou « jolie » (« *wunderbarlich gezieret hüpsch und schone* »)[57]. On peut également remarquer que, dans la littérature romaine et médiévale, le type de la jeune vieille femme est loin d'être une exception. Les figures féminines idéales, en particulier les personnifications (Rome, la Nature, le Monde, l'Église, la Philosophie, et même la Vieillesse) sont dépeintes dans les écrits visionnaires et poétiques comme des vieilles femmes rajeunies et embellies[58].

Quand l'image théologique de la Vierge fut projetée sur sainte Anne, celle-ci acquit les vertus et les pouvoirs de sa fille. Trithemius nous a laissé une description émue de la parfaite tendresse maternelle de sainte Anne et de sa grâce, sources indispensables des qualités de la Vierge. Dieu l'avait choisie avant la création du monde pour être la mère de la Vierge. Sa propre naissance devint au Moyen Âge l'objet d'extraordinaires fantaisies. Dans un vieux poème français, il est dit qu'elle naquit de la cuisse de son père Phanuel, qu'il avait touchée avec un couteau après avoir coupé une pomme[59]. Dans cet étrange pot-pourri où se mêlent légende juive et légende païenne, sainte Anne, comme Dionysos, naît de la cuisse d'un être divin (Phanuel veut dire en hébreu la « face de Dieu »), mais se trouve aussi mise indirectement en rapport avec la pomme du péché originel — Phanuel a coupé la pomme de l'arbre de la connaissance sans la manger, tout comme Marie, née d'une mère qui n'était pas vierge, demeura à l'abri du péché originel. Au XIIIᵉ siècle, les simples gens — les croyants naïfs et inéduqués qui ne s'encombraient pas de théologie ni de science — en étaient arrivés à croire que sainte Anne, elle aussi, avait conçu par un miracle du Saint-Esprit. Selon le récit de la nativité de la Vierge, dans *La Légende dorée* de Jacques de Voragine, un ange dit à Joachim, le mari de sainte Anne, que Dieu, lorsqu'il ferme

---

57. SCHAUMKELL, *op. cit.*, pp. 46, 56.

58. Ernst Robert CURTIUS, *La Littérature européenne et le Moyen Âge latin*, trad. franç., Paris, 1956, pp. 126-130.

59. C. CHABANEAU, *Le Romanz de saint Fanuel et de sainte Anne*, Paris, 1889, p. 11 *sq.*, v. 435 *sq.*; HIRN, *op. cit.*, p. 231 *sq.*

une matrice, le fait souvent pour la rouvrir miraculeusement, afin qu'on sache que l'enfant qui doit naître n'est pas le fruit de la luxure : ce fut le cas pour les naissances miraculeuses d'Isaac, de Jacob et de Samson, tous trois fils de femmes vieilles et stériles[60]. Anne avait été affligée de stérilité et n'avait pas d'enfant après vingt ans de mariage; au temple, l'offrande de son mari était refusée parce qu'il n'avait pas de progéniture. La légende, basée sur de très vieux écrits apocryphes[61], poursuit en racontant comment l'ange apparu à Joachim lui dit de rencontrer Anne à la Porte dorée, où il donna aussi à sainte Anne l'ordre de se rendre; quand ils se rencontrèrent, ils s'embrassèrent, et à ce moment, selon la croyance populaire, fut conçu l'enfant que l'ange avait promis. Dans les tableaux représentant la scène, on voit au-dessus du couple un ange qui rappelle l'Annonciation à la Vierge et l'Incarnation du Christ. La rencontre de saint Joachim et de sainte Anne est une illustration de l'Immaculée Conception[62].

À l'époque de Léonard, il existait trois types courants d'images de l'*Anna Metterza*. Dans le premier type, dont l'exemple le plus célèbre est le tableau de Masaccio conservé à l'Accademia de Florence (v. 1425), la trinité familiale forme une grande pyramide, austère et puissante, avec, au sommet, une vieille sainte Anne assise sur un trône, et la Vierge à ses pieds qui tient l'Enfant dans son giron. Le deuxième type, déjà bien établi dans les années 1350-1375, montre la Vierge assise sur les genoux de sainte Anne; elle joue avec l'Enfant qui se tient sur ses genoux; souvent, elle l'étreint avec tendresse. C'est la base du tableau de Léonard. Dans une troisième variante, l'Enfant est placé sur l'un des genoux de sainte Anne, ou bien celle-ci tient la Vierge dans un bras et l'Enfant dans l'autre. Cette idée bizarre d'asseoir une femme sur les genoux d'une autre femme comme un enfant ne dérangeait personne au Moyen Âge; on concevait alors l'image comme un symbole de certaines idées

---

60. *Op. cit.*, à la date du 8 septembre.

61. On en trouvera les sources dans le Protévangile de Jacques, l'Évangile du pseudo-Matthieu et l'Évangile de la Naissance de la Vierge; voir: *Évangiles apocryphes*, trad. Charles Michel et P. Peeters, Paris, 1911, I, p. 3 *sq.*, p. 63 *sq.*

62. Hirn, *op. cit.*, p. 238.

religieuses, et l'on pouvait exprimer, en groupant ainsi trois figures, l'idée d'une lignée mystique, qui forme leur caractère essentiel. Les trois types ont en commun un certain hiératisme qui leur vient de l'échelle et de la raideur des figures. Par sa taille et sa position, sainte Anne domine le groupe; l'âge relatif et l'ordre des générations, correspondant à l'ordre et à l'autorité au sein de la famille, sont symbolisés par les différences de taille et par le niveau où se tiennent les figures[63].

Vers la fin du xve siècle, on voit apparaître une tendance à assouplir la composition et à envisager le groupe d'un point de vue plus humain et plus naturel : sainte Anne et la Vierge ont la même taille et jouent toutes deux avec l'Enfant. Dans une gravure faite avant 1500, Dürer représente sainte Anne et la Vierge debout, au même niveau, et dorlotant l'Enfant dans leurs bras[64]. Cranach, dans le retable de Torgau (musée de Francfort), terminé en 1509 — peut-être avant le tableau de Léonard (version du Louvre) —, fait asseoir sainte Anne et la Vierge sur un même banc, et toutes deux jouent avec l'Enfant. Le visage de sainte Anne est jeune, plus jeune par certains côtés que celui de la Vierge[65].

Mais l'art italien avait déjà donné le même âge aux deux femmes plus de cent ans auparavant. Dans un tableau peint en 1367 par le Siennois Luca di Tomé, la Vierge, tenant l'Enfant, est assise sur les genoux de sainte Anne, qui n'est qu'un double

63. Pour les types de l'*Anna Metterza*, voir Kleinschmidt, *op. cit.*, p. 217 *sq.*, qui donne un grand nombre d'illustrations, et L. H. Heydenreich, « La *Sainte Anne* de Léonard de Vinci », *Gazette des Beaux-Arts*, 1933, p. 205 *sq.*

64. *Dürer, des Meisters Gemälde, Kupferstiche und Holzschnitte*, Stuttgart, Leipzig, Klassiker der Kunst, 1908, pl. 108.

65. Kleinschmidt, *op. cit.*, p. 274, fig. 195; sur la Vierge avec la jeune sainte Anne répétées sur les panneaux latéraux du même retable, voir Curt Glaser, *Lukas Cranach*, Leipzig, 1921, pp. 66-67. Le type montrant la Vierge et sainte Anne assises sur un large trône, et l'Enfant debout entre elles, apparaît en Italie dès le xive siècle — voir le retable de Barna da Siena au musée de Boston (George Kaftal, *Iconography of the Saints in Tuscan Art*, Florence, 1952, p. 230, fig. 247). Quelques autres exemples de la jeune sainte Anne : un tableau bohémien de la fin du xive siècle, conservé à Wroclaw (Kleinschmidt, *op. cit.*, fig. 154), un tableau de Lochner, également à Wroclaw (*ibid.*, pl. 12), la fresque de Ghirlandaio représentant le mariage de la Vierge (*ibid.*, fig. 110), la *Rencontre à la Porte dorée* de Carpaccio (*ibid.*, fig. 114), la *Rencontre d'Anne et de Joachim*, de Filippino Lippi (1497), à Copenhague (K. B. Neilson, *Filippino Lippi*, Cambridge, Mass., 1938, fig. 65), etc.

agrandi de sa fille[66]. L'ensemble est encore soumis à la conception hiérarchique du Moyen Âge, avec ses différences de taille et de niveau. Vers 1500, une échelle unique est appliquée à tous, en accord avec la recherche d'une forme idéalisée mais naturelle, qui caractérise l'art de la Renaissance classique.

Or Léonard, l'artiste le plus moderne de son époque, tout en éliminant les attributs surnaturels (auréoles, etc.) et en humanisant complètement les figures, conserve le vieux type iconique de l'*Anna Metterza* avec sa structure symbolique artificielle, à une époque où l'art du Nord sépare les deux figures et met l'Enfant entre elles, dans une situation familiale plus naturelle. S'il va jusqu'à dessiner les têtes de sainte Anne et de la Vierge au même niveau dans le carton de Londres (ill. 1), plus tard il revient à la vieille conception et place la tête de sainte Anne au-dessus de celle de la Vierge. Dans la dernière version, le tableau du Louvre (ill. 2), la différence de niveau apparaît toutefois comme l'effet naturel du mouvement spontané de la Vierge, qui se penche en avant pour jouer avec l'Enfant. Le nouveau statut d'égalité entre les deux femmes, leur commune humanité, s'accordent ainsi avec l'inégalité de la mère et de la fille. En plaçant l'Enfant par terre, sur le côté, Léonard se libère aussi de la symétrie rigide de l'ancien rapport entre l'enfant et la mère, rapport où la Vierge est à sainte Anne ce que Jésus est à la Vierge.

S'il faut en croire Freud quand il reconstitue l'histoire interne du tableau de sainte Anne, c'est la rencontre de Léonard et de Mona Lisa qui réveilla son souvenir inconscient de Caterina et lui inspira de peindre sainte Anne et la Vierge comme ses deux mères, telles qu'elles lui étaient apparues dans son enfance. Cette interprétation repose sur un schéma général que Freud avait établi quelques années plus tôt pour décrire le processus de la création poétique : une expérience actuelle fait revivre un vieux souvenir ; il est alors élaboré dans une forme artistique comme un accomplissement de désir[67]. En appliquant ce

66. KLEINSCHMIDT, *op. cit.*, fig. 147. Voir aussi, fig. 146, une sculpture allemande du XIIIᵉ siècle représentant la Vierge avec une jeune sainte Anne.

67. Voir son article de 1908, « Der Dichter und das Phantasieren », *G.W.*, VII, pp. 217 et 221.

schéma à la *Sainte Anne,* Freud oubliait la date du carton de Londres. Comme il le soutenait contre certains auteurs[68], le carton fut exécuté à Milan peu avant 1500, et précède donc de plusieurs années le portrait de Mona Lisa. Autre fait significatif : dans les esquisses préparatoires de Léonard pour différents projets d'un tableau de *La Vierge avec sainte Anne,* le type de cette dernière n'est pas encore fixé. La date de ces dessins est toujours discutée, mais, suivant d'excellents juges, un dessin du Louvre, où sainte Anne apparaît comme une vieille femme[69], est postérieur au carton de Londres. L'hésitation de Léonard entre sainte Anne jeune et sainte Anne vieille évoque les va-et-vient de la doctrine de l'Immaculée Conception à cette époque. Soutenue par les uns, combattue par les autres, la doctrine fut un moment admise par la papauté avant d'être rejetée au cours des années suivantes.

Les sourires des deux femmes, qui doivent leur charme à l'infinie délicatesse de l'art de Léonard, ne prouvent pas aussi clairement que le supposait Freud la fixation du peintre à sa mère. Sur ce point d'ailleurs, il percevait la faiblesse de son raisonnement, et remarqua dans une note que « les connaisseurs d'art, qui penseront au sourire figé si typique des statues grecques archaïques, par exemple celles d'Égine, et trouveront peut-être aussi quelque chose du même genre dans les figures de Verrocchio, le maître de Léonard, hésiteront à me suivre dans mes déductions. »[70]

Ils ne penseront pas seulement aux visages souriants de Verrocchio ; ils se rappelleront également que le petit Léonard fut conduit chez ce maître par son père, qui était un ami de l'artiste ; que le jeune élève collabora avec son maître ; et qu'il répéta certains de ses thèmes. Les sculptures en plâtre de femmes et d'enfants souriants, que Vasari compte parmi ses

---

68. *G.W.,* VIII, p. 186, n. 1.

69. K. CLARK, *Léonard de Vinci,* pl. 113. Clark le situe vers 1508-1510 ; Ann E. POPP (*Leonardo-Zeichnungen,* Munich, 1928, p. 9), vers 1501 ; A. E. POPHAM (*The Drawings of Leonardo da Vinci,* New York, 1945, pl. 174 B), en 1498-1499.

70. *Op. cit.,* p. 179, n. 1.

premières œuvres, ont disparu, mais plusieurs morceaux du même genre, dus à Verrocchio ou à son atelier, ont survécu. Il se peut que Vasari ait pensé à ces derniers quand il parlait des débuts de Léonard. Parmi les ouvrages de Verrocchio, on trouve plusieurs visages souriants dont la subtilité d'expression approche celle des tableaux plus tardifs de Léonard[71]. Le visage de la *Sainte Anne* du Louvre nous rappelle le *David* en bronze de son maître, avec son visage souriant, son délicat modelé des lèvres et du menton, et le même air de triomphe. Son apprentissage de la sculpture dans l'atelier de Verrocchio, où la grâce du modelé était à l'honneur, fit peut-être aussi entrevoir à Léonard les possibilités nouvelles du clair-obscur, qui pouvait affecter les visages qu'il peignait de son jeu raffiné et insaisissable. Comme le jeune Léonard, encore à l'atelier de Verrocchio, était membre de la guilde des artistes, et qu'il avait collaboré avec son maître pour des commandes importantes, on a conjecturé une influence sur le maître de son jeune et brillant élève vers 1475[72]. Mais il n'y a pas lieu de croire que Verrocchio ait dû le motif du sourire au jeune artiste.

Sans mentionner les sculpteurs grecs archaïques qui, à la recherche d'une plastique plus naturelle, ont représenté le sourire comme un attribut permanent du visage — une première forme d'expression généralisée de la physionomie et de la subjectivité (un peu comme la jambe avancée des statues égyptiennes était une expression généralisée du mouvement)[73] —, la réapparition du sourire dans l'art florentin plusieurs dizaines d'années avant Léonard, chez Donatello ou Desiderio da Settignano, laisse difficilement admettre avec Freud que la présence chez Léonard de ce motif conventionnel fort répandu s'explique par les particularités de son enfance. Seule sa façon personnelle de rendre le sourire — l'ensemble des qualités singulières qui découlent de son style artistique au sens large, et de la longue

---

71. Par ex. le bas-relief de la *Vierge à l'Enfant*, au Bargello, et un ange du tombeau de Forteguerri (1474), à la cathédrale de Pistoia.

72. Voir W. R. VALENTINER, « Leonardo as Verrocchio's Co-worker », *The Art Bulletin*, XII (1930), pp. 43-89.

73. J'ai proposé cette explication du « sourire archaïque » dans *The Art Bulletin*, XIII, 1931, pp. 485-486.

attention qu'il avait portée au visage humain — peut être rapportée au caractère de Léonard. S'il en est ainsi, il ne s'agit pas
simplement du sourire comme élément occasionné par un souvenir ou une expérience, mais de la nuance expressive que
l'artiste tend à généraliser chaque fois qu'il traite un thème
féminin ou juvénile. Il les baigne dans un clair-obscur mystérieux, qu'il décrit dans ses notes comme la grâce et la douceur
des visages tels qu'on les aperçoit par temps gris et au crépuscule. Grâce au modelé indéfini et subtil de ses formes, au clair-
obscur et à d'autres procédés, il donne libre cours à la rêverie du
spectateur.

Il est très possible que cette complexité d'ensemble découle
de la structure du caractère de Léonard telle que Freud la
révèle. Peut-être aussi que l'artiste adopta et développa le
thème du sourire avec une ferveur particulière en raison d'une
fixation à sa mère. Mais la théorie freudienne ne permet pas de
passer de l'expérience infantile et des mécanismes du développement psychique au style artistique de Léonard. Dans le livre
de Freud, les éléments originaux de l'œuvre d'art ne sont là que
comme des représentations de désirs et de souvenirs infantiles ;
le style lui-même appartient à un domaine différent (peut-être
biologique) de l'individu, domaine sur lequel ses concepts n'ont
pas de prise. Les impressions d'un artiste, surtout ses impressions d'enfance, doivent subir, pensait-il, de profondes transformations avant de pouvoir s'incarner dans une œuvre d'art ; mais
en écrivant sur le sourire, Freud n'hésite pas à faire correspondre exactement la peinture et l'impression d'enfance, par-
delà toutes les variations du sourire dans les différents tableaux.
Le sourire de Mona Lisa, qui attire Léonard parce qu'il lui rappelle sa mère, est décrit par Freud comme ambigu, à la fois
réservé et sensuel, tendre et menaçant ; le sourire de sa mère
dans le tableau de *Sainte Anne*, où Freud voit « le même sourire, indubitablement, que dans la Joconde », a perdu « son
caractère énigmatique et inquiétant, et ne respire plus qu'intimité et calme bonheur[74] ». Mais en recréant, dans le visage de
Mona Lisa, le double sens de son sourire, Léonard restait fidèle

74. *Op. cit.*, p. 184.

au contenu profond de ses premiers souvenirs, « car l'excessive tendresse de sa mère lui fut fatale »[75]. Enfin, dans les œuvres tardives — les images androgynes de saint Jean et de Bacchus —, le même sourire suggère un secret d'amour, et la connaissance de plaisirs inavouables[76].

Si Freud se trompait en supposant que Léonard avait inventé le type pictural de l'*Anna Metterza* qui montre la Vierge assise sur les genoux de sa mère et tenant l'Enfant Jésus, ou que figurer sainte Anne comme une jeune femme souriante était une idée de Léonard née d'un souvenir d'enfance inconscient réactivé par la rencontre de Mona Lisa, en revanche il y a des traits vraiment originaux dans le tableau. Mais Freud n'en tient pas compte, bien qu'ils présentent un intérêt psychologique et appellent peut-être une explication de type freudien.

Il est exceptionnel, dans les représentations du sujet, de voir figurer le petit saint Jean aux côtés de l'Enfant Jésus (ill. 1). C'est là un motif apocryphe, que Léonard avait déjà utilisé dans *La Vierge aux rochers*[77]. Les deux enfants, qui étaient cousins, avaient déjà été représentés côte à côte dans l'art florentin de la génération précédente, et leur réunion allait devenir un des thèmes favoris de Raphaël. Jean était, comme sainte Anne, un saint patron de Florence, et il avait une place d'honneur dans l'art florentin. Son baptistère était le monument chéri de la ville, celui pour lequel elle avait prodigué toutes les ressources de son art. Petit-neveu de sainte Anne, Jean naquit d'une vieille femme stérile, Élisabeth; cette naissance, regardée comme miraculeuse, et d'une certaine façon exempte du péché originel, rappelle la conception de la Vierge par sainte Anne[78]. La présence de saint Jean dans l'image de l'*Anna Metterza* renforce donc le caractère à la fois familial et surnaturel du thème. Dans le carton de Londres, les quatre figures donnent l'impression d'une correspondance deux à deux, d'un rapport de générations, comme si sainte Anne était la mère de saint Jean. Le doigt qu'elle pointe vers le ciel, peut-être pour indiquer l'origine

75. *Ibid.*, p. 186.
76. *Ibid.*, p. 189.
77. Cf. R. Eisler, *Burlington Magazine*, XC (1948), p. 239.
78. Hirn, *op. cit.*, pp. 215 et 218.

divine du Christ, est aussi un geste traditionnel du Baptiste proclamant la venue du Messie; Léonard le reprit, plus tard, dans son *Saint Jean-Baptiste*[79].

Tandis qu'il travaillait à la *Sainte Anne*, Léonard remplaça la figure de saint Jean par un agneau (ill. 2). Freud voit dans cette substitution une nécessité artistique, causée par une déficience formelle du carton de Londres que le peintre désirait corriger. Jusque dans le tableau du Louvre, les deux femmes « sont fondues l'une dans l'autre comme des figures de rêve mal condensées; il est parfois difficile de dire où finit Anne et où commence Marie... Mais ce qui semble être une faute de composition du point de vue du critique se justifie pour l'analyste par référence à son sens caché. Les deux mères de son enfance devaient se fondre pour l'artiste dans une seule image ». Dans le carton de Londres, « les deux figures maternelles sont encore plus intimement fondues, leurs contours sont encore plus incertains, si bien que des critiques, bien loin de songer à interpréter la chose, ont pu dire que "les deux têtes ont l'air de sortir d'un seul tronc" ».

Après avoir fait le carton, Léonard « sentit le besoin de dépasser cette fusion onirique des deux femmes qui correspondait à son souvenir d'enfance, et de séparer les deux têtes l'une de l'autre. Il y parvint en écartant de sa mère la tête et le buste de la Vierge, et en la faisant pencher en avant. Pour motiver ce déplacement, l'Enfant Jésus dut passer du genou de sa mère sur le sol; il n'y avait plus de place alors pour le petit saint Jean, qui fut remplacé par l'agneau »[80].

Il est remarquable que Freud, si attentif aux détails d'expression, si prompt à y voir des marques significatives de la personnalité, ait expliqué ces changements frappants dans le tableau familial par des décisions purement esthétiques. Les contemporains de Léonard voyaient dans la nouvelle version une conception religieuse toute différente, comme nous l'apprennent leurs commentaires à propos d'une autre version où les changements en question étaient déjà largement accomplis.

79. CLARK, *op. cit.*, pl. 136.
80. *Op. cit.*, p. 186, n. 1.

Entre le carton de Londres et le tableau du Louvre, Léonard entreprit en 1501 une *Anna Metterza* pour l'autel de l'église de l'Annonciation à Florence, qui appartenait à l'ordre des servites, apparentés aux franciscains, et comme eux dévoués au dogme de l'Immaculée Conception. Léonard ne semble pas avoir exécuté le tableau, mais il fit, outre plusieurs dessins qui nous sont restés, un carton que nous connaissons par une description et une copie peinte par Brescianino[81]. Quand il fut montré inachevé au peuple de Florence, le carton attira une foule d'admirateurs pendant deux jours.

La description, source principale de ce que nous savons du carton, se trouve dans une lettre adressée par Pietro da Novellara, vice-général de l'ordre des carmes, à Isabelle d'Este, qui lui avait demandé d'obtenir pour elle, pendant son séjour à Florence, un tableau de Léonard. Il répondit qu'il était peu probable que Léonard, artiste lent et peu empressé, satisfît à sa demande; il poursuivit en décrivant un ouvrage de Léonard qu'il venait juste de voir: « Un carton de l'Enfant Jésus, âgé d'un an environ, qui, près de glisser des bras de sa mère, se retient à un agneau qu'il paraît serrer. La mère, se levant à demi du giron de sainte Anne, saisit l'Enfant pour l'écarter de l'agneau — animal sacrificiel qui signifie la Passion —, tandis que sainte Anne, se soulevant légèrement de son siège, paraît vouloir retenir sa fille de séparer l'Enfant de l'agneau: ce qui semble vouloir figurer l'Église qui ne veut pas que soit empêchée la Passion du Christ. »[82]

Ce que le carme, et d'autres religieux sans doute, interprétaient comme une conception théologique a pour nous, aujourd'hui, un aspect plus proprement humain. Nous ne pouvons nous empêcher d'y voir une image chargée de significations psychologiques plus profondes. Ce qui nous frappe, ce n'est pas seulement la substitution de l'agneau à saint Jean, mais la ten-

---

81. W. SUIDA, *Leonardo und sein Kreis*, Munich, 1929, fig. 131.

82. Sur cette lettre, voir John SHAPLEY, « A Lost Cartoon for Leonardo's Madonna with Saint Anne », *The Art Bulletin*, VII (1924), pp. 98-99, et CLARK, *op. cit.*, p. 200. Il existe aussi un poème contemporain de Girolamo CASIO sur le même sujet; on en trouvera le texte et une traduction anglaise dans SHAPLEY, *op. cit.*, p. 100.

sion entre les figures qui en résulte. Dans le premier carton
(fig. 1), une stable symétrie règle les poses et les mouvements;
les deux enfants ont des rapports amicaux et sont en correspondance avec les deux femmes, qui pourraient être leurs mères
respectives. L'image est celle d'une « sainte conversation » dans
une atmosphère de parfaite harmonie. Dans le carton perdu de
l'église servite, et dans le tableau du Louvre qui lui fait suite[83],
l'agneau résiste à l'enfant qui grimpe sur lui et lui serre les
flancs de ses deux jambes. L'enfant se retourne vers sa mère;
elle le retient en se penchant assez loin vers l'avant pour le
saisir; sainte Anne, sur les genoux de qui la Vierge est assise,
regarde avec un sourire d'approbation. Je ne connais pas
d'exemple antérieur du même sujet qui présente ce jeu complexe de figures, ni le motif de l'enfant avec l'agneau[84].

En substituant un agneau à saint Jean, Léonard introduit une
ambiguïté dans la signification théologique et humaine de la
scène. L'agneau est un symbole du Christ, l'hostie sacrificielle et
rédemptrice, comme l'expliquait le carme; mais il est aussi le
symbole de saint Jean qui annonce la venue du Christ. L'enfant
qui enfourche et maintient l'agneau exprime sa « passion », à la
fois comme sacrifice de soi et comme amour de la créature qui
représente son cousin Jean.

Ici, à la suite de l'analyse que donne Freud de la personnalité
de Léonard, on peut se demander si, dans cette sainte Famille
sans père, Léonard n'a pas projeté (et caché) un désir narcis-
sique et homosexuel en remplaçant saint Jean, le compagnon du
Christ et l'ascétique victime d'une femme incestueuse, par
l'agneau qui représente à la fois saint Jean et lui-même.

L'histoire de la genèse de la *Sainte Anne* est plus complexe
que Freud ne l'a soupçonné, et, encore qu'elle puisse confirmer

83. Entre autres changements, le tableau renverse la position des figures du
carton, si l'on en croit la description, la copie, et un dessin de tête de sainte Anne
(POPHAM, *op. cit.*, pl. 183). Il faut dire que ni la description du carme, ni la copie, ni
le tableau du Louvre ne correspondent exactement à la description du carton servite
donnée par Vasari, qui mentionne un petit saint Jean jouant avec l'agneau.

84. Dans la *Sainte Famille* de Raphaël (1504, musée du Prado) basée sur le
carton servite, la Vierge aide l'enfant à s'asseoir sur l'agneau, et saint Joseph, sur le
côté, remplace sainte Anne.

certaines de ses idées, elle ne va pas toujours dans le sens de l'opinion qu'il s'en est faite. Dans une esquisse conservée à Venise, probablement antérieure au carton servite, l'agneau est aux pieds de sainte Anne et de la Vierge, qui tient l'Enfant dans son giron — il caresse le museau de l'agneau[85]. L'agneau est dans la même position que la licorne aux pieds d'une jeune femme assise que l'on trouve dans un dessin beaucoup plus ancien de Léonard, et qui était au Moyen Âge un symbole de chasteté[86]. Au dos de ce dessin, on trouve plusieurs esquisses pour une composition de la Vierge avec l'Enfant qui serre un chat dans ses bras[87]. Il est évident que les éléments qui constituent les traits originaux de la *Sainte Anne* du Louvre — en particulier l'enfant avec l'agneau — ont occupé l'esprit de Léonard des années avant sa rencontre avec Mona Lisa, et que certains d'entre eux sont indépendants du thème de sainte Anne[88].

IV.

Un disciple de Freud, Ernst Kris, qui apporte à la psychanalyse une formation et une expérience d'historien de l'art, a tenté de compléter l'interprétation de Freud en discernant, dans les sentiments cachés de Léonard, non seulement la source des éléments de l'image, mais également celle de l'invention artistique. Là où Freud voyait un défaut de composition, Kris découvre la création d'une nouvelle forme. « L'unité entre les trois figures ne s'établit pas seulement par les gestes; elles semblent se fondre l'une dans l'autre du fait qu'elles s'inscrivent dans une configuration pyramidale. C'est par de tels procédés que Léo-

85. POPHAM, *op. cit.*, pl. 174 A.
86. *Ibid.*, pl. 27 (British Museum).
87. *Ibid.*, pl. 11.
88. Il est intéressant de rapprocher du tableau du Louvre une peinture de l'atelier de Botticelli conservée au palais Pitti à Florence : la Vierge, debout, la tête inclinée, tient l'Enfant Jésus, nu, qui se penche en avant pour embrasser le petit saint Jean, debout et vêtu d'une sorte de peau de mouton — Jacques MESNIL, *Sandro Botticelli*, Paris, 1938, pl. XCI et p. 161.

nard a créé dans plusieurs de ses tableaux des compositions qui ont exercé une influence considérable sur le développement de l'art de son temps. »[89] On peut se demander si Kris résume ici Freud, ou s'il en tire une conclusion nouvelle destinée à expliquer le style de Léonard. Il se rend compte qu'il est très difficile de rattacher « forme et contenu » au moyen d'une théorie de leurs communes racines psychologiques, et il est sceptique en ce qui concerne le vautour découvert dans la robe de la Vierge. Mais ce qui s'annonce comme un progrès dans la psychanalyse de l'art — laquelle avait, jusqu'ici, prêté peu d'attention au style — constitue une erreur d'appréciation historique et esthétique. La forme pyramidale comme telle n'est pas une invention de Léonard; les traits qui distinguent sa composition formelle se trouvent ailleurs, et résultent moins de l'élaboration du thème particulier de la *Sainte Anne* que d'une évolution qui couvre toute sa carrière.

Dès le XIVe siècle, les versions italiennes de *La Vierge avec sainte Anne* présentent un groupement pyramidal compact, et toutes les figures s'ordonnent plus ou moins à l'axe de la pyramide. Elles forment un ensemble statique et symétrique, comme dans le chef-d'œuvre de Masaccio; elles font toutes face au spectateur, ou elles ont chacune une orientation dominante qui diffère de celle de la figure voisine. Comparée aux types anciens, la nouveauté formelle de Léonard, développée ensuite par Michel-Ange et Raphaël, consiste plutôt en ce que, dans la pyramide conventionnelle où s'inscrivent trois ou quatre figures, chacune s'organise suivant une asymétrie complexe, un contraste de formes en profondeur — souvent des S en raccourci —, et que l'action de chaque personnage est commandée par celle d'un autre. Dans l'art de l'époque précédente, on peut déplacer un membre sans affecter le reste du corps; pour Léonard, le corps est un système aux formes fluides et organiquement articulées, où le mouvement d'une partie entraîne l'adaptation spontanée de toutes les autres. D'où l'attrait de cette unité, qui, inscrite dans un ensemble stable, permet ce jeu aisé

---

89. E. KRIS, *Psychoanalytical Explorations in Art*, New York, 1952, pp. 19 et 22.

des parties. (L'originalité du peintre ne s'arrête pas là; il nous a légué aussi une complexité et une subtilité nouvelles dans le modelé, une atmosphère tangible, un clair-obscur mystérieux anticipant l'art ultérieur, et un paysage de fond qui se prolonge à l'infini, suggérant poétiquement un état d'âme qui fait contrepoint aux figures.)

Dans le tableau du Louvre, l'Enfant, levant la tête vers sa mère, s'éloigne d'elle pour jouer avec l'agneau, tout en immobilisant le petit animal; la Vierge, pour ramener l'Enfant à elle, se détourne de sainte Anne; celle-ci, le bas du corps dirigé vers la gauche, se tourne vers l'Enfant en bas à droite. Dans cet entrelacement de corps, progressant depuis la figure relativement stable de sainte Anne jusqu'à la figure la plus active et la plus divisée, celle du Christ, en passant par la pose intermédiaire de la Vierge, chaque mouvement s'oppose à d'autres mouvements du même corps ou d'un corps voisin; mais l'ensemble de ces mouvements forme une unité complexe de plus haut niveau : une famille.

C'est Léonard qui donna les premiers modèles de cette composition basée sur un équilibre dynamique. Composition désigne ici quelque chose d'inventif et d'idéal, une de ces structures fondamentales, un de ces modes de groupement qui marquent une époque et deviennent canoniques, comme un ordre architectural ou une forme poétique[90].

On peut en suivre les étapes dans la succession de ses œuvres. Elle n'existe pas au début de sa carrière. Elle apparaît sous une forme rudimentaire dans *La Vierge aux rochers* de 1483; elle n'est pas encore clairement développée dans le premier carton de *Sainte Anne*, ni complètement réalisée dans les autres dessins du même sujet. Mais elle se manifeste avec force dans une œuvre qui n'a rien à voir avec le thème maternel : la *Cène* peinte à Milan de 1495 à 1497. Dans cette composition dominée par la figure centrale du Christ, les douze apôtres sont partagés en

90. On trouvera une excellente analyse de la composition léonardesque dans H. WÖLFFLIN, *Die klassische Kunst, Eine Einführung in die italienische Renaissance*, 7ᵉ éd., Munich, 1924, pp. 20-43.

quatre groupes de trois; dans chaque groupe, nous voyons les différentes réactions et les rapports internes des trois figures qui ont à faire face à la même question muette soulevée par les paroles du Christ: « L'un de vous me trahira. » Cette œuvre combine une forme fortement centrée — le Christ au milieu, la symétrie de la table et de l'architecture rythmées par la perspective convergente — avec les mouvements extraordinairement variés provoqués par la force centrale; chaque figure est livrée à sa propre émotion qu'expriment le geste et la pose, tout en faisant clairement partie d'un groupe de trois personnages unifié dans le contraste de leurs réactions.

Cette distinction des caractères est une découverte de la Renaissance. Elle ne constitue pas seulement un nouvel éclairage du thème de la Cène, plus dramatique que liturgique ou théologique, mais une conception, riche d'avenir, du comportement collectif où l'individu se révèle.

L'étude du groupement des apôtres permit à Léonard de mettre au point la composition de la *Sainte Anne*. Dans le carton de Londres, le geste de sainte Anne pointant son doigt vers le haut fait penser au geste du premier apôtre à la gauche du Christ dans la Cène (mais le sens n'est pas le même). Dans le tableau du Louvre, l'entrelacement des corps, les orientations et les niveaux différents des têtes à l'intérieur d'un groupe de trois figures, tout cela rappelle les trois apôtres à la droite du Christ.

Si l'on veut rattacher la nouveauté formelle de la *Sainte Anne* à son contenu psychologique, je pense qu'on trouvera le rapport, non pas tant dans l'acte de fusionner en une pyramide stable les deux mères dont le souvenir hantait Léonard depuis l'enfance, mais plutôt dans le processus inverse: donner au groupe fermé, légué par la tradition, une articulation par contrastes qui permet de rendre la spontanéité des individus et leurs impulsions divergentes, tout en maintenant le lien familial. Qu'ils soient résolus harmonieusement ou laissés suspendus dans un état de tension, ces mouvements qui s'opposent dans un même individu idéalisé sont un des traits caractéristiques de la Renaissance classique et tardive. Dans le premier cas, ils constituent un type canonique où le corps apparaît actif mais stable, enfermé mais détendu. Dans le deuxième, ils anticipent le style maniériste du milieu du XVIᵉ siècle, qui donne à une forme classique un air tendu ou affecté. L'individu, soumis à un effort violent ou accablant, apparaît de plus en plus comme une figure introvertie ou tragique.

Malgré le raffinement du dessin de Léonard et sa recherche de formes gracieuses, je ne crois pas que le nouvel idéal classique soit parfaitement réalisé dans la *Sainte Anne*. Le groupe conserve quelque chose de rigide et d'artificiel qui se remarque surtout dans le contraste accentué des deux figures de sainte Anne et de la Vierge, l'une presque de face et l'autre de profil. Cela tient peut-être à ce que Léonard reste fidèle au vieux type médiéval de l'*Anna Metterza*, alors que sa propre tendance le portait au contraire vers la variation, la clarté et le mouvement. Du début à la fin, il tendit à centrer ses compositions religieuses autour d'une grande figure isolée : ainsi dans *L'Adoration des Mages, La Vierge aux rochers* et *La Cène*. Dans la *Sainte Anne*, avec ses deux mères d'égale importance, il se heurta donc à un thème particulièrement ingrat. Il ne pouvait pas adopter la solution des artistes du Nord, qui plaçaient les deux femmes côte à côte, avec un Enfant Jésus au milieu. C'est cette contradiction entre le type reçu et les tendances artistiques de Léonard qui expliquent en partie pourquoi certains aspects de la *Sainte Anne* suggèrent l'art maniériste.

V.

Dans un article de portée générale écrit peu après l'étude sur Léonard, Freud remarque, à propos des différents domaines d'application de ses recherches, que « la personnalité intime de l'artiste, telle qu'elle se cache derrière son œuvre, peut être pressentie avec plus ou moins d'exactitude ».[91] Pour atteindre ce but, il faut évidemment prendre en considération toutes les œuvres existantes de l'artiste. Or, quand il interprète l'art de

---

91. « Das Interesse an der Psychoanalyse » (1913), *G. W.*, VIII, p. 407.

Léonard, Freud examine essentiellement les tableaux qui représentent des femmes. *L'Adoration des Mages* est mentionnée comme un exemple de la difficulté névrotique qu'il avait à terminer un tableau, et *La Cène* comme une peinture exécutée avec une lenteur caractéristique, et vouée à la ruine par le besoin qu'il avait d'expérimenter des techniques. Nulle part il n'est fait mention du contenu de ces chefs-d'œuvre. On a l'impression, en lisant Freud, que la peinture de Léonard se limitait à de tendres images de femmes, d'enfants et de jeunes gens efféminés. Tout un côté de Léonard, tel qu'il se manifeste dans ses figures viriles, est passé sous silence. Là, il nous apparaît comme un artiste singulièrement attiré par la force.

Pour l'hôtel de ville de Florence, Léonard fit en 1504-1505 une peinture murale représentant la bataille d'Anghiari, au cours de laquelle les Florentins battirent Niccolò Piccinino. Nous ne la connaissons que par des descriptions, des esquisses et des copies[92] ; mais devant la copie la plus importante, celle de Rubens[93], nous restons stupéfaits par le goût de Léonard pour la violence, par la férocité avec laquelle il parvient à rendre l'impact d'une lutte sauvage. La copie de Rubens ne représente qu'une partie de l'œuvre, un combat de cavaliers ; peu d'artistes de la Renaissance ont représenté la terrible fureur d'un corps à corps avec autant de vigueur que Léonard. Vasari notait devant l'original que « la rage, la haine et la vengeance se montrent également dans les hommes et dans les chevaux ».

Dès ses débuts d'artiste, Léonard se passionna pour les chevaux. (Il avait fait pour le duc de Milan une lyre d'argent en forme de tête de cheval, réconciliant ainsi la force et la douceur.) Le fond d'un de ses premiers tableaux, *L'Adoration des Mages* inachevée, contient de magnifiques chevaux se cabrant, que montent et retiennent de fiers jeunes gens d'un paganisme athlétique : admirable contraste avec les figures vénérables du premier plan qui, humbles et soumises, adorent l'Enfant Jésus[94].

92. POPHAM, *op. cit.*, pl. 191-201.

93. CLARK, *op. cit.*, pl. 98.

94. *Ibid.*, pl. 13, 14, 16, et POPHAM, *op. cit.*, pl. 30-37.

Pour comprendre cet aspect de son art, il faut se rappeler l'association avec Verrocchio à laquelle j'ai déjà fait allusion. On a supposé que la diversité de Léonard, comme artiste et comme technicien, doit beaucoup à son apprentissage chez Verrocchio : celui-ci était sculpteur, peintre, orfèvre, architecte et ingénieur, et versé dans plusieurs autres arts. Le désir de rivaliser avec son maître apparaît surtout dans les tentatives tragiques que fit Léonard pour réaliser une statue équestre en bronze. Verrocchio avait créé à Venise, à partir de 1480, un grandiose cavalier de bronze, le célèbre *Colleone*. Pour l'exécuter, il dut lutter avec obstination contre les Vénitiens, qui avaient décidé qu'il ferait seulement le cheval, et qu'un autre ferait le cavalier. Finalement, Verrocchio fit les deux. Par deux fois, à Milan, Léonard entreprit d'exécuter un monument équestre en bronze : l'un pour le prince Trivulzio, l'autre pour le duc Francesco Sforza. Il n'en reste que quelques dessins; mais ils nous permettent de juger combien l'héroïsme passionnait Léonard[95].

Dans sa vieillesse, Léonard réalisa de furieux dessins figurant des cataclysmes, des forces démesurées qui s'abattent sur l'homme, une montagne tombant sur un village, la fin du monde au milieu d'une immense turbulence : fruits d'une imagination enflammée et destructrice, où le savoir scientifique sert à exprimer une haine titanesque de l'humanité[96]. Léonard fait ici penser au vieux Lear, fou de désespoir, invoquant les éléments déchaînés.

Freud a d'ailleurs relevé chez Léonard les traces d'une pulsion sadique convertie[97]. Il rappelle ses goûts végétariens, et le récit charmant où Vasari nous dépeint le jeune génie allant au marché de Florence acheter des oiseaux en cage pour les relâcher, comme autant de preuves d'un sadisme infantile caché. Des nombreux exemples qui montrent clairement son amour de la violence, Freud ne retient que ses dessins de pendus et son intérêt pour les machines de guerre. Mais est-il si assuré que la bonté de Léonard pour les animaux soit un signe de sentiments

95. POPHAM, *op. cit.*, pl. 91-102.
96. *Ibid.*, pl. 292-296; CLARK, *op. cit.*, pl. 132-135.
97. *Op. cit.*, pp. 134-135, 204.

sadiques refoulés? L'histoire des oiseaux délivrés peut s'expliquer autrement. Dans le folklore et les coutumes populaires, relâcher un oiseau captif est censé porter chance. Vers 1860 à Paris, des gens de toutes classes allaient encore au marché acheter des oiseaux pour les délivrer : ce sacrifice magique les assurait de réussir en amour, en affaires, ou dans leurs examens[98]. Les dispositions scientifiques de Léonard et son indépendance d'esprit ne l'avaient pas affranchi des croyances populaires; ses carnets recueillent, sans les critiquer, d'étranges superstitions. D'ailleurs, l'épisode conté par Vasari a peut-être à voir avec ses études de vol. On peut noter aussi que, sur une page remplie d'observations scientifiques concernant l'atmosphère et la surface des corps, il a dessiné un oiseau en cage avec l'inscription suivante : « Les pensées se tournent vers l'espoir. »[99]

Le végétarisme de Léonard peut être regardé comme une croyance médicale, entretenue par une conviction philosophique : il fut peut-être inspiré par des auteurs anciens en vogue dans les cercles néo-platoniciens de Florence. Léonard a pu lire dans un traité de Porphyre, le *De abstinentia ab esu animalium* (IV, 16), que les plus sages des mages perses s'abstenaient de viande.

L'agressivité de Léonard apparaît mieux dans les scènes de violence débridée que révèlent ses écrits et ses dessins, et dans sa complaisance misanthropique pour les visages laids et caricaturaux, que dans son végétarisme et ses oiseaux relâchés. Dès ses débuts, Léonard produisit non seulement des images tendres, mais des images d'un caractère violent ou menaçant. Vasari mentionne parmi ses œuvres de jeunesse un tableau représentant un monstre hybride, sorte de tête de Méduse composée de formes d'insectes et de reptiles, que Léonard avait fait en secret pour terrifier son père.

Une étude psychanalytique plus complète sur Léonard devrait tenir compte de deux tableaux que Freud a passés sous

98. Cf. Paul Sébillot, *Le Folklore de France*, III, *La Faune et la flore*, Paris, 1906, p. 190.

99. *Carnets*, éd. Servicen, I, p. 30, et n. 1; I, pp. 304, 305.

silence. L'un est *Léda et le cygne*, connu seulement par des copies et quelques dessins originaux[100] : il contredit l'affirmation de Freud suivant laquelle l'absence de tout sujet érotique chez Léonard trahirait un refoulement absolu[101]. L'autre est le grand *Saint Jérôme* inachevé du Vatican[102]. Cette figure d'ascète, puissante et virile, ne montre pas, comme le *Saint Jérôme* de Botticelli, l'érudit travaillant dans son étude, mais l'ermite tourmenté, le pénitent au désert qui se frappe la poitrine d'une pierre, tandis que devant lui le lion, l'épine dans la patte, rugit de douleur.

Freud mentionne bien le côté masculin de Léonard, mais il ne tente pas de l'étudier sérieusement. Afin d'expliquer pourquoi son art est si inégal et pourquoi il ne peut terminer ses œuvres, Freud parle de ses rapports avec son père. Léonard, à un certain âge, s'identifia à lui, et dut traiter ses propres enfants — ses tableaux et ses sculptures — comme son père l'avait traité, en les abandonnant[103]. L'analogie ne convaincra pas grand monde. Freud remarque aussi que, dans cette identification à son père, le jeune Léonard tenta de l'imiter et de le surpasser; il traversa alors une période d'intense productivité qui se répéta plus tard quand il se sentit soutenu par son protecteur Sforza, le duc de Milan. Ses grandes œuvres furent réalisées durant ces deux périodes de relations paternelles. Mais, poursuit Freud, comme sa sublimation artistique ne s'accompagnait pas de l'activité sexuelle réelle qui sert de modèle à toute fonction créatrice, Léonard ne put longtemps poursuivre son œuvre[104]. Dans les dernières années du XVe siècle, elle se dégrade de plus en plus.

100. CLARK, *op. cit.*, pl. 90; HEYDENREICH, *op. cit.*, pl. 68; POPHAM, *op. cit.*, pl. 208.

101. *Op. cit.*, p. 136. LOMAZZO, théoricien et critique d'art du XVIe siècle, parle des « *composizioni lascive* » de Léonard (BELTRAMI, *Documenti*, p. 196, n° 21).

102. CLARK, *op. cit.*, pl. 30.

103. *Op. cit.*, pp. 192-193. Sur les rapports de Léonard avec son père, voir ma note « Two Slips of Leonardo and a Slip of Freud », *Psychoanalysis*, fév. 1956. [Ici pp. 139-146.]

104. *Op. cit.*, p. 206. Les lecteurs intéressés par le problème de l'effet du refoulement sur l'artiste trouveront un point de vue très différent de celui de Freud dans une lettre de Van Gogh adressée en août 1888 au peintre Émile Bernard (Vincent VAN GOGH, *Correspondance complète*, Paris, 1960, t. III, p. 158 *sq.*).

À l'âge de cinquante ans, par suite d'un obscur processus biologique, il se produit, selon Freud, une réactivation des énergies érotiques[105]. Dans le cas de Léonard, ce changement coïncida avec sa rencontre avec Mona Lisa dont la personnalité, concentrée dans son sourire, réveilla les souvenirs d'enfance de l'artiste. Cette réactivation érotique de son imagination lui permit à nouveau de produire des chefs-d'œuvre. Mais comme son refoulement était toujours là, et qu'il avait perdu le double appui du duc et de son père (qui mourut en 1504), la réactivation fut de courte durée. Il se tourna vers la science, qui peut s'accommoder du refoulement sexuel et repose sur une sublimation liée.à une période plus ancienne de la première enfance que la sublimation artistique[106].

Dans son étude sur Léonard, Freud avertit plus d'une fois le lecteur que la psychanalyse ne prétend pas découvrir les sources de l'excellence artistique, ni expliquer le génie. Mais il croyait, comme il le dit ailleurs, que « de telles recherches... montrent quels facteurs lui ont donné l'éveil et quelle sorte de matière lui a été imposée par le destin »[107]. Or une pareille affirmation ne peut aller sans porter des jugements sur la qualité de telle ou telle œuvre d'art en particulier, abstraction faite des opinions courantes sur la valeur de l'artiste en général. Autrement, comment pourrait-il décrire les premières expériences comme des facteurs qui facilitent ou bloquent l'action d'une force organiquement déterminée ? Pour construire son tableau du destin spirituel de Léonard, Freud, comme nous l'avons vu, doit se faire critique d'art, avancer des jugements sur les hauts et les bas de la carrière du peintre, ses bonnes et ses mauvaises périodes ; il doit même risquer des opinions concernant les dates de cer-

105. *Op. cit.*, p. 207.

106. À propos de la sublimation scientifique de Léonard telle que Freud la présente, on trouvera un exemple analogue dans la vie de Newton, qui naquit après la mort de son père et dont la mère se remaria quand il avait trois ans ; après quoi il fut élevé par sa grand-mère maternelle. Pour une revue critique des idées psychanalytiques concernant la sublimation, voir H. B. LEVEY (LEE), « A Critique of the Theory of Sublimation », *Psychiatry*, II, 1939.

107. Préface de Freud à Marie BONAPARTE, *Edgar Poe*, Paris, 1933.

taines œuvres sur lesquelles les historiens de profession n'étaient pas encore parvenus à trancher[108].

Le lecteur jugera après cela des difficultés que présente l'approche psychanalytique d'un artiste : cherchant à expliquer le contenu de son art, les qualités de son style, et les vicissitudes de sa production, elle prétend en même temps dégager de ses peintures la personnalité de l'artiste et ses premières années. Néanmoins, sa théorie et sa méthode, et peut-être plus encore sa profonde sympathie pour les aspects tragiques et problématiques de Léonard, permirent à Freud de poser d'un seul coup des questions neuves et importantes sur sa personnalité, questions auxquelles nul n'avait songé jusque-là, et qui n'ont pas encore trouvé de meilleure réponse.

Cette étude du livre de Freud, je crois, met le doigt sur des faiblesses également présentes dans d'autres ouvrages de psychanalyse qui traitent de domaines culturels : la tendance à expliquer des phénomènes complexes par une donnée unique, et le peu d'attention accordée à l'histoire et au contexte social dans l'étude des individus, voire de l'origine des coutumes, croyances et institutions.

En faisant si souvent, dans cet essai, appel à l'histoire, je ne prétends pas opposer les explications par l'histoire ou la sociologie aux explications par la psychologie. Les premières aussi sont en partie psychologiques ; les termes utilisés pour décrire un comportement social réintègrent notre connaissance des individus, bien que les historiens n'utilisent guère la psychologie freudienne de l'inconscient. Mais si les explications historiques reposaient uniquement sur la psychologie, il serait impossible d'appliquer correctement les concepts psychologiques, aussi bien ceux de la psychanalyse que ceux de la psychologie du comportement ou des vues du sens commun sur la nature humaine, à moins de connaître la situation de l'individu

108. On peut comparer le jugement de Freud sur la productivité de Léonard et la qualité de ses œuvres à celui de CLARK (*op. cit.*, p. 199). Celui-ci écrit, à propos de l'admiration des Florentins pour le carton servite de la *Vierge avec sainte Anne* : « À Milan, un tel enthousiasme populaire eût été difficilement concevable, et cela nous aide à comprendre pourquoi les cinq années que Léonard passa à Florence furent plus fécondes que les dix-huit années passées précédemment dans le nord de l'Italie. »

et son milieu humain, données que l'on ne peut posséder sans faire appel à l'histoire. Lorsque Freud se trompe sur Léonard (et il admet plus d'une fois dans son livre que sa tentative est hasardeuse), c'est en partie pour avoir ignoré ou mal lu certains faits. Ses conclusions erronées n'impliquent pas que la théorie psychanalytique est fausse; ce brillant jeu d'esprit qu'est le livre sur Léonard ne permet pas de juger vraiment sa théorie, qui a été ici mal appliquée. Tout comme une théorie physique ne saurait être réfutée par une expérience dont les données seraient incomplètes ou mal enregistrées, la théorie freudienne des processus psychologiques inconscients n'est pas mise en cause par les erreurs qui ont pu être commises dans son application à Léonard. Si les principes de Freud viennent à se révéler inadéquats, ce sera pour d'autres raisons; il faudra alors leur en substituer de meilleurs, qui pourront, même incomplets, servir de base à une nouvelle étude psychologique de Léonard. Mais s'il veut les appliquer avec fruit, l'analyste devra mieux connaître la vie et l'art de Léonard, ainsi que la culture de son temps[109].

109. Ce texte était écrit quand parut l'article de Richard WOHL et Harry TROSMAN, « A Retrospect of Freud's Leonardo, an Assessment of a Psychoanalytic Classic », *Psychiatry*, XVIII (1955), pp. 27-39. Les auteurs corrigent l'erreur commise par Freud dans la traduction du texte sur le milan, mais ne font pas état de l'article de MACLAGAN (voir note 10 ci-dessus). Ils ne proposent pas de nouvelle interprétation du souvenir, mais critiquent la théorie freudienne de la genèse de l'homosexualité à la lumière d'études psychanalytiques plus récentes. L'erreur de Freud à propos du vautour a été aussi relevée par Ernest JONES dans le second volume de sa *Vie de Freud* (1955, trad. franç., Paris, 1961), après communication personnelle de James Strachey (p. 370); mais il ne mesure pas les conséquences que sa correction entraînerait quant à l'ensemble du livre. Il semble que Jung aussi ait vu la forme d'un vautour dans la *Sainte Anne* du Louvre (p. 370). Dernier point d'une grande importance quant à la signification personnelle de Léonard pour Freud, chez qui l'on a souvent noté une combinaison des dons scientifiques et artistiques : selon Jones, Freud considérait le livre sur Léonard comme l'une de ses œuvres favorites.

Je dois encore mentionner le livre de Giuseppina FUMAGALLI, *Eros di Leonardo* (Milan, 1952), que je n'avais pu consulter jusqu'à présent. L'auteur espère démontrer, contre Freud, la normalité sexuelle de Léonard et le riche contenu érotique de son art. G. Fumagalli remarque, à la suite de « Havelock » (une confusion entre Havelock Ellis et Maclagan? — Ellis, rendant compte du livre de Freud dans le *Journal of Mental Science* en 1910, n'a pas vu l'erreur), que l'oiseau de Léonard n'était pas un vautour. Elle explique longuement que Léonard n'était pas un homosexuel, et justifie l'épisode de 1476 par les coutumes du temps, la curiosité universelle de Léonard et son goût des expériences.

Deux méprises
de Léonard de Vinci
suivies
d'une erreur de Freud.

Dans son ouvrage sur Léonard de Vinci, Freud attire l'attention sur une erreur significative de l'artiste au moment où, dans ses notes journalières, il mentionne la mort de son père[1]. En voici le texte :

A di 9 Luglio 1504 mercoledi a ore 7 mori Ser Piero da Vinci, notaio al palazzo del potestà, mio padre, a ore 7. Era d'eta d'anni 80, Lascio 10 figlioli maschi e 2 femmine.[2]

Le 9 Juillet 1504, mercredi à 7 heures mourut Ser Piero da Vinci, notaire du Palais de l'hôtel de ville, mon père, à 7 heures. Il était dans sa quatre-vingtième année; il avait 10 fils et 2 filles.

La répétition de « à 7 heures » est surprenante. Conformément à sa théorie, Freud y voit l'expression réprimée de l'émotion qu'éprouve Léonard de Vinci du fait de la mort de son père. Habituellement, ce genre de répétition traduit l'effort de

1. *Eine Kindheitserinnerung des Leonardo da Vinci* in Sigmund FREUD, *Gesammelte Werke*, Londres, 1943, VIII, pp. 190-192. L'édition originale a été publiée en 1910.

2. Codex British Museum, folio 272a; J.P. RICHTER, *The Literary Works of Leonardo da Vinci*, Oxford University Press, 1939, II, p. 344, n° 1372. Voir, pour un fac-similé de l'original, *I Manoscritti e i disegni di Leonardo da Vinci* pubblicati dalla Reale Commissione Vinciana. Vol. I-II, Codice Arundel 263, parte 3. Rome, 1928, fol. 272a, p. 438. La note a été écrite de gauche à droite.

« Two Slips of Leonardo and a Slip of Freud », *Psychoanalysis. Journal of Psychoanalytic Psychology*, vol. 4, n° 2, Winter 1955-1956.
Traduit par Guy DURAND.

renforcement du sentiment exprimé; mais le fait que la répétition normale d'un mot ou d'une phrase exprimant le chagrin soit ici remplacée par celle du détail de l'heure de la mort a convaincu Freud de l'intervention d'une censure.

Un auteur italien, Giuseppina Fumagalli, dans un ouvrage récent sur *L'Éros chez Léonard de Vinci*[3], propose une explication différente de cette répétition de l'heure dans la note de Léonard sur la mort de son père. Il ne s'agit pas, estime-t-elle, d'un refoulement subconscient, mais bien de l'expression directe de l'émotion profonde qu'éprouve Léonard à la mort de son père, par une rupture avec le style habituel de ses notations, concis et sobre, comme il est d'usage dans les carnets quotidiens de l'époque. La répétition de l'heure proviendrait de la conscience douloureuse d'un inéluctable dernier instant, de même que, dans le triple refrain de la *complainte* du poète Federico García Lorca à la mémoire du torero Ignacio Sanchez Mejías : « À cinq heures du soir ! » *A las cinco de la tarde! A las cinco de la tarde! A las cinco de la tarde!*

Cela paraît tellement évident à la signorina Fumagalli, qu'elle s'exclame au cours de son argumentation : « Même si vous vous appelez Freud, n'oubliez pas, psychiatres, d'être en premier lieu des psychologues ! »

La similitude de la répétition de Léonard avec celle d'« À cinq heures du soir » chez García Lorca n'est cependant pas aussi évidente que le pense la signorina Fumagalli. Une autre fois, et plus brièvement, Léonard de Vinci a fait mention de la mort de son père. « Mercredi à 7 heures est mort Ser Piero da Vinci, le 9 Juillet 1504. » Et au-dessous, il ajoute : « Mercredi, il était près de 7 heures. »[4] La première indication de l'heure fait ici l'objet d'une légère correction, comme si Léonard, en se souvenant du chiffre, n'était pas tout à fait certain de sa justesse et éprouvait le besoin de rectifier l'inexactitude de sa première notation — ce qui, me semble-t-il, n'est guère caractéristique

3. Giuseppina FUMAGALLI, *Eros di Leonardo*, Milan, 1952, pp. 55-57.

4. *Il Codice Atlantico di Leonardo da Vinci nella Biblioteca Ambrosiana di Milano*, Milan, 1894-1904, Tavole I, folio 72r-b. « *Mercoledi a ore 7 mori Ser Piero da Vinci a di 9 di Luglio 1504* » « *mercoledi vicino alle 7 ore* ». L'écriture est de gauche à droite. Freud n'avait pas eu connaissance de cette note.

d'un mouvement d'intense émotion. Cette mention apparaît en marge d'une liste de dépenses ménagères, pour les mois de juin et juillet 1504.

Le premier texte comportait une autre méprise que Freud s'est contenté de mentionner dans une note[5], bien que celle-ci semble encore plus surprenante de la part d'un esprit aussi méticuleusement précis que l'était celui de Léonard. Si l'on en croit Freud, le père de Léonard de Vinci était âgé, à sa mort, de soixante-dix-sept ans, et non pas de quatre-vingts. L'erreur apparaît dans la phrase qui suit immédiatement la répétition de « à 7 heures ». Freud ne tire pas argument de cette méprise pour corroborer le sens de la première; il devrait cependant paraître évident à d'autres lecteurs, comme à moi-même, qu'il existe quelque rapport entre la répétition de « à 7 heures » et le rejet de « 77 »[6].

Selon la théorie freudienne, il faut tenir compte du contenu de l'élément de substitution, toujours révélateur d'un processus subconscient. Nous devons donc penser que la répétition de l'heure n'est pas sans rapport avec le refoulement dont fait l'objet l'indication de l'âge véritable du père.

Pourquoi Léonard a-t-il ajouté trois années à l'âge de son père? Une explication paraît évidente: Léonard, s'identifiant à son père, aurait désiré que celui-ci vive jusqu'à quatre-vingts ans, afin de pouvoir atteindre également cet âge — il allait mourir à soixante-sept ans.

Mais une caractéristique d'une importance cruciale dans la vie de Léonard de Vinci nous suggère une autre explication. Nous savons que Léonard, premier enfant de Piero da Vinci, qu'il avait eu d'une jeune fille de Vinci, Caterina, était illégitime, et fut adopté par son père qui avait épousé une autre jeune fille, Albiera. L'acte d'adoption de 1457 nous apprend que l'enfant avait alors atteint sa cinquième ou sixième année; mais, du processus de développement psychique de Léonard, Freud déduit qu'il a dû être retiré à la mère pour être transféré dans le foyer du père dès qu'il eut dépassé sa troisième année et que

---

5. *G.W.* VIII, p. 191; trad. in *Leonardo da Vinci*, p. 98, n. 1.
6. *Loc. cit.*

l'union de Piero avec Albiera semblait s'avérer stérile. Nous ne pouvons être tout à fait sûrs que cette déduction coïncide avec la réalité; mais en admettant qu'elle soit juste, et que le fait de l'illégitimité, mentionné également dans les déclarations d'imposition[7], ait été éprouvé comme un opprobre par Léonard, l'erreur que celui-ci commet en indiquant l'âge de son père peut être interprétée comme le résultat d'un désir que son père fût plus âgé au moment de sa naissance. Si l'enfant était né lorsque le père avait vingt-huit ans, et non pas vingt-cinq, il aurait été légitime— il aurait été le fils d'Albiera et non pas de Caterina[8].

Mais notre raisonnement s'est appuyé jusqu'ici sur les informations concernant la vie de Léonard de Vinci et ses rapports avec sa famille, telles qu'elles nous ont été fournies par Freud, assorties de ses déductions.

Or, nous avons quelques raisons valables de douter de l'exactitude de ces préliminaires.

Tout d'abord, nous sommes beaucoup moins certains que Freud ne l'a indiqué de l'âge véritable du père de Léonard au moment de sa mort. Des déclarations d'imposition de 1457 et 1480, indiquant respectivement l'âge de trente et de cinquante-trois ans, ont amené des historiens à fixer à soixante-dix-sept ans l'âge atteint lors du décès[9]. Il serait donc né en 1427. Mais, dans une déclaration de 1469[10], il indique qu'il est âgé de quarante ans, et il est indiqué, dans une déclaration de 1498, qu'il est âgé de soixante-neuf ans. Selon ces documents la date de naissance serait reportée à 1428 ou 1429. Comme ils n'apportent aucune précision de mois et de jour, ils ne font que rendre plus incertaine la fixation de l'année de la naissance de Piero da Vinci. On ne saurait donc, à partir de ces quatre déclarations, parvenir à fixer de façon définitive la date de la naissance.

---

7. Luca BELTRAMI: *Documenti e memorie riguardanti la vita e le opere di Leonardo da Vinci in ordine cronologico*, Milan, 1919, p. 2, n⁰ˢ 2, 3.

8. Pour d'autres exemples d'interpolations subconscientes de chiffres ayant trait à des événements familiaux, voir Freud, *Psychopathology of Everyday Life*, in *The Basic Writings of Sigmund Freud*, trad. et éd. par A. A. BRILL, New York, 1938, pp. 155-156.

9. BELTRAMI, *op. cit.*, pp. 1-2 (1457), p. 7 (1480).

10. *Ibid.*, p. 2 (1469), p. 47 (1498).

Par chance, un autre document, publié en 1939, indique, indépendamment, cette date de naissance. Dans les Archives de Florence, Emil Möller découvrit alors un des carnets de la chronique familiale, où Antonio da Vinci avait noté que son fils Piero da Vinci était né le 19 avril 1426[11]. À sa mort, en juillet 1504, Piero était âgé de soixante-dix-huit ans. Dans ses premières déclarations, il s'était rajeuni, et il s'était vieilli dans les dernières — variations qui ne devraient pas nous surprendre. Ainsi est-il possible que l'estimation de Léonard, fixant à quatre-vingts ans l'âge de son père, ne soit pas le fait d'une méprise plus ou moins volontaire, mais corresponde aux déclarations de ce dernier. On ne saurait toutefois exclure la possibilité que Léonard ait gardé le souvenir des premières déclarations estimatives de son père, celles des années 1457 et 1480, et l'éventualité que le chiffre soixante-dix-sept ait fait l'objet d'une censure ne peut donc être définitivement écartée.

Léonard de Vinci avait quelques raisons de songer à sa naissance illégitime au moment de la mort de son père. Piero n'avait pas fait de testament, et, parmi les autres enfants, certains s'efforcèrent de lui dénier la qualité d'héritier légitime pour l'exclure de la succession. Un long procès s'ensuivit[12]. L'appréhension prémonitoire de ce conflit familial pouvait jouer un rôle au moment de la notation de la date du décès : en ajoutant à la mention de l'âge de son père celle que Piero avait dix enfants mâles et deux filles, Léonard affirmait qu'il était lui-même un des membres de cette famille, bien que pendant un temps — du vivant de son père — il ait vécu auprès de sa mère selon la nature.

Freud pense que Léonard avait dix frères et deux sœurs au total, et il fait observer que, dans son décompte à la mort de son père, il avait fait une erreur de calcul : « Il semble que, dans ce passage de son journal, Léonard se soit trompé sur le nombre de ses frères et sœurs — ce qui contraste de façon remarquable

11. Emil Möller : « Der Geburtstag des Lionardo da Vinci », *Jahrbuch der preussischen Kunstsammlungen*, LX (1939), pp. 71-75.

12. Luca Beltrami : « La lite di Leonardo cogli altri figli di Ser Piero da Vinci », *Nuova Antologia*, CCXIII (1921), pp. 193-207.

avec l'exactitude apparente de ce passage. »[13] Il serait assez étonnant que lui-même se soit exclu de l'ensemble de la famille.

Les documents montrent toutefois que c'était Freud lui-même qui commettait cette erreur[14] : *en considérant Léonard comme étranger en quelque sorte à la famille de son père.* Il se peut qu'en s'identifiant lui-même à Léonard dans cette biographie — son œuvre préférée — il ait voulu, autant qu'il lui était possible, différencier son héros de ses frères et sœurs qui ne jouaient aucun rôle dans son récit. Le rôle du père s'y trouve également minimisé. Freud considère que la relation affective de l'enfant illégitime avec sa mère abandonnée constitue l'élément crucial de la formation de la personnalité de Léonard. La rupture qui s'est produite dans le processus de formation a stimulé, estime Freud, la force créatrice de la personnalité, mais a été cause également de ses caractéristiques anormales et des inhibitions dont témoigne son œuvre.

En fait, la crédibilité de cette supposition de Freud, selon laquelle l'enfant aurait été d'abord élevé par sa mère et adopté par le père passé l'âge de trois ans, a été considérablement affaiblie, sinon totalement démentie, par la découverte d'un autre document dans la chronique familiale précédemment mentionnée. Le grand-père Antonio a indiqué le 15 avril 1452 comme date de la naissance de Léonard, et ce même jour comme celle du baptême qui a suivi, auquel assistaient dix parrains, qui étaient, pour la plupart, des voisins de la famille du père[15]. Le caractère comme le contenu de cette note indiquent nettement que l'enfant était accepté dès le début par le milieu familial du père, et même qu'il était peut-être né dans la maison des grands-parents.

Un dernier point : dans son commentaire sur les textes de Léonard, Freud a noté la sèche minutie et le goût des précisions

13. *G.W.*, VIII, p. 192; trad. angl., p. 99, n. 1.

14. Voir, en ce qui concerne les enfants de Ser Piero, le diagramme généalogique dans *Documenti* de Luca BELTRAMI, p. XII. (D'après G. UZIELLI : *Ricerche intorno a Leonardo da Vinci*, Florence, 1872, pp. 222-223.) Des documents de 1506 et 1520, mentionnant les noms des fils et des filles de Piero, confirment qu'en 1504 les douze enfants étaient encore vivants. Voir BELTRAMI, *op. cit.*, p. 108 (n° 172), p. 156 (n° 248).

15. MÖLLER, *loc. cit.*

chiffrées dont témoignent l'indication de la mort du père, ainsi que de nombreux autres faits dont il est fait mention dans ces carnets personnels. Il voit dans cette caractéristique le signe d'une tendance obsessionnelle témoignant d'un amour refoulé pour la mère, signe également d'un penchant analo-érotique de la personnalité[16]. L'importance que Léonard attribue à la profession de son père — notaire au service de l'État — témoigne d'un autre trait caractéristique de son style d'écriture. Il paraît alors, dans son souci d'exactitude, ses précisions de dates, de menues dépenses, imiter les « minutes » de son père, qui lui aussi était fils de notaire. Freud estime que l'émulation entre le fils et le père a déterminé à tout le moins certaines des caractéristiques de la carrière de Léonard — notamment la richesse des impressions d'enfance, la prodigalité, l'éclat du costume; cependant que l'absence d'une contrainte paternelle dans la première enfance aurait favorisé l'élan et la hardiesse de l'esprit scientifique. Mais l'identification avec la personne du père intervenait sans doute également dans cette façon méticuleuse dont Léonard a coutume de noter les dépenses et les événements de sa vie personnelle, et dans le fait même qu'il ait tenu ce journal quotidien.

Girolamo Calvi, chercheur et éditeur des manuscrits de Léonard, a observé que celui-ci, dans ses premières notations, se sert des formules initiales des actes notariés. « Il était fils de notaire, il avait eu sous les yeux les actes dressés par Ser Piero, et le son évocateur des formules initiales lui était resté en mémoire. »[17] Calvi attribue également à cette familiarité avec l'exercice de la profession de son père l'extraordinaire minutie des stipulations que Léonard prend soin d'introduire dans ses contrats de fourniture de tableaux.

Dans cette perspective, il paraît intéressant et instructif de comparer la note de Léonard à propos de la mort de son père avec les indications concernant sa naissance, rédigées de la main de son grand-père, Antonio: « *1452. A di 15 d'aprile, in*

---

16. *G.W.*, pp. 173-177.

17. G. CALVI, « Abozzo di Capitolo introduttivo ad una storia della vita e delle opere di Leonardo da Vinci », *Raccolta Vinciana*, fasc. XIII, Milano, 1926-1929, pp. 26-27.

sabato, a ore 3 di notte, nacque un mio nipote, figliuolo di Ser Piero mio figliuolo, etc. »[18] (1452. Le 15ᵉ jour d'avril, un samedi, à 3 heures du matin, est né mon petit-fils, l'enfant de Ser Piero, mon fils...).

Ces observations témoignent, dans leur réalité, de la possibilité de suivre une autre voie que celle suivie par Freud pour définir les traits caractéristiques de la personnalité de Léonard de Vinci. Le père de la psychanalyse ne semble tenir compte que d'une seule source qui justifierait chaque texte et chaque trait de caractère; il reconstruit la vie hypothétique de l'artiste en se fondant sur des déductions qui ne laissent place à aucune autre possibilité causale; et il attribue à des documents divers une extraordinaire valeur signifiante, et notamment à la conception imaginative de l'oiseau sur laquelle il fonde toute une trame déductive et élaborée au sujet de l'enfance de Léonard et à la situation de sa mère[19]. On retrouve là une méthode identique à celle du poète ou du romancier, faisant appel à son imagination pour rattacher l'un à l'autre tous les éléments de son récit, selon la tonalité sentimentale de l'ensemble.

En dépit des erreurs, et mises à part ses qualités proprement littéraires, l'ouvrage de Freud garde son pouvoir de fascination du fait de la faculté incomparable de l'auteur de déceler ce qu'il peut y avoir de caché derrière la personnalité individuelle apparente. Cet essai constitue à la fois un hommage à un très grand artiste et l'inoubliable témoignage de la confrontation entre deux hommes de génie[20].

18. Möller, *loc. cit.*

19. Pour une analyse critique détaillée de l'ouvrage, voir notre article, « Leonardo and Freud: An Art-Historical Study », *The Journal of the History of Ideas*, avril 1956 [réimprimé ici, pp. 93-138].

20. Texte d'Ernest Jones: « Pour Freud, le plus grand événement littéraire de l'année 1910 était l'ouvrage qu'il publiait sur Léonard de Vinci. Non seulement il y éclairait la nature intime d'une personnalité de première grandeur par le conflit latent entre les deux buts principaux de son existence, mais il montrait comment les événements de la prime enfance avaient influé sur elle. Et mieux encore, Freud nous apportait une étude des motivations d'ordre général qui, à nos yeux, ne pouvaient que revêtir un intérêt tout particulier. En effet, selon toute probabilité, les conclusions auxquelles aboutissait Freud avaient des rapports étroits avec sa propre auto-analyse et étaient par conséquent d'une très grande importance pour l'étude de sa personnalité. » *Freud*, II (1955), p. 78; cf. pp. 345-348 et 401.

Le symbolisme
du retable de Mérode.

I.

« *MUSCIPULA DIABOLI* ».

1. Dans le retable de Mérode, peint par le Maître de Flémalle, Joseph est figuré, sur un volet à côté de l'Annonciation, en artisan qui fabrique des souricières. Ce n'est pas seulement la présence de Joseph dans le contexte de l'Annonciation qui est exceptionnelle dans l'art chrétien; on est également surpris de ce que son activité de charpentier puisse être appliquée à quelque chose d'aussi inattendu et secondaire par rapport à son métier. Ceux qui ont écrit sur la peinture flamande ont reconnu dans ce détail singulier l'esprit propre à l'auteur, qui montre, ailleurs dans son œuvre, un goût indéniable pour le domestique, l'intime, le minuscule; ses œuvres représentent un monde bourgeois, douillet, bien entretenu, où les personnages vivent bien confortablement. On l'a appelé le « Maître à la souricière »[1], et un critique a regretté le nom qui a cours aujourd'hui, car le premier était, selon lui, « plus joli et plus caractéristique »[2].

1. Bode, *Gazette des Beaux-Arts*, 2ᵉ série, XXXII, 1887, p. 218.
2. Fierens-Gevaert, *Histoire de la peinture flamande*, Paris, Bruxelles, 1928, II, p. 8. L'artiste est désormais identifié comme Robert Campin.

I. « *Muscipula diaboli*: The Symbolism of the Mérode Altarpiece », *The Art Bulletin*, vol. XXVII (3), septembre 1945, pp. 182-187. Reproduit dans M. Schapiro, *Selected Papers. Late Antique, Early Christian and Mediaeval Art*. New York, G. Braziller, 1979, pp. 1-11. Traduction de Daniel Arasse, parue dans *Symboles de la Renaissance*, Paris, Presses de l'École normale supérieure, 1976, pp. 39-44, pp. 127-128.

II. « A Note on the Mérode Altarpiece », *The Art Bulletin*, XLI, 1959, pp. 327-328. Reproduit dans *Selected Papers*, pp. 12-19.

Traduction de Daniel Arasse.

Le retable de Mérode, par le Maître de Flémalle
(Robert Campin, Flamand), vers 1420-1430 (huile sur bois).
The Metropolitan Museum of Art,
The Cloisters Collection, New York. Photo du Musée.

Je crois que ce détail de la souricière est plus qu'une invention fantaisiste de l'artiste que lui aurait suggérée la profession
de Joseph. Il a aussi une signification théologique, qui était présente aux esprits des chrétiens du Moyen Âge et qu'ils pouvaient rattacher au sens de l'image principale du triptyque.
Envisageant la rédemption de l'homme par le sacrifice du
Christ, saint Augustin emploie la métaphore de la souricière
pour expliquer la nécessité de l'incarnation. La chair humaine
du Christ est un appât destiné au diable qui, en s'en emparant,
suscite sa propre ruine. « Le diable exulta quand le Christ
mourut, mais par la mort même du Christ le diable fut vaincu,
comme si, dans la souricière, il avait englouti l'appât. Il se
réjouit de la mort du Christ comme un bailli de la mort. Ce
dont il se réjouissait fut la cause de sa propre perte. La croix du
Christ fut la souricière du diable; l'appât avec lequel il fut pris
fut la mort du Seigneur. »[3]

Cette métaphore plut à saint Augustin, qui y vit une figure
particulièrement heureuse de la Rédemption; elle ne revient pas
moins de trois fois dans ses écrits[4]. Dans un autre sermon, il
dit : « Nous sommes tombés entre les mains du Prince de ce
monde, qui séduisit Adam et en fit son serviteur et qui commença par nous posséder comme esclaves. Mais vint le
Rédempteur et le séducteur fut vaincu. Et que fit notre
Rédempteur à celui qui nous tenait captifs ? Pour notre rançon,
il offrit Sa Croix comme piège : il y plaça comme appât Son
propre Sang. »[5]

L'image de la souricière n'était qu'une des différentes métaphores de la tromperie par lesquelles les théologiens essayaient
de justifier l'incarnation et le sacrifice du Christ, paiement de la

3. « *Exsultavit diabolus quando mortuus est Christus, et ipsa morte Christi est
diabolus victus, tanquam in muscipula escam accepit. Gaudebat ad mortem, quasi
praepositus mortis. Ad quod gaudebat, inde illi tensum est. Muscipula diaboli, crux
Domini: esca qua caperetur, mors Domini.* » Sermo CCLXIII, « *De ascensione
Domini...* », Migne, *P.L.* XXXVIII, col. 1210.

4. Voir aussi Sermo CXXX, *ibid.*, col. 726 (sur Jean 5 : 5-14) et Sermo CXXXIV,
ibid., col. 745 (sur Jean 8 : 31-34).

5. « *Sed venit Redemptor, et victus est deceptor. Et quid fecit Redemptor noster
captivatori nostro? Ad pretium nostrum tetendit muscipulam crucem suam: posuit
ibi quasi escam sanguinem suum* », *ibid.*, Sermo CXXX, *ibid.*, col. 726.

rançon due au diable, qui tenait l'homme prisonnier à cause du péché d'Adam et d'Ève[6]. La conception du corps du Christ comme d'un appât sur un hameçon divin qui allèche le démon et l'entraîne à se détruire lui-même était une figure plus ancienne et plus connue, déjà utilisée par saint Grégoire de Nysse et saint Cyrille[7], mais certains auteurs lui reprochaient d'être immorale. Saint Anselme remplaça la transaction commerciale entre Dieu et le diable par l'idée féodale d'un tort fait par l'homme à l'honneur de son supérieur, Dieu, tort pour lequel l'homme, créature finie, était incapable de payer son dû (puisque l'insulte à Dieu fut infinie et qu'elle exigeait un châtiment infini et pourtant humain); aussi Dieu, dans son infinie bonté, offrit-il Son propre Fils incarné en sacrifice volontaire pour racheter le péché de l'homme. Abélard, peu après, imagina une interprétation plus morale du sacrifice, fondée sur le modèle de l'amour personnel : manifestation spontanée, ultime, de l'amour du Christ pour l'homme, qui pousse celui-ci à une bonté et à un amour équivalents. Mais la notion ancienne, appuyée sur l'autorité de saint Augustin et de saint Grégoire le Grand, persista à travers le Moyen Âge. Pierre Lombard, dans ses *Sentences*, lues à un large public, répète presque mot pour mot la fable de saint Augustin et du trompeur trompé[8]. À l'époque du retable de Mérode, la métaphore de l'hameçon apparaît encore dans les écrits de Jean Gerson expliquant la Rédemption[9].

Le rapport entre la souricière peinte sur le panneau et la métaphore théologique est renforcé par la façon extraordinaire dont l'artiste a rendu l'Annonciation sur le panneau voisin. À la

6. Sur ces doctrines, voir Hastings RASHDALL, *The Idea of the Atonement in Christian Theology*, Londres, 1920, et Jean RIVIÈRE, *Le Dogme de la Rédemption au début du Moyen Âge*, Bibliothèque thomiste, Section historique, XVI, Paris, 1934.

7. « La Divinité était cachée sous le voile de notre nature, de sorte que, comme on le fait pour un poisson gourmand, l'hameçon de la Divinité pût être englouti en même temps que l'appât de la chair », Grégoire de Nysse, *Oratio catechetica magna*, 24, cité par RASHDALL, *op. cit.*, p. 305; pour saint Cyrille voir *ibid.*, p. 311, note 3; pour saint Augustin, *ibid.*, p. 330 *sq.*; et sur ces métaphores dans l'Occident, voir RIVIÈRE, *op. cit.*, pp. 39-40.

8. *Lib.* III, *Dist.* XIX, 1, Migne, *P.L.*, CXCII, col. 796; il reprend Augustin, Sermo CXXX, Migne, *P.L.*, XXXVIII, col. 726.

9. J. GERSON, *Opera Omnia*, Anvers, 1706, III, col. 1199; voir aussi plus bas et note 27 du texte.

place de l'Esprit-Saint sous forme de colombe, traditionnel dans les images sur le sujet, il a représenté la minuscule figure nue d'un enfant portant une croix et descendant vers la Vierge, le long de rayons de lumière qui viennent de traverser une fenêtre. Ce Christ homoncule à la croix est assez commun dans l'art médiéval tardif[10], bien qu'il soit apparemment contraire au dogme, puisqu'il montre le Christ sous la forme de sa substance humaine avant le moment de l'Incarnation; on lui reprocha son manque d'orthodoxie[11], mais l'enfant était sans doute compris par le pieux spectateur comme un symbole de l'Incarnation à venir, tout comme la croix portée par cette figure symbolisait la Crucifixion et la Rédemption[12]. Ici aussi, comme dans la scène de Joseph, doctrine, métaphore et réalité sont condensées en un seul objet. Les rayons de lumière qui traversent la fenêtre ne sont pas simplement un phénomène pris dans le détail de la vie quotidienne, que les artistes hollandais postérieurs devaient représenter plus subtilement et avec plus de pittoresque dans leurs tableaux de genre montrant une femme en train de lire ou de coudre dans sa chambre; le passage des rayons à travers le verre est une image de l'insémination et de la naissance miraculeuses propre au Moyen Âge. Dans la poésie médiévale, dans la littérature mystique, dans les hymnes et les mystères, en latin et en langue populaire, cette métaphore revient. « Tout comme un rayon de soleil peut traverser une vitre sans que le verre translucide subisse aucun dommage, de même, et plus subtilement, préservant la pureté de sa mère, Dieu, le Fils de Dieu, sort du sein de son épouse. »[13]

10. Cf. David M. ROBB, « The Iconography of the Annunciation in the Fourteenth and Fifteenth Century », *The Art Bulletin*, XVIII, 1936, p. 523 et *sq.*

11. Saint Antonin de Florence (1389-1459); pour le texte, cf. ROBB, *op. cit.*, p. 526.

12. Cf. Ch. de TOLNAY, *Le Maître de Flémalle et les frères Van Eyck*, Bruxelles, 1939, p. 15.

13. « *Sicut vitrum radio / solis penetratur, /inde tamen laesio / nulla vitro datur, / Sic, immo subtilius, / matre non corrupta, / deus, dei filius, / sua prodit nupta.* » MONE, *Lateinische Hymnen des Mittelalters*, Fribourg-en-Br., 1853, II, n° 370, p. 63 (« *Sequentia de virgine Maria* »). Cf. aussi le poème d'un écrivain espagnol du XIIe siècle, Pierre de Compostelle, que j'ai cité ailleurs dans un contexte parallèle (« Du mozarabe au roman à Silos », *The Art Bulletin*, XXI, 1939, p. 349, note 122, [réimprimé dans mes *Selected Papers*, I, *Romanesque Art*, 1977, p. 88]):

Dans le panneau de Mérode, le mystère qui a lieu dans le corps de la Vierge est symbolisé à l'intérieur de la maison : les différents objets, tous si familiers et concrets, la porte, la fenêtre, la serviette, le bassin, le vase de lis, la bougie allumée et d'autres peut-être possèdent un sens religieux caché, condensé dans la figure humaine qui est au centre. Le sens théologique de la souricière devient plus acceptable en tant qu'élément de cette totalité symbolique. Figurer l'Incarnation au moyen d'un homoncule spirituel qui traverse le verre en suivant les rayons de lumière appartient au même type d'imagination que la souricière métaphorique et son appât de chair destiné au diable. À eux deux, ils marquent les pôles de la carrière humaine du Christ.

*

2. L'image de la souricière dépend, évidemment, de la présence de Joseph, qui est une figure tout à fait inhabituelle à côté de l'Annonciation. Dans les deux autres exemples que je connais — une peinture de G. di Paolo[14] contemporaine du panneau de Mérode, et une tapisserie de Reims des environs de 1530[15] —,

---

« *Ut propriis solis radiis lux vitra subintrat, / Sic uterum rector superum mox virginis intrat* ». (Cf. P. B. Soto, « *Petri Compostellani De consolatione rationis libri duo* », *Beiträge zur Geschichte der Philosophie des Mittelalters*, VIII, 4, Münster, 1912, p. 122). Mone publie un autre exemple, *op. cit.*, I, p. 63, dans l'hymne, « *Dies est laetitiae in ortu regali...* »; son sens particulier est discuté dans l'article de M. Meiss (*The Art Bulletin*, XXVII, 1945), dont les questions sur le motif de la lumière passant à travers la vitre dans l'Annonciation ont été l'occasion de mes propres considérations sur le symbolisme. D'autres exemples sont cités dans l'intéressant ouvrage de G. Duriez, *La Théologie dans le drame religieux en Allemagne au Moyen Âge*, Paris, Lille, 1914, p. 209 (Mystères allemands; Amadeus; et sainte Brigitte, qui semble paraphraser les poèmes publiés par Mone), et par K. Smits, *De Iconografie van de Nederlandsche primitieven*, Amsterdam, 1933, p. 46, qui rapporte ce détail présent dans la peinture flamande à un texte hollandais médiéval correspondant.

14. Aujourd'hui à la National Gallery de Washington; cf. *Art Quarterly*, V, 1942, p. 316, fig. 2.

15. Ch. Loriquet, *Tapisseries de la cathédrale de Reims*, Paris-Reims, 1882, pl. IX. Ces tapisseries se trouvent aujourd'hui au Musée municipal.

il n'y a pas de souricière. Dans la première, Joseph ne fait que se chauffer devant le feu; dans la seconde, il est présenté en charpentier en train de couper du bois et il fait partie d'une composition typologique élaborée qui comprend Isaïe, la Tentation d'Ève et la Toison de Gédéon. Il est possible que, dans ces deux œuvres, Joseph et Marie soient compris comme des pendants d'Adam et Ève; dans l'œuvre italienne, l'Expulsion est jointe à l'Annonciation.

Dans le triptyque de Mérode, qui fut probablement exécuté dans les années 1420-1430, l'introduction de Joseph est particulièrement liée aux intérêts du moment et du lieu. C'est un moment de forte propagande pour le culte de Joseph, qui ne se développe qu'à la fin du XIVe siècle[16]. En 1399, la fête de Joseph (19 mars) est adoptée par l'ordre franciscain et, un peu plus tard, par les dominicains, mais elle n'entre pas dans le bréviaire romain avant 1479 et elle ne devient obligatoire pour toute l'Église qu'en 1621. Dans les premières décades du XVe siècle, les chefs de file du mouvement favorable au culte de Joseph étaient deux partisans éminents d'une réforme conservatrice de l'Église qui avaient occupé des postes religieux importants en Flandres, le cardinal Pierre d'Ailly (1350-1425) d'une part, évêque de Cambrai, diocèse qui embrassait le Hainaut, le Brabant et Namur; et, d'autre part, son élève Jean Gerson (1363-1429) qui, après 1397, fut pendant quelque temps doyen de Saint-Donatien-de-Bruges. Au concile de Constance, en 1416, ils proposèrent que Joseph fût élevé à un rang supérieur à celui des apôtres et proche de celui de la Vierge; ils plaidèrent aussi pour l'institution d'une fête universelle du Mariage de Marie et de Joseph. Leur effort échoua, mais il contribua, sans doute, au développement du culte de Joseph. Au début du XVe, sa fête apparaît dans les livres de messe des églises de Louvain, Liège et Utrecht, et on adopte vers 1430 la fête du Mariage à Bruges, Douai et Arras. Gerson composa de nombreux ouvrages en

---

16. Sur l'histoire du culte de Joseph, voir O. Pfülf, *Die Verehrung des heiligen Joseph, Stimmen aus Maria-Laach*, XXXVIII, 1890, pp. 137-161, 282-302, et les articles sur saint Joseph dans *The Catholic Encyclopaedia* et dans le *Dictionnaire de théologie catholique*.

l'honneur de Joseph, parmi lesquels un sermon et une messe[17] ; dans ses écrits sur l'Annonciation et la Nativité, il s'étend sur les vertus de l'époux de Marie, qu'il appelle le « chief et seigneur de la mère du chief et Seigneur de tout le monde »[18]. Il peint avec beaucoup de sentiment la relation idéale du couple, leur confiance mutuelle, la chasteté de leur mariage et, employant des arguments déjà présentés par un théologien plus ancien, Simon de Tournai, il justifie leur relation en tant que mariage réel, malgré la virginité perpétuelle du couple[19].

Il serait intéressant de savoir pourquoi le culte de Joseph s'est répandu à ce moment-là, et pourquoi les deux hommes qui menaient une action particulièrement soutenue pour unifier et réformer l'Église en furent les principaux instigateurs. Il suffit, ici, d'observer que, considéré par rapport à la vénération des apôtres et des saints locaux qui représentent l'autorité et les pouvoirs miraculeux de l'Église, le culte de Joseph place la famille humaine du Christ au premier plan de la dévotion. Ce culte est essentiellement domestique et bourgeois, et il célèbre les vertus morales et familiales du saint plutôt qu'une action surnaturelle. Mari et artisan, Joseph appartient au monde, mais il est aussi un modèle de continence. Ces aspects de son culte sont en harmonie avec le nominalisme de Gerson, sa piété chaleureuse, émotionnelle, son style populaire, son intérêt pour les questions morales, son désir d'une foi simple et libérée des complications et de la subtilité d'une théologie formelle. Il se détourne de la Trinité du dogme, mystérieuse et incompréhensible, pour s'intéresser à la « *divinissima Trinitas Jesu, Joseph et Mariae* ».

Bien que, dans ses écrits, il n'y ait rien sur la souricière, la façon dont Gerson parle de Joseph n'est pas sans rapport avec le

17. *Opera Omnia*, Anvers, 1706, III, col. 842 *sq.* (« *Considérations sur saint Joseph* »), col. 1352 *sq.* (« *Sermo de annuntiatione B.M.V.* »), IV, col. 729 *sq.* (« *Exhortatio facta... Anno Domini 1413. Ut solemnizetur Festum Sancti Joseph virginalis sponsi beatae Mariae* »), col. 736 *sq.* (« *Sequuntur quaedam quae opportune dicerentur in Festo s. Joseph* »), col. 740 *sq.* (« *Officium Missae s. Joseph, etc.* »), col. 743-783 (« *Josephina carmine heroico decantata* »). Le texte date le poème héroïque de 1417.

18. *Ibid.*, III, col. 844.

19. *Ibid.*, III, col. 851 *sq.*; IV, col. 764.

détail du panneau de Mérode. D'abord il insiste sur l'occupation de Joseph charpentier (il l'appelle un « charlier » — détail
intéressant pour comprendre l'enthousiasme personnel qu'il
porte à Joseph, car Charlier était le nom de famille de Gerson),
et il disserte longuement sur le mérite de cette humble activité
qui, avec le travail de tisserande de la Vierge, assure son humilité, sa dignité morale en même temps que ses moyens d'existence.

> O quele merveille comme profonde humilité - : et se la benignité
> et humanité de Dieu fu tele qu'il ha voulu estre subget à ung fevre
> en bois, c'est à dire à ung charlier ou charon, ou à ung charpentier,
> et à une texceresse ou povre ouvrière en soye[20]. (Joseph) se donna
> à labour et à mestier, tant pour soy bien occuper comme pour gai-
> gnier honnestement et justement sa vie, et pour acquérir la béné-
> diction de la quele parle le Prophète, quant il dit : « Pour ce que tu
> mengeras les labeurs de tes mains (c'est à dire que tes mains gai-
> gneront), tu es benois et te fera bien » (*Vulg.*, Ps. 127 : 2). Si se
> donna saint Joseph son josne aage à estre fevre en boys, comme à
> faire charretes, ou huches, ou fenestres, ou nefs, ou maisons,
> jasoice fust il de tres honeste et noble lignée en la cité de Nazareth :
> et c'est contre ceulx ou celles qui ne veulent ouvrer, et réputent à
> honte ou à servage, si sont souvent povres et méchants quant au
> monde, et trop plus quant à Dieu, car teles personnes sont commu-
> nément serves et subgetes à tous vices...[21]

Ces arguments, soit dit en passant, annoncent l'ascétisme
protestant, avec son idée de la vocation et de la valeur religieuse
du travail, et ils devraient être pris en considération dans l'analyse des origines de l'éthique protestante et de la moralité bourgeoise.

L'éloge de Joseph en tant qu'artisan nous aide à comprendre
les représentations du saint en train d'exercer son activité, mais
Gerson discute aussi d'un autre aspect du saint, qui fait référence aux concepts théologiques impliqués dans la métaphore
de la souricière. Il se préoccupe beaucoup du rôle que le plan
divin de la Rédemption donnait à Joseph pour tromper le diable

---

20. *Ibid.*, III, col. 844.
21. *Ibid.*, III, col. 850. Voir aussi IV, col. 755.

et, quand il traite la question, il fait plus d'une fois allusion aux images artistiques du saint. Il observe que, dans les anciennes peintures, Joseph est un très vieil homme à grande barbe, et Gerson essaie, en spécialiste moderne de l'iconographie, de rendre compte de ce type par des considérations historiques[22]. Aux débuts du christianisme, alors que la doctrine de la virginité perpétuelle de Marie ne s'était pas encore profondément enracinée dans le cœur des croyants, il fallait combattre les hérétiques qui citaient le passage de l'Évangile sur les frères et les sœurs du Christ. Aussi les artistes faisaient-ils de Joseph un vieil homme au moment de la naissance du Christ, afin d'indiquer son incapacité à engendrer un enfant. Mais Gerson remarque aussi que, dans l'art plus récent, et particulièrement en Allemagne (où il avait passé quelque temps après le concile de Constance), Joseph est représenté comme un jeune homme. Les peintres ont une certaine liberté, dit-il en citant Horace :

> ... *Pictoribus atque poetis*
> *quidlibet audendi semper fuit aequa potestas*[23].

Gerson pense que cette nouvelle version est plus en accord avec le plan divin. Car, si Joseph avait été trop vieux, le diable aurait soupçonné la cause surnaturelle de la naissance du Christ et, ainsi, il n'aurait pas été trompé par l'appât du Dieu fait homme[24]. Sur la question de savoir si le diable connaissait l'Incarnation, les théologiens étaient divisés[25]. Certains, se fondant sur des passages des Évangiles (Marc, I : 24 et Luc 4 : 34, 41), croyaient que le diable savait depuis le début la paternité divine de l'enfant de Marie; d'autres, suivant saint Ignace, dont on lisait l'opinion à l'office de la veille de Noël dans le bréviaire romain, soutenaient que la Vierge avait épousé Joseph précisément pour cacher la naissance du Christ au diable, qui pensait

---

22. *Ibid.*, III, col. 848, 1352.

23. *Ibid.*, III, col. 1352 : « ... *Depictum tamen invenimus Joseph velut in aetate juvenili, qualem praediximus, sicut in hac Alemania crebro notavi. Vel dic illud Horatii...* ».

24. *Ibid.*, III, col. 851; IV, col. 761.

25. Ces opinions sont rassemblées par DURIEZ, *op. cit.*, pp. 73-74. Voir aussi le *Dictionnaire de théologie catholique*, VIII, col. 1513.

ainsi que l'enfant avait été engendré par Joseph. Cette dernière
interprétation était largement répandue à la fin du Moyen Âge
et on la trouve dans les écrits de saint Bernard, saint Bonaven-
ture et saint Thomas, dans les mystères et dans le *Speculum
humanae salvationis.*

Ainsi le rôle joué par Joseph pour tromper le diable était tout
à fait familier à l'époque du retable de Mérode. Il peut paraître
surprenant alors que Joseph soit souvent représenté en vieil
homme; mais les théologiens eux-mêmes n'étaient pas rigoureux sur cette question. Selon le contexte dont il traitait, le
même auteur, saint Jérôme, saint Thomas d'Aquin ou sainte
Brigitte de Suède[26], pouvait donner des opinions contradictoires sur la connaissance que le diable aurait eue de l'Incarnation. Chaque type de Joseph, vieux ou jeune, amenait le spectateur à se rappeler les vérités homilétiques sur la virginité de
Marie et la vertu de son chaste époux. La tradition locale avait
sans doute beaucoup à faire avec le type choisi qui, une fois
établi, devenait le véhicule d'une masse grandissante de
légendes et de croyances implicites pour le spectateur mis simplement en présence de l'image habituelle, quelque peu nombreux et contradictoires que pussent être ses attributs.

Dans le cas présent, ce qui est important, c'est que, pour
l'imagination religieuse de la fin du Moyen Âge, Joseph était le
gardien du mystère de l'Incarnation et l'une des principales
figures de la machination divine destinée à tromper le diable.
Dans ses méditations sur la Rédemption, Gerson n'emploie pas
la figure de la souricière. L'hameçon et l'appât sont les instruments qui la remplacent, comme je l'ai remarqué plus haut.
Dans *L'Exposition de la Passion du Seigneur,* il appelle le
diable « Léviathan qui a essayé de mordre la chair précieuse de
Jésus-Christ de la morsure de la mort ». « Mais l'hameçon divin,
qui était caché à l'intérieur de la chair et uni à elle, déchira les
mâchoires du diable et les ouvrit, en libérant la proie dont on
pouvait s'attendre à ce qu'il la tînt et la dévorât »[27].

26. Duriez, *loc. cit.*
27. *Op. cit.*, III, col. 1199 (« *Expositio in Passionem Domini* »): « *... Sed occulta-
batur intus et jungebatur divinitatis hamus, qui aperuit maxillas, et liberavit
praedam quam opinabaris tenere atque devorare.* »

3. Le double caractère que prend la souricière dans cette peinture, objet domestique et symbole théologique, suggère les réflexions suivantes sur l'art. Au début du Moyen Âge, l'idée que les objets du monde physique sont une allégorie du monde spirituel n'entraînait pas la représentation de ces objets comme signes d'une vérité cachée. Le symbolisme de l'art était, pour une grande part, limité aux personnifications et aux figures et épisodes tirés des livres sacrés; si des animaux étaient représentés en tant que symboles, c'était le plus souvent des créatures nommées dans la Bible, par exemple les quatre bêtes des visions de Jean et d'Ézéchiel ou les êtres à moitié fabuleux décrits et interprétés dans le *Physiologus*. L'introduction de la nature dans la peinture et, avec elle, de l'entourage domestique de l'homme peut difficilement être rapportée à une intention religieuse. La souricière, comme les autres objets ménagers, devait d'abord être intéressante en tant qu'élément du monde visible en général, avant que sa portée théologique justifiât sa présence dans un tableau religieux. Mais, même comme morceau de nature morte, la souricière est plus qu'un simple objet domestique : elle prend sa place à côté de la serviette et du bassin; c'est un instrument de propreté et d'intégrité, et on peut ainsi y voir un symbole évident de la pureté de la Vierge, à la façon des autres objets, et, comme eux, indépendamment d'un texte théologique. L'artiste qui insère cet objet parmi les autres sent son rapport qualitatif avec eux, il crée une unité poétique, fondée sur son goût pour la qualité qui l'attire. Ce goût n'est pas nécessairement religieux; c'est une donnée, personnelle ou sociale, que la religion absorbe et dont l'artiste peut se servir pour colorer le monde religieux.

Si, maintenant, nous considérons la souricière de cette façon poétique, en tant qu'attribut de Joseph ou de Joseph et de Marie à la fois, nous sommes amenés à une autre résultat. Nous devons considérer alors sa signification en relation avec les particularités humaines de ces deux figures, homme et femme, vieux et jeune, mariés et pourtant chastes, dans le contexte d'une conception miraculeuse. Si un poème nous présente une belle jeune fille aux côtés d'un mari âgé et pieux en train de fabriquer une souricière, nous sommes enclins à voir dans son travail une sorte de congruence, comme si sa nature et sa relation secrète avec la jeune fille étaient symbolisées dans cette activité. Le peintre, en imaginant un milieu pour la Vierge et pour son gardien, Joseph, est inconsciemment attiré par des objets qui projettent dans quelque trait les caractères essentiels des personnages et qui évoquent vaguement les éléments cachés de la scène. Si nous réfléchissons sur le travail du vieux Joseph qui perce de petits trous avec son foret ; si nous regardons les objets des deux pièces à la fois, la paire de souricières et les outils, les chandelles, le vase de lis, la serviette, le bassin d'eau, les fenêtres, les livres ouverts et la cheminée, ils se groupent dans notre esprit comme symboles du masculin et du féminin. Ces objets, qui sont unifiés par leur caractère d'appareils et d'ustensiles domestiques et, à un autre niveau, d'emblèmes théologiques, sont également cohérents en tant que métaphores de la situation humaine. Le symbolisme religieux lui-même dépend dans une large mesure des mêmes propriétés fondamentales des objets qui les rendent pertinents comme signes psychologiques ; le vase, la fenêtre ou la porte, par exemple, sont couramment, dans les rêves ou l'imagination religieuse, des équivalents de la femme. Il est difficile, bien sûr, de déterminer le sens d'un groupe de tels symboles sexuels dans une peinture. Ils sont souvent ambigus et, surtout, nous ignorons totalement la vie de l'artiste et du donateur, qui ordonna peut-être que Joseph fût présent et qu'il remplît cette tâche. Mais le processus de symbolisation est un processus général et on peut y faire appel, à l'intérieur de limites précises, pour déchiffrer des œuvres particulières.

Si les textes théologiques fournissent un sens évident pour la souricière du panneau de Mérode, il existe des documents tout aussi explicites qui renvoient à une signification sexuelle. Dans la magie populaire et dans le folklore, la souris est une créature dans laquelle se concentre très fortement un sens érotique et diabolique[28]. Elle est le sein maternel, la femelle impudique, la

---

28. Je suis ici l'article « Maus » de R. RIEGLER dans le *Handwörterbuch des deutschen Aberglaubens*, éd. BÄCHTOLD-STÄUBLI, Berlin-Leipzig, 1934-1935, VI, pp. 31-59.

prostituée, le diable; elle est censée naître, par génération spontanée, de l'excrément ou du tourbillon du vent; son foie grandit
et s'évanouit avec la lune; elle joue un rôle important dans la
grossesse humaine; elle est un instrument de l'amour; ses
matières fécales sont aphrodisiaques; la souris blanche est aussi
une incarnation des enfants avortés. Pour se protéger contre les
souris, les chrétiens font appel à la vierge belge, sainte Gertrude, ouvrière fileuse et patronne des fileurs, ainsi qu'à la
Vierge Marie. Cette conception de la souris mauvaise et érotique est partagée par les gens simples et cultivés. À la Renaissance, des érudits comme Érasme et Alciat font de la souris une
image de lascivité et de destruction[29]. Il n'est ainsi guère arbitraire de voir dans la souricière de Joseph un instrument doué
d'un sens sexuel latent dans ce contexte de chasteté et de fécondation mystérieuse. Ce qui est tout à fait intéressant, c'est la
façon dont les différents niveaux de sens se soutiennent les uns
les autres : le monde domestique fournit les objets qui servent
de symboles poétiques et théologiques pour la pureté de Marie
et la présence miraculeuse de Dieu; la conception socio-
religieuse de la famille fournit la figure ascétique et la profession
de Joseph; la métaphore théologique de la Rédemption, la souricière, condense en même temps les symboles du diabolique, de
l'érotique et de leur répression; le piège est à la fois un objet
femelle et le moyen de détruire la tentation sexuelle.

Ces symboles, qu'ils soient religieux ou profanes, présuppo-
sent le développement du réalisme, c'est-à-dire la figuration du
monde lui-même, en tant que beau et fascinant spectacle dans
lequel l'homme découvre ses propres horizons et sa liberté de
mouvement. La représentation fervente des objets domestiques
et du métier annonce la nature morte, qui se dégagera pour devenir le domaine tout à fait profane de l'intime et du manipulable.
La pensée religieuse essaie de s'approprier tout cela; elle cherche à
marquer le monde nouvellement découvert de ses propres caté-

---

29. ÉRASME, *Adagiorum epitome*, Leipzig, 1678, (« *In deliciis* »); A. ALCIATI,
Emblemata, Leyde, 1591, pp. 306-307, *Emblema* LXXIX (« *Lascivia* »); cf. aussi
I. P. VALERIANUS, *Hieroglyphica*, Cologne, 1631, pp. 161-162 (chap. XXX-XXXV;
noter que la souris blanche qui est lascive au chap. XXXIV est aussi « *intaminata
munditia* » et symbole de « *intemerata castitas* » au chap. XXXV).

gories, à le spiritualiser et à l'incorporer dans un système de valeurs transcendantes, tout comme auparavant l'Église avait pris possession de la dangereuse méthode critique de raisonnement dialectique pour démontrer ses dogmes. D'un autre côté, l'élargissement du champ de la vision individuelle fait de plus en plus de cet art un véhicule de vie personnelle et, par là, de demandes subconscientes, qui sont projetées d'une façon vaguement symbolique et innocente sur le royaume nouvellement admis des objets. Les idéaux ascétiques ainsi que les désirs réprimés trouvent dans la nature morte domestique un champ symbolique. Le programme iconographique de l'époque, répondant au courant social, favorise ce double processus en plaçant au premier plan de l'art des thèmes comme la Vierge et l'Enfant, l'Annonciation, l'Incarnation et la Nativité, qui concernent ce qui est intime et caché dans la vie privée et qui mettent en jeu ce domaine complexe et émotionnel. La religion essaie de maîtriser les sentiments en les transférant aux personnages sacrés imaginaires, et elle est aidée en cela par le réalisme artistique, qui est capable de donner à ses figures une vivacité et une familiarité convaincantes. Mais, en créant une ressemblance avec le monde réel à propos d'un thème religieux tout à fait mystérieux, tel que l'Incarnation, les objets du décor deviennent les signes des réalités physiques non reconnues que la religion vise à transcender grâce à sa légende d'une naissance surnaturelle. À l'époque du panneau de Mérode apparaissent aussi les premières peintures profanes du nu féminin, signe clair de la place nouvelle que prend, en s'opposant aux valeurs religieuses, la vie affective de l'individu dans l'art.

Il est intéressant de rappeler que le même Gerson, qui parlait de façon si bien informée de la bonne représentation de Joseph (et qui reprochait à l'allégorique *Roman de la Rose* d'être un poème lascif malgré sa beauté), condamnait la peinture du nu. Il lançait des avertissements contre la confusion courante de l'amour mystique et de l'amour sensuel et il voyait un danger jusque dans la contemplation de la nudité du Christ en croix[30].

L'art nouveau apparaît ainsi comme un champ de bataille,

30. *Op. cit.*, III, col. 610.

latent, pour les conceptions religieuses, les nouvelles valeurs profanes et les désirs souterrains des hommes qui sont devenus plus conscients d'eux-mêmes et de la nature. Le portrait d'Arnolfini et de sa femme, dans lequel Jan Van Eyck a peint un document de mariage[31] — thème significatif au moment où se propage le culte de Joseph et de ses noces avec Marie —, est un exemple révélateur de ce combat dans lequel on fait coexister des attitudes opposées, grâce aux allusions cachées dans les objets et grâce aux reflets des figures (dont celle du peintre) dans un miroir. Celui-ci est un œil, beau, lumineux, poli, entouré par de petites scènes de la vie du Christ ; il est à la fois un symbole de la Vierge et un modèle de peinture comme image parfaite du monde visible. En acceptant la vision réaliste de la nature, l'art religieux court le risque de reculer jusqu'à une position marginale, de devenir à son tour l'élément accessoire que la réalité profane avait été. Dans le portrait Arnolfini, il se maintient à l'arrière-plan et dans les petits objets comme un langage secret qui s'oppose à leur sens domestique évident et à leur charme matériel ; les scènes de la vie du Christ, plus complètes, sont une représentation à l'intérieur d'une représentation, une réalité secondaire formant un cadre autour du verre réfléchissant.

À la fin du siècle, cette opposition vient au grand jour et prend une forme terrifiante et mélancolique dans les inventions de Bosch, maître capable d'une tendresse enchanteresse dans la peinture du paysage. Ses œuvres sont une contre-offensive de la conscience religieuse malheureuse contre l'attachement au monde matériel qui prévaut dans une époque de décadence de l'Église. Les grotesques marginaux de l'art gothique antérieur, incarnation minutieusement rendue des tendances agressives et érotiques, envahissent le champ tout entier, et ils sont façonnés pour être des symboles monstrueux des désirs, jetés pêle-mêle sous le titre de la conception religieuse du péché. Dans ces visions d'un ascétisme effrayé et exaspéré, plus conscient de l'homme que de Dieu, on ne trouve ni l'assurance de la foi, ni la

31. Voir E. Panofsky, « Jan Van Eyck's Arnolfini Portrait », *Burlington Magazine*, LXIV, 1934, pp. 117-127.

beauté rafraîchissante du monde. Les souricières peintes sur le panneau latéral du retable de Mérode, mécanismes automatiques fabriqués par le mari bourgeois de la Vierge pour attraper le diable et surmonter les passions, sont les précurseurs des instruments omniprésents de Bosch dans lesquels le diabolique, l'ingénieux et le péché érotique sont combinés.

II.

NOTE SUR LE RETABLE DE MÉRODE.

Dans mon étude de 1945 sur le symbolisme du retable de Mérode[1], je n'ai pas proposé d'explication pour la planche de bois dans laquelle saint Joseph fore des trous. Je ne pouvais pas la rapporter aux souricières qu'il avait déjà fabriquées et que j'avais interprétées à l'aide d'un sermon de saint Augustin : « Le diable exulta quand le Christ mourut, mais par la mort même du Christ le diable fut vaincu, comme si, dans la souricière, il avait englouti l'appât... La croix du Christ fut la souricière du diable ; l'appât avec lequel il fut pris fut la mort du Seigneur. »[2]

Depuis lors, le professeur Panofsky a émis l'hypothèse que cette planche était le couvercle troué d'une chaufferette[3], et Miss Margaret Freeman y a vu la planche cloutée qui pend à la ceinture du Christ et le torture dans certaines images du chemin de croix[4].

---

1. Ci-dessus, pp. 147-164.

2. Migne, *P.L.*, XXXVIII, col. 1210 (*Sermo* CCLXIII, *De ascensione Domini*). Sur cette métaphore dans les écrits de saint Augustin et sur son histoire, cf. Jean RIVIÈRE, *Le Dogme de la Rédemption chez saint Augustin*, Paris, 1933, pp. 117 *sq.*, 320-338. Je n'avais pas pu consulter ce livre en 1945.

3. *Early Netherlandish Painting, Its Origins and Character*, Cambridge, Mass., 1953, p. 164.

4. « The Iconography of the Mérode Altarpiece », dans *The Metropolitan Museum of Art Bulletin*, décembre 1957, p. 138. Charles de TOLNAY propose la même interprétation dans « L'autel de Mérode du Maître de Flémalle », dans *Gazette des Beaux-Arts*, VIᵉ période, LIII, 1959, p. 75.

Une peinture d'un manuscrit hollandais datant des environs de 1440 suggère une autre explication; il s'agit des *Heures de Catherine de Clèves*, qui se trouvaient jadis dans la collection du duc d'Arenberg et qui appartiennent maintenant à M. Alastair B. Martin (ici, p. 167)[5]. En bas de la page 171, une miniature contient une scène représentant le piégeage du poisson; on y voit un ustensile qui ressemble à une barque et dont la paroi supérieure est une planche perforée en forme d'amande; les trous constituent, à n'en pas douter, un système de ventilation. Il semble bien que cet instrument soit une boîte servant à mettre en réserve le poisson vivant qui est utilisé comme appât, attaché par une corde à un piquet planté sur la rive. À côté se trouvent d'autres instruments de pêche: une nasse ajourée et deux paniers en osier tressé servant à garder le poisson pris dans l'eau.

Ce qui rapproche particulièrement cette boîte à appât du retable de Robert Campin, c'est la scène représentée dans la miniature qui occupe le haut de la page. C'est une représentation de l'Incarnation, Dieu le Père envoie sur terre son Fils, nu et portant la Croix dans ses bras; derrière lui, vole la Colombe. L'action se déroule sur un fond de ciel étoilé, vers l'est, tandis que l'aube se lève sur un paysage rocailleux; le Christ et la Colombe descendent vers un étang qui remplit le premier plan. La présence de Marie est peut-être impliquée dans le ciel étoilé vers l'est, à l'aube, métaphore courante de la Vierge[6].

Dans cette image, comme dans le retable de Mérode, l'Incarnation est associée à une image marginale dans laquelle apparaissent des instruments de piégeage. Le peintre qui a décoré le manuscrit connaissait évidemment l'art du Maître de Flémalle, puisque l'ouvrage contient des copies fidèles des compositions où celui-ci a représenté la Crucifixion et la Descente de Croix[7].

---

5. [Aujourd'hui à la Pierpont Morgan Library, Ms. 945.] Décrit par A. W. BYVANCK, *La Miniature dans les Pays-Bas septentrionaux*, Paris, 1937, pp. 65, 117, 118. Cf. aussi PANOFSKY, *op. cit.*, p. 398 et note à la page 103. M. Martin m'a aimablement permis d'étudier ce manuscrit et d'en reproduire la page.

6. Yrjö HIRN, *The Sacred Shrine*, Londres, 1912, pp. 465, 468.

7. Pour l'influence de Robert Campin sur le Maître de Clèves, cf. PANOFSKY, *op. cit.*, pp. 104, 176, 177 et fig. 129, 130.

Comme l'Enfant Jésus, suivi par l'oiseau du Saint-Esprit, descend vers les entrailles protégées de la Vierge, tout en portant la croix qui lui servira à attraper le mal, le pêcheur manipule, au bas de la page, une épuisette pour sortir d'un panier d'osier qui flotte sur l'étang les poissons qu'il a attrapés. En représentant une scène de pêche quotidienne, le miniaturiste ne renonce pas à la connotation de la souricière. Au Moyen Âge, dans les commentaires sur *Job* 40 : 19, 20 (*Vulgate*) — « Pourras-tu prendre Léviathan à l'hameçon ? » —, le corps du Christ est décrit comme un appât placé sur un hameçon divin qui trompe le démon et l'entraîne à se détruire lui-même[8].

Certes, dans le retable de Mérode, la planche trouée est rectangulaire, et non arrondie comme dans la miniature. Les boîtes à appât rectangulaires sont banales à notre époque et l'on peut supposer qu'elles étaient connues au XVe siècle. Le contexte de cette miniature, comparable à celui du retable, et les autres rapports qui existent entre ces deux ouvrages nous amènent à penser que, dans le retable de Mérode, la planche sur laquelle travaille Joseph appartient aussi au même ensemble de piégeage et d'appât que l'on associait à la Rédemption[9].

On peut objecter que la scène quotidienne est dépourvue, dans le manuscrit, de tout symbolisme, religieux ou autre; représentation de la vie rurale sur la marge inférieure d'une page, elle est identique à des centaines d'autres images du travail quotidien que l'on rencontre dans les manuscrits médiévaux tardifs : ce sont des images qui n'ont aucun rapport apparent avec le contenu des peintures religieuses qui occupent une place plus importante dans les mêmes pages. Cependant, on remarque effectivement, dans certaines scènes marginales, une allusion plus ou moins évidente au thème biblique principal, un peu comme un parallèle ou une parodie tirés du monde profane.

---

8. Cf. saint Grégoire, *Moralia in Job*, XXXIII, VII, 14; IX, 17 (*P.L.*, LXXVI, col. 680, 682); cf. également RIVIÈRE, *op. cit.*, p. 336, n. 2 pour d'autres références.

9. Un sermon contenu dans un bréviaire du XIVe siècle à Monte Cassino (Cod. XXXIV, p. 284) montre que la souricière et la pêche peuvent être citées en même temps comme métaphores dans un récit de la Rédemption. Cf. RIVIÈRE, *op. cit.*, p. 321, note.

Incarnation, *Heures de Catherine de Clèves*. The Pierpont Morgan Library, New York, Ms. 945, fol. 85.

J'ai cité ailleurs une miniature de Caïn tuant Abel avec un os maxillaire, au-dessus de laquelle un singe tire sur un oiseau avec un arc et une flèche; la bestialité humaine est comparée à la ruse habile de la bête[10]. On rencontre assez fréquemment ce genre d'image marginale où l'idée principale connaît une transposition poétique spontanée, sans que le texte vienne la confirmer; on est donc en droit de chercher un contenu métaphorique dans les correspondances entre l'Incarnation représentée en haut et la scène de genre située en bas de la page du livre d'heures. L'interprétation ne peut constituer, bien sûr, qu'une hypothèse plausible dont le bien-fondé repose sur les relations de la miniature et du retable de Mérode, à l'intérieur duquel tant de petits éléments font partie du monde domestique, tout en étant les symboles muets d'un plan théologique. Il n'y a, dans ce manuscrit, qu'un petit nombre de miniatures qui soient accompagnées de peintures marginales — peut-être une demi-douzaine sur les soixante ou plus qu'il contient. Parmi celles-ci, il en est au moins une qui fait clairement allusion à la scène religieuse représentée au-dessus: page 63, au-dessous de la *Visitation*, une peinture représente l'Enfant Jésus, nu, dans un nid manipulé comme un piège à oiseau par un autre enfant nu — incontestablement saint Jean-Baptiste —, assis sur le sol à l'intérieur d'une enceinte d'osier[11]. Page 215, sous une énorme bouche de l'Enfer où un ange vient délivrer les âmes nues, un paysan tend un lacet entre un poteau et un arbre; deux oiseaux volent au-dessus du poteau et deux autres sont prisonniers dans une cage; il s'agit peut-être d'une allusion à l'état de l'homme dans le purgatoire et l'enfer, bien que l'image puisse n'être rien de plus qu'une scène de genre vaguement allusive, inspirée par le thème de l'emprisonnement et de la libération contenu dans la miniature qui occupe le haut de la page.

Au XVe siècle, le répertoire du peintre de manuscrits conte-

---

10. « Cain's Jawbone that Did the First Murder », dans *The Art Bulletin*, XXIV, 1942, p. 211 et fig. 6. [Reproduit dans mes *Selected Papers*, III, 1979, p. 251, fig. 3.]

11. Le filet du chasseur d'oiseau est ainsi un symbole de la Crucifixion. Cf. saint GRÉGOIRE, *Moralia in Job*, XL, 24 (*P.L.*, LXXVI, col. 691-692), cité par RIVIÈRE, *op. cit.*, p. 337.

nait de nombreuses scènes de la vie quotidienne qu'il pouvait utiliser pour illustrer des calendriers de psautiers, bréviaires et livres d'heures; mais elles pouvaient aussi lui servir pour les marges d'autres pages. L'image de la pêche et des appâts n'est pas à proprement parler une invention que l'artiste aurait imaginée pour le contexte précis de l'Incarnation représentée au-dessus. Nous pensons qu'elle est fondée sur une représentation des travaux des mois. Dans le bréviaire Grimani, une scène de pêche nocturne qui comporte les mêmes instruments illustre la page du calendrier consacrée au mois de mars[12]. Puisque l'Incarnation eut lieu durant ce mois, le choix de ce sujet dans les *Heures* de Catherine de Clèves semble convenir parfaitement. On rencontre antérieurement, sur des chapiteaux romans de Cluny[13] et de Vézelay[14], un personnage qui sort des anguilles — ou des poissons — d'un déversoir ou d'un panier d'osier. À Vézelay, une figure d'accompagnement souffle dans un soufflet; c'est une personnification du vent; elle indique que la scène représente un mois donné, sans doute le mois de mars[15], ou qu'elle a été, tout au moins, tirée d'un cycle des mois — au début du Moyen Âge, le vent constitue une illustration courante du mois de mars[16]. Cependant, si l'on veut trouver, dans la représentation des mois, une image plus rigoureusement parallèle à notre miniature, il faut considérer le poème de Wandalbert de Prüm, qui date du début du ixe siècle (*De mensium duodecim nominibus, signis*, etc.). Au mois de décembre, il écrit:

12. *Le Bréviaire Grimani de la bibliothèque Saint-Marc à Venise, avec une introduction de Giulio Coggiola*, Leyde, 1903-1908, fol. 4 (cf. aussi fol. 7); reproduit également par Paul BRANDT, *Schaffende Arbeit und bildende Kunst*, Leipzig, 1927, II, fig. 5, p. 21.

13. BRANDT, *op. cit.*, I, fig. 242.

14. *Ibid.*, fig. 243 et p. 193 *sq.* Brandt fut le premier à identifier l'occupation et les instruments de ces personnages. Ils sont encore mal interprétés dans une description de J. Adhémar, dans l'ouvrage de Francis SALET, *La Madeleine de Vézelay*, Melun, 1948, p. 184, n° 23 (Étude iconographique par J. ADHÉMAR).

15. Brandt était embarrassé par le personnage au soufflet; Adhémar y a reconnu un vent, mais il n'a pas vu le rapport avec le mois de l'année (*op. cit.*, p. 162, n. 1).

16. Sur le vent pour le mois de mars, cf. J. C. WEBSTER, *The Labors of the Months in Antique and Mediaeval Arts to the End of the Twelfth Century*, Princeton, 1938, p. 51, et mes remarques dans *Speculum*, XVI, 1941, pp. 135-136.

De ce moment, on prend avec des filets les divers oiseaux de la mer;
De ce moment, on pose aussi, dans les rivières poissonneuses, des paniers
D'osier, et l'on assujettit aux deux rives des fascines bien serrées.
Le flot ayant baissé, ces bas-fonds apaisent le courant
Qui donne sur eux, en sorte que l'épuisette prenne une proie facile[17].

Je n'ai pas trouvé cette scène dans les calendriers gothiques; mais je n'en ai qu'une connaissance très incomplète. Il reste encore à rassembler et à étudier les images des mois à la fin du Moyen Âge, comme on l'a fait pour celles de la période antérieure.

17. *Retibus hinc varias pelagi prensare volucres,*
Amnibus hinc etiam piscosis ponere crates
Vimineas, densosque ad litora figere fasces,
Qua vada demisso tranquillant flumine cursum
Inventum, facilem capiant ut retia praedam.
E. Duemmler, éd., *Poetae Latini aevi Carolini*, I. Monumenta Germaniae Historiae, Berlin, 1884, pp. 615-616.

Les pommes de Cézanne.

Essai sur la signification
de la nature morte.

I.

Parmi les sujets mythologiques peints par Cézanne, il y a un tableau que l'on a toujours appelé *Le Jugement de Pâris*, bien que les attitudes des personnages et certains détails paraissent incompatibles avec le mythe grec (ill. 1)[1]. Le personnage masculin, le prétendu Pâris, offre une brassée de fruits à une femme nue parmi trois. Comment Cézanne, qui connaissait la pomme de la légende, a-t-il pu représenter le

1. Voir L. VENTURI, *Cézanne, son art, son œuvre*, Paris, 1936, I, Catalogue n° 537 (1883-1885). Le tableau qui était dans la collection Josse-Bernheim jeune à Paris a disparu pendant la dernière guerre. Il est reproduit en couleurs par Joachim GASQUET, *Cézanne*, Paris, 1921, pl. face à la p. 156. Pour une étude du tableau, voir Théodore REFF, « Cézanne, Flaubert, Saint Anthony and the Queen of Sheba », *The Art Bulletin*, XLIV, 1962, pp. 113-125, et spécialement p. 118 et suiv. Du même auteur, « Cézanne and Hercules », *ibid.*, XLVIII, 1966, pp. 35-44, avec, à la p. 39, des remarques supplémentaires sur notre tableau. On en a reproduit en couleurs une version à l'aquarelle dans le catalogue d'une vente chez Sotheby, Londres, 3 avril 1969, sous le titre « Le jugement de Pâris », *Catalogue of Impressionist and Modern Paintings, Drawings and Sculpture*, n° 42.

« The Apples of Cézanne: An Essay on the meaning of Still-Life », *Art News Annual* XXXIV, 1968. Repris dans M. SCHAPIRO, *Selected Papers, Modern Art, 19th & 20th Centuries*, New York, G. Braziller, 1978, pp. 1-38.

Note de l'auteur: « Je tiens à remercier ici mes collègues, le professeur Théodore Reff et le docteur Miriam Bunim, pour l'aide qu'ils m'ont apportée dans la recherche de plusieurs sources de la bibliographie de Cézanne. Pour les photographies, je suis reconnaissant aux professeurs Reff, Wayne Andersen et Anthony Blunt, à M. Adrien Chappuis ainsi qu'à M. Philip Adams, directeur du musée d'Art de Cincinnati. »

Traduction publiée dans la *Revue de l'Art*, Paris, 1968, pp. 73-87; reproduite avec l'aimable autorisation de ce périodique et modifiée pour la présente publication.

Jugement par l'offrande de toute une brassée de pommes?
En outre, la femme qui remporte le prix est la moins frappante
des trois figures nues. Auprès d'elle se tient une deuxième
femme, plus grande et plus âgée, qui, d'une main amicale et
protectrice, lui touche l'épaule tandis que son autre main se
tend en un geste d'invite vers le personnage masculin; le troisième nu, accroupi, tourne le dos aux autres. Il est difficile d'y
voir les attitudes des trois déesses concourant pour le prix de
beauté. La présence d'une quatrième femme, à demi vêtue et
qui se tient sur la droite, ajoute une difficulté supplémentaire.
On pourrait croire qu'il s'agissait de la nymphe Œnone, que
Pâris abandonna pour Hélène, à moins qu'il ne s'agisse
d'Hélène elle-même, promise en récompense à Pâris par Vénus
reconnaissante[2]. Mais dans un dessin crayonné pour cette composition, quatre femmes sont groupées ensemble sur la gauche;
deux accroupies et deux debout (ill. 2). Une autre esquisse de la
même feuille offre trois (et peut-être quatre) nus, sans personnage masculin, et superposés comme dans les tableaux de *Baigneuses* de Cézanne; à considérer leurs attitudes, il est non
moins difficile d'y voir des divinités rivales[3].

La première impression que j'ai gardée de cette scène a été
qu'il s'agissait d'un sujet pastoral de fantaisie: un personnage
païen, le berger, offre des fruits à une jeune fille timide dont il
est amoureux. Je suppose que la source en est la poésie latine,
que Cézanne lut à l'école et qu'il continua de citer plus tard. Ses
lettres de jeunesse, en particulier, contiennent de nombreuses
allusions classiques[4]. En 1878, il cite encore Horace dans une

---

2. REFF, 1962, p. 118.

3. Ces dessins sont reproduits par REFF, 1966, fig. 7 (collection Adrien Chappuis,
Aix-les-Bains) et proposés, p. 39, comme les étapes d'une composition pour un Jugement de Pâris. Il néglige le fait qu'il y a, à droite sur le dessin, quatres femmes nues.
Il y a un autre dessin pour ce tableau, dans un carnet de notes de la collection Chappuis, qui n'est évidemment pas un Jugement de Pâris. Tandis que le personnage masculin présente quelque chose à un nu accroupi, un deuxième nu, lui aussi accroupi,
tourne le dos au premier: un troisième, aux bras levés, ne participe pas à l'action
générale et rappelle une des baigneuses caractéristiques de Cézanne. Sur la droite, un
quatrième tourne la tête pour regarder l'homme qui s'avance. Voir A. CHAPPUIS,
Dessins de Paul Cézanne, Paris, 1938, pl. 7.

4. Voir Paul CÉZANNE, Correspondance recueillie, annotée et préfacée par John
REWALD, Paris, 1937, pp. 30-32, 36, 42, 45-47, 57, 59, 63, 69, 77, 137, 156 et pl. 4.

1. Cézanne, *Le Berger amoureux*,
intitulé à tort *Le Jugement de Pâris*, 1883-1885.
Détenteur actuel inconnu.

2. Cézanne, dessin pour *Le Berger amoureux*.
Collection Adrien Chappuis, Aix-les-Bains. Archives Chappuis.
Photo G. Braziller.

lettre à Zola[5], et signe une autre lettre : *Pictor semper virens*[6]. Lecteur assidu des *Églogues* de Virgile, Cézanne avait traduit, probablement en vers, la seconde, celle sur *Corydon courtisant Alexis*[7]. Son amour pour la poésie latine était bien connu dans le milieu des peintres. Dans une lettre de 1885, Gauguin décrit ainsi Cézanne : « Homme du Midi, il passe des journées entières au sommet des montagnes à lire Virgile et à regarder le ciel. »[8]

Je n'ai rien trouvé dans la seconde églogue de Virgile qui puisse se rapporter au tableau, mais un passage de la troisième m'a amené à trouver une source plus probable chez Properce. Dans l'une de ses *Élégies* (Élégie 34, liv. 2, v. 67-71), Properce chante l'amour d'une jeune fille séduite par dix pommes. S'adressant à Virgile, qu'il estimait supérieur à Homère, le poète écrit :

> *Tu canis umbrosi subter pineta Galaesi*
> *Thyrsin et adtritis Daphnin arundinibus;*
> *Utque decem possent corrumpere mala puellam,*
> *Missus et impressis haedus ab uberibus.*
> *Felix, qui viles pomis mercaris amores!*

(Tu chantes à l'ombre des pins du Galèse
Thyrsis et Daphnis à la flûte usée
Et comment dix pommes peuvent séduire une belle fille
Ou le don d'un chevreau des mamelles sevré.
Heureux qui achète avec des pommes des amours faciles.)

L'idée du vers « *utque decem possent corrumpere mala puellam* » est évidemment inspirée par la troisième Églogue de Virgile, v. 70-71 :

---

5. *Ibid.*, p. 137 : « Qualis ab incepte processerit, et sibi constet » (*Ars Poetica*, v. 127).

6. Adressée à son ami Roux. *Ibid.*, p. 156 et pl. 24 ; l'éditeur a lu par erreur *virus* dans le dernier mot.

7. *Ibid.*, p. 69, et É. Zola, *Correspondance, lettres de jeunesse*, Paris, 1907, p. 189 (30 décembre 1859).

8. Paul Gauguin, *Lettres à sa femme et à ses amis*, Paris, Malingue, 1946, p. 45 (lettre à Schuffenecker, 14 janvier 1885).

> *Quod potui, puero silvestri ex arbore lecta,*
> *Aurea mala decem misi; cras altera mittam.*

(De mon mieux, j'ai envoyé à mon amant chéri dix pommes d'or
Cueillies sur l'arbre de la forêt, et en enverrai autant demain.)

Dans une autre Élégie (liv. 3, 13, v. 25 et suiv.), Properce
revient au thème de l'âge pastoral, où les fruits et les fleurs
étaient la richesse des jeunes bergers qui les offraient en gage
d'amour :

> *Felix agrestum quondam pacata juventus,*
> *Divitiae quorum messis et arbor erant!...*
> *His tum blanditiis furtiva per antra puellae*
> *Oscula silvicolis emta dedere viris...*
> *Nec fuerat nudas poena videre deas.*

(Heureux le jeune paysan dont les seules richesses étaient les arbres et
  les récoltes!...
C'étaient les offrandes d'amour que les femmes d'alors,
Par les grottes dérobées, payaient de leurs baisers aux hommes des fo-
  rêts...
Ce n'était pas un crime alors de voir des déesses nues.)

Les vers de Properce pouvaient justifier la présence du berger
qui offre des pommes à la jeune fille, mais le rôle des autres personnages du tableau reste inexpliqué. On peut les considérer
comme des accessoires — de même que le paysage, avec ses
arbres d'essence indéterminée, son ciel et sa rivière — qui évoquent le site poétique où se situe l'action, l'atmosphère d'une
scène pastorale classique avec ses divinités et ses bergers. Leur
présence collective garantit l'innocence de l'attitude du berger
et suggère un monde imaginaire où la nudité est naturelle et le
désir du berger reconnu. Le choix spécifique des personnages et
de leurs attitudes comprend non seulement des éléments personnels conscients ou inconscients qui affleurent à la surface
comme dans les rêveries, mais encore des éléments conventionnels : réminiscences de tableaux plus anciens représentant un
mythe érotique (comprenant peut-être un Jugement de Pâris),
comme dans les compositions de baigneuses. Dans ses scènes de
baignade, Cézanne avait, depuis longtemps, exclu le mélange

des sexes: ici, il introduit un personnage masculin, offrant des cadeaux à l'une des jeunes filles.

Cézanne pouvait être d'autant plus sensible au thème pastoral classique que, dans sa jeunesse, il avait en effet reçu des pommes comme un témoignage d'affection. Plus tard, il lui arriva de rappeler dans la conversation qu'un présent de pommes avait scellé son amitié avec Zola. Lorsqu'il était à l'école à Aix, Cézanne avait témoigné sa sympathie au petit Zola que ses camarades de classe tenaient à l'écart. Lui-même impulsif et rebelle, Cézanne s'était vu infliger une correction pour leur avoir tenu tête et avoir parlé à Zola : « Le lendemain, il m'apporta un gros panier de pommes. "Tiens, les pommes de Cézanne!..." fit-il en clignant d'un œil gouailleur, "elles viennent de loin..." »[9]

En racontant cette histoire à l'un de ses admirateurs, le jeune poète aixois Joachim Gasquet, fils d'un camarade de classe ami du peintre, Cézanne ne faisait pas que plaisanter sur l'origine d'un de ses thèmes. Il se souvenait de la fin douloureuse de sa longue amitié avec Zola, lorsque celui-ci révéla, dans son roman *L'Œuvre* (1886), l'opinion qu'il avait de son vieil ami : il le considérait comme un peintre « raté ». Racontant la période heureuse de leur jeunesse, Cézanne disait : il fut un temps où Zola ne trouvait pas de plus beau témoignage de gratitude et d'amitié qu'un présent de pommes, tandis que maintenant il rejette mes pommes. Vingt ans auparavant, Zola, dédiant à Cézanne sa première et brillante tentative de critique d'art, avait écrit dans *Mon Salon* : « Tu es toute ma jeunesse, je te trouve mêlé à chacune de mes joies, à chacune de mes souffrances. »[10]

9. Gasquet, *op. cit.*, p. 13.

10. Réédité dans É. Zola, *Mes haines*, Paris, 1923, p. 258. Le choix du nom des personnages où il se représente lui-même avec Cézanne est peut-être dû aussi à leur profonde amitié. Claude, le prénom du peintre de *L'Œuvre*, est aussi celui du héros narrateur dans le premier roman autobiographique de Zola, *La Confession de Claude* (1865). C'est ensuite le nom de plume de Zola critique d'art en 1866. Dans *Le Ventre de Paris* (1873), Cézanne, dans le personnage de Claude Lantier, est dépeint comme le porte-parole de la sensibilité visuelle de Zola. Tout cela a déjà été noté avant moi (voir J. Rewald, *Paul Cézanne, a Biography*, New York, 1948, p. 143), mais je dois ajouter que cette association, dans *L'Œuvre*, apparaît jusque dans le nom de l'ami de

À un âge où l'amitié entre garçons est souvent alimentée par leurs sentiments à l'égard de l'autre sexe, Cézanne avait confié à Zola, son meilleur ami, ses poèmes d'inspiration érotique. Mais il devait pudiquement refuser de montrer sa traduction de l'Églogue de Virgile sur l'amour du berger Corydon pour le jeune Alexis. « Pourquoi ne me l'envoies-tu pas? écrivait Zola. Dieu merci, je ne suis pas une jeune fille, et ne me scandaliserai pas. »[11]

Comme Properce avait transformé le thème de l'offrande des pommes dans la troisième églogue de Virgile en un amour hétérosexuel, on peut penser que Cézanne a transposé dans son tableau cet épisode de son adolescence avec Zola en son propre rêve d'amour.

Il est impossible, aujourd'hui, de reconstituer l'origine du *Berger amoureux* et sa motivation affective. On peut supposer qu'au début ou au milieu de la décennie 1880-1890, où l'on situe généralement le tableau, Cézanne, en peignant une nature morte, se rappela, grâce à la lecture des poètes latins, que l'on pouvait, en ces temps anciens où il n'était pas interdit aux mortels de contempler une déesse nue, se faire aimer d'une jeune fille en lui offrant des pommes. Et cette idée, qui correspondait à ses désirs profonds, lui inspira un tableau sur le thème pastoral de Virgile et de Properce. On peut imaginer aussi que les vers latins ranimaient chez lui l'espoir informulé que son tableau pourrait lui apporter l'amour.

Il serait intéressant de savoir si le tableau a été peint avant ou après la publication du roman de Zola, qui, sans aucun doute, évoquait des souvenirs de leur amitié d'adolescents. Il est possible aussi que le tableau coïncide avec un événement du printemps de 1885, une liaison amoureuse dont on retrouve la trace sur le brouillon inachevé d'une lettre pathétique que Cézanne,

Claude Lantier, critique et romancier, qui est évidemment Zola lui-même. Il l'appelle Sandoz, évident anagramme de « Zola » et de « Cézanne ». À l'évidence, cet épisode scolaire est à la base du récit d'une amitié entre deux jeunes garçons, au chapitre III de *Madeleine Férat*, que Zola dédie à Manet. Guillaume aime Jacques, son aîné, « comme une première maîtresse, avec une foi absolue, une dévotion aveugle ». Dans d'autres détails de l'histoire, on découvrira une interversion de la vie de Cézanne et de la vie de Zola.

11. Voir n. 7 plus haut.

tourmenté, avait écrite à une femme inconnue au dos d'un dessin; on en retrouve aussi la trace dans plusieurs lettres adressées à Zola peu de temps après[12].

II.

Quelle que soit son origine immédiate, *Le Berger amoureux* pose un problème qui intéresse tout l'art de Cézanne et peut intriguer son interprète.

La place centrale accordée aux pommes dans un thème d'amour invite à s'interroger sur l'origine affective de sa prédilection pour les pommes dans sa peinture. L'association que l'on observe ici des fruits et de la nudité ne nous permet-elle pas d'interpréter l'intérêt habituel de Cézanne pour la nature morte et, de toute évidence, pour les pommes, comme le « déplacement » (au sens psychanalytique) d'une préoccupation érotique?

L'idée de rapports entre les pommes et l'imagination sexuelle est plus facile à concevoir si l'on songe à la signification érotique bien connue du fruit dans le folklore, la poésie, les mythes, le langage et la religion de l'Occident. C'est un symbole de l'amour, un des attributs de Vénus, et un objet rituel dans les cérémonies de mariage[13]. *Fructus* — le mot latin pour fruit — renferme dans son étymologie le verbe *fruor*, qui exprime à l'origine la satisfaction, le plaisir, la joie. Par son aspect séduisant, la beauté de ses couleurs, de sa pulpe et de ses formes, par l'appel aux sens et la promesse de plaisir qu'il suscite, le fruit est

---

12. *Correspondance*, pp. 199-200, pl. 28, et pp. 200, 201, 203.

13. Voir Otto GRUPPE, *Griechische Mythologie und Religionsgeschichte*, Munich, 1906, I, p. 384 et suiv., et l'index au mot « Apfel »; H. BÄCHTOLD-STÄUBLI, *Handwörterbuch des deutschen Aberglaubens*, Berlin, Leipzig, 1927, I, *s.v. Apfel*, p. 510 et suiv.; Hans AURENHAMMER, *Lexikon der christlichen Ikonographie*, Vienne, I, 1959, p. 171 et suiv.

Les livres d'emblèmes de la Renaissance sont explicites sur le mythe érotique de la pomme; voir I. P. VALERIANUS, *Hieroglyphica*, liv. LIV (Cologne, 1631, pp. 674-69, *De Malo*).

l'analogue naturel de la beauté humaine dans sa pleine maturité.

Dans son roman *Le Ventre de Paris* (1873), que l'on a appelé « une gigantesque nature morte » — roman qui se déroule dans le grand marché de Paris, les Halles centrales —, Zola décrit le fruit en une prose franchement érotique : « Les pommes, les poires s'empilaient, avec des régularités d'architecture, faisant des pyramides, montrant des rougeurs de seins naissants, des épaules et des hanches dorées, toute une nudité discrète, au milieu des brins de fougère. » La jeune femme qui trône au rayon des fruits est troublée par leur parfum et, de son côté, elle transmet aux poires et aux pommes quelque chose de sa sensualité. « C'était elle, c'étaient ses bras, son cou, qui donnaient à ses fruits cette vie amoureuse, cette tiédeur satinée de femme... Elle faisait de son étalage une grande volupté nue... Ses ardeurs de belle fille mettaient en rut ces fruits de la terre, toutes ces semences, dont les amours s'achevaient sur un lit de feuilles... au fond des alcôves tendues de mousse des petits paniers. »[14]

En associant la femme et les fruits dans cette description sensuelle, Zola reprend les lieux communs de la poésie classique et de la poésie de la Renaissance. Dans la poésie pastorale depuis Théocrite, les pommes sont à la fois une offrande d'amour et une métaphore pour les seins. Dans l'*Aminta* du Tasse, le satyre se lamente ainsi : « Hélas, lorsque je t'offre ces pommes magnifiques, tu les repousses avec dédain, car tu en as de bien plus belles en ton corsage. »[15] L'association classique de la pomme et de l'amour a été fixée pour l'art des époques suivantes, et jusqu'à Cézanne, par Philostrate, écrivain grec du IIIe siècle, dans une des descriptions de ses *Imagines* évoquant un tableau où des Amours cueillent des pommes dans le jardin de Vénus. Les Amours ont étendu sur l'herbe leurs manteaux multicolores. Certains recueillent des pommes dans des paniers — des pommes dorées, jaunes et rouges —, d'autres dansent, luttent, sautent, courent, chassent le lièvre, jouent à la balle avec les fruits et s'exercent au tir à l'arc en se visant mutuellement.

---

14. *Œuvres complètes*, IV, Paris, 1927, pp. 242-243.
15. Acte II, scène I. Voir aussi le chœur, p. 130.

Au loin se dresse un autel ou un rocher, consacré à la déesse de l'amour. Les Amours lui apportent les prémices des pommiers[16]. Ce texte de Philostrate a inspiré la peinture du Titien représentant Vénus avec une multitude de *putti* folâtrant et jouant avec des pommes, et, indirectement, le tableau de Rubens où l'on voit des *putti* portant une guirlande de fruits[17]. Comme nous le verrons, Cézanne a introduit un plâtre de l'Amour de Puget dans deux natures mortes de pommes... (ill. 3).

Bien avant d'avoir peint *Le Berger amoureux*, Cézanne avait exprimé ses rêveries érotiques dans des vers à l'accent idyllique et pastoral. Dans un poème qu'il adressa à Zola, écrit un an avant sa traduction de l'églogue de Virgile et qu'il baptisa *Élégie*, Cézanne âgé alors de dix-neuf ans demandait : « Quand donc une compagne... / Viendra, grands dieux, soulager ma misère ? » Il rêve d'une bergère et fait rimer « compagne » avec « campagne »[18]. Dans un autre poème à Zola, un an plus tard, il écrit : « Tu me diras peut-être : / Ah! mon pauvre Cézanne / Quel démon féminin /A démonté ton crâne. »[19] Garçon timide et profondément refoulé, Cézanne trouvait dans la lecture et l'imitation de la poésie classique un moyen d'exprimer ses désirs frustrés.

L'amour revient souvent dans sa correspondance de jeunesse avec Zola, comme le combat de l'idéalisme contre le réalisme, l'idéalisme désignant l'amour platonique, et le réalisme l'expérience physique, que Cézanne ne pouvait qu'imaginer. Zola, le premier, encouragea son malheureux ami à persister dans ses fantaisies romantiques d'un amour idéal : lui-même n'avait jamais aimé qu'en rêve. Il se proposa d'écrire un roman sur l'amour adolescent, sur la naissance de l'amour, et de le dédier à Cézanne : « À toi, qui le ferais peut-être mieux que moi, si tu l'écrivais, à toi dont le cœur est plus jeune, plus aimant que le

16. *Imagines*, liv. I, 6.
17. Voir ci-dessous, p. 194 et n. 31.
18. *Correspondance*, p. 36 (9 juillet 1858).
19. *Correspondance*, p. 55 (juillet 1859).

3. Cézanne, *Nature morte avec l'amour en plâtre*, vers 1895.
Courtauld Institute Galleries, Londres.
Photo Giraudon.

mien. »[20] Un an plus tard, c'est un Zola transformé qui écrit de
Paris dans une veine bien différente, en présentant la vie
d'artiste à Paris comme une profession de liberté et l'atelier
comme un lieu de déchaînement sexuel[21].

Il semble qu'à Paris l'ardent Cézanne demeura aussi timide et
craintif vis-à-vis des femmes qu'il l'était à Aix. L'imagination
obsédée de l'artiste, demeuré chaste malgré lui, donne naissance
à des tableaux grossièrement sensuels, voire à des représentations de viol, d'orgie et de meurtre (ill. 4). À la fin des années
1860, il adapta à ses désirs angoissés la nouvelle imagerie idyllique de l'art contemporain d'avant-garde. Le monde mythique
et pastoral du paganisme de la Renaissance et la peinture des
fêtes champêtres du rococo furent transposés en déjeuners sur
l'herbe et excursions dominicales de la bourgeoisie parisienne,
qui attiraient également des peintres et des poètes. Ce thème de
la fête avait été fréquemment traité, bien avant la naissance de
l'impressionnisme, par les délicieuses gravures sur bois illus-
trant les ouvrages populaires sur la vie parisienne.

Les versions cézanniennes de ce thème présentent une double
anomalie : d'une part des femmes nues à côté d'hommes vêtus
déjeunant sur l'herbe — fantaisie romantique dans un tableau
réaliste; d'autre part les contrastes violents et l'agitation qui les
animent surprennent dans des images évoquant le plaisir d'un
jour de vacances. Sur l'un de ces tableaux (ill. 5) les désirs que
laisse supposer l'arrangement des personnages groupés deux à
deux — l'un nu et l'autre vêtu — vont rejaillir dans l'élance-
ment érotique des arbres et des nuages, leurs reflets dans la
rivière et le rapprochement évocateur d'une bouteille et d'un
verre[22]. Inspiré par le récent *Déjeuner sur l'herbe* de Manet

20. Zola, *Correspondance, lettres de jeunesse*, p. 2 (janvier 1859), pp. 187, 188
(30 décembre 1859).

21. *Ibid.*, p. 255. « On les dessine le jour, et la nuit on les caresse » (24 octobre
1860).

22. Venturi, n° 104 (1870). Voir aussi M. Schapiro, *Paul Cézanne*, New York,
1952, édition corrigée en 1958, p. 22; trad. franç., Paris, 1956. On voit des pommes
dans les dessins pour ce tableau; A. Chappuis, *Die Zeichnungen von Paul Cézanne*,
Kupferstichkabinett der öffentlichen Kunstsammlungen, Bâle. *Katalog der Zeichnungen*, vol. II, Lausanne, Olten, 1962, n°s 55, 56. Voir aussi V, n° 107, reproduit en
couleurs dans Meyer Schapiro, *op. cit.*, pp. 34, 35.

4. Cézanne, *L'Orgie*, 1864-1868. Collection R. Lecomte, Paris.
Photo Galerie Bernheim-Jeune.

(ill. 6) (et peut-être aussi par le *Concert champêtre* de Giorgione au Louvre) (ill. 7), le tableau de Cézanne n'a rien gardé de sa froideur ni du détachement de son modèle. Il y a dans sa version une humeur inquiète et une véhémence qui trahissent l'indomptable intensité des sentiments de l'artiste. Les grandes œuvres qui le précédaient l'avaient sans aucun doute autant attiré par leur représentation de la sexualité que par leur art. La présence côte à côte d'un nu et de personnages vêtus rapproche plutôt *Le Déjeuner sur l'herbe* de Manet de la pastorale de Giorgione que du groupe païen des nymphes et des dieux-fleuves de Raphaël, dont Manet a repris trois personnages; mais ici la chaleur de sentiment qui rayonne dans le tableau vénitien fait totalement défaut. Cet étrange tableau désacralise le nu féminin. Des contemporains, sobrement vêtus, pouvaient contempler calmement des nus dans la nature, sans passion, sans gêne et sans aucun sentiment de culpabilité, comme ils l'auraient fait dans l'atelier d'un artiste.

Raphaël ne trace pas de ligne de démarcation entre les sexes: l'homme et la femme vivent nus, côte à côte, au sein d'une nature primordiale[23] (ill. 8). Dans le *Concert* de Giorgione, la dualité est d'un ordre social et esthétique qui déborde les sexes. Dans les deux hommes, on distingue le berger du seigneur, le paysan du citadin, de même que leur attribut, la flûte (tenue par la femme) et le luth. La tête ébouriffée du berger ressemble à la silhouette touffue du grand chêne, celle du jeune courtisan coiffé d'un chapeau s'apparente à la lointaine villa. Les deux nus féminins représentent également les types d'une beauté féminine tour à tour robuste et élancée, rustique et raffinée. Ce tableau invite à confronter la nature et l'artifice dans l'amour. Mais une profonde unité de formes rapproche entre eux ces personnages opposés, en harmonie avec le paysage paradisiaque.

Chez Manet, qui détache nettement les personnages, le con-

23. Pour le dessin de Raphaël que l'on connaît par la gravure de Marc-Antoine Raimondi (B. 245), voir Gustav PAULI, « Raffael und Manet », *Monatshefte für Kunstwissenschaft*, I, 1908, pp. 53-55; Oskar FISCHEL, *Raphael*, Londres, 1948, II, pl. 294; et sur les rapports entre ce tableau et Giorgione, voir Jacques MESNIL, « *Le Déjeuner sur l'herbe* de Manet ed *Il Concerto campestre* di Giorgione », *L'Arte*, 37, 1934, pp. 250-257.

5. Cézanne, *Pastorale* ou *Le Déjeuner sur l'herbe*, 1870.
Collection R. Lecomte, Paris.
Photo Galerie Bernheim-Jeune.

6

6. Manet, *Le Déjeuner sur l'herbe*, 1863.
Musée du Louvre, Paris. Photo Giraudon.

7. Giorgione, *Le Concert champêtre*, vers 1500.
Musée du Louvre, Paris. Photo Giraudon.

8. Gravure de Marc-Antoine Raimondi,
d'après le dessin de Raphaël, *Le Jugement de Pâris*, vers 1515.
Bibliothèque Nationale, Paris. Photo Lauros-Giraudon.

7

8

traste des sexes vient s'imposer plus brusquement; c'est une opposition heurtée des manières d'être, sociale autant que biologique, et qui prend plus de force encore quand l'œil la perçoit encadrée, sans ciel, dans ces verdures formant caverne. Ici, la femme est traitée comme un objet impersonnel et sexuel avec, à côté d'elle, une nature morte, merveilleusement peinte, de pommes, cerises et brioche[24]; quant au personnage masculin, c'est l'intellectuel, homme de dialogue et de pensée. Le tableau de Manet n'est pas la simple transposition en costumes modernes des compositions de Giorgione et de Raphaël; la signification des vêtements et de la nudité a changé. Aucun courant d'émotion ne rapproche les sexes, et il ne reste rien de l'atmosphère mythique et musicale du modèle. La chair nue, d'une blancheur crue, s'allie au noir non moins absolu des habits d'hommes. Le regard de la femme s'adresse au spectateur et sollicite son regard, comme si sa nudité, parmi ces Parisiens en train de converser, représentait son moi social normal. On retrouve derrière la conception de Manet une réminiscence du tableau de son maître Couture, *Les Romains de la décadence*, qui avait connu un succès retentissant au Salon, et où l'on voit, au-dessus d'une profuse nature morte de fruits et de vêtements, des hommes vêtus et des femmes nues se mêlant en une orgie publique[25].

24. Pour les pommes dans les études de Cézanne pour son tableau, voir CHAPPUIS, *op. cit.*, n°s 55, 56.

25. Il n'est pas déplacé, je pense, de renvoyer ici à la remarque de Baudelaire dans *Le Peintre de la vie moderne* (1863), au sujet de la représentation d'une courtisane de l'époque. Le poète était sûr que si l'artiste, pour un tel tableau, s'inspire d'un tableau du Titien ou de Raphaël « ...il est infiniment probable qu'il fera une œuvre fausse, ambiguë et obscure. L'étude d'un chef-d'œuvre de ce temps et de ce genre ne lui enseignera ni l'attitude, ni le regard, ni la grimace, ni l'aspect vital d'une de ces créatures que le dictionnaire de la mode a successivement classées sous les titres grossiers ou badins d'*impures*, de *filles entretenues*, de *lorettes* et de *biches*... Malheur à celui qui étudie dans l'antique autre chose que l'art pur, la logique, la méthode générale » (*Œuvres*, Éd. de la Pléiade, II, p. 337). Zola, admirateur et défenseur du tableau de Manet en 1867, le voyait comme une œuvre d'art pur, dont l'effet dépendait des masses et des tons. Et pour la juxtaposition scandaleuse d'un personnage nu et d'un personnage habillé, il pouvait invoquer comme précédent le *Concert champêtre* de Giorgione au Louvre (ZOLA, *Mes haines*, 1923, pp. 355-356). Il ne venait pas à l'esprit de Baudelaire qu'un peintre moderne original pût trouver dans les exemples anciens, outre une leçon de logique et de composition, la conception de son sujet, les attitudes de chacun de ses personnages; et, dans cette référence à l'art des

Le tableau de Manet était, pour Cézanne, une image de rêve à laquelle il pouvait donner la forme de ses propres désirs. Il existe une représentation contemporaine d'un rêve véritable qui témoigne, je crois, de la même dépendance envers l'œuvre de Manet. Dans le frontispice du livre d'Hervey de Saint-Denis, *Les Rêves et les moyens de les diriger*, publié anonymement en 1867, nous trouvons, à côté de quelques exemples d'images hypnagogiques abstraites, un homme habillé et une femme nue qui entrent dans une salle à manger où une famille est à table (ill. 9). Ce dessin illustre, à la lueur d'une banale objectivité, un rêve de l'auteur dans lequel « M. D..., le peintre qui fut mon maître... arrive en compagnie d'une jeune fille absolument nue, que je reconnais pour l'un des plus beaux modèles que nous ayons eus jadis à l'atelier » (p. 381).

Dans une autre œuvre de jeunesse de Cézanne inspirée par Manet, *Une moderne Olympia* (ill. 11), la satisfaction sexuelle est directement étalée ou suggérée. Un homme, probablement le peintre lui-même, est assis dans une attitude gauche au premier plan et contemple une femme nue étendue sur un lit, tandis qu'une servante tient un drap au-dessus d'elle, au lieu des fleurs de l'*Olympia* de Manet; sur un guéridon est posé un plateau de fruits et de boissons[26]. Dans plusieurs versions d'un tableau encore plus nettement érotique, un homme et une femme, également nus, sont étendus à côté l'un de l'autre, ou l'un reposant sur l'autre; ici encore, une servante apporte de la nourriture et des boissons et une nature morte de fruits et de bouteilles apparaît sur une étagère voisine[27]. On est frappé par la présence régulière des natures mortes dans ces scènes de débauche. Un des tableaux de cette série porte un titre exotique, *Un après-midi à Naples* (ill. 10) ou *Le Grog au vin*, et une autre version *Une nuit à Venise* ou *Le Punch au rhum*[28].

---

musées, un masque pour les intentions de son œuvre à lui — un masque qui ajoute à l'ambiguïté de l'ensemble. Baudelaire avait critiqué des peintres comme Gérome, qui peignait la vie moderne en costumes d'autrefois. Ici, Manet peint une scène d'autrefois en costumes modernes.

26. VENTURI, n° 106 (1870); autre version dans VENTURI, n° 225.

27. *Ibid.*, n°s 223, 224, 820, 822, et dessins n°s 1176, 1178, 1179, 1181-1183. Voir aussi CHAPPUIS, *op. cit.*, 1962, n°s 69-73.

28. VENTURI, n° 820.

9

10

11

9. Hervey de Saint-Denis, *Les Rêves et les moyens de les diriger*, 1867, frontispice. Photo Bibliothèque Nationale, Paris.

10. Cézanne, *Un après-midi à Naples*, ou *Le Grog au vin*, 1870-1872. Détenteur actuel inconnu.

11. Cézanne, *Une moderne Olympia*, vers 1873. Musée du Louvre, Paris, collection particulière. Photo Giraudon.

On se souvient du poème du jeune Cézanne, *Le Songe d'Hannibal*, où le père réprimande le héros pour « ce cognac et ces femmes lascives ».[29]

Ces thèmes sexuels explicites disparaissent de l'œuvre de Cézanne vers la fin des années 1870. Plus tard, dans ses tableaux de baigneurs ou de baigneuses, les uns sont soit des jeunes hommes près d'une rivière — souvenir des vacances de son adolescence provençale —, soit des jeunes femmes seules (ill. 12); il évite la confrontation des sexes dans de nouveaux tableaux idylliques. *La Bacchanale* (ill. 13) où l'on voit, campés dans un paysage, quatre couples d'hommes et de femmes nus en train de lutter, fait cependant exception et témoigne d'une violence explosive; on y voit apparaître, symbole de l'animalité à l'état pur, Black, le célèbre chien, dont l'artiste nous apprend dans ses lettres qu'il était le compagnon de jeu des étudiants lorsqu'ils couraient à travers champs ou le long de la rivière[30]. *La Bacchanale* transpose également un thème viril; dans l'un des couples en lutte la position des mains enlacées au-dessus de la tête s'inspire, semble-t-il, de la fresque de Delacroix, *La Lutte de Jacob avec l'ange*, que Cézanne, admirateur passionné du grand peintre romantique, avait très probablement étudiée à Saint-Sulpice.

Les nus de Cézanne montrent qu'il ne pouvait traduire sans angoisse son sentiment à l'égard des femmes. Lorsqu'il peint la femme nue et qu'il ne s'inspire pas d'une œuvre ancienne, sa manière est le plus souvent forcée ou violente. Il n'y a pas pour lui l'état intermédiaire d'un simple plaisir.

La confrontation d'un jeune homme et de femmes nues rend *Le Berger amoureux* d'autant plus intéressant qu'il date d'une période plus mûre. L'insertion de l'offrande des pommes dans

---

29. *Correspondance*, p. 44 (13 novembre 1858).

30. VENTURI, n° 380, et pour une version antérieure, n° 379; M. SCHAPIRO, *op. cit.*, pp. 48, 49 pour la planche en couleurs et son commentaire. On retrouve aussi le chien sur un tableau de jeunesse représentant un pêcheur et un homme et une femme enlacés près d'une rivière (VENTURI, n° 115). Sur un dessin (*ibid.*, n° 1520a) qui est peut-être l'esquisse du tableau (VENTURI, n° 115), on voit deux femmes nues au bord d'une rivière et, sur la rive opposée, un pêcheur qui lance sa ligne en direction des deux femmes.

12

13

12. Cézanne, *Les Grandes Baigneuses*, 1898-1905.
Museum of Art, Philadelphie. Acquisition : W. P. Wilstach Collection.
Photo du Musée.

13. Cézanne, *La Bacchanale* ou *Lutte d'amour*.
National Gallery of Art, Washington (Fondation W. Averell Harriman
in memory of Marie N. Harriman). Photo du Musée.

un vieux thème pastoral permettait au séducteur d'incarner le désir profond de Cézanne sous une forme doublement transposée.

Lorsque sur un autre tableau exceptionnel, la nature morte de l'institut Courtauld (ill. 3), il se risque à placer côte à côte des pommes et des personnages, ceux-ci sont des objets d'art doublement séparés de la nature vivante représentée par le fruit : une statuette en plâtre de *L'Amour* de Puget et une esquisse d'après *L'Écorché*, nu souffrant d'une torture intérieure, dont le haut est coupé par le cadre. On peut considérer cette association libre et peut-être inconsciente des pommes, de l'amour, et d'un homme qui souffre, comme la preuve évidente de l'étroite correspondance des pommes et de l'érotique que nous reconnaissons dans *Le Berger amoureux*. Sur la toile de l'institut Courtauld, les pommes sont groupées avec des oignons dans un contraste de formes et de parfums qui évoque la polarité des sexes[31].

De nouveau, sur une feuille de dessins de la fin de la décennie 1870-1880, Cézanne a placé côte à côte son autoportrait, une baigneuse nue marchant à grandes enjambées, une pomme, un second nu étendu et la copie d'une autre tête : l'esquisse d'un autoportrait de Goya, de profil (ill. 14)[32]. Sur la moitié inférieure de la même page, au-dessous de la pliure, un homme et une femme sont assis sur un canapé. Ici, dans le contexte des portraits, les nus et la pomme apparaissent comme ayant un rapport entre eux, comme des éléments librement associés et liés à la nature même du mâle. La tête virile de Goya symbolise pour le peintre, timide et tourmenté, l'idéal d'une virilité sûre d'elle et redoutée, peut-être l'image du père. Ces images fortui-

---

31. VENTURI, n° 706 ; il existe une autre version au musée national de Stockholm (VENTURI, n° 707) avec des pommes et des poires, mais sans le dessin de l'écorché.

32. Voir Gertrude BERTHOLD, *Cézanne und die alten Meister*, Stuttgart, 1958, catalogue n° 275. VENTURI (n° 1474) reproduit seulement l'autoportrait. Ce dessin sera étudié dans un prochain livre du professeur Wayne ANDERSEN sur les dessins de Cézanne.

Remarquer aussi (BERTHOLD, n° 290), sur un dessin de l'Albertina à Vienne, un Amour qui chevauche un centaure au-dessus de trois grosses pommes ; au-dessous, mais dans l'autre sens, on retrouve le même nu marchant à grands pas que celui du dessin de Sir Kenneth Clark.

14. Cézanne, *Autoportrait, nus, pomme et esquisse
d'un autoportrait de Goya*, 1880-1884. Collection Sir Kenneth Clark, Londres.
Photo Courtauld Institute of Art.

tement assemblées réunissent les acteurs à la fois réels et symboliques d'un drame intérieur.

Un nu des années 1886-1890 (ill. 15) offre un exemple frappant de la manière d'associer, par déplacement ou substitution, un fruit à une figure érotique[33]. Cette figure ressemble tellement à la femme peinte par Cézanne dans *Léda et le cygne* (ill. 16) qu'on ne peut mettre en doute l'intention de représenter Léda une seconde fois[34]. Mais, à la place du cygne, il a peint une nature morte énigmatique et incomplète; les lignes en S et la rayure rouge de la nappe sur la table rappellent les formes sinueuses du cygne dans le premier tableau, tandis que les deux grosses poires évoquent sa tête et son bec. On a vu dans cette nature morte le vestige d'un tableau plus ancien peint sur la même toile, et expliqué sa position bizarre dans le coin supérieur gauche par le fait que la toile avait dû être retournée lorsque Cézanne la réutilisa pour peindre la figure nue[35]. Mais il y a un accord tellement évident entre les formes de la nature morte et celles du nu que je ne peux pas considérer la nature morte comme la simple trace fortuite d'un tableau plus ancien. Malgré l'aspect anormal de la table et des poires, la nature morte constitue une partie essentielle et voulue de la nouvelle composition. Si l'on retourne la toile, la perspective et le dessin de la table et de la nappe apparaîtront encore plus irréels. L'ensemble du tableau demanderait un examen supplémentaire aux rayons X afin de connaître son état originel. Cependant, dans son état actuel, et en dépit de ses contradictions et de son caractère exceptionnel dans l'œuvre de Cézanne, je pense qu'on peut considérer qu'il forme un tout prémédité, où viennent se projeter certains éléments d'origine inconsciente. Si l'artiste a commencé une nature morte dans ce coin du tableau au cours d'un autre projet, il l'a nettement modifiée et a finalement réussi à l'incorporer à l'image de Léda, grâce à une concordance de formes qui assimile également la nappe et les poires au cygne de

---

33. Venturi, n° 551, et M. Schapiro, *Selected Papers*, II, fig. 14.
34. *Ibid.*, n° 550.
35. *Ibid.*, description du n° 551 du catalogue.

15

16

15. Cézanne, *Nu de femme*, 1886-1890. Collection baron von der Heydt, Wuppertal. Photo Roger-Viollet.

16. Cézanne, *Léda et le Cygne*, 1886. Collection R. Lecomte, Paris. Photo Galerie Bernheim-Jeune.

la première version. C'est un exemple frappant de la substitution de motifs de nature morte à un être animé pour désamorcer un thème sexuel.

III.

La place donnée aux motifs de nature morte dans ces tableaux et ces dessins invite à prêter à l'habituelle représentation des pommes chez Cézanne une signification érotique latente et le rôle de symbole inconscient d'un désir refoulé.

Je dois reconnaître que cet exposé sommaire, inspiré par la théorie psychanalytique, n'explique guère encore l'attachement du peintre pour la nature morte. D'un processus de création artistique en grande partie caché, complexe et mouvant, il ne dégage qu'un facteur. Il ne nous dit pas pourquoi et comment Cézanne, en des toiles érotiques qui comportent des images remarquablement explicites, passe de l'expression directe de ses sentiments à cette expression allusive au moyen d'objets qui ne sont innocents qu'en apparence. Il méconnaît les changements survenus dans la situation de Cézanne vers sa trentième année, ainsi que les circonstances qui ont motivé le choix des pommes comme thème de prédilection. On ne peut ignorer ni sa liaison suivie avec Hortense Fiquet, ni sa nouvelle situation familiale, surtout après la naissance de son fils, ni la tutelle exercée par Pissarro qu'il vénérait comme un père; on ne peut pas non plus ignorer la transformation radicale de son art devenu plus objectif et plus recherché. On doit étudier les différentes fonctions que les motifs de la nature morte ont prises dans le développement de son art. Tout élément d'une peinture, loin de ne répondre qu'à une finalité, doit satisfaire une multitude d'exigences dont certaines varient d'une œuvre à l'autre. Peindre des pommes peut aussi constituer un moyen délibéré d'atteindre le détachement et le contrôle de soi. Les fruits offrent aussi à l'artiste un domaine objectif de couleurs et de formes d'une évidente richesse sensuelle, qui fait défaut à l'art passionné de ses débuts et qui, dans les tableaux de nus postérieurs, ne se réalisera pas aussi pleinement. En se contentant d'expliquer la nature morte par le « déplacement » d'une préoccupation sexuelle, on méconnaîtrait la signification de la nature morte en général et l'importance des significations associées aux objets au niveau conscient. Dans l'œuvre d'art, ce niveau possède son importance propre et le choix des objets est lié à la vie consciente de l'artiste tout autant qu'à un symbolisme inconscient; et il n'est pas moins déterminé par l'expérience sociale.

Tout en admettant le « déplacement » comme un des facteurs inconscients du choix de Cézanne, nous n'en devons pas moins admettre que ce développement de son art suppose la pratique de la peinture de nature morte dans son milieu. Il n'a pas créé le genre de la nature morte, mais il a trouvé dans l'art de son époque ce domaine séduisant qu'il recrée à sa manière, pour satisfaire ses besoins conscients et inconscients. Il a partagé, avec la plupart des impressionnistes et des peintres français de la génération suivante, le goût de la nature morte. Un peintre du Moyen Âge n'aurait vraisemblablement pas transposé ses rêveries sexuelles en une nature morte de pommes, même en devinant dans la pomme d'Ève la signification érotique du fruit défendu[36]. Il aurait pu, toutefois, introduire, dans les sujets reli-

36. Je dois faire remarquer ici, à propos du symbolisme de la pomme, que l'identification dans la Genèse (chap. III) de l'arbre de la connaissance à un pommier vient de la mythologie et du folklore grecs païens, qui associaient la pomme avec l'érotisme, association que renforce, dans la chrétienté occidentale, la signification à double sens du mot latin *malum* qui désigne à la fois le mal et la pomme. Il peut y avoir aussi une influence de l'art classique, celle du pommier dans le jardin des Hespérides où le serpent est enroulé autour de l'arbre, comme sur un vase peint du musée de Naples (W. ROSCHER, *Lexikon der griechischen und römischen Mythologie*, I, 2, col. 2599). Le symbolisme sexuel de la pomme et du serpent dans la chute de l'humanité est attesté au XVIIe siècle par le livre autrefois interdit d'Adrian BEVERLAND, *De peccato originali*, Londres, 1679, p. 36 et suiv. C'est un livre qui contient d'intéressantes anticipations des théories psychanalytiques.

Dans les plus anciens textes juifs, le fruit de l'arbre de la connaissance est identifié au raisin ou à la figue; l'arbre est également assimilé au blé, au palmier, au noyer, et même à l'ethrog ou citron vert. Sur les textes juifs qui ont influencé aussi quelques-uns des premiers textes chrétiens et gnostiques, voir Louis GINZBERG, *Die Haggada bei den Kirchenvätern und in der apokryphischen Litteratur*, Berlin, 1900, pp. 38-42, et, du même auteur, *The Legends of the Jews*, Philadelphie, 1925, V, n° 70, pp. 97-98, et n° 113, p. 119. Pour un texte chrétien ancien parlant des pommes de l'arbre de la

gieux qu'il était chargé de représenter, un élément accessoire, un accent, une expression, qui aurait projeté ses désirs inconscients, tout en répondant aux exigences d'un travail imposé.

Lorsque la nature morte, qui n'avait longtemps eu de place qu'à l'arrière-plan des tableaux religieux d'esprit réaliste, s'imposa comme un genre indépendant et complet, les objets, librement choisis dans une sphère intime, pouvaient fournir plus aisément des symboles personnels cachés et recouvrir des sentiments semblables à ceux qu'implique l'œuvre de Cézanne. C'est parce qu'il peignait à la fois des natures mortes (ill. 17 et 18) et des nus qu'il était capable, dans des tableaux d'idylles et de chastes natures mortes, de symboliser ses désirs par des pommes qui présentent une vague analogie avec des thèmes sexuels. (De la même manière et tout aussi consciemment, les poètes, au sein d'une société où le guerrier est le modèle admiré de la virilité, choisissent des métaphores guerrières pour décrire des épisodes amoureux et des métaphores amoureuses pour décrire la guerre.)[37]

Cézanne fut attiré très tôt par la nature morte; une de ses premières œuvres représente des pêches, copiées d'un tableau du musée d'Aix[38]. Mais, pour la plupart, ses premières natures mortes ne représentent pas des fruits, même à l'époque où il peignait des fruits dans des compositions à personnages. Les objets traduisent, directement ou au moyen d'un symbolisme conventionnel, ses émotions et ses préoccupations nettement personnelles. Lorsqu'il entreprend de peindre un crâne, une bougie consumée dans un chandelier, un livre ouvert et une rose, nous percevons l'ensemble comme l'image romantique d'un étudiant qui rêve à l'amour et à la mort[39]. Lorsqu'il peint

connaissance, voir COMMODIEN (IVe siècle?), *Instructiones,* qui oppose les pommes qui ont apporté la mort dans le monde aux préceptes du Christ — pommes qui donnent la vie aux croyants. « *Gustato pomi ligno mors intravit in orbem / ... / In ligno pendit vita ferens poma, praecepta : / Capite nunc (vobis) vitalia poma credentes / ... / Nunc extende manum et sume de ligno vitali.* » (Hans LIETZMANN, *Lateinische altkirchliche Poesie,* Berlin, 1938, p. 43, n° 41.)

37. Voir Otto RANK, « Um Städte Werben », in *Der Künstler und andere Beiträge zur Psychoanalyse des dichterischen Schaffens,* Leipzig, Vienne, Zurich, 1925, pp. 158-170.

38. VENTURI, n° 12.

39. *Ibid.,* n° 61.

en couleurs sombres une nature morte de pain, d'œufs et d'oignons voisinant avec un pot de lait et un couteau, nous imaginons le peintre, dans sa bohème, en train d'improviser son repas[40]. Avant de faire de la pomme son thème de prédilection, il associe dans une célèbre nature morte la pendule noire et le grand coquillage à l'orifice rougeoyant — objets extraordinaires qui nous poussent à deviner chez l'artiste un état d'âme étrange[41].

Plus tard, les natures mortes de pommes et de nappes froissées ne seront plus aussi suggestives. Nous ne pouvons pas les réduire aussi facilement à des anecdotes ou à des symboles personnels. Pour beaucoup de critiques, il ne s'agissait que du rassemblement arbitraire de ce que le peintre avait sous la main dans son atelier, comme les objets pris au hasard sur sa table, dont un philosophe se sert pour illustrer une discussion sur la perception et la connaissance empirique[42].

Le passage à une nature morte de fruits plus discrète et moins évocatrice se produit peu après 1870, lorsque Cézanne, sous l'influence de Pissarro, abandonne les tons lourds, souvent violemment contrastés, pour une manière impressionniste plus légère de traduire une scène lumineuse et gaie. Par ce passage, Cézanne s'est libéré dans son art de la turbulence de ses passions. Bien qu'il ait peint, au cours de ces années, quelques tableaux franchement érotiques, ces œuvres ne répondent pas à une préoccupation dominante[43]. Cependant, parallèlement au

40. *Ibid.*, n° 59.

41. *Ibid.*, n° 69; M. Schapiro, *op. cit.*, pp. 36-37 (planche en couleurs).

42. Déjà Macrobe, vers 400 ap. J.-C. (*Saturnales*, liv. VII, chap. xiv sur la vision), considérait la pomme comme l'objet type de l'illustration d'une dialectique de la connaissance et de l'expérience par les sens. Il montrait comment la connaissance vraie est garantie par l'accord entre les différents sens dont un seul est faillible. On trouve, vers 1907, un parallélisme moderne intéressant avec la pomme traitée comme objet, dans la discussion qui opposa Lénine et N. Valentinov, ancien bolchevik et disciple d'Ernst Mach (*Le Contrat social*, Paris, 1960, IV, pp. 202-204). Ce n'est pas aller trop loin que de citer ces exemples dans une étude sur Cézanne qui, en dépit de l'analogie de conception que les exégètes de son art ont proposée avec celle de Bergson et de Kant, a souvent répété dans ses lettres et sa conversation que seules la logique et l'observation étaient les sources de l'art et de la connaissance (*Correspondance*, pp. 253, 262, et Émile Bernard, *Souvenirs sur Paul Cézanne*, Paris, 1925, p. 102); par « observation », Cézanne entendait « sensations ».

43. Voir Venturi, nᵒˢ 106, 112, 121, 123, 124, 223-225, 240, 241, 1520 k.

17. Cézanne, *Nature morte aux oignons*. Musée du Jeu de Paume, Paris.
Photo Roger-Viollet.

18. Cézanne, *Pommes et oranges*. Musée du Jeu de Paume, Paris, legs Camondo 1911. Photo Roger-Viollet.

thème particulièrement fréquent des natures mortes aux pommes[44], on voit apparaître celui, souvent répété, des groupes de baigneurs[45], toujours du même sexe, dont nous avons déjà parlé : on ne voit guère dans la représentation de ces nus d'érotisme ouvertement suggéré.

Dans les décennies 1870-1880 et 1880-1890, il isole souvent quelques pommes ou quelques poires afin d'étudier patiemment leurs formes et leurs couleurs. Une remarque de Van Gogh montre le pouvoir apaisant qu'une telle nature morte a sur l'artiste : « Il faut faire fût-ce des études de choux et de salades pour se calmer et après avoir été calmé, alors... ce dont on sera capable. »[46]

Le choix du chou et de la salade nous semblerait incompatible avec le tempérament, la culture et le goût de Cézanne. Van Gogh aussi peignait des natures mortes aux pommes; mais leur amoncellement et leur abondance évoquent plutôt la récolte aux champs que l'intimité d'un intérieur bourgeois. En France, pendant la période impressionniste, ses natures mortes sont distribuées plus largement; elles ornent un espace lumineux, comme des fleurs dans un intérieur joyeux.

Nous saisissons la personnalité de Cézanne, non seulement dans l'importance de la nature morte dans son œuvre en général, mais encore dans le choix persistant des pommes. S'il a pu atteindre un calme momentané grâce à ces tableaux soigneusement réfléchis et lentement mûris, ce n'était pas en vue d'un effort plus élevé. Il y a là des œuvres importantes, où l'on retrouve la même complexité et la même grandeur que dans ses paysages les plus émouvants ou dans ses compositions à personnages. La disposition des objets — tables et draperies — fait souvent penser à un terrain d'un large modelé, et les tonalités du fond ont la délicatesse de ses ciels.

Le choix habituel d'un thème indique une affinité entre les qualités propres à ce thème et ce que l'on nomme en termes

---

44. *Ibid.*, 185-214, 337-357, 494-510, 512, 513.

45. *Ibid.*, 264-276, 381-392.

46. *Verzamelde Brieven van Vincent Van Gogh*, publiées par J. Van Gogh-Bonger, Amsterdam et Anvers, 1953, III, 458 (10 septembre 1889, lettre 605 à Théo).

vagues les valeurs ou la vision du monde de l'artiste. Mais parmi toutes les qualités et implications d'un thème, il n'est pas facile de déterminer laquelle a particulièrement frappé le peintre. D'ailleurs, en expliquant la préférence pour la nature morte, le paysage, les sujets religieux, mythologiques ou historiques, nous recherchons les intérêts communs qui motivent cette préférence chez des artistes aux tempéraments très variés à une période donnée. Pour la nature morte les raisons du choix sont plus problématiques. Cette peinture a, en fait, généralement été considérée comme la preuve d'une perte d'intérêt pour le sujet et l'on s'est volontiers servi de l'art de Cézanne pour justifier ce point de vue. On cite les pommes, auxquelles il a consacré son attention durant presque toute sa vie, comme preuve de l'*insignifiance* des objets représentés. Ce ne sont, dit-on, que des prétextes de forme. Le regretté Lionello Venturi a exprimé l'opinion générale en demandant : « Pourquoi a-t-on peint tant de pommes à l'époque moderne ? » et en répondant : « C'est parce que le motif simplifié donnait au peintre l'occasion de se concentrer sur des problèmes de forme. »[47]

On s'étonne qu'un critique si attentif à la manière pénétrante dont Cézanne étudie les formes et les couleurs délicatement variées des pommes, et capable d'en comprendre toute la richesse, ait pu les traiter de « motif simplifié » comme s'il s'agissait de sphères et de cercles schématiques. Mais indépendamment de cette fausse interprétation du « motif », la réponse de Venturi — qu'une génération de peintres, ceux qui croyaient à l'« art pur » et qui prônaient la forme pour elle-même (tout en continuant à faire de la peinture figurative), considérait comme allant de soi — ne satisfera pas ceux qui voient dans l'imagerie de l'art moderne, et spécialement dans les thèmes qui reviennent souvent chez un artiste, un choix personnel : ce que Braque appelait la « poésie de la peinture ».

Cette conception de l'objet comme « prétexte » à des formes et des couleurs pourrait bien avoir été celle de Cézanne à ses

47. Lionello VENTURI, *Art Criticism Now*, Baltimore, 1941, p. 47. Il commence son exposé en faisant remarquer que, depuis 1860, « ... on s'est surtout attaché à des problèmes de forme. Les tableaux représentant des pommes symboliseraient cette recherche ».

débuts. Zola, son meilleur ami, l'a affirmé comme une vérité évidente lorsqu'en 1866 et 1867 il a défendu Courbet, Manet et les jeunes impressionnistes. Nul doute que, lorsqu'il dit des peintres en général : « le sujet pour eux est un prétexte à peindre »[48], il ne soit sûr de se faire le porte-parole de la jeune avant-garde qu'il connaît et qu'il admire, et qui se révolte contre le goût officiel d'un public amateur de sujets bizarres et sensationnels. Dans le même ouvrage, il écrit de Manet : « S'il assemble plusieurs objets ou plusieurs figures, il est seulement guidé dans son choix par le désir d'obtenir de belles taches, de belles oppositions. »[49] Même dans *Le Déjeuner sur l'herbe*, Zola ne voyait qu'une simple recherche pour « obtenir des oppositions vives et des masses franches »[50].

Six ans plus tard, Zola, dans son roman *Le Ventre de Paris*, dont j'ai cité une amoureuse description de fruits, exprimera cette notion du caractère purement pictural de l'objet. Il y montrera un artiste, Claude Lantier, en partie inspiré par le jeune Cézanne, qui déambule à travers les allées et les pavillons des Halles en s'extasiant sur la beauté des fruits et des légumes[51]. « Il rôdait sur le carreau des nuits entières, rêvant des natures mortes colossales, des tableaux extraordinaires. Il en avait même commencé un où il avait fait poser son ami Marjolin et cette gueuse de Cadine, mais c'était dur, c'était trop beau, ces diables de légumes, et les fruits et les poissons, et la viande !... il était évident que Claude, en ce moment-là, ne songeait même pas que ces belles choses se mangeaient. Il les aimait pour leur couleur. »[52]

On ne peut suivre l'enthousiasme de Zola dans son roman pour le spectacle des marchés débordant de victuailles amoncelées, ni lire l'aveu qu'il fait dans ses notes de la signification profonde qu'il accorde au lieu de l'action — les Halles —, sans s'apercevoir que l'artiste observateur — personnage peu impor-

48. Dans son essai sur Manet (1867) repris dans *Mes haines*, Paris, 1923, p. 356. Voir aussi dans le même ouvrage, p. 36, son article « Proudhon et Courbet » (1866).

49. *Ibid.*, p. 344.

50. *Ibid.*, p. 355.

51. *Œuvres complètes*, éd. M. Leblond, 1927, IV, p. 23 et suiv.

52. *Ibid.*, p. 29.

tant dans l'intrigue — a de moins en moins d'ampleur et de profondeur; il ne voit, dans cette grandiose manifestation de la vie urbaine, qu'un prétexte à peindre des couleurs. En fait, l'infortuné Claude, mécontent de ses toiles qu'il détruit fréquemment, brûle de cerner de plus près cette réalité en la façonnant directement. Il reconnaît comme son seul accomplissement de peintre, comme son chef-d'œuvre, l'étalage éphémère d'une charcuterie une veille de Noël, les oies, les puddings et les jambons lui fournissant la gamme de ses couleurs[53]. Mais pour Zola lui-même, les Halles sont riches de sens : c'est une image sociale géante, le ventre de Paris, et « par extension la bourgeoisie digérant, ruminant, cuvant en paix ses joies et ses honnêtetés moyennes... le contentement large et solide de la faim... la bourgeoisie appuyant sourdement l'Empire parce que l'Empire lui donne la pâtée matin et soir... jusqu'au charnier de Sedan ». Et plus loin : « Cet engraissement, cet entripaillement est le côté philosophique et historique de l'œuvre. Le côté artistique est les Halles modernes, les gigantesques natures mortes des huit pavillons. »[54]

Ne faut-il pas créditer le peintre de la même profondeur de conscience que l'on reconnaît au poète célébrant les mêmes objets ? Certes ce ne sont pas tout à fait les mêmes sentiments ni les mêmes façons de voir que chez Zola; c'est l'écrivain, non son ami peintre Paul Cézanne en personne, qui s'extasie devant les monceaux de choux-fleurs et de choux que Claude Lantier semble trouver bien plus beaux que les édifices gothiques déchiquetés du quartier[55]. Ce chef-d'œuvre d'art « pop » qu'est l'étalage d'une vitrine, où trône une oie blanche, n'est guère dans le goût de Cézanne; la supériorité que Zola lui accorde sur la peinture trahit sa difficulté à distinguer l'œuvre d'art du modèle réel. Quiconque a lu la défense de Manet et des jeunes impressionnistes présentée quelques années plus tôt par Zola reste confondu de son erreur. Elle vient d'un souci maniaque de la réalité, que ne désavouerait pas un peintre romantique à la recherche de l'absolu.

53. *Ibid.*, pp. 217, 218.
54. *Ibid.*, p. 335 (ébauche du *Ventre de Paris*).
55. *Ibid.*, p. 29.

La richesse de signification de la nature morte, que Zola ne voulait pas voir dans le choix du peintre, est revendiquée et longuement élaborée dans son ouvrage de littérature. Mais il a besoin de la réponse du peintre authentique pour confirmer la beauté intrinsèque, qu'il appelle le « côté artistique », de ce monde démesurément envahissant de la nature morte. Dans sa description des victuailles sur le marché, le romancier exprime son appétit sensuel de la vie et le respect que lui inspire l'inépuisable fécondité d'une nature qui embrasse également le genre humain. On y trouve sa revendication de l'aspect biologique de l'humain au sein d'un milieu artificiellement créé par la machine, le marché où, chaque jour, des hommes vendent et achètent de quoi vivre. Ici, l'art et l'instinct, la nature brute et le progrès technique moderne convergent pour produire une image matérialiste de la réalité sociale. Zola conçoit une humanité vorace et gavée qui construit pour les produits de la terre — fruits, légumes, viande — un cadre rationnel et somptueux fait de verre et de fer, lequel éclipse les églises gothiques du quartier. Adaptant Hugo au goût du jour, il fait dire à Claude Lantier : « Ceci tuera cela, le fer tuera la pierre. »[56] Il est convaincu que les bâtiments des Halles préfigurent l'architecture du XXe siècle.

Zola refuse donc aux objets peints sur une nature morte une signification autre que celle d'offrir une gamme de couleurs : mais cela ne l'empêche pas de les traiter dans son roman à une échelle monumentale et de révéler la formidable fascination qu'ils exercent dans la vie par leur pouvoir de symboliser les énergies animales au sein du comportement social.

Il est clair que la nature morte, en tant que thème pictural, relève d'un champ d'intérêt extérieur à l'art, comme le paysage, la scène de genre ou le portrait. Nous le sentons bien, sans avoir besoin de faire appel à une raison particulière, lorsque nous voyons, au XVIe siècle, la nature morte s'affirmer comme sujet (ou objet) indépendant. Le paysage, lui aussi, s'était libéré et imposé dans toute sa plénitude comme thème majeur, après avoir, pendant des siècles, servi de décor aux personnages. Les

56. *Ibid.*, p. 216.

objets choisis pour les natures mortes — une table garnie de
nourriture et de boisson, des vases, des instruments de musique,
une pipe et du tabac, des vêtements, des livres, des armes, des
cartes à jouer, des objets d'art, des fleurs, des crânes, etc. —
appartiennent à des valeurs particulières : intimes, domestiques,
gustatives, artistiques, en rapport avec certaines vocations pro-
fessionnelles et riches d'évocations, liées au luxe ou au décor ;
plus rarement, inspirés par une attitude de refus, ces objets proposent à notre méditation des symboles de la vanité, rappels de
notre existence éphémère et de la mort. Il y a en outre, dans la
nature morte, une gamme de qualités relevant d'une vision
générale des choses, que l'on distingue moins nettement dans
les autres genres. Il suffit de dégager ces qualités pour suggérer
toute une conception du monde. J'ai dit ailleurs[57] que la nature
morte est composée d'objets artificiels ou naturels que l'homme
s'approprie pour son usage ou son plaisir ; plus petits que nous
et à portée de notre main, ces objets doivent leur existence et
leur emplacement à la volonté et à l'intervention de l'homme.
Faits et utilisés par lui, ils nous communiquent le sentiment
qu'a l'homme de son pouvoir sur les choses. Ce sont à la fois des
instruments et des produits de son ingéniosité, de ses pensées et
de ses désirs. Bien que favorisés par un art qui glorifie le visuel,
ils font appel à tous les sens, en particulier au toucher et au
goût. Ce sont, par excellence, les thèmes d'une attitude empirique où notre connaissance des objets proches, particulièrement de ceux qui sont utilitaires, constitue le modèle et la base
de toute connaissance. C'est dans ce sens que le philosophe
américain George Mead a dit : « La réalité de ce que nous
voyons est ce que nous pouvons manipuler. »[58]

Souvent associés à un style qui explore patiemment et minutieusement la surface des choses toutes proches — textures,
lumière, ombres et reflets —, les motifs d'une nature morte res-
tituent la complexité du monde des phénomènes et l'interpéné-

57. *Paul Cézanne*, p. 14.

58. « *The reality of what we see is what we can handle.* » George H. MEAD, *The
Philosophy of the Act*, Chicago, 1938, p. 103 et suiv. (Voir aussi à l'index le mot
manipulatory.) À ce sujet, il faut lire ce que DIDEROT, dans son *Salon de 1765*, a
écrit sur Chardin peintre philosophique.

tration subtile de la sensation et de l'artifice dans la représentation.

La nature morte arrive ainsi à signifier une sobre objectivité, et l'artiste qui se débat pour atteindre ce stade, après avoir renoncé aux mouvements naturels de son imagination impulsive, adoptera la nature morte comme une activité apaisante, salvatrice et modeste, et comme une méthode de discipline spirituelle et de concentration; elle signifie pour lui la soumission au donné, à l'univers simple, sans passion et impersonnel de la matière. Au milieu du XIXᵉ siècle, et en réaction contre le côté anecdotique de la peinture de salon, quelqu'un a déclaré qu'il suffirait de peindre un caillou[59].

Une fois reconnue comme domaine type de l'objectivité dans l'art, la nature morte s'ouvre à une variété infinie de sentiments et d'idées, qui atteignent parfois une troublante intensité. Elle peut attirer des artistes de tempéraments différents qui, sans le secours de l'action ou du geste, expriment leur sentiment intime et personnel en peignant ces choses simples qui peuvent être mises au service de la passion ou d'une tranquille méditation.

La nature morte entraîne le peintre (et aussi l'observateur capable de surmonter l'habitude d'une perception passive) à une contemplation continue qui lui dévoile les aspects nouveaux et fugitifs de l'objet. Banal en apparence, l'objet peut, au cours de cette contemplation, s'envelopper de mystère et devenir la source d'un émerveillement métaphysique. Totalement séparé et dépouillé de son symbolisme conventionnel, l'objet d'une nature morte, tel le point de rencontre des pouvoirs illimités de l'atmosphère et de la lumière, peut faire naître une exaltation mystique, comme l'illumination de Jakob Bœhme contemplant le reflet d'un pot de métal.

(Je n'aborderai pas ici la question de savoir jusqu'à quel point la vogue de la nature morte dans l'art occidental est liée au sen-

---

59. E. FEYDEAU, dans la *Revue internationale de l'art et de la curiosité*, 1869, I, pp. 7 et 8 : « Qu'est-il donc besoin de chercher des sujets si neufs ? La plus grandiose et la plus splendide nouveauté du monde sera toujours de représenter un caillou qui ait véritablement l'air d'un caillou, qui résume si bien toutes les idées qui peuvent naître dans l'esprit au sujet d'un caillou... » Voir aussi pp. 3, 4, 8, sur d'autres thèmes de la nature morte.

timent de la bourgeoisie, dont l'intérêt considérable qu'elle porte aux biens aisément transportables et le goût pour le pratique et le concret ne pouvaient que donner de l'attrait à la nature morte. La définition que j'ai donnée ici de la nature morte, tout en dépassant ces aspects, peut faire naître chez certains lecteurs l'idée d'un rapport avec d'autres traits de la mentalité bourgeoise. Mais la nature morte n'a pas été particulièrement encouragée par les mécènes bourgeois, même là où la bourgeoisie a dominé pendant des siècles, même quand le fait d'admettre la dignité de la nature morte et du paysage sur un plan d'égalité avec les sujets historiques allait dans le sens d'une certaine démocratisation de l'art, qui accordait une signification positive au monde de la vie quotidienne et de ce qui l'accompagne. La nature morte revêt une importance particulière dans l'art de Chardin, de Cézanne et des cubistes. Les peintres de natures mortes avaient eu à combattre le préjugé selon lequel leur art appartenait à un genre inférieur en raison du caractère inférieur de ses éléments; des sujets nobles et idéalistes trouvaient, comme les philosophies idéalistes, une plus grande audience, même après que l'on eut admis le principe que tous les sujets se valaient et que la valeur résidait dans l'art du peintre. Ce qui ne veut pas dire que le développement de la peinture était indépendant des conditions sociales. L'art d'un Chardin ou d'un Cézanne est inconcevable hors de la société bourgeoise occidentale. Il y a une grande différence entre la nature morte romaine, située dans un espace vide et indéterminé, et celle des époques postérieures, qui comporte davantage d'objets personnels dans un intérieur intime et domestique ou dans tout autre endroit défini par le point de vue d'un observateur vrai, et cette différence reflète les transformations de la société.)

Dès le début de notre XXe siècle, la nature morte devint le thème de prédilection d'un art de peindre qui visait à accentuer la nature matérielle et concrète du tableau à l'aide d'une touche et d'une surface plus tangibles, et l'on est même allé jusqu'à fixer sur la toile de véritables objets voisinant avec la pâte traditionnelle — aboutissement d'une tendance à considérer le tableau lui-même comme une chose matérielle — et à supprimer par des moyens variés les frontières entre l'objet réel et sa représentation. Ainsi l'œuvre d'art s'offre elle-même, en apparence, comme un objet que l'on peut manier, comme ceux, réels et figurés, qui la composent. Sans place définie dans la nature, soumise à des déplacements arbitraires et souvent fortuits, une nature morte étalée sur la table est un exemple objectif d'une chose qui se dispose et se réaménage constamment, d'une réalité qu'on peut ordonner librement et se trouve ainsi naturellement associée à l'idée de liberté artistique. La nature morte, plus que le paysage ou la peinture d'histoire, doit sa composition au peintre ; et pourtant, plus que ces derniers, elle semble représenter une tranche de réalité quotidienne.

Dans toutes les écoles de peinture moderne qui ont pratiqué la nature morte — cubisme, expressionnisme, fauvisme, nouvel objectivisme, classicisme — et jusque dans l'art le plus récent, on discerne des correspondances révélatrices entre le choix des objets et le style, l'humeur de l'artiste. En paraphrasant les vers du poète Marvell,

> *The mind, that ocean where each kind*
> *Does straight its own resemblance find**,

nous pourrions comparer l'univers de la nature morte à un océan où chaque esprit découvre son image. L'intimité et la maniabilité de la nature morte permettent mille choix possibles : des tempéraments très différents — et pas seulement les empiriques — trouvent dans la nature morte quelque chose qui ne vibre que pour eux. On peut distinguer Gris de Léger, Matisse de Picasso, Soutine de Bonnard par les objets qu'ils ont le plus fréquemment rassemblés dans leurs natures mortes, rassemblement qui est strictement personnel, sans rien d'interchangeable. Il n'est pas étonnant que Picasso passe pour avoir douté de l'authenticité de *La Bohémienne endormie* (1897), du douanier Rousseau, à cause de la présence anticipée de la mandoline si chère au cubisme[60].

---

* « L'esprit, cet océan où toute espèce / Va droit à la rencontre de sa ressemblance. »

60. Je répète ici un propos d'André Breton.

Cependant l'objet de nature morte n'est pas en lui-même porteur d'un message unique. Il offre à l'artiste des qualités complexes : il pourra en choisir une qui jouera comme dominante, ou pour son effet à côté des autres objets. De même qu'un peintre choisira un bleu pour son effet de froid ou de lointain, sa transparence, sa pureté, ou bien pour ce qu'il a de sombre et de profond quand il est saturé, de même un objet — bouteille ou fruit — offrira à l'artiste une grande variété de qualités : et, en juxtaposant cet objet à d'autres, il renforcera une qualité particulière et la rendra plus évidente.

Baudelaire qui, plus que tout autre écrivain de son temps, a insisté sur la valeur indépendante du langage, de la forme et de la couleur, et qui a cru passionnément que la beauté était une fin en soi, a pu écrire : « On a souvent répété : *Le style, c'est l'homme*; mais ne pourrait-on pas dire avec une égale justesse : *Le choix des sujets, c'est l'homme?* »[61] Or, peut-on vraiment parler de la nature morte comme « sujet » ? Je ne crois pas que ce soit ce que Baudelaire a voulu dire. En donnant au sujet une signification personnelle, il pensait à Delacroix, chez qui l'imagination, proche de celle du poète, concevait un thème avec une action ou du moins impliquant une présence humaine. Il déplorait dans l'art de son temps le déclin de la culture, dû à l'apparition d'un nouveau type de peintre : l'artisan indifférent aux grands thèmes poétiques et historiques et que son tempérament attache uniquement à l'art de peindre à cause de l'habileté manuelle et du plaisir des yeux.

Pour préciser le sens d'un tableau « à sujet », il fallait lui donner un titre ou fournir de longues explications, comme l'avait fait Delacroix pour ses fresques de Saint-Sulpice. Lorsque l'explication faisait défaut, on scrutait l'image à l'aide d'autres représentations mieux connues ou plus aisément déchiffrables, en se référant en particulier à la littérature. Pour la plupart des natures mortes, une telle confrontation avec un contexte littéraire, donc imaginaire, serait déplacée : les objets représentés appartiennent à la vie quotidienne, non à la littéra-

---

61. Dans son essai « *La Double Vie*, par Charles Asselineau », *Œuvres*, Éd. de la Pléiade, II, p. 456 (vers 1859).

ture; nous sentons que nous avons saisi l'image lorsque nous en avons identifié tous les éléments dans leur évidente réalité. Différente de la peinture religieuse ou historique parce qu'elle représente un présent plus familier, la nature morte n'a pas besoin du titre ou du nom approprié, qui souligne la présence unique des individus en un lieu et un temps donnés (souvent imaginaires). En un sens elle est intemporelle et sans localisation précise. Les objets d'une nature morte ne font pas de théâtre; ils ne communiquent pas entre eux : leur disposition, comme je l'ai déjà dit, est dans une large mesure arbitraire, uniquement soumise à des lois physiques et à des déplacements. Ainsi les fleurs ne sont plus dans leur milieu naturel et on peut les remplacer par des fleurs artificielles. Comme les marchandises à une devanture, elles appartiennent au monde des choses; c'est la nature transposée ou transformée pour l'homme. Le caractère d'événement unique manque également à la peinture de genre, mais on y trouve des attitudes, des gestes, des expressions de physionomie que nous percevons directement comme les mouvements spontanés de nos semblables dans un milieu familier auquel nous participons nous-mêmes.

Et pourtant la nature morte, autant et souvent plus que le paysage, nous sollicite d'entrer en intelligence avec une présence humaine tacite. Une nature morte n'a pas seulement une apparence unique comme ensemble. Dans la mesure où nous les rapportons à nous-mêmes, les objets figurés tirent leur signification des désirs qu'ils satisfont, de leurs analogies et de leurs relations avec le corps humain. La nature morte aux instruments de musique fait penser au musicien; une table chargée de fruits et de vin évoque le repas; les livres et les papiers sont ceux de l'écrivain, de l'étudiant ou du savant et pourraient figurer dans son portrait. Dans le portrait ancien, les petits objets réduisent l'austérité de l'espace vide de telle sorte que le milieu humanisé porte la marque du personnage représenté et devient son domaine propre.

Ces objets sont le symbole ou l'emblème d'un mode de vie. Lorsque Léon, dans *Madame Bovary*, songe à aller étudier le droit à Paris, il imagine sa carrière embellie par la nature morte : « Il se meubla, dans sa tête, un appartement. Il y mènerait une vie d'artiste! Il y prendrait des leçons de guitare! Il aurait une robe de chambre, un béret basque, des pantoufles de velours bleu! Et même il admirait déjà sur sa cheminée deux fleurets en sautoir, avec une tête de mort et la guitare au-dessus. »[62]

La nature morte peut évoquer aussi un moment de réflexion en suggérant un décor approprié à l'introspection :

> *My fiftieth year had come and gone,*
> *I sat, a solitary man,*
> *In a crowded London shop,*
> *An open book and empty cup*
> *On the marble table-top*[63].

On pourrait supposer que, dans la nature morte, le sens général de l'œuvre, c'est tout simplement la somme des significations des éléments pris séparément, tandis que, dans les peintures d'action (d'histoire, de mythe, de religion), on a beau nommer le personnage, on n'a pas saisi pour autant la signification de l'ensemble ; on pourrait se dire aussi que l'arbitraire de cet assemblage explique pourquoi le contenu spirituel de telle peinture manque de profondeur. Pourtant, dans la nature morte aussi, on peut voir des connotations et une qualité d'ensemble qui naît des objets assemblés et qui, perçue grâce à la conception de l'artiste, se fait plus visible et plus émouvante. Ce n'est ni un texte, ni un événement, mais le sentiment guidant l'imagination du peintre qui déterminera le choix cohérent d'une famille d'objets.

Les choses, dans une nature morte, forment un tout cohérent, comme les personnages dans une scène d'action ; mais, pour saisir l'unité de la nature morte, il faut connaître le contexte des objets dans la réalité, le rapport étroit qu'ils ont avec un état d'esprit, une préoccupation ou une circonstance donnée[64]. De

---

62. Deuxième partie, VI. Éd. de la Pléiade, I, p. 398.

63. William Butler YEATS, *Vacillation*, strophe 4 : « Ma cinquantième année était venue et repartie, / Je me suis assis, solitaire, / Dans une boutique surpeuplée de Londres ; / Sur la table de marbre / Un livre ouvert et une tasse vide. »

64. Charles de TOLNAY a publié des tableaux de nature morte du Moyen Âge provenant d'églises de Toscane, où l'on voit les vases sacrés et les livres de la liturgie

même que, dans la peinture religieuse ou historique, la lecture par l'artiste du texte dont il s'inspire introduit des valeurs et des significations propres à son imagination, de même, dans une nature morte de fruits, de vases et d'assiettes, nous discernons une idée personnelle dans le choix et le groupement des objets. Le choix habituel du peintre définit l'artiste et nous identifions ce choix comme sien. Dans leur attachement aux compositions de Cézanne, les imitateurs représentent les mêmes pommes, la même table, la même nappe, tout en étant convaincus que c'est la structure seule de la forme et de la couleur qui donne toute sa valeur à la peinture de Cézanne[65]. Mais cet hommage involontaire aux objets n'entraîne pas une compréhension du choix lui-même. On considère celui-ci comme naturel et même si l'on a admis que le choix de Cézanne est personnel, on n'en a pas exploré les significations et les motivations profondes[66].

J'ai dit ailleurs que Cézanne, concevant les objets placés sur la table de la cuisine ou de l'atelier, se détache, à sa manière toute particulière, des formes sociales et du simple appétit[67]. Ils ne sont jamais disposés comme pour un repas; le fruit est

catholique romaine isolés comme des objets dans des niches réelles ou en trompe l'œil, placées dans le chœur de la sacristie. Dans les rares exemples qui nous restent de ce qui a dû être une pratique courante, nous voyons le lien qui unit la nature morte aux attributs d'une profession; on ne les représente pas comme des symboles théologiques, mais comme l'accompagnement précieux d'un état ecclésiastique ou d'un mode de vie qui a pour ainsi dire pris conscience de lui-même et de son univers particulier. (« Postille sulle origini della natura morta moderna », *Rivista d'Arte*, XXXVI, 1963, pp. 3-10.)

65. Le bon mot classique sur ce goût de Cézanne pour les pommes est celui du regretté Wyndham Lewis : « Aucun doute que l'exemple de Cézanne, en qui l'on admirait le magnifique créateur de la forme pure, n'ait inspiré les nombreuses représentations de pommes que l'on a vu apparaître dans les dix années qui ont suivi sa mort. Les artistes ont peint, dans les quinze dernières années, plus de pommes qu'ils n'en ont mangé au cours des siècles. » Dans *The Caliph's Design*, Londres, 1919, p. 50.

66. Je conclus d'une conversation avec Alberto Giacometti, qui peignit des pommes toute sa vie, qu'il considérait le choix d'un objet dans une nature morte comme une valeur essentielle et non comme un « prétexte » de forme. Dans quelques-unes de ses dernières toiles, la pomme revêt un air de manifeste ou de démonstration personnelle — inspiré peut-être par sa compréhension de Cézanne —, comme s'il souhaitait affirmer d'une manière spectaculaire l'intérêt profond qu'il témoignait à la pomme, dont la présence solitaire évoque une manière de vivre, et ceci en réaction contre l'indifférence générale à la signification de l'objet dans la nature morte.

67. M. Schapiro, *Paul Cézanne, op. cit.*, pp. 14, 15.

rarement coupé ou pelé; la dispersion de la nature morte, la disposition fortuite et la chute irrégulière des plis du tissu évoquent un monde encore inorganisé. J'ai remarqué que le fruit, bien que n'étant plus dans la nature, ne s'est pas encore pleinement intégré à la vie de l'homme. Suspendu entre le naturel et la vie humaine, il existe pour la seule contemplation. Ce sont les touches visibles de l'artiste qui apparaissent comme l'élément le plus ordonné, mais elles n'évoquent guère tout ce qui, dans la vie de tous les jours, fait la simplicité et le charme d'une table. Cézanne dote sa touche d'une unité, d'une finesse et d'une harmonie de couleurs qui transfigurent l'ensemble en une œuvre d'art, tout en intensifiant l'aspect réel et familier des choses.

Dans les paysages de Cézanne et quelquefois dans ses personnages, nous retrouvons, à travers cette fidélité inébranlable au visible, le même détachement caractéristique vis-à-vis de l'action et du désir. Cette vision contemplative semble correspondre à l'idée philosophique d'une perception esthétique conçue comme une pure connaissance intuitive. Mais la forme de cette « connaissance », quoique personnelle, n'est-elle pas due en partie au caractère des objets observés, à leur signification et à leur intérêt pour l'esprit qui les observe ? Certes il a peint également des paysages, des portraits et des nus dont la conception n'est pas moins personnelle que celle de ses natures mortes, mais avec beaucoup d'autres qualités qui contredisent l'idée que l'art de Cézanne dans sa maturité restait dépourvu de passion et d'inquiétude. On imagine mal Poussin se consacrant comme Cézanne à la nature morte ou Chardin peignant des paysages et des scènes mythologiques. La variété des thèmes de Cézanne est caractéristique de sa sensibilité moderne : elle est typique d'une certaine génération de peintres français qui ne se spécialisent pas dans un genre, mais ouvrent largement leur art à la vie, aux sensations, aux gens, aux lieux, aux choses et, plus rarement, à l'action et aux symboles. Pourtant ce n'est pas dans les natures mortes de Courbet, de Manet, de Renoir et de Monet que nous trouverons ce qu'il y a de plus distinctif et de plus accompli dans leur art; mais si nous n'avions pas celles de Cézanne il manquerait à son art quelque chose d'essentiel, une

gamme de couleurs et de formes reliées à une conception unique
des choses proches.

C'est la place centrale de la nature morte dans son art qui
nous pousse à étudier plus profondément le choix de ses objets.
Ce qu'ils ont de personnel et de non « accidentel » devient plus
évident si nous les comparons avec ceux des natures mortes de
ses contemporains et de ses successeurs[68]. On conçoit mal
Cézanne peignant le saumon, les huîtres ou les asperges de
Manet le jouisseur, ou les pommes de terre, les tournesols et les
souliers de Van Gogh[69]. D'autres artistes originaux, qui
n'étaient pas des imitateurs, peindront des pommes comme
Cézanne : mais les pommes, dans ses natures mortes, reviennent
comme thème de prédilection, alors que chez ses contemporains
elles n'ont qu'un rôle subordonné, et possèdent d'autres qualités
dues à un contexte différent et à l'accompagnement d'autres
objets. Lorsque Courbet peint des pommes, non seulement elles
sont plus grosses que celles de Cézanne, mais la queue et les
feuilles qu'elles ont gardées donnent à l'ensemble l'aspect d'un
morceau arraché vivant à la nature par un homme aux énormes
appétits sensuels. Pour Courbet, qui n'accordait dans son art
qu'une place mineure à la nature morte, tout en faisant passer
une partie de sa sensibilité dans la manière de rendre tout ce qui
est matière dans la nature — la fourrure, la pierre, le bois, le
métal et le feuillage — avec un poids et une profondeur que

---

68. Si on compare les natures mortes de Chardin (qui vit plus dans l'intimité de
l'office et de la cuisine, qui fait de fréquentes allusions à la préparation du repas, au
talent de la cuisinière, aux arts ménagers — et qui traite dans le même esprit les
instruments de l'artiste) avec celles de Cézanne qui représentent des cruches, des
bouteilles et des verres, on voit que ces objets appartiennent plus clairement à la
table, qu'ils donnent moins l'impression d'avoir été utilisés ou d'être destinés à une
utilisation prochaine. Lorsque Chardin peint des fruits il les place à côté d'autres
objets qui sont étrangers à l'art de Cézanne et il place, d'une manière beaucoup plus
conventionnelle, la nature morte tout entière sur un rapport de pierre ou sur une
étagère. En copiant l'extraordinaire *Raie* de Chardin (au Louvre), Cézanne n'a
retenu que la cruche et le pichet de métal, en laissant de côté la raie, le chat, les
poissons et les huîtres (voir G. BERTHOLD, *op. cit.*, fig. 23, 24).

69. J'ai parlé de l'allusion que Van Gogh fait lui-même à propos de ses souliers
dans un article intitulé : « The Still-Life as a Personal Object, A Note on Heidegger
and Van Gogh ». Traduit ci-dessous.

seule une vision amoureuse des choses pouvait évoquer, pour Courbet donc, je crois que les énormes pommes qu'il a peintes, pendant son incarcération après la Commune, ne remplaçaient pas seulement les visages familiers et le monde extérieur dont il était coupé; on pourrait les voir plus poétiquement encore comme l'illustration littérale d'une phrase de son vieil ami le poète Buchon, franc-comtois comme lui, qui avait dit de Courbet « qu'il produit ses œuvres aussi simplement qu'un pommier produit des pommes » — jugement qui prônait également les vertus de son caractère provincial, sa naïveté, sa robustesse, sa force paysanne, toutes qualités qu'il a données aussi à ses fruits[70]. Pour Cézanne, qui admirait Courbet, bien qu'il le trouvât « un peu lourd comme expression »[71], et qui conservait, accrochée au mur de son atelier, une photographie de *L'Enterrement à Ornans* voisinant avec celle des *Bergers d'Arcadie* de Poussin, j'irais jusqu'à dire qu'il se sentait on ne sait quelle affinité avec la pomme: ce fruit l'attirait en raison de ses qualités naturelles, par analogie avec ce qu'il éprouvait comme son être même. En lisant ce que ses amis ont dit de lui, je ne peux m'empêcher de penser que, dans sa préférence pour les pommes — objets solides, compacts, organiquement centrés, d'une beauté banale et cependant tout en finesse, disposés sur une table à la nappe rugueuse, ravinée et creusée comme une montagne —, il y a une parenté avouée entre le peintre et les objets, l'aveu précisément d'un homme avisé et renfermé, plus à l'aise avec les habitants et les paysages de son terroir qu'avec la grande bourgeoisie à la culture stérile. Cette affinité, que l'on perçoit indépendamment de toute ressemblance d'une pomme avec son crâne chauve, explique peut-être ce qui l'a poussé à représenter sur un dessin une pomme toute seule à côté de son autoportrait (ill. 19)[72].

On peut considérer également la longue familiarité de

---

70. Le texte est cité par Charles LÉGER, *Courbet*, Paris, 1929, p. 65 et suiv.

71. Voir A. VOLLARD, *Paul Cézanne*, Paris, 1914, pp. 75, 77.

72. Le professeur Wayne Andersen a attiré mon attention sur ce dessin dont seule la tête est reproduite, et à l'envers, par J. REWALD dans *Paul Cézanne*, New York, 1948, p. 163.

Cézanne avec la nature morte comme la projection d'une personnalité introvertie qui avait trouvé dans son art un domaine objectif, où il se sentait lui-même, sûr de lui, à l'abri des émotions perturbatrices et des angoisses que lui causaient ses semblables, mais cependant ouvert à des sensations nouvelles. Immobile, mais dotée de couleurs intenses et toujours changeantes, tout en offrant sur de petites formes arrondies une gamme infinie de tons, sa nature morte est un monde en miniature qu'il isole sur la table qui lui sert de support, comme le stratège médite, sur une table, d'imaginaires batailles entre des soldats de plomb disposés sur un terrain qu'il arrange à sa guise. On peut comparer la nature morte de Cézanne à un jeu d'échecs solitaire, où l'artiste recherche toujours la meilleure position pour chacune des pièces qu'il a choisies librement.

Il ne faudrait pas cependant sous-estimer la sensibilité de Cézanne à la beauté et à la poésie des choses qu'il représente. Contrairement à l'opinion selon laquelle son art reste indifférent à l'apparence sensible du fruit — opinion qui peut se justifier si l'on compare ses premières natures mortes de pommes avec les textures plus accusées des autres peintres —, les pommes de Cézanne (de même que, plus rarement, les poires et les pêches) sont des objets qu'il caresse tendrement du regard, surtout dans ses toiles les plus tardives. Il aime leur rondeur si finement asymétrique et la délicatesse de leurs couleurs, il les rend parfois avec un soin exquis que l'on retrouve rarement dans sa peinture de la chair nue[73].

On a souvent remarqué le changement que la nature morte de Cézanne avait subi dans la période 1880-1900. On peut l'attribuer pareillement à son vieillissement et à la maîtrise sereine d'un art dans sa pleine maturité. Quelques-unes de ses natures mortes tardives sont des fêtes somptueuses, remplies d'objets de plus en plus nombreux, bouquets de fleurs, draperies, tables ornées. Mais ses conflits originels n'ont jamais été complètement résolus. Durant cette période de plus grande confiance en soi, ses baigneuses restent aussi lointaines qu'a-

---

73. Exemple, la nature morte de pêches sur une assiette blanche de la fondation Barnes, Merion, Pennsylvanie (VENTURI, n° 614).

19. Cézanne, *Autoportrait et pomme*, 1898-1905.
The Cincinnati Art Museum, don Emily Poole. Photo du Musée.

vant, bien qu'il les représente plus grandes; des œuvres comme
la grande nature morte à l'Amour en plâtre et l'écorché témoignent d'une lutte intérieure qui ne cesse pas.

Son expérience et les commentaires qu'il donnait dans ses
lettres et sa conversation ne justifient pas à eux seuls l'image
d'un Cézanne mûri qui n'aurait vu dans les objets qu'il peignait
qu'un problème plastique, en méprisant ou même en neutrali-
sant leur signification ou leur charme naturel. Il a décrit avec
admiration les paysages de sa Provence natale, et il en a peint
les enchantements avec une fidélité aisément vérifiable. En
copiant, au Louvre, les peintures et les sculptures anciennes, il
choisissait surtout des personnages beaux, nobles et pathétiques. Lorsqu'il disait d'une eau-forte de Van Ostade qu'elle
était l'« idéal des désirs » et qu'il la transposait sur la toile, il ne
voulait pas dire, comme on l'a récemment affirmé, qu'il y voyait
un idéal de composition purement artistique, mais plutôt que la
vieille gravure le touchait en tant qu'image parfaite d'une vie de
famille idéale[74]. La mère nourrissant l'enfant sur ses genoux,
près d'une grande cheminée au fond, le père et un deuxième
enfant étant plus sommairement esquissés, constitue l'élément
de l'original que Cézanne, dans sa copie, a repris avec le plus de
soin et de fidélité. On peut supposer que la gravure avait
réveillé en lui une vieille nostalgie de la tendresse familiale.
Trente ans plus tôt, au début de sa carrière, Cézanne avait
peint naïvement, et peut-être d'après une gravure contemporaine, une image analogue de l'amour maternel[75]. Ce retour à
des souvenirs touchants du premier âge n'a rien d'exceptionnel
dans son art; j'ai déjà attiré l'attention sur la réapparition, dans
ses œuvres tardives, de nombreux thèmes de ses expériences et
de son imagination d'adolescent. L'empreinte de la mère et des
conflits parents-enfant marque peut-être sa copie des tableaux de
Delacroix, *Médée tuant ses enfants*[76] et *Agar et Ismaël dans le
désert*[77]. Il est possible qu'une fixation précoce et ignorée au

74. Fritz NOVOTNY, « Zu einer Kopie von Cézanne nach Ostade », *Pantheon*,
XXV, 1967, pp. 276-280.
75. VENTURI, n° 9 (vers 1860).
76. *Ibid.*, n° 867.
77. *Ibid.*, n° 708.

foyer ait déterminé chez Cézanne, bien avant l'épisode avec Zola, ce goût pour la nature morte.

On retrouve des traces de ce goût dans ses lettres et poèmes de jeunesse. Mais la référence aux objets de nature morte dans ces textes — qui sont aussi des œuvres d'imagination — appelle, comme pour les tableaux, un déchiffrement. À dix-neuf ans, Cézanne écrivit et illustra une pièce macabre où l'on voyait un père à table, qui partageait une tête coupée entre ses enfants[78]. On peut rapprocher les tableaux tardifs de crânes[79], cette imagination morbide et un poème de la même époque où crâne rime avec Cézanne[80]. Bien des années plus tard, il a transposé cette préoccupation d'adolescent en représentant son propre fils contemplant un crâne posé sur une table[81]. Nous ne savons pas ce qui, dans ces exemples, est voulu, et ce qui provient de réminiscences et de réactions inconscientes. L'imagination originale du jeune Cézanne se fixa sur l'enfer comme dans l'histoire d'Ugolin que Rodin et Carpeaux, ainsi que Laforgue en un poème plein d'amertume, ont pris, eux aussi, pour thème. Au lieu de dévorer ses enfants, on voit le père chauve leur offrant sardoniquement des morceaux de sa propre tête. On peut interpréter cette image comme le vœu informulé du décès paternel, qui aurait donné au jeune Cézanne les moyens de poursuivre indépendamment sa carrière. Si c'est à Zola qu'il a adressé la lettre et le texte, c'est peut-être parce que Zola, lui-même orphelin de père, avait des chances d'accueillir avec sympathie une pièce qui traitait de la sinistre contrainte paternelle[82].

On trouve un deuxième texte évoquant une nature morte dans un poème de 1858 qu'il intitula *Le Songe d'Hannibal*[83].

78. *Correspondance*, p. 49 et pl. 3.

79. VENTURI, nos 61, 751, 753, 758, 759, 1567. Sur le no 758, le crâne est placé dans une nature morte de fruits.

80. *Correspondance*, p. 55 (juillet 1859): « Tu me diras peut-être : / Ah! mon pauvre Cézanne, / Quel démon féminin / A démonté ton crâne. »

81. VENTURI, no 679. Remarquer aussi, vers 1873, sa copie d'une lithographie de Delacroix représentant Hamlet contemplant le crâne de Yorick (BERTHOLD, *op. cit.*, nos 244-245).

82. Voir SCHAPIRO, *op. cit.*, p. 22.

83. *Correspondance*, p. 42 et suiv. Voir aussi Th. REFF, « Cézanne's Dream of Hannibal », *The Art Bulletin*, XLV, 1963, pp. 148-152.

Le jeune héros se conduit mal au cours d'un banquet, s'enivre et, en roulant sous la table, entraîne la nappe, la nourriture, et les plats : son père le réprimande violemment. C'est ce poème qui m'a fait supposer, dans l'intérêt très vif de Cézanne pour la nature morte, un effort pour restaurer l'ordre de la table familiale, scène de conflits avec le père et d'angoisse provoquée par ses propres désirs, par ses désirs scandaleux[84].

Nulle allusion à la pomme dans ces premiers écrits, qui laissent deviner, derrière certains thèmes de nature morte cézannienne, une histoire affective. Mais bien des années plus tard (vers 1895), une allusion de Cézanne nous ramène à notre objet principal : il déclara au critique Geffroy, qui l'admirait, qu'il voulait étonner Paris avec une pomme[85]. Par un calembour — qui n'est pas tout à fait un calembour —, il évoque le thème de sa carrière en réunissant en un seul mot, Paris-Pâris, l'espoir du succès et le mythe de la chance, mythe qui donne au connaisseur de la beauté la récompense d'Hélène. (Peut-être pensait-il qu'avec une pomme il étonnerait son ami Zola, qui l'avait fait venir d'Aix à Paris ?) Cézanne, à cette époque, étudiait avec un soin approfondi les formes et les couleurs de la pomme comme motif exemplaire. La vaste ordonnance de certains de ces tableaux, composés de grandes draperies et de groupes de fruits compliqués et équilibrés, justifie l'idée que, pour lui, une pomme était un équivalent de la figure humaine. On sait que Cézanne souhaitait peindre d'après de vrais nus, mais que les modèles féminins l'intimidaient : il craignait ses impulsions qui, lorsqu'il laissait libre cours à son imagination picturale, avaient abouti dans ses débuts à des tableaux de passion violente. Quelques années plus tard, Renoir rappelait à son fils une conversation qu'il avait eue avec Cézanne et au cours de laquelle ce dernier lui avait dit : « Je peins des natures mortes. Les modèles féminins m'effraient. Les coquines sont toujours en train de vous observer pour saisir le moment où vous n'êtes plus sur vos gardes. Il faut être tout le temps sur la défensive et le motif dis-

84. SCHAPIRO, *op. cit.*, p. 23.
85. Gustave GEFFROY, *Claude Monet*, Paris, 1922, p. 106 : « Ce que j'aimais surtout en lui, c'étaient ses enthousiasmes : avec une pomme, proclamait-il, je veux étonner Paris. »

paraît. »[86] Plus tard, en construisant une grande composition de baigneuses dont les attitudes rappelaient celles qu'il avait apprises dans les ateliers et les musées, il avait imposé à ces nus sans visage un ordre accusé et pareil à une contrainte. C'est ce tableau, plus que les autres, qui a poussé les critiques à tenir, à tort, l'art de Cézanne en général comme schématique et abstrait (ill. 12).

En peignant des pommes il pouvait, grâce à leurs couleurs et à leurs dispositions variées, exprimer un registre d'états d'âme plus étendu, depuis la sévère contemplation jusqu'à la sensualité et l'extase. Sur cette société soigneusement ordonnée, où les choses sont parfaitement soumises, le peintre pouvait projeter les rapports propres aux êtres humains et les qualités du monde visible : la solitude, l'amitié, l'entente, les conflits, la sérénité, l'abondance et le luxe, voire l'exaltation et la jouissance. L'habitude de travailler de cette manière avec des objets de nature morte reflète une attitude bien enracinée et fixée tôt dans son art, avant même que les pommes n'en deviennent un thème majeur. Mais par la remarque sur Paris et sur la pomme, nous devinons la gravité de la concentration particulière de Cézanne sur le fruit qui devait être pour lui l'instrument de sa plénitude. Il ne se contente pas de proclamer qu'il fera triompher son moi effacé et refoulé grâce à d'humbles objets. En reliant son thème favori avec les pommes d'or de la légende, il lui donnait une signification plus grandiose et faisait allusion également à ce rêve d'une sublimation sexuelle dont Freud et ses contemporains pensaient qu'elle constituait un but de l'activité artistique[87].

Si, en dépit de la signification d'un jeu de mots spontané

86. Jean RENOIR, *Renoir, my father*, Londres, 1962, p. 106.

87. Dans le premier *Jugement de Pâris* (VENTURI, n° 16, « 1860-1861 »), bien curieusement interprété, Vénus elle-même est la récompense de Pâris. La déesse nue est assise aux pieds de Pâris qui lui caresse l'épaule : il est vêtu d'un costume de troubadour romantique. Sur un dessin de jeunesse du High Museum of Art d'Atlanta, Georgia, publié par le professeur REFF (*The Art Bulletin*, XLVIII, 1966, p. 38 et fig. 6), Pâris et Vénus sont assis côte à côte, les jambes entremêlées : ils ont l'air d'élever ensemble une pomme d'une main, tandis que Pâris enlace Vénus de son bras gauche. Mais s'agit-il bien de Pâris et de Vénus, comme le suppose le professeur Reff ?

exprimant des sentiments et des pensées cachés, on ne voit dans
le mot de Cézanne sur Paris qu'une plaisanterie sans importance inspirée par le fait de sa présence dans la capitale et par la
première exposition qui le fit connaître à ses contemporains, il
demeure évident que Cézanne avait conscience d'un rapport
entre le nu et la pomme dans le tableau faussement intitulé *Le
Jugement de Pâris* et dans la toile représentant l'Amour et des
pommes.

Deux autres tableaux de Cézanne indiquent bien qu'il avait
conscience d'une difficulté et de la nécessité d'un choix au sein
du conflit qui existait entre ses passions et les buts de son art.
Le premier est le satirique *Hommage à la femme*[88] appelé aussi
Apothéose de la femme ou *L'Éternel féminin* (ill. 20), et le
second *L'Apothéose de Delacroix* (ill. 21)[89]. Le premier a été
peint vers 1875; le second était encore sur le chevalet de
Cézanne en 1894, mais on pense que sa conception est plus
proche de la date du premier: les costumes au moins ont été
peints dans les années qui ont suivi 1870[90]. Ces deux compositions apparentées représentent un groupe d'adorateurs au pied
de l'objet de leur adoration. Sur le premier, une femme nue
trône sous un baldaquin dont les pans de tenture s'écartent —
une forme féminine allusive — et fait face à des admirateurs
symbolisant différents arts et différentes activités, parmi lesquels
on reconnaît un évêque coiffé de sa mitre. Sur une étude aquarellée pour ce tableau, le personnage le plus près d'elle lui
apporte sur un plateau des pommes et du vin, nature morte
typiquement cézannienne et thème constant de ses scènes de
débauche[91]. À droite se tient un peintre debout devant son chevalet[92]. *L'Apothéose de Delacroix*, dont il ne reste qu'une

88. Venturi, n° 247; voir aussi les n°ˢ 895, 904, 1207 pour les esquisses du tableau.

89. *Ibid.*, n° 245; et l'esquisse n° 89r.

90. Venturi, n° 245; la photographie de Cézanne travaillant à ce tableau est
reproduite par Rewald dans *Correspondance*, pl. 33; voir aussi Novotny, *Cézanne*,
Vienne, 1937, pl. 93 et le catalogue pour le commentaire sur la date, environ 1894.

91. Venturi, n° 895.

92. On a comparé ce tableau à un *Triomphe de la femme* de Couture (B. Do-
rival, *Paul Cézanne*, Paris, New York, 1948, pl. VI, p. 39), où l'on voit quatre
jeunes hommes poussant un char sur lequel se dresse la Femme triomphante. Je ne

20. Cézanne, *Hommage à la femme* ou *Apothéose de la femme*
ou *l'Éternel féminin*, 1875-1877. Collection Harold Hecht, New York.
Photo Galerie Bernheim-Jeune.

21. Cézanne, *L'Apothéose de Delacroix*, 1873-1877.
Détenteur actuel inconnu.

esquisse pour une grande composition que Cézanne projetait encore en 1904, ressemble à l'assomption baroque d'un saint au ciel. Au-dessous, dans un paysage, on voit des artistes et un admirateur agenouillé qui regardent vers le haut. Un de ceux-ci, qui porte une boîte de peinture attachée sur son dos et un chapeau à larges bords, fait penser à une photographie de Cézanne dans la décennie 1870-1880[93]. À côté de lui Black, compagnon de ses vacances provençales d'adolescent et hôte de plusieurs de ses tableaux idylliques. Sur la droite, un peintre, que l'on a identifié à Pissarro, se tient devant un chevalet, comme dans *L'Hommage à la femme*[94]. Vus ensemble, ces deux tableaux sont comme l'alternative du *Choix d'Hercule*, thème qui avait inspiré un poème du jeune Cézanne[95]. Sur l'un il renonce à la femme en tournant son culte en dérision, et sur l'autre il s'identifie, ainsi que plusieurs de ses compagnons, au grand peintre romantique.

En peignant Delacroix comme son dieu, Cézanne satisfaisait son goût juvénile pour les images d'amour et de mort, mais aussi son culte pour une peinture conçue comme art de la couleur et de la noble ordonnance. Au dos d'une étude aquarellée pour *L'Apothéose de Delacroix*, on lit les mots suivants de Cézanne, qui décrit la beauté féminine : « Voici la jeune femme aux fesses rebondies... »[96] Dans sa dernière période, il a entièrement abandonné cette imagerie, ne lui accordant plus, nous l'avons vu, qu'une place occasionnelle.

Ses copies de *Médée* et de *Agar et Ismaël* montrent la sollici-

---

vois pas très bien le rapport de cette œuvre avec celle de Cézanne. Ils expriment tous deux une même misogynie : au sujet d'une même polémique militante au milieu du XIXᵉ siècle, voir l'ouvrage posthume de PROUDHON, *La Pornocratie*, 1868. Il existe cependant, à Karlsruhe, un baroque *Hommage à Vénus* de J.-A. Dyck où une Vénus nue, entourée d'adorateurs, trône sous un baldaquin comme la femme du tableau de Cézanne (A. PIGLER, *Barockthemen, eine Auswahl von Verzeichnissen zur Ikonographie des 17. und 18. Jahrhunderts*, Budapest, 1956, II, p. 249).

93. Reproduite par REWALD, 1948, p. 41 (1873).

94. VENTURI, n° 245. Venturi identifie ainsi les personnages de droite à gauche : Pissarro, Monet, Cézanne et Chocquet ; l'identification du dernier personnage n'est pas certaine.

95. *Correspondance*, p. 77. Voir aussi REFF, *The Art Bulletin*, 1966, p. 35 et suiv.

96. *Correspondance*, p. 260 (12 mai 1904), note. Dans cette lettre, Cézanne écrit : « Je ne sais si ma précaire santé me permettra de réaliser jamais mon rêve de faire son apothéose. »

tation constante qu'exerçait sur lui l'aspect émotionnel de la conception du maître. Les passions romantiques de Delacroix n'étaient pas directement exprimées en images comme les scènes érotiques et réalistes dans lesquelles Cézanne projetait ses désirs. Delacroix transmuait les siens par l'introduction dans ses tableaux de personnages historiques ou imaginaires et par la force expressive de ses couleurs et de sa composition dramatiques. En passant de la peinture d'imagination à la discipline de l'observation, Cézanne faisait de la couleur — principe fondamental de l'art lié à la sensualité et au pathétique dans la peinture romantique, mais embryonnaire dans ses propres premiers tableaux érotiques — la matière splendide des formes objectives, solides, immobiles, et la rendait capable d'assurer à la composition une structure profondément cohérente. Il est plus que douteux qu'il eût atteint ce but s'il avait suivi Delacroix dans le choix de ses sujets. Dans son effort pour maîtriser ses passions, la nature morte — en tant que symbole latent et que tangible réalité intime — a joué peut-être, plus que ses autres thèmes, le rôle d'un pont entre l'art de ses débuts et celui de sa maturité.

Fromentin, critique d'art.

Les Maîtres d'autrefois, voilà le premier et peut-être le seul livre de son espèce : une étude critique de la peinture, par un artiste accompli doublé d'un écrivain supérieur. Auteur de *Dominique*, roman tout de sensibilité, et d'*Un été dans le Sahara*, un des chefs-d'œuvre du récit de voyage, Eugène Fromentin occupe une position signalée dans les lettres françaises. D'autres romanciers, d'autres poètes ont écrit et bien écrit sur la peinture, mais il leur a manqué la connaissance du métier que Fromentin possédait ; quant aux grands peintres qui ont laissé des observations sur leur art, outre qu'ils ne sont pas nombreux, ils n'ont pas su leur donner une forme indéniablement littéraire, ou ils ne s'en sont pas souciés. Or, ce qui distingue Fromentin, ce n'est pas simplement qu'il ait uni une expérience de peintre à un talent d'écrivain. Son livre, qui révèle tant de choses sur le coup de brosse, sur la palette et sur le jeu complice des couleurs, n'est pas un ouvrage savant ni technique ; peu de jargon d'atelier, peu de prétendus secrets des maîtres anciens ; et quand il s'essaie à exposer des problèmes spéciaux, « valeurs » lumi-

« Fromentin as a Critic », *Partisan Review*, XVI, 1949, pp. 25-51.

Traduit par Louis ÉVRARD.

On ne pouvait procéder plus sûrement qu'en allant à Fromentin lui-même. Les passages cités dans les notes du traducteur sont extraits de la bonne édition des *Maîtres d'autrefois* procurée par Pierre Moisy (Paris, Garnier, 1972) et des *Lettres de jeunesse* et de la *Correspondance* ..., éditées par P. Blanchon (Paris, Plon, 1909 et 1912).

neuses ou contrastes des tons, il n'est pas d'une parfaite clarté[1].
Fromentin a dit ce qu'il voulait : faire oublier à ses lecteurs qu'il
était peintre ; il aimait mieux se donner le rôle d'un « pur *dilet-
tante* », au sens premier et noble du mot, comme pour se
dégager des soucis de la pratique dans le moment où il contemplait les œuvres du passé[2]. Peut-être ressentait-il aussi une gêne
d'aristocrate à parler d'un métier. En fin de compte, et c'est
heureux, il ne put se défaire entièrement de son habitude professionnelle.

La peinture était le grand souci de sa vie : seul un homme
comme lui pouvait regarder les tableaux avec cette clairvoyance, avec cette intelligence des moindres détails. Plus que
dans la connaissance du métier, la vertu du livre réside dans une
attitude constante : distinguer et juger, et pour cela observer la
facture inlassablement, avidement, comme si elle était l'affaire
des sens, à la manière dont le musicien a l'oreille au guet des
sons ; et cependant s'introduire, avec une prodigieuse faculté de
sympathie, dans la personnalité de l'artiste, ou dans sa nature
morale, pour employer l'expression surannée de Fromentin. Il
note avec exactitude les qualités, les tons, les rapports des couleurs et des formes, mais ce n'est jamais aux seules fins de la
description et de l'analyse ; il a savouré l'ensemble dans l'instant, et la suite en découle : il prolonge sa sensation, il en fait
l'épreuve, en examinant l'œuvre plus avant. Par cette entrée en
goût, il aspire aussi à mieux voir, à voir dans sa vérité la physionomie de l'artiste. Dans toute la littérature de la critique d'art,
il n'y a rien de comparable pour ce qui est de percevoir avec intensité.

Ajoutons à cela une ferveur d'éloquence, un accent d'enthousiasme vibrant dont la critique d'art n'avait guère idée avant la
période moderne, et qui répondent à un sentiment quasi religieux de la dignité de l'art.

Longtemps avant Fromentin, il y avait eu des écrivains pour
observer qu'une peinture est un objet empreint de personnalité,

---

1. Hollande, chap. VII, chap. XIII. *(N.d.T.)*

2. « Si j'employais les mots du métier, je gâterais la plupart de ces choses subtiles
qu'il convient de rendre avec la pure langue des idées pour leur conserver leur caractère et leur prix. » Belgique, chap. VIII, p. 85 ; cf. p. 306. *(N.d.T.)*

mais cette intuition était demeurée à l'état de généralité inexplorée. Dans *Les Maîtres d'autrefois*, elle devient concrète, elle apporte ses preuves, elle va au cœur des choses : elle ouvre tout un champ de problèmes et de recherches approfondies, comme dans les très belles pages consacrées à Rubens et à Ruysdael. D'observation en observation, il nous amène à ne plus douter, à voir de nos yeux que la touche et la substance d'un tableau, ce qu'il offre aux sens, sont choses spirituelles de la plus haute importance. La *facture*[3] est un produit de la sensibilité, un résultat de toute la disposition psychique de l'artiste. Ce qu'il fait en dépassant son instinct, par acquis de métier ou grâce au calcul, dépend encore de l'instinct ; la raison même de l'artiste est marquée de son caractère et elle semble être, dans ce livre, comme un trait de la personnalité. Tout dans l'œuvre d'art — l'attitude à l'égard du sujet, l'exécution, la palette, et les formes — ressortit donc à l'individu ; tout est fin de l'expression aussi bien que moyen. Cette conviction totale, avec tout ce qu'il y a en elle de vague et d'aléatoire, donne vie aux analyses et aux jugements de Fromentin.

La vision rapprochée devient un effort pour revivre la création de l'œuvre contemplée : l'artiste, avec son tempérament et sa méthode, se découvre dans une intimité qu'on pourrait presque dire physique. Quel bonheur, de trouver à Malines un Rubens récemment nettoyé, hors de son cadre, « grâce aux circonstances qui me permettent de le voir de près et d'en saisir le travail aussi nettement que si Rubens l'exécutait devant moi... »[4]. En étudiant les œuvres du passé, il tâche à s'en faire le contemporain, à y voir les effets d'un moment de l'esprit, les actes d'une sensibilité.

Ce nœud qui accroche une œuvre à la conjoncture individuelle (à distinguer de la personnalité, qui a plus de constance), et qu'il est très difficile, voire impossible, de rétablir en présence d'un tableau ancien, il l'avait découvert de longue date dans la

3. En français dans le texte. *(N.d.T.)*

4. *La Pêche miraculeuse*, Belgique, chap. IV, p. 43. « Ce tableau vient d'être restauré ; pour le moment, il est posé par terre, dans une salle d'école, appuyé contre un mur blanc, sous un toit vitré qui l'inonde de lumière, sans cadre, dans sa crudité, dans sa violence, dans sa propreté du premier jour », p. 41. *(N.d.T.)*

poésie. Dans son roman, il avait pu faire un appel direct à ses propres souvenirs, et il avait exposé, avec une précision peu commune en ce domaine-là et en ce temps-là, la genèse d'un poème dans la tête de son héros tandis qu'il marchait; il avait noté la gestation subite de rythmes et d'images, anticipant en son principe un récit assez semblable de Paul Valéry[5].

À le voir ainsi fouiller la peinture en quête d'une personnalité, on se prend à penser parfois à une visée scientifique, comme si Fromentin se cherchait des lois psychologiques. Il va de soi que pareilles lois sont présupposées dans toute assertion qui explique la qualité d'une œuvre par le caractère de son auteur. Fromentin entreprend même de reconstituer le personnage peu connu de Ruysdael, par touches et interrogations discrètes, en partant des singularités de son art. Un tableau, se dit-il, nous renseigne infailliblement sur l'état d'esprit de celui qui l'a peint, au moment où il l'a créé. Et dans cette tentative, il précède, comme d'autres critiques, le psychologue expérimentateur qui étudie l'aspect individuel du comportement moteur et de l'imagination.

Or, ce qui importe plus à Fromentin que l'intuition génétique ou diagnostique, c'est la vision directe de l'œuvre même, telle qu'un individu hors ligne l'a empreinte de ses qualités. Alors il peut parler de la facture, des couleurs, de l'ordonnance; les dire nobles, généreuses, passionnées ou franches; bref, supposer qu'elles possèdent les attributs d'une humanité supérieure. En

---

5. « Seul, tout seul, dans le crépuscule bleu qui descendait du ciel, sous les ormeaux garnis de frondaisons légères, aux lueurs des premières étoiles qui s'allumaient à travers les arbres, comme des étincelles de feu semées sur la dentelle des feuillages, je marchais dans la longue avenue, écoutant cette musique si bien rythmée, et me laissant conduire par ses cadences. J'en marquais la mesure; mentalement je la répétai quand elle eut fini de se faire entendre. Il m'en resta dans l'esprit comme un mouvement qui se continua, et cela devint une sorte de mode et d'appui mélodique sur lequel involontairement je mis des paroles. Je n'ai plus aucun souvenir des paroles, ni du sujet, ni du sens des mots, je sais seulement que cette exhalaison singulière sortit de moi, d'abord comme un rythme, puis avec des mots rythmés, et que cette mesure intérieure tout à coup se traduisit, non seulement par la symétrie des mesures, mais par la répétition double ou multiple de certaines syllabes sourdes ou sonores se correspondant et se faisant écho. J'ose à peine vous dire que c'étaient là des vers, et cependant ces paroles chantantes y ressemblaient beaucoup. » *Dominique*, chap. v. *(N.d.T.)*

son siècle, la peinture ne représentait plus les types idéaux de l'homme, car elle n'était plus, comme dans l'ancien temps, rattachée au mythe et à la religion; on estimait désormais la valeur de l'art (même de celui du passé) à la subtilité du métier et au charme du pigment. Aussi cette perception extatique de l'humain, avec toutes ses modalités, dans la substance sensible de l'œuvre, c'était une grande révélation; à ce qui, en apparence, aurait pu n'être guère qu'artisanat et virtuosité, elle garantissait la possibilité d'exprimer avec profondeur les arcanes d'un univers personnel.

À chaque page du livre, nous pressentons l'humanité plénière de l'art et nous sentons l'humanité de l'attitude critique. Quand Fromentin s'enthousiasme pour Rubens, il ne fait autre chose, sinon juger une certaine qualité de vie humaine. Il s'est fait son image de la grandeur de l'homme, et quand il la rencontre dans un tableau, son cœur bat, son genou fléchit. Cette grandeur, elle est à la fois dans la conception du sujet et dans l'exécution. Elle est dans le visage et le geste de saint François communiant pour la dernière fois; elle est dans les couleurs et dans la touche qui rendent le corps nu du Christ. Il n'y avait qu'un grand homme pour concevoir et pour produire ces choses-là. La perfection morale du geste égale l'harmonie des tons. Fromentin nous intéresse parce qu'il est capable de nous faire voir que les plus hautes valeurs humaines sont mêlées dans un pan de couleur dans l'inflexion d'une ligne.

Notons aussi qu'il ne se contente pas de juger qu'une œuvre est bonne ou mauvaise. Parmi les tableaux qu'il admire, il en est peu de parfaits. Il est trop peintre lui-même, c'est-à-dire qu'il a été trop souvent aux prises avec la toile et qu'il a trop souffert du sentiment de ses propres faiblesses, même quand on a crié au chef-d'œuvre, pour aborder les œuvres d'autrui en prenant le « tout ou rien » pour principe. Devant Rubens, il demeure critique, il est attentif aux différences de telle et telle partie du tableau. Il voit bien que le génie du peintre est humain, que les aptitudes en sont inégales, qu'il est assujetti à des conditions de travail sans cesse compliquées. Dans un grand tableau, il est possible que la conception l'emporte sur l'exécution, qu'une figure soit magistralement rendue, qu'une autre soit d'un dessin plus lâché, et que toute cette instabilité d'un artiste tienne à son caractère. En comparant la *Mise en croix (L'Érection de la croix)* et la *Descente de croix*, Fromentin sait nous convaincre que le premier tableau est d'un Rubens qui va de l'avant, d'un Rubens plus vraiment lui-même, mais que le second est plus achevé, et que la représentation y est plus parfaite ; ou que son *Adoration des Mages* d'Anvers est moins accomplie que celle de Bruxelles et de Malines, et que c'est pourtant là « la dernière expression de son savoir comme coloris, de sa dextérité comme pratique »[6]. Cette critique est de l'espèce objective, mais objective avec profondeur, car elle sait voir les diverses manières de réussite dont un artiste est capable, et elle sait apercevoir des différences non seulement entre une œuvre et une autre, mais aussi entre tel ou tel aspect, entre telle ou telle partie d'une même création. Voilà ce dont nous regrettons parfois l'absence chez Baudelaire, critique plus juvénile par la fougue, plus imaginatif, plus ardent à l'éloge, mais aussi plus disposé à tout accepter *en bloc*[7] de la production d'un artiste ; pour lui, Delacroix est un dieu, le moindre de ses morceaux est un chef-d'œuvre, et, dans ses grands tableaux, chaque touche est également forte, également nécessaire. Dans ses pages grandioses sur Delacroix, nous sentons la volonté d'adorer, l'exaucement d'un désir de perfection. Fromentin est attentif, mais il l'est autrement ; son regard fouille plus, et peut-être, à la longue, révèle-t-il plus de choses ; il découvre des imperfections qui sont parfois plus instructives que les endroits parfaits, car elles n'en appartiennent pas moins à la personnalité, et elles nous aident à la mieux comprendre et à voir quelle victoire représentent ses réussites incontestées. Et quand il aborde une œuvre qui est pour lui, malgré ses imperfections, une grande chose, une chose transcendante, il change peu à peu de disposition. Du grave, il passe à l'exalté ; de l'examen et de la vérification, il monte à l'éloge lyrique ; puis il amplifie l'éloge et, de degré en degré, l'enlève en louange symphonique. Dans une dernière et belle

---

6. « Le tableau est moins scrupuleusement étudié que celui de Bruxelles, moins accompli que celui de Malines, mais... » Belgique, chap. VI, p. 65 et p. 66. *(N.d.T.)*
7. En français dans le texte. *(N.d.T.)*

page[8], il compare *L'Érection de la croix* à une ode, puis à une ode sublime; il choisit de finir sur la tête du Christ, et c'est la note culminante, la « strophe suprême ».

Quant à la nature personnelle et morale du tableau, la conviction de Fromentin s'impose à nous, et bientôt elle nous paraît aller de soi: c'est qu'il décrit et juge avec une confondante souplesse. À ce propos, il faut reconnaître aussi que son métier d'écrivain est pour quelque chose dans la substance comme dans le style de sa critique. Cette unité de la sensation et de l'opinion, qui est à la base de sa méthode critique, est aussi, à son époque, un principe de l'art d'écrire des œuvres d'imagination, c'est-à-dire de représenter le monde extérieur à travers les réactions d'une sensibilité. Au XIXe siècle, et surtout en France, la vie intérieure de l'individu, personnage de roman ou auteur parlant de lui-même, est devenue l'objet central, et, pour la mettre au jour, on représente le vécu avec le même raffinement dont use Fromentin pour caractériser les peintures d'autrefois. Disons qu'il a été l'un des premiers à introduire dans la critique d'art les qualités que les romanciers et poètes français déployaient déjà dans l'observation et l'expression du sentiment: il y fallait le face-à-face avec l'objet, le rendu nuancé des impressions, et cette prose rapide, flexible, dont la syntaxe et le vocabulaire, riches en termes sensoriels, fussent capables d'évoquer tout ensemble l'observé et l'observant sans dissoudre l'objet dans la sensation ou dans l'état d'âme. Écrire à traits et à touches, c'était l'idéal du style personnel. Tel fut aussi le but des peintres; par la façon dont il y est parvenu, l'impressionnisme s'est posé, pour un temps, en modèle perfectionné. Nous arrivons ici à un point où écriture et peinture s'entre-influencent de façon si complexe qu'il devient impossible de démêler les effets d'un des deux arts sur l'autre. Voir de ses yeux, c'est la façon la plus directe de prendre contact avec le monde extérieur; et ce qui s'affirme dans le caractère direct de cette expérience, c'est la libre activité du moi. C'est pourquoi la peinture moderne, art où se fondaient le subjectif et l'extérieur, exerçait sur le poète un charme tout nouveau. Dans sa jeunesse,

8. *Belgique*, chap. V, pp. 63-64. *(N.d.T.)*

l'étudiant Fromentin confiait que sa vie intérieure était active et qu'il absorbait énormément par les yeux.

L'originalité littéraire des *Maîtres d'autrefois* tient aussi à la forme, qui rappelle à la fois la chronique des Salons, le récit de voyage, l'essai critique et le journal intime. Comme les *Salons* de Diderot et de Baudelaire, ce livre roule sur ce qui est visible présentement, sur les œuvres qui sont exposées à tel ou tel endroit. Comme le récit de voyage, il suit un itinéraire, et il rapporte ce qui a fait impression sur Fromentin et ce qui l'a ému au cours d'un voyage dans l'été de 1875. À quoi s'ajoutent quelques pages de théorie d'une belle vigueur, car les principes y sont en jeu, et des excursions dans l'histoire et dans l'esthétique. Il propose des images précises des grandes figures de l'art. Enfin, c'est plus ou moins un journal intime, avec ses aveux, ses hésitations, ses enthousiasmes et ses regrets : l'artiste monologue sur ce qu'il a vu et ressenti.

Cette diversité des propos permet à Fromentin d'être entièrement lui-même, de faire appel à ses facultés, de mettre en avant ce qui l'intéresse, bien plus que s'il avait adopté telle ou telle forme convenue d'écrit sur l'art. Pour cette culture et cette personnalité si complexes, c'est là un moyen d'expression très docile. S'en tenir à ce que l'on a vu à Paris, puis en un seul voyage, c'est bien de l'inconvénient pour un critique. Force lui est de se taire sur des tableaux importants de Rubens et de Rembrandt conservés en d'autres pays, encore qu'il les connaisse bien grâce à des reproductions. Et il ne peut examiner comparativement l'œuvre entier d'un artiste, ce qui lui permettrait de confronter ses jugements isolés à une conception plus large ou à une perspective d'ensemble.

Néanmoins, cette restriction avait aussi ses avantages ; car c'est précisément en s'occupant des seules peintures qu'il avait sous les yeux que Fromentin a pu délivrer la critique de l'art d'autrefois de la manière livresque et guindée qui était alors de rigueur. Nous pouvons le voir mieux encore si nous comparons son livre avec les écrits de Delacroix sur l'art. Dans les carnets du grand romantique, il est de longs passages qui attestent la faculté de perception la plus pure et la plus fine ; mais les articles tels qu'il en publia toute sa vie, sur Gros, sur Poussin, Prud'hon

et d'autres, sont écrits d'un autre style : ce sont des compositions d'apparat, chargées d'éléments historiques et biogra-
phiques ; le ton est celui du discours tenu en public, et dans ces
travaux de simple convention, les qualités qui font le meilleur
du journal ne s'aperçoivent que vaguement. Fromentin est le
premier écrivain qui ait donné à la critique des maîtres du passé
— à la critique publiée — l'allure personnelle et spontanée de
cette clairvoyance en art qui, pour être restée jusqu'alors faculté
privée, n'en était pas moins objective et à laquelle bien des
artistes s'étaient sans doute exercés. Fromentin est à Delacroix
ce que la peinture impressionniste est à ses devancières : elle a
traité en réalité indépendante et solide ce qu'on regardait autrefois comme simple note, comme esquisse préparatoire ; de cette
façon toute directe d'aborder les choses, elle a tiré des conséquences qui vont plus loin. Dans la critique ici étudiée, il a
introduit ce principe directeur, l'immédiateté de la perception
brute et sans retouches, mais en préservant tout ce qui lui
venait de l'analyse et de la méditation assidue. Son livre est un
exemple précoce de ce qu'on pourrait appeler la critique de
plein air[9], bien qu'il se rattache encore à certaines théories et à
certaines normes traditionnelles. Je n'entends pas le poser en
critique de primesaut, qui juge d'après des impressions ; grâce à
l'étonnante acuité de sa vision, ses sensations sont en place, dès
le début, pour servir au jugement ; ses impressions sont un point
de départ, mais elles reviennent sans cesse nourrir sa réflexion ;
il vise à l'observation exacte et il exige que les jugements soient
constamment mis à l'épreuve. Il y a, c'est sa conviction, « de
grandes lois dans un petit objet » : aussi celui qui écrit sur l'art
doit-il posséder une intelligence aiguë, exploratrice, et c'est une
faculté que l'on n'associe guère à la critique d'impressions.

Le livre de Fromentin est une relation de choses vécues
plutôt qu'un recueil d'impressions ; ou bien ce sont là des
impressions qui ont la force de choc et l'importance du vécu.
Comme cet homme vit avec les yeux et avec la mémoire de ce
qu'il a vu, les impressions, chez lui, ne sont jamais « fugitives » :
il les retient avec obstination ; les choses, vraiment, il les mord

9. En français dans le texte. *(N.d.T.)*

des yeux. Rappelons-nous aussi que Fromentin appartient à la période intermédiaire entre la reproduction gravée et la reproduction photographique, où il n'y a pas, comme aujourd'hui, abondance de livres illustrés; en sorte que, parmi les œuvres qu'il s'apprête à voir, il en est peu qui lui soient déjà connues. Il est donc bien obligé de faire fond sur ce qu'il a ressenti en présence de la peinture. Cette nécessité s'impose moins au chercheur d'aujourd'hui, qui a toujours la possibilité d'emporter, après avoir jeté un coup d'œil rapide aux originaux, les photographies de tout ce qui a attiré son regard, et d'en nourrir plus tard sa méditation: voilà peut-être bien l'une des raisons pourquoi les modernes, quand ils écrivent sur l'art, sont si souvent indifférents aux raffinements subtils de la surface et de la couleur, et donnent tant d'importance aux linéaments, aux schémas du motif, lesquels sont parfaitement accessibles dans les reproductions en noir et blanc. À l'instar de l'impressionniste qui tente d'achever sa peinture devant le motif en une seule séance — idéal qui exige la plus grande concentration d'esprit —, Fromentin a mis dans ce livre nombre de notes de premier coup, sans les retoucher. Il est fort intéressant de comparer la version finale de son texte avec ses notes manuscrites et ses lettres. Ces documents montrent qu'il changea souvent de manière de voir; mais certaines de ces variations étaient déjà consignées dans les notes: il s'agissait d'observations nouvelles ou de corrections jetées sur le papier devant les tableaux mêmes.

C'est dans de singulières hésitations qu'il voit et revoit la *Mise en croix (L'Érection de la Croix)* et la *Descente de croix*, de Rubens. Quand il est pris de ces doutes, il retourne vers l'objet, il le scrute plus à fond, il s'évertue à déprendre son regard des vieilles habitudes et des opinions d'hier, et il lutte à grand-peine contre son propre jugement, jusqu'au moment où il parvient à un point d'arrêt.

Il est très surprenant que ces pages soient le fruit d'un voyage de moins d'un mois aux Pays-Bas, et pourtant, à y bien réfléchir, cela se comprend. Il va sans dire que le livre prend appui sur la réflexion de toute une vie, sur une manière de juger qui s'est formée en près de quarante années de peinture. L'un de ses principaux avantages, c'est qu'il se lit comme le récit d'un voyage d'un mois, mais d'un mois passé à regarder avec le plus grand acharnement et la plus forte contention d'esprit. Sans doute y trouve-t-on plus ou moins les qualités d'un livre de voyage, mais c'est le livre d'un explorateur qui, s'étant proposé un but particulier, fixe son attention sur ses objectifs ; qui est souverain connaisseur en son domaine et qui, affrontant telle chose pour la première fois, y met toute sa personnalité et toute sa science. Ce que Fromentin a à nous dire de la peinture flamande ou hollandaise, d'autres l'avaient exprimé en partie, du moins dans les généralités ; mais il y a, dans tous ses propos, un entrain et une solidité d'appétit que l'on ne retrouve guère, disons jamais, chez les écrivains plus anciens. C'est le premier livre qu'il ait écrit sur l'art et c'est donc une entreprise toute nouvelle, où l'on ne sent pas l'influence de la composition traditionnelle (même si, comme nous le soupçonnons, il a pu y glisser certaines idées qui remontent à une période plus ancienne de sa pensée). On dirait que les chapitres n'ont pas de tracé, pas de dessein bien formé ; avec des répétitions çà et là, ils suivent presque toujours les étapes du voyage. Et, pour s'en tenir à ce regard direct et hors des règles, il décrit aussi les villes comme il les voit ; les touches verbales, pittoresques mais habilement nuancées, font surgir des images semblables à tel ou tel des tableaux qu'il va y découvrir ; elles affermissent ainsi dans l'esprit du lecteur l'idée que l'art est chose locale et enracinée, et le sentiment que l'auteur, avec une parfaite unité de propos, envisage le monde de l'art avec la même finesse d'œil.

Au moment d'entreprendre cette tâche, Fromentin se demandait s'il avait quelque chose de vraiment nouveau à dire. Il hésita quelque temps avant de s'engager à faire ce travail. L'art des Pays-Bas venait de faire l'objet d'études importantes et il semblait que le sujet fût épuisé. Taine avait inclus dans sa *Philosophie de l'art* une section éblouissante sur la peinture flamande et hollandaise, affirmant, dans une prose de toute richesse et de toute netteté, l'influence de la race et du milieu sur les artistes de ces pays. Thoré-Bürger, révolutionnaire exilé en France, l'un des plus pénétrants critiques de ce temps, avait voyagé en Hollande et relaté dans *La Gazette des Beaux-Arts* les découvertes qu'il y avait faites, œuvres d'artistes inconnus

ou peu connus : Vermeer et Karel Fabritius, à qui les jeunes
peintres s'intéressèrent, parce qu'ils leur trouvaient des qualités
accordées aux ambitions de la peinture moderne; il avait écrit
sur Frans Hals, en qui l'on admirait un ancêtre du scandaleux
Édouard Manet. Fromentin tenait à éviter toute concurrence
avec ces écrivains. Après avoir lu leurs livres, il jugea que tout
restait à dire sur certains chapitres : on n'avait pas consacré
d'ouvrage vraiment critique aux maîtres flamands et hollandais,
du moins d'ouvrage qui offrît, comme celui qu'il comptait faire,
des vues psychologiques sur l'intime personnalité de ces
artistes. Il voyait parfaitement que ce nouvel éclairage historique avait l'avantage d'augmenter démesurément ce que nous
pouvions savoir des artistes et des temps où ils vivaient. Pour la
première fois, la personnalité de Rembrandt se dégageait des
documents découverts par des érudits hollandais. Or sa propre
intention, dès le départ, n'était pas d'écrire un ouvrage historique ou méthodique[10].

Plutôt que d'aventurer ses recherches dans des étendues où il
ne pouvait être, au mieux, qu'un amateur intelligent mais
incompétent, il s'en tint sagement au ferme terrain de sa propre
expérience.

Le domaine est donc restreint, mais Fromentin n'y est certes
pas à l'étroit. Il est sûr de son affaire : si l'on veut juger une
œuvre, la trame artistique en est l'élément concluant; il y a
pourtant d'autres aspects de l'art qu'il n'écartera pas comme
hors de cause et de nul effet sur la décision critique. Il est plus
libre en sa pratique qu'en sa théorie, plus séduisant aussi. Si
seul compte ce qui est artistique, vaut-il vraiment la peine de
dévisager la personnalité qui s'y cache ? Pour saisir la beauté
d'un Ruysdael, il n'est pas indispensable de s'imaginer la mélancolie de l'artiste, son vagabondage solitaire, sa secrète blessure.
Reste qu'en apercevant la personnalité de l'artiste dans l'œuvre,

---

10. « L'histoire de Rembrandt a été faite et fort bien [...], nous savons maintenant
de Rembrandt sinon tout ce qu'il importe de savoir, du moins tout ce que probablement on saura jamais, et cela suffit pour le faire aimer, plaindre, estimer et, je crois,
bien comprendre. » Hollande, chap. XVI, p. 254; cf. p. 389. Il s'agit de la *Vie de
Rembrandt*, par Carel Vosmaer, 1868. *(N.d.T.)*

on tient un moyen de découvrir la trame, une explication de certaines nuances et de certains accords : lettre close pour le spectateur, s'il ne sait rien de l'humanité incorporée à ces couleurs.

Fromentin donnait aussi au thème d'un tableau plus de poids que sa théorie n'en admettait. Au chapitre où il traite du sujet dans la peinture hollandaise, et où il a noté que l'anecdote et le thème historique y sont rares, il affirme, avec tout le tranchant qu'on connaît aux critiques modernes, que seule importe la peinture, c'est-à-dire le travail artistique[11]. Flaubert admira cette défense de la peinture pure et y vit une leçon capitale pour les artistes. Si toutefois le chapitre n'eût point été écrit, et si nous nous mettions en devoir de découvrir, grâce aux réactions de Fromentin en face des tableaux, ce qui au juste comptait pour lui, nous aurions vite fait de savoir que les thèmes étaient importants, et tout ce qu'ils signifiaient ; qu'il y fut parfois sensible jusqu'à l'émotion ; et que certains genres de peinture ne se peuvent juger que relativement au sujet traité. Quand il parle du portrait, il exige toujours que la nature du modèle[12] s'exprime dans l'image.

Si les portraits de Rubens sont inférieurs à ses autres ouvrages, explique-t-il, c'est que le peintre est un extroverti robuste et qu'il lui est impossible de concentrer son attention sur la vie intérieure d'autrui[13]. En revanche, si le *Saint Georges* est au nombre de ces œuvres de grands artistes qui ont exprimé « la plus pure essence de leur génie », Fromentin est sûr d'en connaître la cause : la manière de peindre de Rubens se pénètre

11. « Une chose vous frappe quand on étudie le fond moral de l'art hollandais, c'est l'absence totale de ce que nous appelons aujourd'hui *un sujet* [...]. Quelle raison un peintre hollandais a-t-il de faire un tableau ? Aucune ; et remarquez qu'on ne la lui demande jamais [...]. La France a montré beaucoup de génie inventif, peu de facultés vraiment picturales. La Hollande n'a rien imaginé, elle a miraculeusement bien peint. » Hollande, chap. IV, pp. 126, 134, 135. *(N.d.T.)*

12. « ...la personnalité de son modèle ». Belgique, chap. IV, p. 75. *(N.d.T.)*

13. « ...un miroir plutôt qu'un instrument pénétrant, un homme qui s'occupait peu des autres, beaucoup de lui-même, au moral comme au physique un homme de dehors, et en dehors ... [Observateur] qui reste au-dessous de sa tâche parce qu'il faudrait et qu'il ne sait pas se subordonner à son modèle ». Même chapitre, p. 82. *(N.d.T.)*

d'affection pour le sujet[14]. Remarquable par le pathétique est sa
description des tableaux religieux, ceux de Rubens, de Rembrandt, de Memling; plusieurs des plus belles pages du livre
sont consacrées au sentiment chrétien dans des œuvres comme
La Dernière Communion de saint François d'Assise, lesquelles
sont considérées en grande partie de ce point de vue; leur grandeur artistique semble être celle d'un haut fait spirituel ou
moral plus que d'un triomphe de l'invention plastique. Il est
évident que, si Fromentin condamnait le souci du sujet comme
étranger à l'art, il exceptait de cette critique les thèmes épiques
et religieux, pour lesquels il conservait un respect tout traditionnel. Quant au thème des « curiosités », son état d'esprit
n'est pas vraiment celui d'un moderne; il a plutôt entretenu la
hiérarchie des sujets qu'enseignaient les humanistes de
l'ancienne école. Il pouvait louer un Vollon, peintre de natures
mortes, artiste supérieur à ses yeux, mais avec cette réserve
qu'il pratiquait un genre inférieur. Comme d'autres en son
temps, il ne voyait pas que, s'il n'y avait rien à déchiffrer ni à
comprendre dans la nature morte et le paysage, ces genres
matérialisaient néanmoins une certaine manière d'aborder les
choses, et qu'à cet égard ils avaient leur importance philosophique, tout autant que le traitement des thèmes religieux ou
historiques; il ne s'avisait pas que les artistes donnaient de l'individualité à ces sujets-là comme aux autres, à telles enseignes
qu'on pouvait découvrir, dans quelques objets choisis et assemblés par Chardin, une personnalité bien marquée et un rapport
avec sa façon de peindre.

On ne saurait donc tenir Fromentin pour un pur critique des
formes ou de l'esthétique. C'est toute sa culture qu'il met dans
l'acte de voir. Psychologie, religion, histoire l'intéressent également, même si aucune de ces disciplines, quand il les envisage à

---

14. « ...ou bien lorsque sa manière de peindre se pénètre à la fois d'esprit, de sensibilité, d'ardeur, de conscience, d'affection pour ceux qu'il peint, d'attachement pour
ce qu'il fait, d'idéal en un mot, comme dans le *Saint George* [...]. Il y a dans la vie des
grands artistes de ces œuvres prédestinées, non pas les plus vastes, ni toujours les plus
savantes, quelquefois les plus humbles, qui, par une conjonction fortuite de tous les
dons de l'homme et de l'artiste, ont exprimé, comme à leur insu, la plus pure essence
de leur génie ». Belgique, chap. VIII, p. 85. *(N.d.T.)*

propos de l'œuvre d'art, n'approche en importance la trame esthétique de chaque œuvre en particulier. Et quand elles apportent leurs lumières sur cet aspect essentiel, elles font nécessairement partie de la critique. Dans *Les Maîtres d'autrefois*, on n'a pas l'impression qu'elles forment simplement l'« arrière-plan » d'une interprétation ni qu'il s'agisse d'une série de faits plus ou moins pertinents, tout froids cueillis dans des livres. Ces disciplines mettent en jeu la conviction et la profonde curiosité, et Fromentin les considère sous leur aspect humain et poétique; pendant quelque temps, elles ont occupé ses pensées sans qu'il y ait jamais vu un objet de recherche. Du reste, il n'a pas la tête théoricienne et il ne s'évertue pas à mettre en harmonie ses idées sur la personnalité de l'artiste, sur son œuvre et sur ses rapports avec la société. S'il croit, par exemple, qu'il est « impossible de parler *des hommes* et de les bien comprendre » sans connaître leur milieu (il le dit sans réserve aucune, dans une lettre écrite au cours de son voyage aux Pays-Bas[14bis]), il applique ce principe à l'examen de l'école hollandaise et des grands primitifs flamands, mais non pas à la description d'un Rubens ou d'un Rembrandt, comme si le milieu — notion plutôt vague dans son esprit, reconnaissons-le — était hors de cause quand il s'agit d'étudier des artistes du plus haut génie. Néanmoins, que Fromentin soit allé jusqu'à prendre souci du milieu, lui qui concentrait obstinément son attention sur l'esthétique, lui qui apportait ainsi l'élément dont bien des lecteurs pouvaient déplorer l'absence chez Taine, voilà qui indique l'ampleur de ses vues. S'expose-t-il à réduire des faits uniques ou indicibles, des actes individuels du génie créateur, à des généralités d'ordre social, étrangères à la nature même de l'art ? On pourrait le lui reprocher, mais il n'en a nulle crainte. Il regrette plutôt l'insuffisance de son bagage historique, alors que ses connaissances sont déjà considérables pour un profane — étant étudiant, il avait fréquenté Michelet — et qu'elles le guident bel et bien dans ses interprétations. Dans la

14bis. « Il est impossible de parler *des hommes* et de les bien comprendre, de les bien définir, eux et leur talent, si l'on ne voit pas nettement le milieu moral, politique, social, contemporain. » (Lettre à Mme Eugène Fromentin, Bruxelles, 27 juillet 1875.) *(N.d.T.)*

lettre citée, Fromentin marque une limite à l'importance du milieu : il sert à comprendre les hommes. Dans le livre, il va plus loin. Bien des années auparavant, Hegel avait défini avec une remarquable perspicacité l'assise sociale de l'art hollandais ; Taine l'avait étudiée ensuite, avec moins de pénétration ; Fromentin ne fait pas seulement apparaître qu'elle est là de toute évidence, mais aussi qu'elle est nécessaire à l'élaboration de l'œuvre d'art et inséparable de son caractère intime. Lisez, dans le chapitre qui traite de « l'origine de l'art hollandais, son caractère... », cette assertion curieuse et même fantasque : l'art est si étroitement lié à l'état des affaires néerlandaises qu'il est promptement issu de l'indépendance nouvellement acquise, comme si le « droit d'avoir une école de peinture nationale » était stipulé dans le traité de 1609[15]. On a souvent invoqué l'exemple classique de la peinture hollandaise pour affirmer qu'un style d'art dépend d'un cadre social et d'un milieu ambiant ; dans la Hollande du XVIIᵉ siècle, les rapports de la géographie, de l'économie, de la vie sociale, de la religion et de l'art sont d'une exceptionnelle évidence. Pourtant, on n'a guère approfondi cette intuition depuis l'époque de Hegel, et la notion de « milieu » a brouillé la perception des faits de société eux-mêmes. Un aussi transparent exemple d'une unité historique de l'art, de la nature et de la vie sociale remue l'imagination de Fromentin, qui toutefois n'entreprend pas de l'explorer. Ce qui nous intéresse le plus dans sa vision de cet ensemble hollandais, c'est qu'il voit vraiment les qualités communes à l'*école* hollandaise comme le talent de toute une société, comme une éducation des individus grâce à laquelle l'exécution atteint un niveau élevé chez le tout-venant des praticiens. Pour comprendre sa manière de voir, il faut l'opposer à cette idée reçue, que les caractéristiques d'une école résident dans un goût, une convention, un poncif, en soi dénués de valeur artistique et utiles tout

---

15. « Il ne lui reste plus [à ce petit peuple], pour affirmer son existence propre et lui donner le lustre des civilisations prospères, qu'à produire instantanément un art qui le consacre, l'honore et qui le représente intimement, et tel se trouve être le résultat de la trêve de douze ans. Ce résultat est si prompt, si formellement issu de l'incident politique auquel il correspond, que le droit d'avoir une école de peinture nationale et libre et la certitude de l'avoir au lendemain de la paix semblent faire partie des stipulations du traité de 1609. » Hollande, chap. II, p. 112. *(N.d.T.)*

au plus comme substrat pour les accomplissements des grands maîtres. La vie bourgeoise et ses meilleurs moments — et la Hollande en offrait un exemple — possédait, aux yeux de Fromentin, certaines valeurs morales positives: la probité, la patience, la consécration à une tâche, l'attitude raisonnable, la déférence pour le réel, qui déterminent le caractère d'artistes secondaires et confèrent à leur peinture l'accent d'un sérieux et d'une honnêteté parfaitement dignes de notre respect[16]. Voyons l'aristocratique Belgique: dans l'entourage de Rubens il n'y a pas de ces personnalités mineures mais intéressantes, il n'y a que des imitateurs ou des aides; en Hollande, Fromentin découvre une foule de peintres secondaires, mais originaux, mais séduisants; et nombre de ces artistes exercent en même temps une autre profession.

J'ai dit que Fromentin voulait garder dans son livre un souvenir de ses impressions de voyageur et que les chapitres suivent à peu près son itinéraire aux Pays-Bas. Or, de même qu'un tableau impressionniste, tout attaché qu'il est à tel site et à tel moment, possède une composition sous son apparence d'impromptu, de même en cet ouvrage, où ne se laissent voir ni plan ni méthode, il y a une construction, une large antithèse qui fonde les appréciations elles-mêmes et leur donne les allures théâtrales d'un jugement. Ce bâti n'est pas de toute beauté ni de toute grandeur, mais c'est une forme, voilà l'important.

D'un côté se tient Rubens, le Flamand, le catholique, le maître le plus proche de l'idéal de Fromentin; c'est l'homme extérieur, c'est l'artiste qui synthétise l'italien et le nordique, c'est le génie qui ne connaît point l'embarras et qui produit d'abondance, avec la tranquille vigueur d'une force de la nature[17]; plus on le voit, plus il gagne en maîtrise et en gran-

---

16. « On dirait des vertus domestiques transportées de la vie privée dans la pratique des arts et qui servent également à se bien conduire et à bien peindre [...]. Vous sentez une hauteur et une bonté d'âme, une tendresse pour le vrai, une cordialité pour le réel, qui donnent à leurs œuvres un prix que les choses ne semblent pas avoir. » Hollande, chap. II, p. 118. *(N.d.T.)*

17. « Il créait comme un arbre produit ses fruits, sans plus de malaise ni d'effort. » Belgique, chap. IV, p. 89; et p. 91: « Il a tous les caractères du génie natif, et d'abord le plus infaillible de tous, la spontanéité, le naturel imperturbable, en quelque sorte l'inconscience de lui-même... ». *(N.d.T.)*

deur; c'est dans le portrait seulement qu'il échoue[18], mais c'est
là un travail qui exige un sentiment du monde intérieur des personnages, de leur « dedans »; de ce sentiment-là, Rubens était
naturellement privé, car il était incompatible avec les qualités
qui faisaient son excellence. De l'autre côté, voici le génie de la
Hollande, le protestant Rembrandt, artiste *hors concours*[19], qui
se tient au-dessus de tous les autres peintres admirés de Fromentin. Sa grandeur se découvre avec une parfaite évidence
dans le portrait, art spirituel entre tous aux yeux de notre
auteur. Pourtant Fromentin n'arrive pas à accepter Rembrandt.
Certaines de ses œuvres — dont les plus fameuses, telles *La
Leçon d'anatomie* et *La Ronde de nuit* — le laissent très froid
ou lui inspirent des doutes[20]. Pour plus de la moitié, ce qu'il dit
de cet artiste s'applique à des tableaux qu'il écarte. Selon Fromentin, Rembrandt est une personnalité dédoublée[21]. Ses
objectifs étant désaccordés, des erreurs néfastes se sont glissées
dans son œuvre. C'est le type même de l'homme moderne en
puissance, et son exemple empoisonne l'art. Rubens, lui aussi,
possède de naissance des possibilités contraires; même ses
maîtres, Van Noort et Van Veen, représentent des inclinations
opposées de l'être humain et de toute culture; le premier plus
spontané, plus chaleureux, franc exemplaire du caractère
flamand; le second cultivé, académique et plutôt contraint[22].
Néanmoins Rubens était homme à souder ces qualités, à con-
férer à l'exubérance naturelle de l'un cette harmonie qui, chez
l'autre, manquait d'épaisseur, d'inspiration, de sève. Rembrandt, qui ne fut pas moins doué que le maître flamand, conserva côte à côte les deux éléments antagonistes qui composaient sa nature; il voulut être réaliste et être idéaliste, peindre
l'invisible et peindre le visible. Que ces constituants se présen-

---

18. Il « reste au-dessous de sa tâche », p. 82. *(N.d.T.)*

19. En français dans le texte. *(N.d.T.)*

20. Sur le premier tableau, pp. 184-189; sur le second, pp. 201-205. *(N.d.T.)*

21. « Rembrandt serait en effet inexplicable, si l'on ne voyait en lui deux hommes de
nature adverse qui se sont fort embarrassés [...]; quant à leur objectif, il est absolument opposé ». Hollande, chap. xiv, p. 232. *(N.d.T.)*

22. Belgique, chap. ii, pp. 22-28; cf. pp. 288-289. *(N.d.T.)*

tent séparément, on voit naître de grands chefs-d'œuvre[23]. Qu'il les fasse concourir à une même œuvre, *La Ronde de nuit*, par exemple, c'est l'échec. Dans quelques rencontres seulement, la combinaison des deux opposés fait un tableau réussi : voyez *Les Syndics des drapiers*[24].

Quoi que nous puissions penser de ce jugement sur Rembrandt, le plus dérangeant et le plus controversé du livre, il tient aussi à l'art d'écrire chez Fromentin : comme si, ayant professé son culte de Rubens dans la première partie, il trouvait nécessaire d'amener dans la seconde, pour donner la réplique, une personnalité artistique du modèle opposé, un motif qui soit de taille à donner par contraste plus de force et d'intensité à son image de Rubens. C'est la dualité contre l'unité, le subjectif contre l'objectif, le caché contre le déclaré ; le style du mystère et de l'apparition floue, contre le style du drame exposé en son instant culminant et à la claire lumière du jour. Par manière de contraste complémentaire mais renversé, les petits maîtres hollandais, individualités pleines de charme, sont opposés aux contemporains et aux disciples de Rubens, Flamands de moindre stature, satellites sans éclat plutôt que petits astres indépendants. Et dans la dernière partie, abordant les primitifs flamands du XVe siècle, Fromentin isolera encore Van Eyck et Memling, en fera deux personnalités antithétiques, incarnations l'une du matériel et l'autre du spirituel, et réduira le reste de la peinture flamande primitive à un accessoire de ces deux maîtres.

Il ne faut pas en déduire que toutes les analyses formulées et

23. « Peut-être apercevez-vous en effet, dans ce génie fait d'exclusion et de contrastes, deux natures qui jusqu'ici n'auraient pas été bien distinguées, qui cependant se contredisent et presque jamais ne se rencontrent ensemble à la même heure et dans la même œuvre : un penseur qui se plie malaisément aux exigences du vrai, tandis qu'il devient inimitable lorsque l'obligation d'être véridique n'est pas là pour gêner sa main, et un praticien qui sait être magnifique quand le visionnaire ne le trouble pas. » Hollande, chap. XIII, pp. 230-231. Voir les variantes, pp. 375-379. *(N.d.T.)*

24. « Les deux hommes qui longtemps s'étaient partagé les forces de son esprit se donnent la main à cette heure de parfaite réussite. Il clôt sa vie par une entente avec lui-même et par un chef-d'œuvre. » Hollande, chap. XV, p. 247. Dans les Variantes, p. 376 : « Il existe aussi, mais rarement donc un troisième Rembrandt, qui par moments a voulu concilier tout cela, et des œuvres où a été tenté l'accord entre le vrai et la chimère, entre la matière et l'esprit. » *(N.d.T.)*

tous les jugements portés dans ce système d'antithèses sont forcément artificiels et calculés en vue de l'effet littéraire. En posant face à face des choses dissemblables, en recherchant les contrastes, nous mettons souvent en lumière des caractéristiques secrètes qui auraient pu nous échapper. Le conflit est d'une si fondamentale importance pour la poussée de la personnalité, qu'en recherchant ce qu'il y a de double dans un artiste, on peut aboutir à une interprétation des plus fructueuses; pour une bonne part, la critique récente provient de cette intuition, et la modernité du livre de Fromentin tient assez à son éclairage dialectique. Mais son image définitive de Rembrandt est assurément déformée : nous ne saurions admettre que pareil artiste se soit tenu à deux styles opposés sa vie durant; voilà qui n'est guère conciliable avec ce que l'on sait de son évolution. Un modèle d'interprétation trahit ce qu'il recèle d'arbitraire quand il aboutit à une conclusion fausse. La chose n'est pas rare, et nous en avons un autre exemple, non moins instructif, dans l'exposé sur Rubens. En 1875, on ne savait pas grand-chose de solide sur la peinture de Van Noort, le premier maître de Rubens; ce qui n'empêchait pas que, dans la tradition romantique, on le dépeignît comme une nature vigoureuse, exubérante, comme le maître qu'il fallait à un Rubens, à un Jordaens. Les exigences de sa théorie générale poussaient Fromentin à reconstruire cette physionomie du maître en lui conférant par hypothèse des traits dont il pouvait déduire ensuite les qualités flamandes du très réceptif élève. Or nous savons que Van Noort ne ressemblait absolument pas à cette image-là; que Fromentin se fondait sur une seule œuvre, aujourd'hui restituée à Jordaens; que Van Noort, loin d'être l'opposé de l'académique Van Veen, fut du même cortège romanisant; et qu'il eût été en peine d'offrir au jeune Rubens un exemple de robustesse naturelle et de liberté en art.

Ce Van Noort de Fromentin, c'est une invention de romancier. Il nous fait souvenir du bâti de *Dominique* : les personnages y sont assemblés en couples antithétiques. Or l'accent qu'il met sur la dualité — soit résolue, comme dans la personnalité de Rubens, soit maintenue, comme dans celle de Rembrandt — est autre chose qu'un expédient littéraire. Nous avons dans l'idée que ce choix résulte d'un conflit personnel :

Fromentin avait conscience de cette polarité intérieure et il savait, de science douloureuse, que les imperfections de son art venaient du profond de son caractère. Il finit par comprendre, avec une perspicacité singulière, ce que la personnalité d'un artiste est à son œuvre. À son époque, on disait souvent de lui qu'il possédait une nature double et qu'il n'était donné qu'à lui d'être également doué comme peintre et comme écrivain. Aujourd'hui, nous prisons l'écrivain plus que le peintre et nous nous demandons s'il n'oscillait pas ainsi de l'art à la littérature parce qu'il doutait de lui-même, qui sait?, et parce qu'il tentait d'échapper au plus redoutable défi de sa nature : trouver une solution et une seule. Telle était la rude exigence, et il ne pouvait s'y résoudre. Depuis l'adolescence, il était tourmenté par cette nécessité du compromis et par un sentiment d'inertie spirituelle. S'il batailla contre des parents conservateurs, certes respectueux des arts — son père était médecin et peintre amateur —, mais qui rêvaient pour lui d'une belle carrière d'avocat, il ne s'émancipa jamais ; il restait prudemment à l'attache, car il dépendait d'eux matériellement. Admirateur passionné de Delacroix, il était déjà, tout jeune homme, ce romantique radouci qui s'exhortait lui-même à la prudence et à la modération[25]. À l'âge de vingt-quatre ans, il écrivait que le secret de la vie, c'est de connaître ses propres limites. Pour peindre, il passa en Afrique du Nord, univers lointain où il quêtait une liberté que la France ne lui laissait pas. Les années passant, il se trouva bel et bien asservi à cet exotisme africain, à ces sujets qu'il continuait de reproduire de mémoire alors qu'il n'en tirait plus la moindre inspiration. Ému par les paysages de Provence, où il découvrait des possibilités nouvelles, il conclut que ce serait imprudence d'abandonner des thèmes et un style que le public s'était si bien mis dans la tête. Il écrivit donc à son père qu'il peindrait désormais de deux manières : l'une pour le public, l'autre pour lui-même. On pouvait s'attendre au résultat : il ne peignit que pour le Salon.

L'homme laisse voir son caractère par la contrainte qu'il

---

25. « En me démontrant que je n'étais rien, tout ce que j'ai fait m'a donné la mesure de ceux qui sont quelque chose. » *Dominique*, chap. II. *(N.d.T.)*

s'impose en ses délicates peintures; il est de ceux qui vivent au-dessous de leurs vrais moyens, anxieux qu'ils sont et mal résolus à prendre des risques. Il justifiait cette attitude en rabaissant ses capacités, comme si elles eussent été fatalement et définitivement limitées, au lieu de faire effort pour surmonter les faiblesses qu'il s'attribuait. Le héros de son roman, fait à son image, se sous-estime volontiers, lui aussi : Dominique parle de lui-même comme d'un médiocre, d'un raté, alors que son histoire et tout ce qu'il y a dans son esprit signalent l'homme supérieur. C'est une personnalité vaincue, dont la souffrance résulte d'une passion sans espoir, d'une passion romantique. Pour se maîtriser après ce chagrin d'amour (c'est la grande crise de la jeunesse de Fromentin), il renonce à la poésie, dit adieu à toute ambition intellectuelle et se retire en province, simple fermier journalièrement en présence des réalités de la nature et du travail physique. C'est le choix du bon sens, l'alternative aux solutions romantiques, voyage ou religion : le maître de Fromentin, Cabat, s'était retiré pour un temps, au sortir d'une crise, dans un couvent de dominicains. Dominique, selon Sainte-Beuve, n'est pas tout à fait poète et n'est pas tout à fait amoureux ; en lui l'amoureux prend sa crainte pour de la vertu, sa timidité naturelle pour un stoïque effort[26].

(Chose curieuse, Fromentin avait noté, dans le brouillon d'un essai inédit de Sainte-Beuve, bien des années auparavant, que le grand critique était une nature double, faible et contrite, un homme de souvenirs, de regrets et d'impressions modérées[26bis].)

---

26. « Dominique a du mélange en lui : ni tout à fait amant, ni tout à fait poëte ou écrivain, il aura des ressources dans ces demi-partis mêmes (...) Ce Dominique, non plus, ne doit pas être content de lui, et il ne saurait nous être présenté, en définitive, comme une manière de sage qui a triomphé de la passion. C'est un amoureux simple qui a pris sa crainte pour de la vertu, sa timidité naturelle pour un stoïque effort ». Sainte-Beuve, *Nouveaux Lundis*, t. VII, M. Lévy Frères, 1867, pp. 144 et 147. *(N.d.T.)*

26bis. « SAINTE-BEUVE. — *Homme d'analyse* (...) *Il est double*, ce qui suppose la lutte; — faible, ce qui explique ses défaillances; toujours entre le mauvais lieu et l'amour; mystique, — *chaste* ou du moins *honteux*. Il se rachète par sa *contrition* (...) C'est l'homme des souvenirs, par conséquent des regrets, — c'est-à-dire des impressions tempérées. » E. Fromentin, *Lettres de jeunesse*, p. 30. *(N.d.T.)*

Même dans sa jeunesse, plus ardente et plus pleine d'espoir, Dominique est un être double et craintif : ses poèmes paraissent sans nom d'auteur ; mais un traité politique signé de son nom lui vaut un prestige considérable. Fromentin, obsédé de sa dualité, ne cesse de la projeter dans ce qu'il écrit.

Quant à son attitude envers Rembrandt, on peut la considérer comme une justification. Scrupuleux comme il l'était en examinant la peinture des siècles passés, Fromentin n'était pas homme à se soustraire à ses désirs, et moins encore à ses secrètes nostalgies.

Désirs, regrets, se font souvent connaître dans ce livre qui semble, à première lecture, le triomphe de l'observation disciplinée et du jugement. Même l'exposé sur Rubens épouse les besoins antérieurs de cet artiste profondément inquiet. Définir le maître flamand par cette formule mémorable, tempérament « sans orages et sans chimères »[27], c'est le mettre en antithèse avec ce qu'il fut lui-même, avec ce jeune Dominique d'il y a quinze ans, « cœur courageux... et certainement martyrisé de chimères »[28]. De même Rembrandt ne lui paraît acceptable que dans les moments où il échappe à ces « chimères »-là ; le même terme s'impose à son esprit devant le grand portrait du bourgmestre Six : « D'après ce personnage peu chimérique, il fait une peinture sans chimère... »[29] Un Delacroix, qui ne fut pas moins fervent dans l'adoration de Rubens, et qui plaça Rembrandt au-dessus de Raphaël, faisait fête à ces imaginations chimériques. Au contraire de Fromentin, il y voyait la vraie source de l'art : quand l'artiste saisit son pinceau, disait-il, il abandonne le train facile et banal de la vie quotidienne pour pénétrer dans le monde des nobles chimères, qui sont nécessaires à l'ardeur créatrice.

N'allons pas en conclure que le critique demeure emprisonné dans lui-même et que ses opinions se ramènent à un aveu personnel ; le livre de Fromentin contient trop de choses vérifiables

---

27. « C'était une âme sans orage, sans langueur, ni tourment ni chimères », p. 89. *(N.d.T.)*

28. *Dominique*, chap. II. *(N.d.T.)*

29. Hollande, chap. XIV, p. 235. *(N.d.T.)*

à l'œil nu pour qu'on ait droit d'en juger aussi superficiellement. Il a toute raison de parler de l'égalité du naturel chez Rubens; mais la chaleur qu'il y met vient de ses propres désirs; plus distinctement que tous autres, il a vu cet aspect de Rubens, cette vertu dont il avait tant manqué dans sa jeunesse et qu'il se proposait désormais d'acquérir pour lui-même. Il était rassurant de découvrir que cet homme, pour débordante que fût sa vitalité, avait été capable de se modérer, de se contenir, de se raisonner. Or, dans le Rubens dont Fromentin nous livre l'image, il nous manque un important élément du personnage: le peintre du monde familier. Il admire en critique la mâle vigueur de Rubens, mais il bronche et se dérobe devant l'aspect de son art où, justement, cette force-là s'étale avec la plus chaleureuse sincérité: les peintures païennes aux grands nus sensuels. Fait-il allusion au portrait de l'épouse de Rubens, il avoue qu'il y a quelque indiscrétion à l'avoir représentée demi-nue[30].

Avec Rembrandt, les rapports sont plus embrouillés, plus inquiets. Pour dire la chose très sommairement, c'est lui-même que Fromentin cherchait à défendre quand il jetait le doute sur Rembrandt; c'est son propre but, un but absolu, qu'il désignait en portant Rubens aux nues. Rubens, c'était un Fromentin plus énergique et plus viril infiniment, le type d'artiste qu'il eût aimé être: un Delacroix moins à la merci de ses nerfs, plus robuste, qui se fût senti chez lui dans la sphère religieuse aussi bien que dans la sphère profane, qui eût pu peindre allégrement un torse dans l'après-midi, puis, content de soi, monter à cheval sans plus penser à la peinture[31]. Mais Rembrandt, c'était le songe de sa conscience attristée, c'était lui-même en ses inquiets débuts, la chimère bohème et romantique de sa jeunesse, le peintre poète, le réfractaire, le fanatique de la sincérité, l'intraitable,

---

30. « ...en grand déshabillé, nue jusqu'à la ceinture ». Belgique, chap. VIII, p. 83. « Je ne parle pas de son portrait, qu'il prodiguait, ni de celui de ses deux femmes, dont il a fait, comme on le sait, un si continuel et si indiscret usage. » Chap. VII, p. 72. *(N.d.T.)*

31. « Les deux torses [...] n'ont pas subi non plus un grand nombre de coups de brosse superposés. Peut-être bien, dans ses journées si régulièrement coupées de travaux et de repos, sont-ils chacun le produit d'une après-midi de gai travail, — après lequel le praticien, content de lui, et il y avait de quoi, posa sa palette, se fit seller un cheval et n'y pensa plus. » Belgique, chap. IV, pp. 46-47. *(N.d.T.)*

toujours fâché avec l'autorité : celui que l'artiste moderne n'avait pas eu l'audace de suivre, et qu'il avait sacrifié de bonne heure aux nécessités de sa réussite. Le Hollandais chagrin bouscule en ses plus secrets désirs le Fromentin d'autrefois ; du coup, il ôte de leur justesse aux idéaux professés par le Fromentin d'à présent.

C'est surtout quand il critique Rembrandt que Fromentin se confie aux lois et aux contraintes absolues. Il découvre dans Rubens une « mesure » admirable ; mais ce n'est pas le maître flamand qui lui donne occasion d'exposer des règles. Son art est un triomphe du pur génie, qu'un miracle met en parfaite harmonie avec le sain jugement. Face à Rembrandt, il en va bien autrement ; Fromentin l'examine en censeur inflexible ; ses échecs, il ne les impute pas à un défaut de génie, il ne les explique pas par des circonstances défavorables, mais il les rejette sur les entêtements de l'artiste, sur son dédain de la simple logique et des règles de son art. Rembrandt s'évertue à l'impossible, qui voudrait surmonter le principe d'identité et le principe de contradiction. Quand il perd ainsi le nord, sa couleur s'enfume, l'exécution se gâte, tout va de travers[32].

Quelles sont donc ces règles auxquelles Rembrandt désobéit par fatalité ? Il est intéressant pour la conscience de Fromentin que non seulement elles recommandent la conformité du fait qu'elles sont les règles, mais qu'elles sont elles-mêmes règles de conformité. Si vous peignez la réalité, tenez-vous-en à la réalité ;

32. « Partout où Rembrandt s'oublie, j'entends dans ses compositions, chaque fois qu'il ne s'y met pas lui-même, et tout entier, l'œuvre est incomplète, et fût-elle extraordinaire, *a priori* l'on peut affirmer qu'elle est défectueuse. Cette nature compliquée a deux faces bien distinctes, l'une intérieure, l'autre extérieure, et celle-ci est rarement la plus belle. Les erreurs qu'on est tenté de commettre en le jugeant tiennent à ceci, que souvent on se trompe de face et qu'on le regarde à l'envers. » Hollande, chap. XII, p. 204. Sur *La Ronde de nuit* : « Regardez les manches à crevés dont on [Bürger] parle avec tant d'éloges, les manchettes, les gants ; examinez les mains. Considérez bien comment, dans leur négligence affectée ou non, la forme est accentuée, les raccourcis s'expriment. La touche est épaisse, embarrassée, presque maladroite et tâtonnante. On dirait vraiment qu'elle porte à faux, et que mise en travers quand elle devrait être posée en long, mise à plat quand tout autre que lui l'aurait appliquée circulairement, elle embrouille la forme au lieu de la déterminer. » Chap. XIII, pp. 221-222 ; cf. p. 371. Et dans les Variantes, p. 359 : « ...ce nuage, cet estompage, ce charbonnage embrumé qui tient au parti pris général du tableau et fait flotter les formes souvent au détriment des points d'appui ». *(N.d.T.)*

si vous peignez la vision, tenez-vous-en au visionnaire. Ne
mêlez point les deux dans la même œuvre. Surtout, conformez-
vous à votre thème. Si c'est un portrait, soyez fidèle à votre
modèle; si c'est un milieu profane, qu'il soit reconnaissable pour
tel dans les costumes, dans les gestes, dans les proportions et
dans la disposition de l'ensemble. *La Ronde de nuit* n'est ni religieuse, ni héroïque; pourquoi donc cette confusion bizarre et cet
assombrissement, cette mélancolie ténébreuse, dans une sage assemblée de bons bourgeois? Avec ses ombres et ses lumières, ce tableau est une mystification, non pas une transfiguration de la
réalité[33].

Tout cela paraît fort sensé; nous l'avons souvent entendu
dire quand il s'agissait d'expliquer d'autres échecs de grands
artistes. Il y a toujours, dans ces œuvres-là, une incompatibilité
majeure de deux aspects.

Dans le cas présent, Fromentin conduit un raisonnement qui
ne nous persuade pas, car nous avons déjà constaté, dans
d'autres œuvres majeures, pareil effort, pareille ambition de
concilier des éléments apparemment incompatibles, d'obtenir
que le surnaturel soit naturel, que le naturel soit irréel, d'unir
mouvement et stabilité, motif de surface et profondeur. Fromentin n'a-t-il pas discerné de ces oppositions chez Rubens, et
sans aller dire qu'il y ait problème? À la vérité, il hésite, devant
le *Martyre de saint Liévin*, où le sacré fait un paradoxal con-

_____

33. « Les embarras du praticien quand il exécute, du dessinateur quand il construit, du peintre quand il le colore, du costumier quand il l'habille, l'inconsistance du ton,
l'amphibologie de l'ëffet, l'incertitude de l'heure, l'étrangeté des figures, leur apparition fulgurante en pleines ténèbres, — tout cela résulte ici par hasard d'un effet
conçu contre les vraisemblances, poursuivi en dépit de toute logique, peu nécessaire
et dont le thème était celui-ci : éclairer une scène vraie par une lumière qui ne le fût
pas, c'est-à-dire donner à un fait le caractère idéal d'une vision [...]. Le pays, le lieu,
le moment, le sujet, les hommes, les choses ont disparu dans les fantasmagories ora-
geuses de la palette [...]. Quant à la lumière, elle ajoute une inconséquence à des à peu
près. Elle est surnaturelle, inquiétante, artificielle; elle rayonne du dedans au dehors,
elle dissout les objets qu'elle éclaire. Je vois bien des foyers brillants, je ne vois pas
une chose éclairée; elle n'est ni belle, ni vraie, ni motivée. » Hollande, chap. XIII,
pp. 229-230. Dans les *Variantes*, pp. 351-352 : « ...On admire la fantasmagorie de
cette toile, extrêmement chimérique en effet [...] il y a du spectre dans beaucoup de
ces figures [...] une œuvre mixte, très singulière, un peu dans la vie, beaucoup dans le
rêve... » *(N.d.T.)*

traste avec le violent[34]; mais il ne voit pas que, pour l'artiste baroque, souffrance, gloire, extase se confondent et trouvent une unité.

Quant aux règles du coloris, dédaignées par Rembrandt, nous reconnaissons en elles les exigences d'un certain style ou d'une certaine tradition dont Fromentin est l'anxieux gardien face aux hérétiques de son temps. Il réclame que la couleur locale persiste, et dans la lumière, et dans l'ombre la plus épaisse : prescription qui n'aurait aucun sens dans un genre d'art où l'on ne prendrait nul souci d'une illumination naturelle; là même où la lumière est d'importance majeure, comme dans la peinture impressionniste, il est de grandes œuvres où cette règle est violée, où s'édifie, sur cette violation même, une beauté nouvelle, sans parler d'une évocation plus précise que la réalité. Que Fromentin connaisse bien l'histoire et soit au fait de la merveilleuse variété des styles pratiqués, avec un art supérieur, en des siècles et en des lieux différents; qu'il soit persuadé que l'homme est source de l'expression, l'inventeur des moyens voulus, l'artisan de sa propre espèce d'unité; et qu'il veuille pourtant imposer les conventions de son école comme présupposés de tout art digne de ce nom, voilà qui est surprenant. Telle est la plus commune et la plus indéracinable erreur de la critique; on la trouve chez ceux-là mêmes qui l'ont dénoncée avec le plus de fermeté.

Et pourtant, il y a plus à dire sur la nature prise comme norme. Pour l'artiste moderne, c'est une erreur monstrueuse, une erreur de philistin. Or, quand il demandait qu'on se conformât à la nature, Fromentin ne parlait pas en académique obtus. Il est trop facile, aujourd'hui, d'estimer qu'on est au-dessus de ces préceptes naturalistes des écoles de jadis, de ces conventions étrangères à l'art. Je suis certain que les grands artistes du XIXe siècle, eux qui concevaient la peinture comme

---

34. « Rubens a-t-il cherché le contraste? Fallait-il [...] que ce tableau eût à la fois quelque chose de furibond et de céleste, qu'il fût horrible et souriant, qu'il fît frémir et qu'il consolât? Je crois que la poétique de Rubens adoptait assez volontiers de pareilles antithèses [...]. Il est bon dès le premier jour de s'accoutumer à des contradictions qui se font équilibre et constituent un génie à part. » Belgique, ch. III, p. 34. *(N.d.T.)*

une harmonie des couleurs et des formes, eux qui dédaignaient la ressemblance exacte, dont le vulgaire faisait ses délices, ne reconnaîtraient pas leur principe dans l'art du xxᵉ siècle, et seraient choqués de constater chez les modernes l'habitude des déformations et l'indifférence à la nature. Il n'y a pas si longtemps que Cézanne, admirateur de la peinture de Monet, trouvait celle de Gauguin stylisée et aplatie au-delà du tolérable. Delacroix, lui aussi, considérait la faculté de représenter comme un don de l'art, supérieur et nécessaire. Nous avons de lui un essai sur Gros où il propose surtout à notre admiration le réalisme de cet artiste; la manière dont le champ de bataille est restitué lui paraît pleine de grandeur et d'originalité; s'il trouve à redire à certaines des meilleures peintures de Gros, c'est qu'il y a découvert des disconvenances de perspective de tel à tel autre plan. Étant donné que les figures étaient campées dans un espace perspectif, l'harmonie artistique était au prix d'un accord du monde représenté, nécessité aussi contraignante que celle d'un accord des lignes et des tons voisins. Perspective, lumière, ombre, articulation naturelle des corps, tout cela plongeait dans les normes esthétiques plus profondément que les artistes eux-mêmes ne s'en avisaient. On étudiait les « valeurs », comme on disait — l'échelle de la brillance relative des tons —, comme moyen d'illusion et comme source d'une beauté particulière du coloris. Chez Fromentin, comme chez d'autres auteurs, le rapport n'est pas de toute clarté entre ces deux aspects; on ne saisit pas parfaitement la différence entre les valeurs, règles qui gouvernent la représentation correcte de l'atmosphère et de la lumière par le choix des tons appelés à se placer convenablement dans les profondeurs de la troisième dimension, et les valeurs, éléments artistiques, on pourrait dire musicaux, système de tons harmonisés selon une échelle ou un ordre des luminosités; ces valeurs-ci peuvent se présenter dans un style qui ne vise pas à rendre l'atmosphère ou l'illumination naturelle. Sous cette exigence de fidélité à la nature — qui était formulée sans trop de logique ni de minutie —, nous percevons le principe d'une harmonie et la recherche d'un ordre : de même l'art abstrait, en prenant pour seul critère de perfection la cohérence de l'ensemble construit, impose un système d'éléments restreints où les formes ont un caractère commun. Déjà la nature était un ordre; elle avait sa loi secrète et ses riches correspondances, où le peintre de génie pouvait faire des découvertes originales. C'est pourquoi, au XIXᵉ siècle, les plus fervents dévots de l'art pur, s'ils pouvaient différer d'opinion sur les aspects de la nature qui devaient primer et sur la beauté des moyens à employer, tenaient pour concédé qu'il fallait se conformer généralement à la nature. La notion de naturel était fluide, elle avait beaucoup flotté dans le contenu séculaire de l'art occidental — sur quoi se fondait ce naturalisme de principe —, et elle permettait donc une immense variété de styles. On connaissait une noble correction d'avec une exactitude pédante, et les meilleurs artistes du siècle dernier s'avisèrent que la naïveté, en matière de dessin, avait du charme et de l'expression; qu'elle n'était pas la négation de la nature, mais une vertu de naturel et de spontanéité personnelle dans les limites admises des relations naturelles et extérieures. Fromentin pouvait considérer la réalité visible comme la source vive de tout ce qui est peinture en Hollande[35], et l'étude poussée de la nature comme la première entre toutes les disciplines de l'artiste, et refuser pourtant, comme une déviation malheureuse, le nouveau réalisme des paysagistes de son temps[36]. Il en arrive à formuler ce paradoxal souhait, que l'exemple de l'art hollandais ramène les modernes de la nature à la peinture pure[37], mais il dit aussi que l'idéal, le correctif, c'est de créer un Metsu moderne sans montrer que c'est à lui que l'on songe[38].

Ce qui mettait Fromentin en désarroi, chez Rembrandt, ce

---

35. « Le but est d'imiter ce qui est, de faire aimer ce que l'on imite, d'exprimer nettement des sensations simples, vives et justes. Le style aura donc la simplicité et la clarté d'un principe. Il a pour loi d'être sincère, pour obligation d'être véridique. Sa condition première est d'être familier, naturel et physionomique... » Hollande, chap. II, pp. 117-118. *(N.d.T.)*

36. Hollande, chap. IX. *(N.d.T.)*

37. « Je ne serais pas surpris que la Hollande nous rendît encore un service, et qu'après nous avoir ramenés de la littérature à la nature, un jour ou l'autre, après de longs circuits elle nous ramenât de la nature à la peinture. C'est à ce point qu'il faut revenir tôt ou tard. » Même chapitre, p. 184. *(N.d.T.)*

38. Sur Metsu: Hollande, chap. VI, p. 146; chap. VII, pp. 155-156; Variantes, pp. 325-326. *(N.d.T.)*

n'était pas seulement l'incorrection du dessin ou de la couleur; c'était de voir jusqu'où il pouvait aller dans l'arbitraire, à quel point il pouvait répugner aux partis logiques et raisonnables. Ce Hollandais fantasque introduisait des éléments du bizarre dans une peinture de la vie réelle. Il voulait bien de la réalité comme thème ou convention, mais il refusait de se plier à ses conditions. Pour lui, nous l'avons vu, Rembrandt est un maître anarchiste qui entreprend l'impossible, en ce qu'il confond l'univers des rêves et celui de la réalité. Fromentin décèle chez Rembrandt quelque chose de profondément insociable et sauvage qui le met en alarme, un peu comme les projets des esprits révolutionnaires et subversifs. De fait, on parlait couramment de « chimère » en son temps, comme il le fait à l'endroit de Rembrandt, pour dénigrer les utopies socialistes; le terme avait un sens réfractaire, particulièrement pour lui qui, dans sa jeunesse, avait connu la séduction de la gauche peu de temps avant la révolution de 1848[39]. Il lui opposait la notion de « mesure », vertu sociale et non pas seulement artistique, et il en vint même à considérer cette faculté de restriction comme une qualité positive et quasiment créatrice. Dans les écrits de Fromentin, dans sa critique, dans son roman, il est peu de mots qui apparaissent aussi souvent que « chimère » et que « mesure ». « Rien de chimérique [...] un parfait équilibre », écrit-il dans *Dominique*[40]; et ceci encore, dans le même livre : « Sa volonté seule, appuyée sur un rare bon sens, sur une droiture parfaite, faisait des miracles. »

Ces termes caractérisent Augustin, le précepteur de Dominique, homme de la qualité d'un petit maître hollandais : sobre, discipliné, honnête, persévérant, de talent modeste, mais que ces vertus domestiques rendent efficace. « Encore une fois, mon cher Dominique, la vie, le possible, le raisonnable! Je vous en

---

39. Jacob Burckhardt, contemporain et admirateur de Fromentin, citait avec adhésion les mots qu'il avait eus sur Rubens, homme « sans orage et sans chimère », et poussait la sévérité jusqu'à critiquer en Rembrandt un peintre de la « canaille ». Toutefois, à la différence du Français, il jugeait que Rembrandt manquait de spiritualité. *(Note de l'Auteur.)*

40. Voir Rubens « *tranquille* et *lucide* », d'un « bon sens imperturbable » et d'un « admirable équilibre ». Belgique, chap. II, p. 27. *(N.d.T.)*

supplie, ne croyez jamais ceux qui vous diront que le raisonnable est l'ennemi du beau, parce qu'il est l'inséparable ami de la justice et de la vérité. »[41]

Quand il énonce cette morale de la raison et de la mesure, Fromentin est conscient des liens qui l'attachent à la tradition française; quand il admire Ruysdael et les Hollandais mineurs du xviie siècle, il pense à ce qui les apparente à la littérature et à la pensée françaises du même siècle : ce sont des « honnêtes hommes » de la peinture[42]. Rembrandt au contraire, par sa carrière, sa personnalité, son art, est le moins français des personnages de son livre. Il est sans « mesure »; c'est un imprudent qui risque son va-tout après s'être fait une réputation d'artiste.

Plus Fromentin critique Rembrandt, plus Rembrandt nous attire, et plus nous sentons que Fromentin est à plaindre. Quelle agitation, dans le cœur du Français, tandis qu'il talonne impitoyablement le vieil homme au nom de la raison, de la nature, de la loi et des nécessités particulières à l'art! En dépit de son entière admiration des portraits de Rembrandt, impossible d'accueillir de bon cœur ce vieux Hollandais qui osa transfigurer le monde réel. Admettez la réussite de Rembrandt, et vous devrez admettre aussi qu'en art Fromentin suivait sans doute la mauvaise voie. Cette grande liberté intérieure le défiait et le dérangeait plus que tout au monde. Fromentin a écrit à sa femme : « Rembrandt m'empêche de dormir[43] ».

Comme d'autres hommes de sa génération — il était né en 1820, moins d'un an avant Flaubert et Baudelaire, un an après Courbet —, Fromentin était un enfant tardif du romantisme : il ne pouvait plus se satisfaire d'un monde imaginé, et pourtant il

---

41. *Dominique*, chap. viii et ix. *(N.d.T.)*

42. « J'ai ouï dire que rien n'était plus difficile à copier qu'un tableau de Ruysdael et je le crois, de même qu'il n'est rien de plus difficile à imiter que la façon de dire des grands écrivains de notre dix-septième siècle français. Ici et là c'est le même tour, le même style, un peu le même esprit, je dirai presque le même génie. Je ne sais pourquoi j'imagine que, si Ruysdael n'avait pas été Hollandais et protestant, il aurait été de Port-Royal. » Hollande, chap. viii, p. 163. Et voir la Préface. *(N.d.T.)*

43. Lettre du 18 juillet 1875, *Correspondance...*, p. 358. Lettre commencée le dimanche soir. « *Lundi matin.* — Rembrandt m'empêche de dormir (...) je voudrais bien savoir au juste à quel moment de sa carrière il a eu raison, au commencement ou à la fin? » *(N.d.T.)*

ne pouvait admettre qu'on prît pour sujet la réalité familière. Voici ce que le jeune peintre, nourri des poètes romantiques, écrivait dans ses vingt ans : qu'une longue observation des choses vaut mieux que l'imagination, que cette dernière est un principe de faiblesse et de malheur et qu'elle ôte toute fraîcheur à la vision. Or il reconnaissait que la véritable imagination lui faisait défaut, et s'il y suppléait par une mémoire tenace des impressions passées, il croyait néanmoins que fantaisie et imagination valent mieux que mémoire. Sa peinture était un moyen terme entre le désir d'une image exotique et l'exigence de l'objectivité en art, de la fidélité au monde tel qu'il est vu et ressenti. En Afrique du Nord, où il trouva les sujets de la plupart de ses œuvres, il put séjourner un certain temps au sein d'une nature plus primitive, riche en circonstances poétiques, habitée par un peuple passionné, plus impétueux et plus robuste que lui-même ; d'une nature lointaine et pourtant accessible aux regards d'un voyageur. Reste qu'il s'était fait une habitude de l'observation désintéressée, source de nuances et de finesse, et que c'était là un affaiblissement de la belle ardeur qui donne aux scènes africaines de Delacroix un caractère indubitablement romantique. La tonalité de la rêverie succédait aux accents de la passion. En Afrique, l'une des découvertes dont il s'enorgueillit et se félicita, c'est que la couleur de cette région semi-tropicale est essentiellement le gris[44].

Il s'aperçut aussi que c'était un monde classique, par la précision et la stabilité des formes du paysage et par la noblesse des gens du désert, héros d'allures homériques plutôt que bibliques.

Ce vœu de sérénité dans l'expression trouvait sa limite dans un amour tout aussi vif de la touche frémissante, des tons variés, de l'effet atmosphérique. Voilà dònc une œuvre captive

---

44. Exemples : « Un mot pourtant du rocher. C'est un amas de choses étranges, colorées de tous les gris possibles, depuis le gris lilas jusqu'au gris blanchâtre... » *Un été dans le Sahara*, D'jelfa, 31 mai 1853. « Le ton local est gris, d'un gris sourd que la vive lumière du matin parvenait à peine à dorer. » Aïn-Mahdy. — Vendredi, juillet 1853. — D'autre part Fromentin a émis ou dicté à un ami ce jugement sur son tableau *Le Nil* (Salon de 1876) : « Le fleuve déroule ses eaux crayeuses et jaunâtres sous un ciel triste d'où tombe une lumière qui devient grise à force d'avoir subi des décompositions infinies de nuances et de valeurs ». (*N.d.T.*)

Fromentin, *Cavaliers arabes*, musée des Beaux-Arts, La Rochelle.
Photo Giraudon.

du dilemme ordinaire aux artistes de son temps, êtres raffinés et indécis : choisir entre couleur et ligne. Il rêve d'en faire la synthèse, comme l'insensé Frenhofer dans *Le Chef-d'œuvre inconnu*, de Balzac. Fromentin fait l'aveu de ce dessein dans son roman, quand il décrit un portrait de l'héroïne exposé au Salon : à la fois vague et vif de trait, silhouetté mais traité en nuances[45]. Cet idéal n'est pas inaccessible ; c'était celui de Whistler comme de Fantin-Latour ; chacun à sa manière, Cézanne et Seurat ont réussi à fondre ces deux aspects apparemment contraires.

Fromentin, lui, était impuissant à transformer comme il l'eût fallu les deux données du problème : il souhaitait les unir tout en gardant à l'une et à l'autre son caractère constant. Comme peintre, c'est cet artiste dont le XIXᵉ siècle a fixé le type : classique, profondément cultivé, trop sensible pour consentir aux vulgarités du goût officiel ou public, trop talentueux pour demeurer simple conservateur de la tradition, mais aussi trop timide ou trop faiblement convaincu pour suivre ses élans jusqu'au but ; par suite, créateur d'un genre d'art dont on ne saurait nier la personnalité, mais où manquent la résolution, le feu naturel, l'effusion de l'esprit et la fougue des mains que nous apercevons dans les œuvres puissantes. À cette noblesse de l'académisme appartiennent aussi deux amis de Fromentin, Puvis de Chavannes et Gustave Moreau.

J'ai donné à entendre que Fromentin, quand il jugeait Rembrandt, se ressentait de sa propre attitude à l'égard de l'art contemporain. Point n'est besoin, pour s'en apercevoir, de sonder les profondeurs de son écrit. Fromentin était le premier à dire que l'on ne pouvait juger de l'art du passé sans commenter implicitement l'art du temps présent. Il a pris ce principe assez au sérieux pour rendre ses vues sur la peinture contemporaine

---

45. « C'était un portrait coupé à mi-corps, conçu dans un style ancien, avec un fond sombre, un costume indécis, sans nul accessoire : deux mains splendides, une chevelure à demi perdue, la tête présentée de face, ferme de contours, gravée sur la toile avec la précision d'un émail, et modelée je ne sais dans quelle manière sobre, large et pourtant voilée, qui donnait à la physionomie des incertitudes extraordinaires, et faisait palpiter une âme émue dans la vigoureuse incision de ce trait aussi résolu que celui d'une médaille. » *Dominique*, chap. XVI. *(N.d.T.)*

aussi explicites que possible. Occupé à rédiger son livre, il écrivait à un ami qu'il manquait encore à son texte « la plupart des idées un peu neuves qu'il faut y introduire, les leçons qu'il convient d'en tirer, les applications au présent (...). Et c'est là l'indispensable moralité sans laquelle mon travail n'aura ni valeur, ni à-propos, ni nouveauté[45bis] ». Assurément voilà des propos qui l'engageaient beaucoup, et il ne se serait guère risqué à les imprimer. L'ouvrage est vivant en dépit de ses pages sur l'art contemporain.

Ces pages-là, il les écrivait en un temps où l'art académique déclinait irrémédiablement. Les impressionnistes se manifestaient comme un groupe de vigoureux insurgés; dans leurs œuvres, écrivains et amateurs percevaient une modernité absolue, la cadence nouvelle de la vie, le ton des idées libres. Pour défendre l'impressionnisme (comme le réalisme chez la génération précédente), l'exemple des peintres hollandais avait été un argument très efficace. L'art des années 1860 et 1870 renouvelait une tradition de peinture bourgeoise interrompue par le grand style, par le style imposant des XVIIe et XVIIIe siècles, le style de l'autorité. Eugène Boudin écrivait qu'en fait de sujets à peindre, les gens et les paysages de son siècle n'avaient pas moins de dignité que la Hollande et les Hollandais du XVIIe siècle.

Couleur et touche, lumière et atmosphère, peinture d'extérieur et vision directe, tout cela était dans l'air du temps et dans les œuvres du jour : les œuvres du passé paraissaient quasiment contemporaines. Il eût été impossible, à cette époque, d'écrire sur les maîtres flamands et hollandais sans dire un mot de l'école moderne.

Fromentin, dont l'art était exotique par les thèmes et classicisant par l'esprit, ne pouvait qu'être embarrassé par cette nouvelle tendance. Quand il fait allusion aux peintres vivants, c'est surtout pour polémiquer contre Manet et l'impressionnisme naissant, ou pour déplorer la décadence en tous domaines. De Courbet à Monet, l'art qu'il avait aimé dans sa jeunesse était en

---

45bis. Lettre à Armand du Mesnil, 16 novembre 1875. *Correspondance et fragments inédits*, p. 398. *(N.d.T.)*

triste chemin de corruption. Manet surtout le dérangeait; dans ses lettres, il note, non sans humeur, que tout Manet se trouve déjà dans Frans Hals: mais le Français a copié les faiblesses de Hals, les effets de sa sénilité[46]. Pour nous, aujourd'hui, ces deux œuvres tardives de Hals — les portraits des *Régents* et des *Régentes de l'hospice des vieillards de Haarlem* — sont parmi ses meilleures; elles sont proches de Rembrandt par ce qu'elles ont d'austère dans la sensibilité et par ce qu'elles révèlent de la vieillesse. Fromentin les a jugées inférieures parce qu'il circonscrit étroitement la notion de bonne « facture »[47]. Au surplus, elles n'ont pas, avec les œuvres de Manet, un rapport si évident qu'il l'a supposé; elles font penser au peintre moderne à cause de la sécheresse des tons, à cause des contrastes; mais Hals a montré dans ces œuvres exceptionnelles, les plus mûries de sa vieillesse, une pénétration psychologique bien à lui, dans un ésprit tout étranger à celui de Manet.

Cette critique de Rembrandt, de sa peinture épaissie et comme croûtée[48], de ses renforts de lumière, se raccorde visible-

---

46. « Le sujet coïncidait avec son âge. La main n'y est plus [...]. Le peintre est aux trois quarts éteint, il lui reste, je ne dis pas ses pensées, je ne dirais plus une langue, mais des sensations d'or. [...] Sa rare expérience est telle qu'elle survit à peu près intacte dans cette organisation en débris. Elle se révèle encore et d'autant plus fortement que le grand virtuose a disparu. Cependant, comme il n'est plus que l'ombre de lui-même, ne croyez-vous pas qu'il est bien tard pour le consulter? L'erreur de nos jeunes camarades n'est donc à vrai dire qu'une erreur d'à-propos. Quelle que soit la surprenante présence d'esprit et la verdeur vivace de ce génie expirant, si respectables que soient les derniers efforts de sa vieillesse, ils conviendront que l'exemple d'un maître de quatre-vingts ans n'est pas le meilleur qu'on ait à suivre. » Hollande, chap. XI, pp. 197, 198. « Manet s'est évidemment inspiré de la dernière manière, mais avec un œil moins juste, un sentiment de la nature bien inférieur (ai-je besoin de le dire?). L'imita-t-il de plus près? Pourquoi donc imiter les défaillances d'un homme de quatre-vingts ans quand on ne les a pas et faire croire à la sénilité quand on est si jeune? » *Correspondance*, p. 363; cité par P. Moisy, p. 434, n. 229. *(N.d.T.)*

47. Voir p. 197. *(N.d.T.)*

48. Sur la « prodigalité et l'économie des pâtes », ces réflexions: « Je ne sais trop où notre école moderne a pris le goût de la matière épaisse, et cet amour des pâtes lourdes qui constituent aux yeux de certaines gens le principal mérite de certaines œuvres [...]. La brosse de Rubens glisse et ne s'engloutit pas; jamais elle ne traîne après elle ce gluant mortier qui s'accumule au point saillant des objets, et fait croire à beaucoup de relief [...]. Il ne charge pas, il peint. » Belgique, chap. IV, p. 48. Sur *La Ronde de nuit*: « La touche est épaisse, embarrassée, presque maladroite et tâtonnante [...]. Partout des *rehauts* [...]. Des épaisseurs qui sont des surcharges, des rugo-

ment au jugement que Fromentin porte sur l'art contemporain : ce sont bien là des qualités qui pouvaient séduire les jeunes artistes indépendants de 1875.

(Nous pouvons nous demander aussi pourquoi il néglige les esquisses de Rubens, pourquoi il passe sous silence la merveilleuse esquisse du *Martyre de sainte Ursule*, qu'il a sûrement vue au musée de Bruxelles, et si ce n'est pas là l'effet de son peu de goût pour la manière imprécise et sommaire du nouvel art contemporain.) Sans les nommer, il s'en prend aux impressionnistes, qui donnent à la lumière solaire et au plein air une importance imméritée[49] : en quoi il paraît amorcer la critique qu'une école plus moderne allait leur adresser à la génération suivante ; et d'abord il insiste pour qu'on revienne de ce naturalisme d'esquisse et de rudiment à la peinture pure, par quoi il entend une peinture plus étudiée et mieux construite[50]. Or il porte son attaque trop à l'aveugle pour nous convaincre qu'il a été aussi attentif dans l'examen de cet art contemporain que dans l'étude de la vieille peinture hollandaise à laquelle il correspond. Il est incapable de voir ce qui est authentiquement artistique dans l'apport original des impressionnistes ; cette discrétion de bonne compagnie qui lui interdit de nommer des artistes vivants lui permet aussi de condamner en masse des écoles entières, coupables d'avoir violé les convenances dont il énonce arbitrairement les règles. Peu d'artistes échappent à cette condamnation générale : le vieux Corot, qui venait de mourir en 1875, et deux personnalités non dénommées, Diaz et

sités que rien ne justifie, sinon le besoin de donner de la consistance aux lumières, et l'obligation dans sa méthode nouvelle d'opérer sur des tissus raboteux plutôt que sur des bases lisses... » Hollande, chap. XIII, pp. 221-222. « La brosse elle-même s'engloutit dans cette matière sablonneuse et lourde », brouillon cité par P. Moisy, p. 440, n. 320. *(N.d.T.)*

49. « Le paysage fait tous les jours plus de prosélytes qu'il ne fait de progrès. Ceux qui le pratiquent exclusivement n'en sont pas plus habiles ; mais il est beaucoup plus de peintres qui s'y exercent. Le *plein air*, la lumière diffuse, le *vrai soleil*, prennent aujourd'hui, dans la peinture et dans toutes les peintures, une importance qu'on ne leur avait jamais reconnue, et que, disons-le franchement, ils ne méritent point d'avoir. » Belgique, chap. IX, p. 181. Les impressionnistes ont été appelés d'abord, jusqu'en 1874, « pleinairistes ». *(N.d.T.)*

50. Même chapitre, p. 184. *(N.d.T.)*

peut-être Jacque. Corot, il l'admire surtout dans sa manière vaporeuse, la plus faible; et il en fait un modèle académique en partant des « règles de la peinture des valeurs », établies et démontrées par ses œuvres mêmes[51]. D'autre part, dans une critique du Salon de 1876, publiée sous le nom d'un journaliste, Fromentin louera Puvis de Chavannes et Gustave Moreau, vrais maîtres de sa génération, et appellera Vollon « l'un des rares bons peintres de ce temps-ci[51bis] ». Nous sommes surpris: l'artiste qui a su comprendre Rubens et Ruysdael si artistement a donc pu préférer ces académiques à leurs grands contemporains. Telle est la fatalité du goût, qui doit sa force comme sa faiblesse à des sollicitations complexes, à des déterminations personnelles. Voilà des pages qui nous instruisent de la difficulté d'y voir clair dans un nouvel art contemporain, surtout si c'est l'art d'une génération plus jeune.

C'est un lieu commun de la critique de dire que la clef de l'art du passé, c'est l'art contemporain, et que seuls ceux qui sont sensibles au nouveau peuvent juger aussi des œuvres plus anciennes. C'est l'inverse de l'enseignement classique, savoir, que seule la fréquentation des anciens maîtres nous met en mesure de juger le nouveau. Que l'on pense à un Burckhardt, à un Winckelmann: ces hommes supérieurs ont traité fort intelligemment de l'art d'autrefois, ils ont négligé ou méjugé les œuvres de leur siècle. Les grands critiques de l'art contemporain ne sont pas moins rares.

Baudelaire est le critique hors ligne qui admire des artistes vivants et pour qui ces ardeurs sont inspiratrices; or celui qu'il aime entre tous, Delacroix, est plus âgé que lui de vingt-deux ans (le même temps qui sépare Picasso d'un écrivain né après 1900), et sa plus longue étude critique est consacrée à Constantin Guys, son aîné de seize ans. Quant au plus grand peintre

---

51. « ...Corot, cet esprit sincère, simplificateur par essence, eut le sentiment des valeurs en toutes choses, les étudia mieux que personne, en établit les règles, les formula dans ses œuvres et en donna de jour en jour des démonstrations plus heureuses. » Hollande, chap. VI, pp. 154-155. *(N.d.T.)*

51bis. Voir la « Chronique parisienne » (anonyme) parue dans la *Bibliothèque universelle et revue suisse*, Lausanne, 1876, p. 352; et P. Blanchon, *Correspondance...*, p. 245. *(N.d.T.)*

de sa propre génération, Courbet, il le loue du bout des lèvres ; et s'il recommande un artiste plus jeune, Édouard Manet, c'est pour la modernité de ses thèmes et pour des qualités d'imagination que ce pionnier de l'impressionnisme ne posséda guère : que l'on considère les lithographies de Manet pour *Le Corbeau*, d'Edgar Poe, et l'on verra que Baudelaire était loin de compte. Apercevoir les fins de l'art de son temps, en juger exactement, c'est chose assez inhabituelle pour qu'on y voie le fait du génie. Baudelaire est capable de s'élever au-dessus de ses propres théories et d'admirer ce qui, en 1859, est de l'art ultra-réaliste : les paysages-esquisses où le jeune Boudin consigne tel ou tel moment du jour ou du temps qu'il fait, mais dans une intention contradictoire aux principes du critique. Devant ces pastels, il fait ses réserves : ils demandent encore, pour devenir tableaux, à être élaborés *par l'imagination* ; en quoi Baudelaire anticipe le jugement de Fromentin sur l'impressionnisme, cet art qui confond l'esquisse et l'œuvre achevée. Les deux grands critiques ont commencé par rendre compte, l'un et l'autre, du Salon de 1845 et par s'éprendre des peintures de Delacroix ; ils finissent en jugeant, l'un et l'autre, que le Salon de 1860 expose la décadence, l'art ruiné par l'habileté, par l'illusionnisme et par les thèmes de bric-à-brac. En soutenant Manet, en louant cet esprit moderne et original, Baudelaire le classe néanmoins comme « le premier dans la décrépitude de son art ».

Malgré tous ces préjugés et toutes ces erreurs, le livre de Fromentin reste un chef-d'œuvre de la critique ; on peut le lire en même temps que celui de Baudelaire. Nous le préférons assurément à tous écrits des partisans de l'impressionnisme ou du réalisme. S'il avait été bien disposé à l'égard de ces mouvements, Fromentin aurait eu des pages plus compréhensives pour Rembrandt ; mais s'il avait été peintre dans cet esprit d'audace et de modernité, il n'aurait, sans doute, pas écrit du tout. Or, en esprit, et par ce qu'il y a de meilleur dans sa critique, il n'est pas éloigné des arts d'avant-garde. Il est empirique autant qu'on peut l'être, en dépit de sa tradition et de ses normes. Il sait voir, il explore le bâti et la couleur des peintures anciennes avec une sûreté qui n'est pas étrangère au mouvement général de l'art nouveau, au souci de voir les choses directement et de mettre du lyrisme dans la couleur et dans la lumière. Il sait discerner la personnalité dans le coup de brosse et dans l'accent, et cette faculté-là s'accorde avec la conscience de l'artiste moderne, individu impressionnable qui ne représente que les objets de son expérience immédiate, s'en tient à ses sensations et s'efforce de faire du pigment et de la touche les véhicules de son art de témoin. Il y a dans la critique de Fromentin des éléments de progrès qui sont inconséquents aux règles et critères appliqués à Rembrandt et aux artistes contemporains. J'ai laissé entendre que ces contradictions sont nées de conflits intérieurs; il me faut ajouter qu'il s'est dépassé en donnant un livre de cette force. Ce n'est pas œuvre de rêveur, paraphrase poétique de l'art, comme on eût pu l'attendre de l'auteur de *Dominique*; c'est le fruit d'un contact assidu avec les choses humaines, d'un intense effort de la perception et du jugement.

Les énergies qu'il ne sait communiquer à sa peinture, si étudiée et calculée, ou à son mélancolique roman, refluent et abondent quand il lui faut parler d'art. Son face-à-face avec les œuvres du passé le révèle capable d'une vigueur et d'une chaleur qui lui sont refusées dans la vie quotidienne et dans sa propre peinture. Le monde « irréel » de l'art des siècles passés, pour lui, c'est la réalité la plus pleine et la plus riche; prendre à tâche de le juger, c'est se libérer soi-même.

Fromentin a écrit *Les Maîtres d'autrefois* pour se dégager des problèmes insolubles de la peinture. Il était alors âgé de cinquante-cinq ans, respecté, couvert des honneurs officiels du Salon; mais il était très las, mal assuré, irrésolu; il estimait avoir échoué, « condamné à perpétuité », disait-il, à répéter ses douteuses réussites, ces paysages avec cavaliers, cette Afrique du voyage de jeunesse, qu'il repeignait de mémoire[52].

C'est dans cette humeur-là qu'il entreprit de voyager en Belgique et en Hollande, sans trop savoir s'il en sortirait un livre; et pourtant ses amis le pressaient d'écrire, qui dans les occasions l'avaient entendu parler des peintres du passé, et qui connaissaient sa plume.

---

52. Voir P. Moisy, p. IV. *(N.d.T.)*

La seule chose dont il était certain, c'est que ce voyage n'apporterait rien à sa propre peinture. Il estimait, avec toute raison, que ses inquiétudes d'artiste gîtaient au profond de sa personnalité : ce que le passé pourrait lui inspirer de neuf ne suffirait pas à les dissiper. Or, ce qu'il vécut en pays étranger, dans sa studieuse solitude, ce fut un puissant réveil, un remuement de ses énergies comme il n'en avait jamais connu.

Toutes les forces accumulées en une vie faisaient un soudain jaillissement d'étincelles, et, en quelques mois, avec une célérité incroyable, il mit au net ce livre qui signale ses dons mieux que ne font ses tableaux, si raffinés qu'ils puissent être. Il se fit entendre d'un plus vaste public et suscita des controverses qui n'ont pas encore pris fin. Il s'attira l'admiration d'un Flaubert, qui le salua comme un maître en littérature.

Fort de son ouvrage, il posa, comme homme de lettres, sa candidature à l'Académie française ; il y fut battu par un critique d'art de second ordre ; lequel allait être, quelques mois plus tard, assez inélégant pour attaquer son rival défunt. À la différence de ses tableaux, les écrits de Fromentin ne lui ont valu ni médailles ni distinctions, mais ils ont fait beaucoup plus pour illustrer et perpétuer son nom.

Courbet
et l'imagerie populaire.

Étude sur le réalisme
et la naïveté.

I.

Les caricaturistes ont rabaissé l'œuvre de Courbet au niveau d'un art populaire et malhabile; ils ont fait de ses figures des petits bonshommes raides et schématiques (ill. 1)[1]. Dans une caricature de 1853[2], un enfant crie à sa mère: « Oh! maman, vois donc ces beaux courbets! Achète-m'en! Quatre pour un sou! » Et les critiques, depuis ceux que l'on a oubliés jusqu'à Théophile Gautier[3], ont ridiculisé le caractère primitif de son art, le

---

1. Elles ont été rassemblées par Charles LÉGER, *Courbet selon les caricatures et les images*, Paris, 1920. Voir en particulier pp. 13, 15, 19, 20, 34, 74, 79, 85. Deux d'entre elles sont également reproduites dans l'ouvrage de John GRAND-CARTERET, *Les Mœurs et la caricature en France*, Paris, s.d., pp. 550 et 551.

2. LÉGER, *op. cit.*, p. 20, tiré du *Journal pour rire*.

3. Ces jugements sont rassemblés par RIAT, *Gustave Courbet*, Paris, 1906, pp. 86-87; LÉGER, *op. cit.*, pp. 34-37; ESTIGNARD, *Gustave Courbet*, 1897, pp. 27-30. Le 1er mars 1851, le critique de la *Revue des Deux Mondes*, Louis GEOFFROY, écrivait: « Évidemment, M. Courbet est un homme qui se figure avoir tenté une grande rénovation, et ne s'aperçoit point qu'il ramène l'art tout simplement à son point de départ, à la grossière industrie des maîtres imagiers. » Sur la critique du réalisme dans la *Revue des Deux Mondes*, voir la thèse de Thaddeus E. DU VAL Jr., *The Subject of Realism in the Revue des Deux Mondes (1831-1865)*, Philadelphie, 1936; et, sur la critique du réalisme en général à cette époque, la thèse de Bernard WEINBERG, *French Realism: The Critical Reaction, 1830-1870*, The University of Chicago Libraries, Modern Language Association of America, 1937.

·« Courbet and Popular Imagery », *Journal of the Warburg and Courtauld Institutes*, IV, 1940-1941, pp. 164-191.
Traduit par Daniel ARASSE.

1. « Le retour du marché, par Courbet, maître-peintre. »
Caricature de Bertall, *Le Journal pour rire*, 7 mars 1851;
reproduit par Ch. Léger, *Courbet selon les caricatures et les images*, 1920, p. 13.
Légende: « Rien n'égale l'enthousiasme produit sur le public
par les tableaux de Courbet. —Voilà la *vérité vraie*,
sans chic ni ficelles. — On ne sent point là le poncif de l'école,
et les absurdes traditions de l'antique.
Tout y est naïf, heureux et gai. Courbet avait dix-huit mois
quand il a peint ce tableau. »

fait qu'il ressemble aux enseignes des marchands de tabac et aux « images d'Épinal »; c'est une « peinture d'Auvergnat »[4].

On ne peut se contenter de voir dans ces critiques un exemple du dénigrement dont est victime tout art novateur. Les romantiques avant Courbet, et les impressionnistes après lui, ont été attaqués d'une autre manière. On considérait leurs ouvrages comme fous ou chaotiques, ainsi qu'on le fait pour certaines peintures de notre propre époque. On aurait pu aussi leur reprocher leur inhabileté puérile, leur manque de grâce, mais on peut difficilement imaginer *La Mort de Sardanapale*, de Delacroix, ou les scènes de rue de Monet caricaturées pour leur raideur formelle. Au XIXe siècle, les formes classiques ou les formes dont la composition était trop synthétique étaient parfois accusées de puérilité[5]. Courbet lui-même, qui avait subi l'influence de l'art romantique, parlait avec mépris des figures de David comme de « bonshommes pour amuser les enfants au même titre que l'imagerie d'Épinal »[6]; et Thackeray fait, en substance, la même critique quand, dans son album de croquis parisiens[7], il transforme les *Horaces* en sémaphores rigides et alignés en rang. Comparée à la peinture atmosphérique et tonale de Courbet, l'école classique est d'une raideur archaïque; mais, par rapport à la mobilité et au pittoresque de l'art romantique, Courbet semble, à son tour, dépourvu de mouvement. Dans un essai sur Courbet paru en 1856, Silvestre reproche à Ingres et à Courbet la même immobilité et la même absence de

---

4. LÉGER, *op. cit.*, p. 34. Les mots « peinture d'Auvergnat » sont de Victor FOURNEL qui, quelques années plus tard, manifesta de la sympathie à l'égard des spectacles populaires et des chansons et chanteurs de rue parisiens, *Ce qu'on voit dans les rues de Paris*, Paris, 1858, et *Les Spectacles populaires et les artistes des rues*, Paris, 1863. Cf. aussi le poème écrit par Théodore de BANVILLE en 1852 : « ... Je suis un réaliste, / Et contre l'idéal j'ai dressé ma baliste. / J'ai créé l'art bonhomme, enfantin et naïf. » Cité par P. MARTINO, dans *Le Roman réaliste sous le Second Empire*, Paris, 1913, p. 76.

5. En particulier celles d'Ingres; cf. L. ROSENTHAL, *La Peinture romantique*, Paris, 1900, p. 82.

6. L'anecdote est rapportée par Philibert AUDEBRAND, *Derniers jours de la Bohème*, Paris, s.d., p. 110, mais plus de cinquante ans après l'événement.

7. Dans son texte *On the French School of Painting*, 1840. Dans le même ouvrage, il critique le primitivisme et les formes archaïques de la nouvelle école catholique française et il compare son dessin à celui des cartes à jouer anglaises.

gestes vivants[8]. Ainsi donc, s'il arrive que la critique abusive soit appliquée sans discernement, elle trouve aussi, parfois, une base dans les qualités propres des ouvrages attaqués[9].

Les thèmes de Courbet étaient aussi accusés de primitivisme. *Les Lutteurs*, qui, par leur étude poussée de la musculature, rappellent l'effort d'un Pollaiuolo, étaient ironiquement recommandés pour servir de toile de fond à un hercule de cirque[10]. Au milieu des nus masculins de la peinture contemporaine, qui étaient investis de significations héroïques, mythiques ou tragiques, ces personnages en train de lutter semblaient manifester l'intrusion profane du goût populaire pour les spectacles de foire.

Pourtant, en définissant son œuvre comme naïve, les critiques hostiles à Courbet se trouvaient finalement d'accord avec ses partisans. Son principal défenseur, Champfleury, voyait dans cette naïveté une des plus grandes qualités de la peinture de Courbet. Il comparait *L'Enterrement*, sa simplicité et sa force, à l'art de l'imagier populaire[11].

« De loin, en entrant, *L'Enterrement* apparaît comme encadré par une porte; chacun est surpris par cette peinture simple, comme à la vue de ces naïves images sur bois, taillées

---

8. Théophile SILVESTRE, *Histoire des artistes vivants. Études d'après nature*, Paris, 1856, p. 269 : « Le geste lui manque, ses scènes sont inertes » (à propos de Courbet); sur Ingres : « Ingres est mort. Cette immobilité fait la honte de l'art. »

9. BAUDELAIRE le reconnaît quand il remarque, dans son étude sur Guys : « ... Beaucoup de gens ont accusé de barbarie tous les peintres dont le regard est synthétique et abréviateur, par exemple M. Corot, qui s'applique tout d'abord à tracer les lignes principales d'un paysage, son ossature et sa physionomie », *Le Peintre de la vie moderne*, V (au début).

10. LÉGER, *op. cit.*, p. 20. La peinture est représentée sur une baraque de cirque, derrière l'hercule de foire et le flûtiste. La légende dit : « Qui est-ce qui demandait donc à quoi pouvait servir la peinture de M. Courbet ? » Le 15 avril 1853, dans son *Journal*, Delacroix critique *Les Lutteurs* : il leur reproche leur « manque d'action ». Il est intéressant de savoir que l'œuvre a été peinte sur une peinture romantique d'une *Nuit de Walpurgis* que Courbet avait exposée au Salon de 1848.

11. Dans un article du *Messager de l'Assemblée*, 1851, repris dans les *Grandes figures d'hier et d'aujourd'hui*, Paris, 1861, p. 244. Au même moment, on découvrait aussi de la « naïveté » chez David; voir DELÉCLUZE, *David, son école et son temps*, Paris, 1855, p. 176, qui parle du *Serment du Jeu de Paume*, du *Lepelletier*, du *Marat* et de *La Mort de Bara* comme d'un retour à la naïveté. On retrouve en même point de vue chez Jules RENOUVIER, *Histoire de l'art pendant la Révolution*, Paris, 1863, p. 77.

2. *Assassinat*, gravure populaire sur bois, vers 1850.

par un couteau maladroit, en tête des assassinats imprimés rue Gît-le-Cœur. L'effet est le même, parce que l'exécution est aussi simple. L'art savant trouve le même "accent" que l'art naïf. »[12]

Ce que Champfleury avait ici à l'esprit n'est autre que ce « regard synthétique et abréviateur » que Baudelaire devait par la suite attribuer à Corot et à Guys, et qu'il trouvait également dans l'art égyptien, ninivite et mexicain[13]. Courbet n'essayait manifestement pas de ressusciter les conventions de l'imagerie populaire, à la manière dont les peintres archaïsants du XIXe siècle imitaient ceux de l'Antiquité ou du Moyen Âge. Pourtant, dans sa composition, il marque indubitablement une tendance vers une forme plus primitive. Malgré tout leur colorisme, la richesse de leur matière, malgré l'usage moderne qui y est fait des tons pour construire l'ensemble, les mises en place de Courbet sont souvent simplifiées et les groupements sont clairs, par suite de l'intérêt qu'il portait aux objets isolés. Ce choix est tout à fait évident si nous mettons côte à côte ses plus grandes toiles et les compositions baroques de Delacroix, qui était affligé par la pure et simple juxtaposition des parties dans les peintures de Courbet, par leur manque de gestes et la pauvreté de leurs relations psychologiques[14]. Les figures de Delacroix sont « organisées » avec science, et elles ressemblent aux machines des Salons; tandis que les grandes peintures de Courbet ont, selon Champfleury, « la qualité suprême de l'horreur de la composition »[15]. Son dessin est souvent irrégulier, il a une manière laborieuse, empirique, qui n'est pas raffinée par les poncifs et les idéalisations d'un grand style, comme s'il traçait les lignes d'une forme compliquée pour la première fois; les plis et les contours brisés des vêtements des *Casseurs de pierres*

12. On trouve un exemple d'une estampe contemporaine publiée rue Gît-le-Cœur dans l'ouvrage de DUCHARTRE et SAULNIER, *L'imagerie populaire*, Paris, 1925, p. 108; il s'agit de *L'Horrible Assassinat... par un mari jaloux* (ill. 2).

13. Voir p. 276, note 9.

14. Voir son *Journal* au 15 avril 1853 et au 3 août 1855.

15. « Ils n'ont pas le charme voilé des œuvres poétiques de Corot; mais ils ont la qualité suprême de l'horreur de la composition », CHAMPFLEURY, *Souvenirs et portraits de jeunesse*, Paris, 1872, p. 173, qui cite le compte rendu qu'il avait fait des œuvres de Courbet exposées au Salon de 1849. Champfleury attribue la même qualité aux Le Nain dans la monographie qu'il leur consacre en 1862.

illustrent ce mode d'observation que l'on ridiculisait en le qualifiant de vulgaire en 1850.

Les premières peintures de Courbet permettent de constater qu'il connaissait bien les méthodes traditionnelles; s'il y renonça, c'est qu'elles ne s'accordaient ni à sa vision ni à ses thèmes. Il était conscient de la forme de l'ensemble et des figures isolées comme qualités des objets représentés; et quand il rendait des scènes de vie populaire, il lui arrivait d'accentuer le caractère rustique de ses figures par la façon même dont il les dessinait et dont il les groupait. Le dessin de *L'Aumône du mendiant* (ill. 3)[16] a l'air naïf, presque fait sans art, et il évoque certaines figures de Van Gogh. Dans *L'Enterrement*, le contraste vigoureux entre, d'une part, le rouge et le noir qui se détachent sur le gris de l'arrière-plan et, d'autre part, la clarté des visages alignés et répétés avec leurs tons rouges soutenus constituait un procédé conscient dans sa nouveauté; auparavant, il avait peint des têtes semblables dans des scènes d'extérieur en utilisant des ombres profondes et des couleurs plus douces. C'est pourquoi les portraits de *L'Enterrement* donnent l'impression d'un goût primitif et rustique. Les visages éloignés sont presque aussi lumineux que ceux qui sont plus proches. Cette pratique plaisait aux villageois d'Ornans qui avaient posé pour ces portraits, mais les critiques parisiens, habitués au contraste, au clair-obscur, à l'atmosphère de la peinture romantique, ne trouvaient pas seulement ces portraits laids du point de vue des types humains qu'ils représentaient: ils les trouvaient vulgaires d'exécution. Le goût pour des portraits sans ombre ni atmosphère était un goût typiquement petit-bourgeois, tout comme la frontalité que Monnier avait ridiculisée dans sa pièce *Le Peintre et les bourgeois*[17]. Le spectateur naïf de la petite bourgeoisie avait la même attitude à l'égard des ombres d'un portrait que l'impératrice de Chine qui affirmait au peintre italien que les deux côtés de son visage avaient la même couleur.

16. Cf. Th. DURET, *Courbet*, Paris, 1918, pl. XXXII.
17. On trouve la même idée chez Victor FOURNEL, *Ce qu'on voit dans les rues de Paris*, Paris, 1858, pp. 384 *sq.*, et en particulier p. 390, à propos de la peur du petit-bourgeois devant les ombres qu'il considère comme des taches sur le visage (*La Portraituromanie, considérations sur le daguerréotype*).

3. Courbet, *L'Aumône d'un mendiant à Ornans*, gravé par Gillot.
Photo Bibliothèque Nationale, Paris.

Le contenu de *L'Enterrement* évoque en particulier les œuvres de l'imagerie populaire. Le premier état de ce tableau — ou tout au moins un de ses premiers états — est conservé dans un dessin sur papier qui se trouve au musée de Besançon (ill. 4)[18] ; il représente une procession vers le cimetière se dirigeant de la droite vers la gauche. Le fossoyeur se trouve à l'extrême gauche, le rectangle du centre est une pierre tombale, le paysage est moins développé. Ce dessin ressemble à une gravure sur bois populaire parue dans la jeunesse de Courbet, *Souvenir mortuaire*, publiée vers 1830 à Montbéliard, à quelques kilomètres d'Ornans, et que les paysans accrochaient au mur après un enterrement, après y avoir inscrit le nom du défunt (ill. 5)[19]. Cette gravure représente aussi la procession se dirigeant vers la gauche, le fossoyeur à une extrémité, des pierres tombales au premier plan et le crucifix dressé au-dessus de l'horizon. Dans le dernier état de l'œuvre (ill. 6), la conception de la peinture a beaucoup changé et son contenu s'est considérablement approfondi ; l'ensemble de la procession est arrêté, la scène est concentrée sur la tombe qui occupe le centre et la forme du paysage a été adaptée à ce nouveau point central. Le cortège funèbre est groupé autour de lui, depuis les enfants qui se trouvent sur la gauche jusqu'aux vieillards, habillés en costume des années 1790. Cette version se rattache, elle aussi, aux gravures populaires. Car dans les images des *Degrés des Âges*, les personnages, classés d'après leur âge, forment un demi-cercle évident, ou un arc, autour d'une scène d'enterrement (ill. 7)[20]. Avant la Révolution, l'espace central était occupé par un Jugement Dernier ; par la suite, il fut parfois sécularisé et remplacé par un corbillard et la représentation symbolique du

18. Au fusain sur papier bleu ; reproduit et décrit par LÉGER, *Gustave Courbet*, Paris, 1929, p. 47, et RIAT, *op. cit.*, p. 79.

19. Je donne une reproduction de l'exemplaire qui se trouve à la bibliothèque Sainte-Geneviève de Paris. L'image est décrite par DUCHARTRE et SAULNIER, *op. cit.*, p. 141, selon lesquels il s'agit d'un exemple unique d'un genre très spécial de gravure. Sur l'importance de Montbéliard dans la production d'images populaires au début du XIXe siècle, voir le même ouvrage, pp. 138 *sq.*

20. Sur ce thème, *ibid.*, pp. 11, 70, 103 ; il a été introduit dans les gravures sur bois entre 1800 et 1814. Pour la tradition antérieure, cf. R. VAN MARLE, *L'iconographie de l'art profane*, II : *Allégories et symboles*, 1932, pp. 156 *sq.*, et A. ENGLERT, *Zeitschrift des Vereins für Volkskunde*, XV, XVII.

4

4. Courbet, dessin pour *L'Enterrement à Ornans*.
Musée des Beaux-Arts, Besançon. Photo Lauros-Giraudon.

5. *Souvenir mortuaire*, gravure populaire, vers 1830.
Bibliothèque Sainte-Geneviève, Paris.

6. Courbet, *L'Enterrement à Ornans*.
Musée du Louvre, Paris. Photo Musées Nationaux, Paris.

6

SOUVENIR MORTUAIRE.

Mort le   du mois de   Enterré le

dans la Paroisse de   l'An 18

Prière pour le repos de l'âme de

De l'Imprimerie de DECKHERR, *à* MONTBÉLIARD (Doubs).

SEIGNEUR, qui êtes le Créateur et le Rédempteur de tous les Fidèles, accordez à l'âme de votre serviteur   votre
servante   la rémission de tous ses péchés; afin qu'elle obtienne, par les humbles prières de votre Église, le pardon
qu'elle a toujours espéré de votre miséricorde, par Jésus-Christ notre Seigneur. Ainsi soit-il. *Requiescat in pace.* Amen.

7. *Les Degrés des Âges*, gravure populaire française,
début du XIXe siècle.

développement d'une plante, rosier, gerbe de blé, cep de vigne, dans ses différents états du printemps à l'automne[21]. Il est difficile de prouver que Courbet a copié de telles images, mais la ressemblance n'en est pas moins évidente.

En 1850, il a collaboré à la production d'une « image populaire ». Il s'agit plus d'une lithographie que d'une gravure sur bois à la manière traditionnelle, mais, même dans cette technique plus moderne, elle reproduit un type d'art populaire[22]. L'image de l'apôtre Jean Journet (ill. 8) fait partie d'une feuille imprimée, qui contient un poème rédigé par couplets, une « complainte » qui doit être chantée sur l'« air de Joseph »[23]. Journet était un missionnaire fouriériste indépendant, un homme à l'évangélisme radical, d'une candeur solennelle et irréductible; Champfleury l'a décrit dans sa série des *Excentriques*[24]. Courbet le représente au moment où il se met en route pour convertir le monde, marchant avec un bâton à la main, comme le *Juif errant* des estampes populaires. L'aspect de la lithographie, encadrée par les strophes de la complainte, se rattache à celui des feuilles imprimées du début du XIXe siècle; on retrouve dans cet apôtre laïc dominant l'horizon quelque chose des saints représentés sur les feuilles imprimées religieuses, et en particulier quelque chose du saint pèlerin, saint Jacques le Majeur[25].

21. J'ai pris cette illustration dans un article du Dr. HOPPEN, « The Decades of Human Life », dans *Clinical Excerpts*, New York, X, 1936, n° 7, p. 5.

22. Éditée par Vion, 27, rue Saint-Jacques, Paris. Depuis le XVIIe siècle, la rue Saint-Jacques était un des principaux centres de production d'imagerie populaire en France; les gravures sur cuivre de la rue Saint-Jacques servaient de source à un grand nombre de gravures sur bois populaires et Duchartre-Saulnier distinguent une catégorie spéciale, l'« imagerie de la rue Saint-Jacques » (*op. cit.*, pp. 29, 33, 87 *sq.*). Dans le deuxième tiers du XIXe siècle, elle était le centre des lithographies « semi-populaires ».

23. Sur ce mélange d'image et de « complainte », cf. DUCHARTRE et SAULNIER, *op. cit.*, p. 58, et les illustrations dans l'ensemble de l'ouvrage.

24. *Les Excentriques*, Paris, 1856.

25. Cette lithographie avait été faite d'après une peinture de Courbet qui appartenait à son compatriote Jean-Paul Mazaroz, de Lons-le-Saulnier. Il est intéressant de savoir que Mazaroz, collectionneur et ami de Courbet, surtout connu pour ses meubles d'art et ses idées radicales, était le fils d'un relieur qui faisait des images populaires à Lons-le-Saulnier au début du XIXe siècle. Sur le père de Mazaroz, cf. DUCHARTRE et SAULNIER, *op. cit.*, pp. 142, 143.

De plus, Courbet faisait des dessins pour des livres destinés à un public populaire, parfois sans culture et même totalement ignorant. À la différence de Delacroix, qui illustrait Goethe et Shakespeare, Courbet a illustré des brochures anticléricales bon marché, *La Mort de Jeannot, l'attrapeur de rats*[26] et *Les Curés en goguette*[27] ; un livre sur les types petits-bourgeois, *Le Camp des bourgeois*, pour lequel il fournit des dessins d'après photographies[28] ; il fit des images représentant des travailleurs en train de retourner la terre ou de scier, pour accompagner les chants de travail dans un livre où Champfleury avait recueilli les chansons populaires des provinces[29].

Ses peintures du travail reprennent un thème bien connu de l'art populaire, les métiers[30]. Courbet ne représente pas les formes avancées de l'industrie moderne — elles étaient déjà apparues dans des tableaux de la fin des années 1830[31], il représente le travail manuel des villageois, les occupations traditionnelles qui avaient été auparavant illustrées sur une petite échelle[32]. Il monumentalise les rémouleurs, le rétameur, les casseurs

---

26. *La Mort de Jeannot — Les frais du culte, avec quatre dessins de Gustave Courbet, exposition de Gand de 1868*, Bruxelles, 1868.

27. *Les Curés en goguette avec six dessins de Gustave Courbet, exposition de Gand de 1868*, Bruxelles, 1868. *Le Retour de la conférence* sert de frontispice.

28. Étienne BAUDRY, *Le Camp des bourgeois*, Paris, 1868. On trouve une description du livre et de la collaboration que Courbet y a apportée dans Théodore DURET, *Gustave Courbet*, Paris, 1918, pp. 140, 141.

29. *Les Chansons populaires des provinces de France*, notice par CHAMPFLEURY, accompagnement de piano par J.-B. WEKERLIN, Paris, 1860. Courbet illustra aussi les *Histoires anecdotiques des cafés et cabarets de Paris* d'Alfred DELVAUS (Paris, 1862). Les trois derniers livres furent tous publiés par Dentu, qui édita dans les années 1860 une grande série d'ouvrages portant sur des thèmes populaires, y compris ceux de Champfleury sur l'histoire de la caricature et de l'imagerie populaire. Le catalogue des illustrations réalisées par Courbet a été fait par DURET, *op. cit.*, pp. 138-141.

30. DUCHARTRE et SAULNIER (*op. cit.*, p. 68) donnent comme exemple une gravure de la région de Lille. *Le Semeur* est presque identique à celui de Millet.

31. Chez Bonhommé, aux Salons de 1838 et 1840. Chassériau avait déjà peint *Le Moulin du Creusot* en 1836 ; voir L. ROSENTHAL, *Du romantisme au réalisme*, Paris, 1914, p. 389, et BÉNÉDITE, *Chassériau*, 1931, p. 41.

32. Voir par exemple *Le Rémouleur* de Decamps au musée du Louvre. Dans les années quarante, au début du réalisme en peinture, le travail était un sujet fréquemment représenté. Les frères Leleux, en particulier, peignent les cantonniers et les bûcherons (cf. ROSENTHAL, *op. cit.*, pp. 383, 384). L'aspect tendancieux de ce choix

L'APÔTRE JEAN JOURNET
Partant pour la conquête de l'harmonie universelle.

G. Courbet

8. Courbet, *L'Apôtre Jean Journet*, lithographie.
Photo Bibliothèque Nationale, Paris.

de pierres, les vanneurs; et, à côté d'eux, il peint le chasseur, le braconnier, le marchand de vin, les moissonneurs et les glaneurs. À la fin des années quarante et dans les années cinquante, la pure représentation du travail sur une échelle comme celle des *Casseurs de pierres* (ill. 9) et des *Rémouleurs* avait des résonances politiques. Les classes les plus basses, et, en particulier, les travailleurs, constituaient désormais un élément actif de la politique; et, lors de la Révolution de février et des désordres qui la suivirent, le slogan du « Droit au travail » fut le plus important pour les travailleurs[33]. Dès les années quarante était apparu un livre de La Bédollière, *Les Métiers*[34], illustré de gravures (d'après Monnier) représentant les différentes occupations du peuple[35]; il était destiné, selon l'auteur, à éveiller l'intérêt pour le peuple, mais il n'adoptait pas un point de vue radical; il avait plutôt pour but d'assurer une réconciliation philanthropique entre les classes opposées[36].

C'est pourquoi l'on ne voit parfois dans les thèmes populaires de Courbet que l'expression d'opinions doctrinaires et tendancieuses, le résultat de son amitié avec Proudhon. Mais c'est négliger le fait qu'il s'identifiait avec le peuple; c'est négliger aussi le contenu précis de ses tableaux. Même sa célèbre peinture anticléricale des curés saouls a une origine plus populaire que politique[37]. La représentation des paysans sous une image de la Vierge au bord de la route, s'amusant de l'ébriété du

réaliste des sujets est peut-être indiqué par la fréquence, dans la peinture des années quarante, des personnages du braconnier et du contrebandier; le braconnier est une figure antiautoritaire. Lire à ce sujet l'anecdote racontée par Jules JANIN dans *L'Été à Paris*, 1843, p. 29: un braconnier arrêté par un garde dans les forêts royales lui réplique: « Le roi, c'est le peuple; or, je suis le peuple, donc je suis le roi. »

33. Le théoricien le plus important du « Droit au travail », Victor CONSIDERANT, auteur de la *Théorie du droit au travail et du droit de propriété*, 1839, était né à Salins; c'était donc un compatriote de Courbet.

34. Émile DE LA BÉDOLLIÈRE, *Les Industriels, métiers et professions en France*, avec cent dessins par Henri Monnier, Paris, 1842.

35. *Le Rémouleur* (p. 206) rappelle les peintures de Decamps et de Courbet.

36. « Cet ouvrage a pour objet de peindre les mœurs populaires, de mettre la classe aisée en rapport avec la classe pauvre, d'initier le public à l'existence d'artisans trop méprisés et trop inconnus. »

37. L'original, détruit, est reproduit par C. LEMONNIER, *Courbet et son œuvre*, Paris, 1878, et par LÉGER, *Gustave Courbet*, Paris, 1929, p. 97.

9. Courbet, *Les Casseurs de pierres*.
Disparu. Photo Roger-Viollet.

clergé, ne dit rien des dogmes et des sacrements de l'Église; elle correspond plutôt aux proverbes cyniques et aux fables de la paysannerie croyante, dont le folklore, même dans un pays catholique comme la France, trahit toujours une malice sous-jacente et de l'hostilité à l'égard du clergé en tant que classe sociale[38]. Si l'on compare l'attitude de Courbet aux constructions érudites de son admirateur, le peintre philosophe Chenavard[39], qui doit situer l'Église dans un vaste cycle de l'histoire universelle de façon à montrer ses limites historiques, on voit clairement à quel point l'image satirique de Courbet est inspirée par un sentiment populaire et rustique. Proudhon lui-même, dans son commentaire sur la peinture, devait admettre que la critique de l'Église n'était ici qu'implicite[40].

II.

Le radicalisme politique de Courbet, ses relations avec Proudhon et le rôle qu'il a joué dans la Commune semblent être secondaires en ce qui concerne son intention en tant qu'artiste; mais ils sont caractéristiques de sa personnalité et de la conscience qu'il avait d'être provincial et plébéien dans un Paris où se déroulaient de grandes luttes sociales. Le sentiment de sa supériorité en tant qu'artiste se justifiait à ses yeux par la rela-

38. Cf. P. Sébillot, *Le Folklore de France*, IV, 1907, p. 231. « Le "bon curé" semble inconnu dans la parémiologie française. Tant dans les collections générales de proverbes que dans celles dont le matériau provient des régions les plus renommées pour leur religiosité, j'ai cherché en vain des proverbes faisant l'éloge des hommes d'Église, alors que ceux qui les critiquent se trouvent à la douzaine. Un questionnaire spécial confirme cette conclusion; aucun de mes correspondants ne pouvait se rappeler un seul proverbe qui ne fût pas satirique. Bien que ce soit le même cas pour la noblesse (qui n'a jamais été populaire), c'est moins surprenant que pour le clergé séculier; les curés de campagne qui sont aimés de leurs paroissiens et qui le méritent ne sont pas rares. »

39. Sur Chenavard, voir Th. Gautier. *L'Art moderne*, Paris, 1856, et Silvestre, *op. cit.*, pp. 105-145.

40. P. J. Proudhon, *Du principe de l'art et de sa destination sociale*, Paris, 1875, chap. XVII, XVIII et p. 280.

tion naturelle qu'il entretenait avec les masses. Dans ses lettres et dans ses déclarations publiques, il affirmait qu'il était le seul des artistes de son temps à exprimer les sentiments du peuple et que son art était, par essence, démocratique[41]. Il prenait un profond plaisir à peindre le paysage, les personnages et la vie de son village natal d'Ornans en leur donnant une taille monumentale, et, par ce moyen, il imposait au spectateur du Salon sa propre opinion sur l'importance sociale de ce monde. Dans une caricature de 1853, Daumier a représenté la stupéfaction des paysans devant les peintures de Courbet exposées au Salon[42]; mais l'artiste lui-même écrivait à Champfleury depuis Ornans, à propos des *Casseurs de pierres*: « Les vignerons, les cultivateurs, que ce tableau séduit beaucoup, prétendent que j'en ferais un cent que je n'en ferais pas un plus vrai. »[43] Pendant qu'il peignait *L'Enterrement*, il écrivait à ses amis de Paris auxquels il disait les progrès de son ouvrage, leur décrivant comment il trouvait ses modèles et comment ils posaient pour lui; chacun, disait-il, voulait être dans la peinture[44]. Il discutait religion avec le curé, tandis que le fossoyeur regrettait que le choléra, qui avait frappé le village voisin, eût épargné Ornans et lui eût volé une bonne moisson. Il achève une de ses lettres en racontant le carnaval à Ornans auquel il avait pris part[45]. Dans sa grande peinture allégorique, *L'Atelier*, il représente ses deux mondes autour de lui avec, à sa droite, le monde de l'art, qui comprend son mécène Bruyas et ses amis, hommes de lettres et musiciens, Baudelaire, Buchon, Champfleury et Promayet; de l'autre côté, le peuple, sans foyer, pauvre, occupé d'intérêts

41. Lire sa lettre à Bruyas en 1854, où il rapporte sa conversation avec le directeur des Beaux-Arts, auquel il a dit: « Moi seul, de tous les artistes français mes contemporains, avais la puissance de rendre et de traduire d'une façon originale et ma personnalité et ma Société. » (P. BOREL, *Le Roman de Gustave Courbet d'après une correspondance originale du grand peintre*, Paris, 1922, p. 69.)

42. LÉGER, *Courbet*, 1929, p. 57; la légende dit « grands admirateurs des tableaux de M. Courbet ».

43. CHAMPFLEURY, *Souvenirs*, Paris, 1872, p. 174.

44. *Ibid.*, pp. 174, 175; RIAT, *op. cit.*, p. 76.

45. LÉGER, *Documents inédits sur Gustave Courbet*, dans *L'Amour de l'art*, XII, 1931, pp. 385 *sq.*

simples[46]. D'après la description de Champfleury, la Brasserie allemande de Paris, où est éclos le réalisme en tant que mouvement, était un village protestant où régnaient des manières rustiques et une franche gaieté[47]. Le chef de file, Courbet, était un « compagnon », il serrait les mains, il parlait et mangeait beaucoup, fort et obstiné comme un paysan, exactement le contraire du dandy des années trente et quarante. Son comportement à Paris était volontairement populaire; il parlait ostensiblement patois, il fumait, chantait et plaisantait comme un homme du peuple. Les observateurs académiques étaient impressionnés par sa technique d'une liberté plébéienne et domestique: il utilisait le couteau et le pouce, puisait à même les pots, frottait et grattait, en improvisant directement de mémoire sans appliquer les méthodes savantes de l'école. Du Camp écrivait qu'il peignait ses tableaux « comme on cire des bottes »[48]. À Ornans, il encadra *L'Enterrement* avec de simples planches de sapin de la région; et l'œuvre fut exposée ainsi dans le village et à Besançon, avant d'être expédiée au Salon. Dans une lettre à Bruyas, son mécène, il parle d'un plan destiné à une exposition personnelle à Paris et il dessine, sur le texte même de sa lettre, dans un style naïf et domestique, une vue du local de l'exposition: cela ressemble beaucoup à la tente d'un cirque, avec son mât et sa banderole (ill. 10)[49].

III.

L'affection de Courbet pour le peuple lui était tout à fait personnelle et il l'avait dans le sang. Mais elle était aussi alimentée

46. Il décrit l'œuvre dans ses lettres à Bruyas (BOREL, *op. cit.*, pp. 56-57) et à Champfleury (catalogue de l'exposition *L'Atelier du peintre*, Galerie Barbazanges, Paris, s.d., 1919).

47. CHAMPFLEURY, *Souvenirs*, pp. 185 *sq.*, et AUDEBRAND, *Derniers Jours de la Bohème*, pp. 77-212: La brasserie de la rue des Martyrs.

48. LÉGER, *Courbet selon les caricatures*, p. 37; cf. aussi LÉGER, *Courbet*, 1929, p. 27.

49. Voir BOREL, *op. cit.*, pl., p. 96.

et dirigée par les mouvements artistiques et sociaux de son temps. Avant 1848, il avait peint des sujets romantiques et poétiques tout autant que son monde provincial; à partir de 1848, la représentation réaliste du peuple devint pour lui un programme conscient. Les premiers romantiques avaient déjà créé un goût pour les traditions populaires; mais ils s'intéressaient plus au primitivisme exotique — qu'il soit éloigné dans le temps ou dans l'espace — qu'à ce qu'il pouvait y avoir de primitif à leur propre époque et dans leur propre pays[50]. Vers 1840, il se développa un penchant plus radical pour le peuple, comme si les luttes à venir se préparaient. Michelet, Louis Blanc et Lamartine publièrent leurs histoires de la Révolution française, où ils faisaient l'éloge de l'héroïsme du peuple français et de son amour de la liberté. George Sand, Lamartine et Eugène Sue créèrent une nouvelle fiction de la vie populaire, doctrinaire et évangélique, et les écrits des travailleurs étaient salués avec espoir: on y voyait les bases d'une culture prolétarienne à venir. Cette littérature est peut-être sentimentale, mélodramatique, vague dans ses descriptions sociales; mais, pour des esprits plus pénétrants, des esprits indépendants, les conflits de l'époque, les besoins matériels de la société et les conquêtes impressionnantes de la méthode scientifique imposaient peu à peu l'idée d'une exactitude nouvelle dans l'observation de la vie sociale. Les manières, les institutions et les idées étaient l'objet d'une critique permanente; la prise de conscience des différences sociales, le concept de mécanisme et de climat sociaux, vinrent enrichir, pour la seconde moitié du siècle, une bonne part de la littérature, ainsi que la vision que l'on avait de l'individu. C'est dans ce contexte de la fin des années quarante que le réalisme et les réalités populaires purent se fondre en un programme commun. Flaubert lui-même, qui désapprouvait le goût des romantiques pour le primitif[51] et l'art « socialiste » des

---

50. Sur le primitivisme des romantiques, cf. N. H. CLEMENT, *Romanticism in France*, New York, 1939, chap. x, pp. 462-479.

51. Voir sa première version de *L'Éducation sentimentale*, vers 1843-1845, où il dit de son héros, Jules (le jeune Flaubert sans doute): « En somme, il fit bon marché de tous les fragments de chants populaires, traduction de poèmes étrangers, hymnes de barbares, odes de cannibales, chansonnettes d'Esquimaux, et autres fatras inédits

années quarante, n'en fut pas moins imprégné, toute sa vie durant, par l'intérêt pour ce qui était moderne, scientifique, populaire et primitif et qui avait hanté les jeunes radicaux de 1848.

Dans le cercle « réaliste » le plus proche de Courbet, trois jeunes écrivains, Buchon, Dupont et Champfleury, s'inspiraient de la vie du peuple et des formes de l'art populaire.

Le poète Max Buchon était un ami de Courbet depuis les années passées ensemble à l'école à Besançon[52]. Son premier livre de poésie romantique avait été illustré par le peintre en 1839[53]. Ils étaient tous deux de fervents admirateurs de leur compatriote Proudhon; et Buchon fut exilé par Louis-Napoléon en 1851 pour le rôle actif qu'il avait joué sous la IIe République. On le voit dans *L'Enterrement*, dans *L'Atelier*, et Courbet en fit aussi un portrait grandeur nature[54]. À Paris, il fut d'abord connu comme l'auteur de *La Soupe au fromage*, le chant de guerre des réalistes bohèmes à la fin des années quarante, et comme le traducteur de Hebel, poète allemand qui écrivait en dialecte sur la vie paysanne et villageoise. Ses propres ouvrages décrivent les paysans et le paysage de sa région natale, dont il recueillait également les récits et les chants populaires. Gautier parle de lui comme d'une « espèce de Courbet de la poésie, très réaliste mais aussi très vrai, ce qui n'est pas la même chose »[55]. Buchon n'était pas seulement attaché à sa province natale comme à un monde poétique; il pensait que le caractère du peuple était la source de la créativité individuelle. Dans un livre sur le réalisme publié en 1856, durant son exil en Suisse, il

dont on nous assomme depuis vingt ans. Petit à petit même, il se défit de ces prédilections niaises que nous avons malgré nous pour des œuvres médiocres, goûts dépravés qui nous viennent de bonne heure et dont l'esthétique n'a pas encore découvert la cause. »

52. Sur Buchon (1818-1869) et ses écrits, voir Émile FOURQUET, *Les Hommes célèbres de Franche-Comté*, 1929; sur le rôle qu'il a joué dans le mouvement réaliste, voir l'excellent ouvrage d'Émile BOUVIER, *La Bataille réaliste (1844-1857)*, Paris, 1913, pp. 183 *sq.*

53. Les lithographies sont reproduites par LÉGER, *Courbet*, 1929, p. 25.

54. *Ibid.*, p. 18 (au musée de Vevey); il existe un deuxième portrait au musée de Salins.

55. Th. GAUTIER, *Histoire du romantisme, Les progrès de la poésie française depuis 1830*, Paris, 1872.

écrivit que « la protestation la plus inexorable contre les professeurs et les pastiches, c'est l'art populaire »[56]. La prééminence de Courbet et de Proudhon dans leurs domaines respectifs était due à leur commune « puissante carrure franccomtoise » et, dans sa description du génie de Courbet, il introduit, pour la première fois peut-être dans la critique d'un peintre contemporain, le concept d'une créativité populaire instinctive qui serait la base d'un grand art individuel. La peinture de Courbet est, selon lui, calme, forte et saine, elle est le fruit d'une productivité naturelle et spontanée — « il produit ses œuvres tout aussi simplement qu'un pommier produit des pommes » —, enracinée dans son propre caractère et dans les qualités de sa province natale. Courbet ignore les livres, c'est un peintre qui a tout appris de la peinture par lui-même; mais il comprend les choses par sympathie avec les gens les plus simples et « à l'aide seulement de son énorme puissance d'intuition ».

Le poète Pierre Dupont[57] fut, pendant un certain temps, presque aussi proche de Courbet; c'est l'auteur des *Bœufs* et du *Chant des ouvriers* (1846) que Baudelaire appela la « Marseillaise du travail ». Leur amitié naquit en 1846 et ils passèrent des vacances ensemble à la campagne[58]. Dupont était le grand écrivain d'hymnes pour le peuple, les uns politiques et militants, d'autres plus idylliques, sur les paysans, la campagne et les différents travaux[59]. Comme c'était le cas pour les peintures de son ami, les chants de Dupont étaient considérés comme rustiques et l'on critiquait leur naïveté, leur gaucherie et leur réalisme[60]. La musique, qu'il composait lui-même, était fondée sur d'authentiques mélodies populaires. *L'Incendie: chant des*

56. Max BUCHON, *Recueil de dissertations sur le réalisme*, Neuchâtel, 1856; cité par LÉGER, *Courbet*, 1929, p. 66.

57. Sur Dupont (1821-1870), voir BOUVIER, *op. cit.*, pp. 165 *sq.* Gustave Mathieu (BOUVIER, pp. 173 *sq.*) était un poète dont les intérêts étaient très proches de ceux de Dupont et de Courbet, auxquels le liait une relation d'amitié; pour le portrait qu'en a peint Courbet, voir LÉGER, *op. cit.*, p. 144.

58. Son portrait par Courbet est au musée de Karlsruhe, cf. LÉGER, *op. cit.*, pl. 51.

59. Ses poèmes ont été rassemblés et publiés dans *La Muse populaire, chants et poésies.* J'en ai utilisé la sixième édition, parue à Paris en 1861.

60. Voir BOUVIER, *op. cit.*, p. 171.

pompiers manifeste un esprit remarquablement proche de la grande peinture des pompiers laissée inachevée par Courbet, interrompu par le coup d'État du 2 décembre 1851[61]. D'autres sujets de Courbet se retrouvent dans *La Muse populaire* de Dupont : les métiers, les chasseurs, le bétail, les paysages, les scènes de la vie campagnarde, tout cela dépeint avec une grande tendresse[62]. Ses chants politiques expriment dans une langue commune ce même sentiment démocratique radical que l'on retrouve, avec des accents plus bravaches, quand Courbet parle de lui-même comme d'un individu souverain, d'un gouvernement opposé à l'État en place[63].

> Où marches-tu, gai compagnon ?
> Je m'en vais conquérir la terre ;
> J'ai remplacé Napoléon,
> Je suis le prolétaire.[64]

L'art de Dupont n'est pas populaire seulement par son thème et son sentiment ; il est d'une forme très simple, avec des strophes courtes, faciles à chanter, des phrases répétées et des refrains primitifs. Il a la fraîcheur des vieux chants populaires et c'est pour ces qualités-là que Gautier[65] et Baudelaire[66] l'appré-

---

61. Cf. sa *Muse populaire*, pp. 286 *sq.* : « En ces calamités publiques, / Toujours les premiers à courir, / Nos pompiers, soldats pacifiques, / Savent aussi vaincre et mourir. » Et le refrain : « Au feu ! au feu ! / L'incendie éclate, / La flamme écarlate / Rougit le ciel bleu. / Au feu ! », Charles LÉGER, *Gustave Courbet* (Collection des Maîtres), Paris, 1934, fig. 24, donne une reproduction de la peinture de Courbet au Petit Palais.

62. Également intéressant en ce qui concerne Courbet, *Le Chant de la mer, Muse populaire*, p. 45, et *Le Cuirassier de Waterloo, ibid.*, p. 226, sur le tableau de Géricault (« Géricault, ta mâle peinture... »).

63. Cf. la déclaration de Courbet au ministre des Beaux-Arts en 1854, qu'il rappelle dans une lettre à Bruyas : « Je répondis immédiatement que je ne comprenais absolument rien à tout ce qu'il venait de me dire, d'abord parce qu'il m'affirmait qu'il était un Gouvernement et que je ne me sentais nullement compris dans ce Gouvernement, que moi aussi j'étais un Gouvernement et que je défiais le sien de faire quoi que ce soit pour le mien que je puisse accepter. » (BOREL, *op. cit.*, pp. 67-68.)

64. C'est le refrain des *Deux compagnons du devoir, Muse populaire*, pp. 233 *sq.*

65. Dans son *Histoire du romantisme*.

66. Lire sa préface aux *Chants et chansons* de DUPONT en 1851, rééditée dans *L'Art romantique, Œuvres*, II, pp. 403-413, et une seconde étude écrite en 1861, *ibid.*, pp. 551-557.

ciaient. Ce sont en fait les chants de Dupont qui suggérèrent à Baudelaire l'idée que toute poésie est essentiellement une protestation utopique contre l'injustice, un désir de liberté et de bonheur[67].

Courbet essaya aussi de composer des chants populaires. Dans son *Histoire des artistes vivants*[68], Silvestre en publia un exemple. Ce sont des chansons à boire joyeuses et viriles, triviales et grossières. Courbet pensait être un musicien et il voulut participer au concours national de chant populaire ouvert en 1848[69].

Le troisième ami de Courbet, l'écrivain et critique Champfleury[70], était le chef de file des jeunes écrivains réalistes de 1850 et l'auteur de la première histoire générale de l'imagerie populaire.

Comme Courbet, Champfleury était un provincial, mais il venait d'une famille plus cultivée; son père était secrétaire de mairie à Laon et son frère, Édouard Fleury, était, dans son département, le principal archéologue et historien local. Il vint à Paris en 1839 à dix-huit ans, peu de temps seulement avant Courbet, mais ils ne firent connaissance qu'en 1848. Ses premiers écrits se rattachent au dernier style romantique de *l'école fantaisiste*. Ce sont des nouvelles ou des petits contes qui mettent en scène des types étranges et des lieux cachés de la vie parisienne, tantôt humoristiques, tantôt grotesques. Champfleury désirait très fortement réussir à Paris, il y menait la vie de *La Bohème* de Murger et il suivait de près les principaux courants littéraires des années quarante. Il sentait qu'il était un apprenti, qu'il devait d'abord apprendre son métier et acquérir une « petite manière » journalistique qui lui permettrait de gagner de quoi vivre. Dans ses *Souvenirs*, il raconte comment il

67. *Œuvres*, II, p. 412.

68. Silvestre, *op. cit.*, pp. 248-249.

69. Riat, *op. cit.*, p. 53 (lettre du 17 avril 1848).

70. C'est le pseudonyme de Jules Fleury (1821-1889). Sur sa vie, ses écrits et sur le rôle qu'il a joué dans le mouvement réaliste, voir Bouvier, *op. cit.*; P. Martino, *Le Roman réaliste sous le Second Empire*, Paris, 1913; J. Troubat, *Une amitié à la d'Arthez, Champfleury, Courbet, Max Buchon*, Paris, 1900 (que je n'ai pas pu consulter); cf. aussi, du même, l'édition des lettres de Champfleury, *Sainte-Beuve et Champfleury*, Paris, 1908.

fut, pendant quelque temps, déchiré entre deux tendances, un réalisme à la façon de Monnier et une poésie à l'allemande, romantique et sentimentale. En 1849 et 1850, il fut emporté par le courant du réalisme militant et son goût pour le contemporain et le populaire, il put se maintenir dans ce courant grâce à son expérience personnelle de la vie provinciale et à la conscience qu'il avait d'être du côté du peuple au milieu d'écrivains parisiens mieux éduqués que lui. Il avait découvert les Le Nain — nés dans sa ville de Laon — vers 1845 et, en 1850, il publia une brochure où il les appelait des peintres de la réalité. Les Le Nain plaisaient déjà au goût moderne dans les années quarante; en 1846, Charles Blanc compare les frères Leleux — Adolphe et Armand — aux peintres de Laon[71]; ils peignaient la paysannerie bretonne et des scènes de travail et on les considérait comme des réalistes. Mais la conversion de Champfleury au réalisme semble avoir été largement influencée par l'exemple de l'art imposant de Courbet et par son amitié pour Dupont et Buchon qui l'amenèrent à la littérature populaire et lui firent voir les possibilités artistiques qu'offraient les thèmes tirés de la vie des classes inférieures[72]. Le choix de tels sujets était un des éléments essentiels de la doctrine réaliste, peut-être aussi essentiel que les idées des petits réalistes sur la méthode et le style, et Champfleury le justifia sur différents plans[73]. Les classes inférieures étaient les plus importantes de la société et c'est à tra-

71. Cité par L. ROSENTHAL, *Du romantisme au réalisme*, Paris, 1914, pp. 383-386.

72. Dans ses *Souvenirs*, parus en 1872 (p. 185), CHAMPFLEURY attribue le début du mouvement réaliste à Courbet et le date de 1848. BOUVIER, pp. 165-256, montre clairement qu'il doit beaucoup à Courbet, Dupont et Buchon et, en particulier, à Courbet (pp. 244-245). Il connaissait déjà Buchon et Dupont en 1847, avant de rencontrer Courbet; il commença à étudier la littérature et l'art populaires vers 1848 ou 1849 (cf. son *Histoire de l'imagerie populaire*, Paris, 1869, 2ᵉ éd., pp. XLIV-XLV) et il publia, en 1850, un article sur la légende du *Bonhomme Misère* (BOUVIER, p. 180). Son roman, *Les Bourgeois de Molinchart*, 1855, était dédié à Buchon. Courbet aida aussi Champfleury dans ses études sur l'art populaire. Dans une lettre à Champfleury, où il parle de son travail à Ornans en 1849 et aux débuts de 1850, Courbet parle de rassembler des « chansons de paysans » pour Champfleury: « Je vous porterai les *Bons Sabots* de Besançon. » Voir *L'Amour de l'art*, XII, 1931, p. 389.

73. Voir les préfaces de ses romans et de ses recueils de nouvelles, *Contes domestiques, Les Aventures de Mariette*; voir aussi *Le Réalisme*, paru en 1857. Ces textes ont été rassemblés par BOUVIER, pp. 311-312.

vers leur vie que l'on pouvait révéler les mécanismes sociaux fondamentaux. Elles constituaient en outre un sujet nouveau et illimité, leur grande sincérité les rendait plus séduisantes que les riches et l'élite, cette sincérité dont les réalistes faisaient presque la totalité de l'art. Dernier point, leur propre littérature a de la valeur et elle est pleine de suggestions; leurs chants et leurs légendes contiennent des chefs-d'œuvre de réalisme. Champfleury admirait le bon goût inhérent au peuple et il imaginait qu'il serait un allié spontané, prêt à apprécier la sincérité et la vigueur des œuvres réalistes modernes.

Dans la mesure où Champfleury était le journaliste le plus important à défendre Courbet au début des années cinquante, le public vit en lui l'apôtre du réalisme et Champfleury assuma la responsabilité de la défense théorique du mouvement, bien qu'il en désapprouvât quelquefois le nom, trompeur et vague à ses yeux; c'était une dénomination moins adéquate que le mot d'ordre de la « sincérité dans l'art » qu'il opposait à l'« art pour l'art »[74]. Ses propres histoires et ses romans prirent une allure plus intime, plus réaliste, en se dépouillant des éléments imaginaires et du grotesque qu'il avait cultivés jusqu'en 1848. Mais il conserva toujours l'humour et le sentimentalisme que ses écrits avaient eus dès l'origine. Comparé à la peinture de Courbet, ample et robuste, son réalisme constituait une « petite manière » et l'on est surpris aujourd'hui de constater qu'ils ont pu être considérés comme des expressions semblables. Durant les années 1850, Champfleury produisit une série régulière de nouvelles et de romans qui en firent le chef de file du mouvement réaliste en littérature. Mais, vers 1860, il fut écrasé par Flaubert et, au cours des décennies suivantes, les ouvrages des Goncourt et de Zola rejetèrent dans l'ombre ses romans, qui étaient un peu frêles et souvent mal écrits. Ses études historiques le prirent de plus en plus: il devint expert en vases anciens et entra comme fonctionnaire à la manufacture nationale de Sèvres, poste qu'il occupa jusqu'à sa mort en 1889. Durant les vingt-cinq dernières années de sa vie, il publia de nombreux volumes sur l'histoire de la caricature, de l'imagerie

---

74. Voir les articles rassemblés dans *Le Réalisme*, 1857, en particulier pp. 3 *sq.*

populaire, de la littérature populaire, des faïences patriotiques, des vignettes romantiques, sur les Le Nain et Monnier[75]. Ces livres s'appuyaient sur des lectures étendues et sur une recherche de documents originaux et, bien qu'ils fussent souvent d'une portée limitée en tant qu'études historiques, ils constituaient parfois des ouvrages pionniers. Dans la plupart d'entre eux, sa curiosité était orientée par l'élan original de 1848 vers le réalisme et l'art populaire, aussi loin qu'il ait pu s'éloigner par la suite des idéaux de cette époque.

IV.

L'important pour nous, dans l'*Histoire de l'imagerie populaire* de Champfleury, c'est qu'il y attribue une valeur artistique absolue aux gravures naïves faites pour les paysans et les villageois.

La poésie et les chants populaires avaient attiré depuis longtemps l'attention des écrivains : Montaigne, Molière et Malherbe parlaient avec enthousiasme des chants du bas peuple et ils en préféraient certains aux ouvrages les plus civilisés[76]. Ces jugements étaient isolés à leur époque mais ils se généralisèrent dans les années 1840-1860. On recueillait avec passion les chants populaires et on les étudiait[77]. On reconnaissait qu'ils ne suivaient pas les règles de la poésie et de la musique européennes modernes ; leurs rythmes étaient étranges, leurs rimes

75. Les ouvrages principaux sont : *Histoire de la caricature*, en cinq volumes (1865-1880) ; *Histoire de l'imagerie populaire*, 1869 ; *Les Chansons populaires des provinces de France*, 1860 ; *Histoire des faïences patriotiques*, 1867 ; *Les Vignettes romantiques*, 1883 ; *Les Frères Le Nain*, 1862 ; *Henry Monnier, sa vie, son œuvre*, 1879 ; *Les Chats*, 1869 ; *Bibliographie céramique*, 1881.

76. Champfleury esquisse l'histoire du goût pour la poésie et les chants populaires dans *De la poésie populaire en France* (vers 1857, pp. 137-182). Une mise au point plus récente et plus complète se trouve dans N. H. CLEMENT, *Romanticism in France*, New York, 1939.

77. Cf. la bibliographie des publications parues de 1844 à 1857 dans l'article de CHAMPFLEURY, p. 137.

vagues et imparfaites, leurs combinaisons manquaient d'harmonie et pourtant on les trouvait admirables; « il en résulte des combinaisons mélodiques d'une étrangeté qui paraît atroce et qui est peut-être magnifique », écrivait George Sand[78]. Au milieu du siècle, on se livra à des recherches enthousiastes sur d'autres formes de littérature populaire. Nisard publia en 1854 son ouvrage fondamental sur la littérature de colportage, illustré par des gravures populaires [79], et, à peu près au même moment, Magnin donna une histoire des marionnettes[80] qui devait confirmer l'universalité et la dignité d'un goût qui n'était alors cultivé que par les dévots de l'art populaire, en particulier George Sand et le jeune réaliste Duranty[81]. Flaubert amena ses amis Tourguéniev et Feydeau à la foire de Rouen pour voir le

78. Dans une lettre à Champfleury citée dans le même article, p. 157; Champfleury cite, pp. 156-159, d'autres opinions identiques du milieu du siècle. Dans un article de 1853, repris dans *Le Réalisme* en 1857 (pp. 186-187), Champfleury parle aussi de la musique populaire française en rapport avec la musique exotique (chinoise et indienne d'Amérique). Il fait des remarques sur la coïncidence étrange entre l'originalité de la musique populaire et les raffinements les plus modernes du goût civilisé: « Depuis deux ou trois ans des esprits distingués cherchent à introduire le *quart de ton* dans la musique moderne. La musique populaire est une mine d'intervalles harmoniques imprévus, sauvages ou raffinés, comme on voudra. » Il en fait aussi sur les mélodies des chansons populaires qui sont « toutes en dehors des lois musicales connues; elles échappent à la notation, car elles n'ont pas de mesure; une tonalité extravagante en apparence, raisonnable cependant, puisqu'elle est d'accord avec une poésie en dehors de toutes les règles de prosodie, ferait gémir les didactiques professeurs d'harmonie ».

79. *Histoire des livres populaires, ou de la littérature du colportage depuis le XVᵉ siècle jusqu'à l'établissement de la Commission d'examen des livres du colportage (30 novembre 1852)*, Paris, 1854. Également important pour l'intérêt qu'il manifeste à l'égard des arts populaires: Charles NISARD, *Des chansons populaires chez les Anciens et chez les Français; essai historique suivi d'une étude sur la chanson des rues contemporaine*, Paris, 1867, deux vol. Le second volume avait déjà été publié en grande partie sous le titre *La Muse pariétale et la Muse foraine*, Paris, 1863. Nisard publia également un livre sur la langue de Paris: *Étude sur la langue populaire ou patois de Paris*, Paris, 1872.

80. Charles MAGNIN, *Histoire des marionnettes en Europe*, 2ᵉ éd., 1862.

81. Edmond DURANTY, *Théâtre des marionnettes du jardin des Tuileries. Textes et compositions des dessins par M. Duranty*, Paris, s.d. (1863). L'ouvrage est illustré par deux types de lithographies en couleurs, l'un dans le style du début des années soixante, avec ses qualités « rococo », l'autre imitant le style naïf des marionnettes et du décor de leurs théâtres en prenant pour thème les spectacles de marionnettes. Sur le jugement porté sur les poupées et les jouets d'enfants, cf. l'essai de BAUDELAIRE, *Morale du joujou* (1853), dans *Œuvres*, II, pp. 136-142.

théâtre de marionnettes qui jouait une *Tentation de saint Antoine*, et il en tira quelques lignes pour la version qu'il écrivit en 1849[82].

Les images populaires contemporaines mirent plus de temps à rencontrer une faveur équivalente. C'étaient peut-être le caractère directement représentatif du signe pictural et les critères établis de ressemblance qui s'y opposaient. Les artistes et les écrivains des années 1830 commençaient cependant à les remarquer. Dans *La Peau de chagrin* (1830-1831), Balzac décrit l'intérieur d'une ferme auvergnate; il attire l'attention sur les images en « bleu, rouge et vert qui représentent "Le Crédit est mort", la Passion de Jésus et les grenadiers de la Garde impériale » (les trois piliers de la société : le commerce, la religion et l'armée). Il sut aussi révéler l'esprit de la campagne en décrivant l'enseigne de l'auberge du village dans *Les Paysans* (1844-1845)[83]. Dans une peinture d'un intérieur catalan qu'il fit dans les années 1840[84], Decamps reproduisit une estampe religieuse paysanne. Et, manifestant une conscience réelle des qualités du style primitif, Töpffer mit, en illustration d'un de ses *Nouveaux Voyages en zigzag*, une copie d'une image populaire, *Histoire de Cécile*, qu'il avait vue lors de son périple[85].

Pour ces écrivains et ces artistes, les images populaires n'avaient qu'une valeur relative ou elles ne les intéressaient que dans la mesure où elles faisaient partie du cadre qu'ils décrivaient. Baudelaire lui-même, malgré la capacité de perception extraordinaire qu'il possédait, malgré le respect romantique qu'il manifestait à l'égard de l'imagination primitive, restait attaché à des normes de peinture qui limitaient son jugement sur les styles primitifs. Il pouvait observer, comme Goethe l'avait fait, l'infaillible harmonie des couleurs dans les tatouages des visages indiens, il pouvait reconnaître, dans tout leur com-

---

82. Voir l'introduction à ses *Œuvres*, éd. A. THIBAUDET et R. DUMESNIL, Paris, N.R.F., 1936, I, pp. 42-45, et Édouard MAYNIAL, *La Jeunesse de Flaubert*, pp. 137 *sq.*

83. *Œuvres*, N.R.F., Paris, 1937, p. 45.

84. *Les Joueurs de cartes*, musée du Louvre.

85. *Nouveaux Voyages en zigzag*, Paris, 1854, p. 38 (l'ouvrage a été écrit avant 1846).

portement, une élévation homérique[86]. Pourtant, quand il veut
rendre compte de la médiocrité de la sculpture moderne
(*Pourquoi la sculpture est ennuyeuse*)[87], il souligne le caractère
plus primitif de la sculpture en tant qu'art, faisant par là comme
une réplique ironique à la prétention classique selon laquelle la
sculpture est l'art le plus élevé[88]; c'est plutôt l'art par excellence
des sauvages qui taillent « fort adroitement des fétiches longtemps avant d'aborder la peinture, qui est un art de raisonnement profond, et dont la jouissance même demande une initia-
tion particulière »[89]. « La sculpture se rapproche bien plus de la
nature, et c'est pourquoi nos paysans eux-mêmes, que réjouit la
vue d'un morceau de bois ou de pierre industrieusement tourné,
restent stupides à l'aspect de la plus belle peinture. » À son
niveau le plus élevé, chez les peuples civilisés, la sculpture est un
art complémentaire, coloré et subordonné à l'architecture;
mais, maintenant qu'elle a perdu ce lien, elle s'est isolée et
vidée, elle est retournée à sa condition primitive. Les sculpteurs
contemporains, dit-il, sont des « Caraïbes », des artisans féti-
chistes[90].

86. *Salon de 1846*, dans *Œuvres* II, p. 90, et *Salon de 1859, ibid.*, II, p. 255.

87. *Salon de 1846, ibid.*, II, p. 127; mêmes idées dans le *Salon de 1859, ibid.*, II, p. 275.

88. Dans le même *Salon*, il parle de Delacroix et il déclare que les sculpteurs ont raillé injustement le dessin de Delacroix. Ce sont des gens partiaux qui n'ont qu'un œil, leur jugement vaut, au plus, la moitié d'un jugement d'architecte. « La sculpture, à qui la couleur est impossible et le mouvement difficile, n'a rien à démêler avec un artiste que préoccupent surtout le mouvement, la couleur et l'atmosphère. Ces trois éléments demandent nécessairement un contour un peu indécis, des lignes légères et flottantes, et l'audace de la touche » (p. 79).

89. *Ibid.* L'idée que la sculpture est le premier art, le plus primitif, est également une idée de WINCKELMANN : « Car un enfant est également capable de donner une certaine forme à une masse molle, mais il ne peut pas dessiner sur une surface; le pur concept d'une chose suffit pour la première, mais, pour dessiner, il faut une connais-sance beaucoup plus grande. » *Geschichte der Kunst des Altertums*, vol. I, chap. I.

90. Baudelaire ne pense pas ici, comme on pourrait le supposer à partir du pas-sage cité à la note 88, à faire une différence entre le plastique et le pictural, le tactile et l'optique — au sens moderne des termes — pour en déduire l'infériorité inévitable de la sculpture dans une période de goût impressionniste. Il déclare, au contraire, que la sculpture, bien que « brutale et positive comme la nature, est en même temps vague et insaisissable, parce qu'elle montre trop de faces à la fois » (*Œuvres*, II, pp. 127-128); il lui manque l'unité de point de vue et elle est soumise aux accidents

Quand il écrivait ces lignes à propos du Salon de 1846, Baudelaire n'avait pas une meilleure opinion des qualités de la peinture primitive. Dans son *Salon caricatural*, texte peu connu qu'il écrivit la même année[91], il recourt aux parodies conventionnelles des formes archaïques pour ridiculiser certains tableaux, puérils ou incultes dans leur raideur ou l'éclat de leurs couleurs.

À l'opposé de ce point de vue, Champfleury trouvait dans les arts populaires primitifs et contemporains des qualités qui justifiaient qu'on les comparât à l'art le plus civilisé. Selon lui l'« idole taillée dans un tronc d'arbre par des sauvages est plus près du *Moïse* de Michel-Ange que la plupart des statues des Salons annuels »[92]. On méprise la barbarie des couleurs criardes des estampes populaires, mais elles sont « moins barbares que l'art médiocre de nos expositions, où une habileté de main universelle fait que deux mille tableaux semblent sortis d'un même moule ». L'art populaire moderne a les mêmes qualités que les premières gravures sur bois du XVe siècle. « La naïve exécution des bois de la *Bible des pauvres* n'a d'équivalent que dans certaines gravures de la *Bibliothèque bleue* de Troyes. C'est que le bégayement des enfants est le même en tous pays..., il offre cependant le charme de l'innocence, et... le charme des imagiers modernes vient de ce qu'ils sont restés enfants..., ils ont échappé aux progrès de l'art des villes. »[93]

---

de la lumière. Ce qu'il condamne surtout dans la sculpture, c'est sa nature vulgaire et artisanale, son caractère de compétence technique qui, pour le goût victorien du milieu du siècle, donnait quelque valeur aux produits de l'artisanat primitif. Cf. MELVILLE qui, dans *Moby Dick* (chap. LVII), parle de la « massue de guerre et de la pagaie-harpon des anciennes îles Hawaï » en y voyant « un trophée de la persévérance humaine aussi grand qu'un lexique latin »; cf. aussi la « belle pagaie de Nouvelle-Zélande » admirée par Owen JONES dans le premier chapitre de sa *Grammar of Ornament* (1856). C'est l'habileté plus que l'imagination du sauvage que méprise Baudelaire.

91. *Le Salon caricatural critiqué en vers et contre tous illustré de 60 caricatures dessinées sur bois.* Première année, Paris, 1846. Réédité en fac-similé dans BAUDELAIRE, *Œuvres en collaboration*, avec une introduction et des notes de Jules MOUQUET, Paris, 1932, pp. 9, 15, 17.

92. *Histoire de l'imagerie populaire*, 2e éd., 1869, p. XII. Dans l'édition de 1886, il change « la plupart » par « bon nombre ».

93. *Ibid.*, p. XXIII.

Quand Champfleury compare l'idole des sauvages au *Moïse* de Michel-Ange, il fait peut-être écho à l'ouvrage posthume de Rodolphe Töpffer, *Réflexions et menus propos d'un peintre genevois*, publié en 1848 et réédité en 1853 et 1865. Dans son style enjoué, aimable, Töpffer consacre deux chapitres aux dessins d'enfants : « Où il est question des petits bonshommes » et « Où l'on voit pourquoi l'apprenti peintre est moins artiste que le gamin pas encore apprenti »[94]. Dans le dernier, il déclare qu'« il y a moins de dissemblance entre Michel-Ange gamin griffonneur et Michel-Ange devenu un immortel artiste, qu'entre Michel-Ange devenu un immortel artiste et Michel-Ange encore apprenti »[95]. On ne doit pas chercher les débuts de l'art dans l'effort légendaire fait pour tracer le profil de la personne aimée, mais dans les dessins d'enfants. Dans ces derniers, l'art est déjà complet. On trouve les mêmes silhouettes de mannequin à Herculanum et à Genève, à Tombouctou et à Quimper-Corentin. Mais il y a « petits bonshommes et petits bonshommes », ceux qui ne font qu'imiter la nature et ceux qui constituent l'expression artistique d'une pensée. Envoyez le gamin dans une école d'art et, en acquérant une plus grande connaissance de l'objet, il perdra la vivacité et l'intention artistique qu'il possédait auparavant; les attributs du signe remplaceront la beauté artistique dont il était le signe. Comme artistes, les sauvages montrent la même force que « les gamins de nos rues et nos tambours de régiment ». Comme images de l'homme, les idoles de l'île de Pâques avec leurs traits hideux et leurs proportions étranges ne ressemblent à rien dans la nature et il est presque impossible de leur donner un sens. Mais, si on les considère comme les signes d'une conception, « elles sont, au contraire, des divinités cruelles, dures et supérieures, des divinités brutes, mais des divinités, grandioses et belles; comme

---

94. Livre VI, chap. XX, XXI, pp. 249-255 de l'édition parisienne de 1853. Champfleury connaissait les livres de Töpffer; on le voit dans la référence qu'il fait, dans son *Histoire de la caricature antique* (s.d., 1865?) à la page 189, à l'*Essai de physiognomonie* de Töpffer, paru à Genève en 1845, à propos des études et des reproductions de dessins d'enfants qui se trouvent dans cet ouvrage. Champfleury se trompe cependant sans doute quand il appelle dessin d'enfant le *graffito* antique qu'il reproduit en face de la page 188.

95. *Réflexions et menus propos*, pp. 254-255.

signes, elles ont une clarté et un sens; elles vivent, elles parlent et elles proclament qu'une pensée créatrice leur a été infusée et qu'elle se manifeste à travers elles »[96].

C'est par suite de sa personnalité et de son expérience particulière que, si tôt dans le XIXᵉ siècle, Töpffer a pu arriver à ce jugement compréhensif des dessins d'enfants. Que l'art ne fût pas imitation mais expression d'« idées », que les formes naturelles ne fussent que les « signes » des conceptions de l'artiste, historiquement relatives à une époque et à un endroit, tout cela était un lieu commun de la théorie esthétique du moment. Mais Töpffer était un artiste doué, qu'un défaut de vision avait contraint dans sa jeunesse à renoncer à l'ambition d'être peintre pour se limiter au dessin; c'était un maître d'école suisse qui se consacrait aux enfants, avec lesquels il avait fait ses premiers voyages alpins en zigzag; il illustrait lui-même ses histoires amusantes; c'était aussi un caricaturiste original, qui avait réfléchi sur son art et qui exploitait le caractère de graffiti qu'avait à l'origine le dessin caricatural[97]; pour toutes ces raisons, il pouvait plus facilement identifier, chez l'enfant comme chez le peintre professionnel, l'universalité de l'art conçu comme expression instinctive d'une idée. L'enthousiasme qu'il manifeste pour l'enfant est peut-être également lié aux traditions éclairées et progressistes de la pédagogie suisse.

Le livre de Töpffer était connu à Paris; Sainte-Beuve le recommande chaudement pour ses dons d'écriture[98] et Théophile Gautier en discute longuement les thèses dans *L'Art moderne* (1856)[99].

Gautier regrettait que Töpffer eût attaqué la théorie de l'art pour l'art en y voyant un formalisme absurde; mais il était

96. *Ibid.*, chap. xx.

97. Cf. ses délicieux albums, qui sont les vrais prédécesseurs de la bande dessinée comique et du dessin animé: *Histoire de M. Jabot, Le Docteur Festus, Histoire d'Albert, Histoire de M. Cryptogame*, qui étaient tous réédités à Paris.

98. Cf. la préface de SAINTE-BEUVE à ses *Nouveaux Voyages en zigzag*, Paris, 1854, *Notice sur Töpffer considéré comme paysagiste* (donné également dans les *Causeries du Lundi*, VIII). Sainte-Beuve parle du « caractère à la fois naïf et réfléchi de son originalité » et il cite la maxime de Töpffer — « Tous les paysans ont du style » — ainsi que son intérêt pour le « langage campagnard et paysannesque ».

99. Voir pp. 129-166, *Du beau dans l'art.*

enchanté par l'idée de la supériorité de l'art enfantin. Il découvrait désormais, dans les propres dessins de Töpffer, les qualités mêmes que Töpffer avait découvertes dans les dessins d'enfants. Le comparant à Cruikshank, Gautier écrit : « Il y a chez le Genevois moins d'esprit et plus de naïveté : on voit qu'il a étudié avec beaucoup d'attention les petits bonshommes dont les gamins charbonnent les murailles avec des lignes dignes de l'art étrusque pour la grandeur et la simplicité... Il a dû également s'inspirer des byzantins d'Épinal... Il en a appris l'art de rendre sa pensée, sans lui rien faire perdre de sa force, en quelques traits décisifs... »[100]

Nous voyons ici que le primitif n'est pas seulement considéré comme un exemple de naïveté universelle, mais aussi comme une source de naïveté consciente dans l'art moderne. Pourtant, quelques années seulement avant, en 1851, Gautier avait rejeté *L'Enterrement à Ornans* de Courbet pour sa rusticité et il l'avait comparé aux enseignes des marchands de tabac[101]. Entre 1851 et 1856, le goût avait manifestement changé et le livre de Töpffer, qui révélait la créativité des enfants, avait incontestablement joué un grand rôle dans la naissance de ce nouveau courant d'opinion. Les premiers articles de Champfleury sur les images populaires avaient également commencé à paraître en 1850[102].

L'attitude de Baudelaire permet de mesurer la portée radicale de ces jugements qui, une génération avant le cercle de Gauguin et les premiers écrits scientifiques sur l'art des enfants, élargissaient le concept du primitif idéal pour y inclure l'« art » des enfants, des classes inférieures et des sauvages. Aucun écrivain français du XIXᵉ siècle n'a parlé avec autant de passion de l'enfant comme du prototype du peintre et du poète de génie[103].

---

100. *Ibid.*, pp. 130-131.

101. RIAT, *op. cit.*, p. 88 ; Gautier parle de l'« étrangeté caraïbe du dessin et de la couleur ».

102. Son premier article sur la légende du Bonhomme Misère fut publié dans *L'Événement*, 26 octobre 1850.

103. « Le génie n'est que l'*enfance retrouvée* à volonté » (*Œuvres*, II, p. 331). Il écrit par ailleurs, dans le *Salon de 1846* : « Il est curieux de remarquer que, guidé par ce principe, — que le sublime doit fuir les détails, — l'art pour se perfectionner revient vers son enfance » (*ibid.*, II, p. 100).

Pourtant l'art de l'enfant ou du sauvage n'avait pas d'intérêt à ses yeux : c'est un art maladroit, imparfait, le résultat d'une lutte entre l'idée et la main. Quand Guys commença à peindre, en pleine maturité, il dessina, selon Baudelaire, « comme un barbare, comme un enfant, se fâchant contre la maladresse de ses doigts et la désobéissance de son outil. J'ai vu un grand nombre de ces barbouillages primitifs, et j'avoue que la plupart des gens qui s'y connaissent ou prétendent s'y connaître auraient pu, sans déshonneur, ne pas deviner le génie latent qui habitait dans ces ténébreuses ébauches... Quand il rencontre un de ces essais de son *jeune âge*, il le déchire ou le brûle avec une honte et une indignation des plus amusantes »[104]. Néanmoins, en étudiant par lui-même tous les trucs du métier, Guys réussit à ne préserver « de sa première ingénuité que ce qu'il en faut pour ajouter à ses riches facultés un assaisonnement inattendu »[105]. En utilisant une rhétorique paradoxale, Baudelaire estime que le génie de ce dandy, de cet observateur pénétrant des élégances de la vie parisienne, est enfantin et barbare dans ses côtés les plus subtils, et il fait de l'enfant le pur archétype du « peintre de la vie moderne ». L'enfant n'est plus pour Baudelaire ce qu'il était pour les romantiques et pour Töpffer ; il ne constitue plus un exemple d'imagination libre ; il est désormais considéré comme une créature qui, en ouvrant les yeux sur le monde, découvre et se rappelle l'apparence des choses avec un sentiment d'une intensité incomparable. Pour l'enfant baudelairien, la vision directe de couleurs et de formes insoupçonnées constitue une expérience extatique. « L'enfant voit tout en *nouveauté* ; il est toujours *ivre*. »[106] Mais, au milieu de cette intoxication du visuel, l'enfant conserve automatiquement une clarté idéale et barbare. « Je veux parler d'une barbarie inévitable, synthétique, enfantine, qui reste souvent visible dans un art parfait (mexicain, égyptien ou ninivite), et qui dérive du besoin de voir les choses grandement, de les considérer surtout dans l'effet de leur ensemble. »[107] Baudelaire attribue donc à

104. *Ibid.*, II, p. 329.
105. *Loc. cit.*
106. *Ibid.*, p. 331.
107. *Ibid.*, p. 338.

l'enfant deux moments de vision : la perception synthétique et la perception plus réaliste, différenciée, des détails ; il parle de la joie de l'enfant — destiné à devenir un peintre célèbre — qui découvre les couleurs variées et nuancées du corps nu de son père[108]. Baudelaire est indifférent aux dessins de l'enfant, mais il lui attribue quand même une sensibilité moderne, pénétrée et obsédée de la beauté du monde extérieur[109]. Son enfant imaginaire, agité par le choc de la sensation, annonce l'impressionnisme et les théories postérieures de l'art, conçu comme une vision purifiée et intense. Il doit quelque chose au réalisme des années cinquante qui, en limitant le domaine de la peinture à l'apparence immédiate, approfondit la conscience du visuel.

Courbet lui-même appartient à la période de transition qui fait passer de l'artiste cultivé, peintre d'histoire, à l'artiste de la

108. *Ibid.*, p. 331 : « Un de mes amis me disait un jour qu'étant fort petit, il assistait à la toilette de son père, et qu'alors il contemplait, avec une stupeur mêlée de délices, les muscles des bras, les dégradations de couleurs de la peau nuancée de rose et de jaune, et le réseau bleuâtre des veines. » Sur l'enfant, coloriste en puissance, lire aussi ses remarques dans *L'Œuvre et la vie de Delacroix, ibid.*, II, p. 305. Mais Baudelaire ne pouvait guère apprécier les dessins d'enfants, puisqu'il estimait que le dessin « doit être comme la nature, vivant et agité... La simplification dans le dessin est une monstruosité » (*Œuvres*, II, p. 163) ; et il s'élevait contre le goût classique des formes stables, closes et simplifiées, en y voyant un préjugé de sauvages et de paysans (*Œuvres*, II, p. 305). Il est intéressant de rappeler dans ce contexte le fait que Delacroix n'aimait pas les enfants (*ibid.*, p. 320) : dans ses tableaux, ce sont souvent des victimes ensanglantées.

109. Pour Baudelaire, l'enfant est un observateur curieux et infatigable ; cette idée réapparaît sous la forme d'une observation scientifique originale près de quinze ans plus tard, dans un article de Taine sur l'acquisition du langage par les enfants, dans le premier numéro de *La Revue philosophique*, en janvier 1876. L'article fut traduit en anglais dans *Mind* (II, 1877) et il incita Darwin à publier son fameux article sur l'évolution de l'enfant dans le même volume de *Mind*. Taine dit, à propos du gazouillis d'une petite fille : « Il est d'une flexibilité étonnante : je suis persuadé que toutes les nuances d'émotion, étonnement, gaieté, contrariété, tristesse, s'y traduisent par des variétés de ton. En cela, elle égale et même surpasse une personne adulte. » Et, en ce qui concerne la curiosité étonnante de l'enfant : « Aucun animal, pas même le chat, le chien, ne fait cette étude continuelle de tous les corps qui sont à sa portée : toute la journée l'enfant dont je parle (douze mois) tâte, palpe, retourne, fait tomber, goûte, expérimente ce qui tombe sous sa main ; quel que soit l'objet, balle, poupée, hochet, jouet, une fois qu'il est suffisamment connu, elle le laisse, il n'est plus nouveau, elle n'a plus rien à en apprendre, il ne l'intéresse plus. Curiosité pure... » Cet article fut réédité dans l'œuvre de Taine *De l'intelligence*, troisième édition, vol. I, n. 1, p. 360. Dans le même ouvrage, il parle de l'enfance comme de l'époque la plus créatrice de l'intelligence (liv. IV, chap. I, II).

seconde moitié du XIXe siècle ; le premier porte avec lui tout un attirail complexe de littérature, d'histoire et de philosophie et ses ouvrages doivent être compris tout autant que vus ; le second s'appuie seulement sur la sensibilité, il travaille directement à partir de la nature ou de son sentiment, c'est un œil plutôt qu'un esprit ou qu'une imagination. Comparé aux grands maîtres de la période précédente, ce nouveau type d'artiste était, aux yeux d'un critique comme Baudelaire, un simple artisan, ignorant et vulgaire. Baudelaire appartenait à la génération de Courbet, qui l'a peint deux fois ; il n'en restait cependant pas moins attaché à la conception aristocratique et il méprisait le réalisme ; il parle souvent de la différence entre Delacroix — esprit souverain, universel, l'égal de Shakespeare et de Goethe — et les « manœuvres » grossiers dont les œuvres garnissent désormais les Salons. Pour apprécier Courbet en 1850, il fallait accepter des œuvres dont le sujet était banal, la peinture dépourvue de la rhétorique évidente propre à la beauté classique ou romantique, et qui révélaient une personnalité dont la réaction à la nature et à la vie sociale, malgré son caractère décidé et chaleureux, avait l'air inculte et même fruste quand on la comparait à l'invention aristocratique d'Ingres et de Delacroix[110]. Les significations et les mouvements des objets représentés ne rendaient pas immédiatement sensible l'aspect imaginatif de son art ; il fallait le découvrir dans la structure même de la peinture — comme Delacroix le reconnut plus tard ; si bien que Courbet, qui s'opposait vigoureusement à l'« art pour l'art » et parlait d'exprimer son temps, pouvait aussi devenir, pour les jeunes artistes des années soixante, l'exemple moderne d'une « peinture pure »[111]. Sa conception positive de la nature, donnée complètement dans l'expérience sensible, trouvait un équivalent dans sa conception de la peinture, objet matériel qui se suffit à lui-même.

Dans *L'Atelier* (ill. 11), où Baudelaire est représenté dans la partie droite, absorbé dans un livre, Courbet a représenté, avec

110. Delacroix pouvait dire des *Baigneuses* de Courbet que « la vulgarité et l'inutilité de la pensée [y] sont abominables », *Journal*, 15 avril 1853.
111. Cf. Théodore Duret, *Les Peintres français en 1867*, Paris, 1867, chap. sur Courbet.

une grande tendresse et une naïveté admirable, un jeune enfant dessinant un bonhomme sur une feuille de papier posée à même le sol (ill. 12). Puisqu'il appelle cette œuvre une *allégorie réelle*[112] des aspects les plus significatifs de sa vie durant les sept dernières années, et puisqu'il défie le spectateur de deviner le sens de tous les éléments, nous pouvons être sûrs que l'enfant a pour lui une signification symbolique. Le peintre se trouve au centre, il travaille; sur la droite, le monde de l'art, qu'il appelle le monde vivant[113], composé de ses amis les plus proches parmi lesquels Baudelaire et Buchon; Champfleury est assis juste à côté de lui et, à ses pieds, l'enfant qui dessine son bonhomme[114]. Un deuxième enfant regarde la peinture de Courbet. De l'autre côté du tableau, Courbet a placé sur le sol le chapeau à plumes d'un bandit, un poignard et une guitare, tout l'attirail abandonné de l'art romantique[115]. En peignant de la sorte

112. Dans le catalogue de l'exposition de 1855, le titre complet était *L'Atelier du peintre, allégorie réelle déterminant une phase de sept années de ma vie artistique.* (Cf. LÉGER, *Courbet*, 1929, p. 62.) En ce qui concerne les idées de Courbet sur la signification de son œuvre, on peut lire sa lettre à Champfleury, publiée dans le catalogue de l'exposition de la toile à la galerie Barbazanges, à Paris, en 1919; lire également la lettre à Bruyas, dans BOREL, *op. cit.*, pp. 56-57.

113. « Les gens qui vivent de la vie... », il les définit aussi comme « les actionnaires, c'est-à-dire les amis, les travailleurs, les amateurs du monde de l'art » (Lettre à Champfleury).

114. Il n'est pas cité dans la lettre — pas plus que l'enfant qui regarde la peinture de Courbet. Mais il est curieux de voir CHAMPFLEURY — dans une étude sur Courbet de 1855, publiée dans *Le Réalisme* en 1857, pp. 279-280 — dire que ce petit enfant joue avec des gravures. L'observation est incorrecte et pourtant le réaliste se glorifiait de l'exactitude de détails dans ses propres écrits; cette erreur vient, je pense, du fait qu'il était vexé de la manière peu flatteuse dont Courbet avait peint son portrait; il écrivit à Buchon qu'il ressemblait à un « général jésuite » (14 avril 1855, cf. *Lettres inédites de Champfleury*, dans *La Revue mondiale*, 133, 1919, p. 532). Au lieu de faire des reproches au peintre sur ce portrait, il trouve des fautes dans la conception même du petit garçon qui est à ses pieds : « Est-ce que M. Courbet est vraiment certain, demande-t-il, que le petit enfant d'un riche bourgeois entrerait dans l'atelier avec ses parents quand une femme nue y est présente? » Et, d'une manière assez significative, d'artiste, il transforme le petit enfant en amateur. Cette question est pour le moins surprenante dans un livre où Champfleury critique la pruderie et l'hypocrisie de la bourgeoisie française qui n'aime pas le chant populaire *La Femme du roulier* (*Le Réalisme*, pp. 188 *sq.*); les jeunes enfants du roulier infidèle disent à leur mère affligée qu'ils feront comme leur père quand ils auront grandi.

115. Dans la lettre à Champfleury, Courbet les appelle les « défroques romantiques ».

11. Courbet, *L'Atelier du peintre*, 1855.
Musée du Louvre, Paris. Photo Lauros-Giraudon.

12. Courbet, *L'Atelier du peintre*, détail.
Photo Lauros-Giraudon.

l'enfant aux pieds de Champfleury, le spécialiste de l'art populaire, Courbet affirme, selon moi, que la naïveté de son œuvre,
telle qu'elle est défendue par Champfleury, ainsi que sa propre
conception de la naïveté, constituent la base de toute créativité.
Cette interprétation limite peut-être excessivement l'intention
de Courbet mais il se trouve sans doute en cet endroit une
métaphore de l'originalité et de la naïveté affirmées par le peintre[116].

V.

C'est avant de rencontrer Courbet, dès les premières années
de son séjour à Paris, que Champfleury s'intéressa à l'art de
l'enfant, du paysan et du sauvage. Dans la nouvelle *Chien-
Caillou* qu'il écrivit en 1845 à propos du graveur Rodolphe
Bresdin, il raconte comment le héros, s'étant enfui pour
échapper à un père brutal, fit la rencontre d'un groupe de
rapins. « Il n'avait que dix ans; il les dessina d'une manière si
naïve qu'ils accrochèrent toutes ses œuvres dans la pièce... Il
voulut faire des gravures, mais ses gravures ressemblaient à ses
dessins; il y avait quelque chose du primitif allemand, du
gothique, naïf et religieux, qui faisait rire tout l'atelier... C'était
un artiste comme Albert Dürer avec autant de naïveté. »[117]
    Champfleury essayait d'atteindre également la naïveté dans
ses propres écrits; les lettres à sa mère décrivent les efforts

116. Entre Courbet enfant et Courbet maître, il n'y a pas eu de Courbet
« apprenti »: dans le catalogue de l'exposition de 1855, Courbet ajoute cette note au
n° 1, *L'Atelier du peintre*: « C'est par erreur que, dans le livret du Palais des Beaux-
Arts, il m'est assigné un maître: déjà une fois j'ai constaté et rectifié cette erreur par
la voie des journaux... Je n'ai jamais eu d'autres maîtres en peinture que la nature et
la tradition, que le public et le travail » (le texte complet du catalogue est donné dans
LÉGER, Courbet, 1929, pp. 61-62).
117. On trouve une idée semblable dans *Moby Dick* (1851), où MELVILLE
compare le travail d'un sauvage et d'un marin dans la sculpture sur os: « pleine d'un
esprit barbare et de pouvoir de suggestion, comme les gravures de ce vieux sauvage
hollandais, Albert Dürer » (chap. LVII).

assidus qu'il fait pour cultiver cette qualité. « Je suis arrivé à la naïveté, qui est tout dans les arts », lui dit-il en 1849[118]. Il lisait en particulier Diderot, en y voyant un modèle de prose directe et dépourvue d'affectation[119]. Il admirait la force simple des chansons populaires et il trouvait qu'elles exprimaient la vie avec une grande vérité. L'art le plus simple, le plus naïf, était aussi le plus véridique; quand il juge une chanson, un paysan ne dit pas qu'elle est belle, mais qu'elle est vraie[120]. C'est pourquoi Champfleury pouvait penser que, loin d'être antagonistes, le réalisme et la naïveté sont complémentaires et qu'ils trouvent leur unité dans le concept unique de sincérité[121].

Cependant, dans le goût qu'il manifeste pour les gravures et les chansons populaires, Champfleury semble contredire son idée selon laquelle le réalisme est l'art nécessaire à la *modernité*. Dans son livre sur les images populaires (1869), les derniers chapitres portent sur l'art du futur et il y recommande deux attitudes opposées : préserver l'imagerie populaire, instrument didactique conservateur — la conciliation étant le « but suprême » de l'art —, et continuer de développer le réalisme à l'aide de grandes fresques représentant l'industrie moderne dans les gares et les bâtiments publics[122]. D'un côté, le réalisme chante la poésie lyrique du progrès moderne; de l'autre, l'art primitif et les sentiments de la paysannerie portent en eux une sagesse éternelle. Ainsi, le mouvement que l'on attaquait pour

---

118. Troubat, *Sainte-Beuve et Champfleury*, p. 92.

119. Champfleury, *Le Réalisme*, pp. 194 *sq.*

120. *De la poésie populaire en France*, cité à partir de M. de la Villemarqué et des frères Grimm.

121. À propos de ses idées sur la sincérité en art, cf. *Le Réalisme*, 1857, pp. 3 *sq.*

122. *Histoire de l'imagerie populaire*; 1869, pp. 286-301 (*L'Imagerie de l'avenir*), en particulier p. 290 sur les peintures murales. Il avait déjà proposé ce type de peintures dans ses *Grandes Figures d'hier et d'aujourd'hui*, 1861. C'était une idée typiquement saint-simonienne et fouriériste et on la discuta en 1848 aux réunions du groupe socialiste de la *Démocratie pacifique*, dirigé par un compatriote de Courbet, Victor Considerant. Selon Estignard (*G. Courbet*, 1897, pp. 104-105), Courbet fit part à Sainte-Beuve — avec lequel il passa beaucoup de temps durant l'année 1862 — de son désir de décorer les gares de chemins de fer avec des peintures murales de ce genre. C'était aussi une ambition de Manet. L'importance du rôle joué par les saint-simoniens dans le développement des chemins de fer français durant le Second Empire a pu contribuer à donner une certaine prédominance à ce genre de projets.

son positivisme et son matérialisme prônait aussi le goût pour les arts primitifs, qui devaient plus tard servir d'exemples pour rejeter le réalisme et l'idée du progrès.

Il est vrai que certains critiques considéraient l'aspect positiviste du réalisme comme le produit d'une mentalité paysanne, dans la mesure où le paysan était, à leurs yeux, sceptique et borné, dans ses intérêts, à l'immédiatement présent. « L'amour exclusif de l'exactitude est la racine du caractère des paysans, des usuriers et des bourgeois libéraux — réalistes au plein sens du terme, qui font toujours un compte exact. »[123] Mais il est difficile de dire que l'art du paysan est réaliste en ce sens-là et l'idée que le réalisme vient d'un état d'esprit paysan néglige à la fois son contenu précis et la complexité de ses formes. Le fait que les peintres et les auteurs réalistes étaient ou paysans ou petits-bourgeois d'origine a pu déterminer la direction de leur art, mais il ne l'a déterminée qu'à Paris, au moment où ces écrivains et ces artistes rencontrèrent une culture plus poussée et prirent mieux conscience de la vie sociale. Selon Champfleury, la description exacte et détaillée des mœurs contemporaines constitue l'un des critères de la sincérité dans la prose moderne; or, elle est inconcevable dans la littérature populaire. L'intérêt de Courbet et de Champfleury pour l'art populaire ne les amena jamais à imiter son style plus simple et sans ombres. Les tendances apparemment régressives que l'on constate dans les compositions plus lâches et plus statiques de Courbet se lient à des conceptions qui ne sont pas primitives, qui visent une nouvelle unité coloriste, tonale et matérielle de la peinture et qui ouvrent la voie à l'impressionnisme. Champfleury en avait le pressentiment quand il comparait les groupements plus libres de Courbet, son « horreur de la composition », à l'œuvre de Velasquez. Et il exprimait la même idée quand il affirmait que l'art vraiment moderne était le roman, relativement dépourvu de forme mais réaliste, et ouvert à un domaine illimité d'expérience, car il s'opposait par là aux romantiques, à la forme artificielle et forcée de leur poésie ainsi qu'à l'étroitesse de leur inspiration.

---

123. Silvestre, *Histoire des artistes vivants*, 1856, p. 277.

Le double programme de Champfleury — art populaire et fresque sur l'industrie — provient, à mon avis, de la nature instable et problématique des mouvements sociaux qui lancèrent le réalisme et aboutirent à la dictature du Second Empire.

Au début, le réalisme du cercle de Champfleury représentait un art qui découvrait la vie des classes inférieures; le développement progressif de leur prise de conscience et leur importance entraîna une grande assurance: le réalisme était un art de progrès, un art nécessaire. Dans la mesure où ces classes menaçaient l'ordre existant, se préoccuper d'elles et leur témoigner de la sympathie dans l'art constituait une manifestation d'intérêt de caractère radical. Et, à une époque où l'observation critique de la vie sociale était une forme d'activisme révolutionnaire, avoir pour idéal un art direct et réaliste en peinture et en littérature était politiquement suspect. Représenter simplement les classes inférieures en leur donnant l'échelle monumentale de l'ancienne peinture historique constituait un acte agressif: on remplaçait la classe dominante par ses principaux ennemis[124]. En 1850, la différence d'échelle suffisait à distinguer Courbet des peintres contemporains spécialistes du genre paysan. Tout comme la grande taille de sa signature[125], la taille et l'énergie de ses peintures étaient une provocation irritante pour les critiques conservateurs.

L'aspect initialement radical du mouvement réaliste ne dura que très peu de temps. Dans les jugements qu'il porte sur l'art populaire en 1850 et même durant les événements de 1848, Champfleury est déjà influencé par la réaction politique et le désir de paix. En quelques années, le peuple, cette masse vague et peu différenciée sur laquelle les chefs révolutionnaires des années 1840 avaient fondé leurs espoirs d'une émancipation sociale, avait changé de visage et de couleur. Les événements qui s'étaient déroulés entre 1848 et 1851 avaient fait clairement apparaître les divergences aiguës d'intérêt qui le divisaient, la stratification en paysans et petits propriétaires, ouvriers d'usine

---

124. Courbet déclara, en 1861 : « Le réalisme est par essence art démocratique » (cf. ESTIGNARD, *Courbet*, pp. 117-118).

125. Elle est tournée en ridicule par Bertall dans sa caricature de *L'Enterrement*. (Cf. LÉGER, *Courbet selon les caricatures*, p. 15).

et artisans; le premier groupe était attaché à son patrimoine, il était conservateur, souvent religieux; les autres ne possédaient rien, ils étaient rassemblés dans le travail et plus aptes à mener une résistance et une lutte indépendantes. Si la possibilité d'un succès immédiat du socialisme fut brisée par les événements de ces quatre années, la classe laborieuse n'en apparut pas moins pour la première fois comme une force révolutionnaire, occupée de ses propres intérêts. La défaite des travailleurs parisiens en juin 1848, l'établissement de la dictature de Louis-Napoléon en 1851, reposèrent en partie sur le soutien que reçurent les classes dirigeantes de la part des masses paysannes, effrayées par les fantômes de la révolution[126]. Champfleury, dont l'art évoluait entre deux régions, la bohème parisienne et la vie petite-bourgeoise de sa province natale, n'avait jamais été sûr dans ses opinions politiques et il variait constamment, au gré du large mouvement de l'histoire. Avant 1848, il avait écrit des attaques contre les fouriéristes et les socialistes, en critiquant tout art partisan ou tendancieux[127]. En février 1848, il édita avec Baudelaire *Le Salut public*, journal républicain qui ne connut que deux numéros et qui mélangeait les slogans radicaux et religieux[128]. À ce moment-là, il admirait Proudhon[129]. Mais en juin de la même année, il devint avec Wallon le coéditeur du *Bonhomme Richard, journal de Franklin*, qui soutenait une nouvelle Sainte-Alliance de l'Allemagne, de la Russie et de la France[130]. Quelques mois plus tard, en août, il collabore à *L'Événement*, le journal modéré de Victor Hugo[131]. Il écrivit alors à sa mère, à propos des avantages littéraires de cette association et

126. L'histoire politique et sociale de la France de 1848 à 1851 a été brillamment écrite par Karl MARX dans *Les Luttes de classe en France (1848-1850)* et *Le 18 Brumaire de Louis Bonaparte.*

127. BOUVIER, *op. cit.*, pp. 30 *sq.*

128. Reproduit en fac-similé avec une préface de Fernand VANDEREM (*Le Salut public*, n°s 1-2, Paris, 1848), Paris, s.d. (1925?). Dans *La Presse de 1848, ou revue critique des journaux*, paru à Paris en 1849, WALLON l'appelle un « journal de fantaisie démocratique ».

129. Cf. ses *Souvenirs*, p. 298.

130. Il n'a eu que trois numéros, les 4, 11 et 18 juin. Sur son contenu, voir WALLON, *op. cit.*, pp. 70-72 et p. 125.

131. Wallon décrit le journal comme « réactionnaire modéré », prônant la « haine de l'anarchie, un tendre et profond amour du peuple ».

de son indifférence à l'égard de la politique[132]. En février 1849, malgré son détachement politique, il se déclara lui-même anti-bourgeois et « rouge, plutôt que réactionnaire »[133]; la bour-geoisie, dit-il, est restée maîtresse sous la République, mais elle ne peut pas durer. En décembre 1849, il fut invité à donner sa contribution au journal socialiste de Proudhon, *La Voix du peuple*, et c'est dans cet organe qu'il publia sa nouvelle *Les Oies de Noël*[134]. Il continuait de se sentir totalement apolitique, mais il écrivit à cette époque: « Nous autres travaillons pour le peuple, et nous nous dévouons à cette grande cause. »[135] Le coup d'État de décembre 1851 le mit d'ailleurs en danger à cause de la censure et des liens qu'il avait entretenus avec les récents journaux républicains[136]. Pour se protéger, il abandonna pour un temps la littérature et se tourna vers la recherche historique sur l'art et la poésie populaires[137].

Mais, au lieu de renoncer aux idées sur l'art qu'il avait éla-borées sous le choc de 1848, Champfleury en transforma le con-tenu et le ton. Toujours attaché à la réalité et au « peuple », il considère désormais ce dernier comme l'élément immuable d'une nation, et l'art populaire comme une profonde leçon de résignation à la vie, et il apprend à concilier des intérêts oppo-

---

132. Cf. Troubat, *Sainte-Beuve et Champfleury*, p. 77.

133. *Ibid.*, p. 90. Il soutenait également la république à cause, disait-il, de la sym-pathie qu'elle manifestait à l'égard des écrivains et des artistes (*ibid.*, p. 93).

134. *Ibid.*, pp. 100-101, lettre à sa mère de décembre 1849; cf. aussi Bouvier, *op. cit.*, pp. 277 *sq.* sur ce roman, la première de ses œuvres réalistes, très influencée par Dupont et Buchon.

135. Troubat, *op. cit.*, p. 101.

136. *Ibid.*, lettres du 14 décembre 1851 (p. 131) et du 31 décembre (p. 133). Mais il ne désapprouvait pas totalement la censure: « Je n'aime pas le journalisme, je ne l'ai jamais aimé et tout ce qui pourra comprimer son bavardage, je l'approuve » (p. 131). C'est du moins ce qu'il écrivit avant que la censure ne s'appliquât à ses propres ouvrages. Il écrivit également: « je crois, malgré n'importe quels événements, que la littérature doit vivre, qu'il y ait un Empire ou un Comité de Salut public. Je ne crains rien, ne m'occupant pas de politique » (p. 131).

137. « Ce fut alors que, par un brusque soubresaut, je me plongeai dans l'érudi-tion pour échapper aux dangers de mon imagination qui avait failli suspendre deux importants journaux (*La Presse* et *L'Opinion nationale*). » Cette déclaration de Champfleury se trouve dans une notice sur Buchon (1877) et Troubat la cite dans *La Revue*, Paris, vol. 105, 1913, p. 35.

sés[138]. Il fait l'éloge des travaux éternels des paysans dans la mesure où ils offrent une heureuse alternative aux inconstances et aux révolutions de la société urbaine. En 1848 déjà, lors de sa collaboration avec Wallon, il avait prévu une série d'articles sur « tous les poètes qui ont chanté la famille »[139]; et c'est la même année qu'il conçut son ouvrage sur l'imagerie et les légendes populaires, avec l'intention de calmer le peuple dans une période d'insurrection et de lui apprendre, selon ses propres termes, la leçon de la réconciliation en lui rappelant la manière dont il a toujours traditionnellement accepté la destinée[140]. Cette réaction aux violences des barricades le fait quelque peu ressembler au *Joseph Prudhomme* de son ami Monnier qui, en 1848, se retire dans son domaine campagnard et s'adresse ainsi à ses jardiniers : « Bons villageois! Hommes primitifs qui avez gardé, malgré les révolutions, le respect des supériorités sociales, c'est parmi vous que je veux couler mes jours. »[141]

Baudelaire traversa la même expérience de la république et sa désillusion ne prit pas seulement la forme d'un renoncement complet à la politique; elle alla jusqu'à un dégoût total à l'égard de la société[142], depuis la bourgeoisie jusqu'au peuple, et à une critique violente de l'idée de progrès. Le développement matériel de la société, affirme-t-il, n'ajoute rien à ses ressources intel-

138. Voir sa brochure *De la littérature populaire en France, Recherches sur les origines et les variations de la légende du Bonhomme Misère*, Paris, 1861; voir également la conclusion postérieure de la même étude, dans l'*Histoire de l'imagerie populaire*, 1869, pp. 177-180.

139. BOUVIER, *op. cit.*, p. 180. Il pensait commencer par Hebel, dont il connaissait les ouvrages grâce aux traductions de son ami radical, Buchon.

140. Cf. *Histoire de l'imagerie populaire*, 1869, 2ᵉ éd., pp. XLV-XLVI. Il avait déjà publié un article sur le Bonhomme Misère dans *L'Événement* en octobre 1850.

141. Henry MONNIER, *Grandeur et décadence de Monsieur Joseph Prudhomme*, dans *Morceaux choisis*, Paris, 1935, p. 211. La comédie fut jouée pour la première fois en 1852.

142. Il écrit en 1849 : le « socialisme des paysans, — socialisme inévitable, féroce, stupide, bestial comme un socialisme de la torche ou de la faulx » (*Lettres*, 1841-1866, Paris, 1906, p. 16); et, après le coup d'État : « *Le 2 Décembre m'a physiquement dépolitiqué. Il n'y a plus d'idées générales...* Si j'avais voté, je n'aurais pu voter que pour moi. Peut-être l'avenir appartient-il aux hommes *déclassés?* » (*Ibid.*, p. 31.) En 1848, Baudelaire a manifesté un peu plus de constance que Champfleury; voir WALLON, *op. cit.*, pp. 109, 114, à propos des contributions qu'il apporta aux journaux radicaux, ainsi que les avis sur la politique et la poésie adressés par Wallon à Baudelaire.

lectuelles ou spirituelles; au contraire, l'âge industriel contemporain est aussi une période de décadence culturelle[143]. La critique de Champfleury était moins amère et définitive, car il se sentait moins victime que Baudelaire et il pouvait réaliser ses ambitions limitées dans la chaleur confortable de sa bibliothèque. Quelles que fussent les implications de sa théorie, de ses thèmes portant sur la classe inférieure, de son style direct et impersonnel, ses propres écrits réalistes s'étaient, depuis le début, préoccupés avant tout des banalités amusantes ou sentimentales de la vie provinciale; son art n'incluait ni le vaste et troublant spectacle de la société moderne, ni les luttes et le processus de la prise de conscience sociale ou individuelle chez des individus sensibles. Dans ses livres sur l'art populaire, il s'identifiait au villageois tranquille et résigné, à sa sagesse traditionnelle, sincère et de bon tempérament, dont l'imagination, dépourvue de tout romantisme, s'appuie sur des emblèmes et d'anciens personnages symboliques, tels le Bonhomme Misère et le Juif errant, qui portent avec eux des vérités simples et éternelles. Il trouve une profonde leçon pour toute l'humanité dans la conclusion du *Bonhomme Misère* — « La misère existera aussi longtemps que le monde existera » — ainsi que dans cette attitude du paysan, content de sa petite cabane[144]. Et, pour

143. Cf. son essai sur le progrès dans l'*Exposition universelle de 1855*, dans *Œuvres*, II, pp. 148 *sq.*: « Il est encore une erreur fort à la mode, de laquelle je veux me garder comme de l'enfer. Je veux parler de l'idée du progrès. »

144. Voir ses études sur le Bonhomme Misère, citées ci-dessus, note 138. « Hélas! ce ne sont ni les coups de fusil, ni le sang versé, qui éteignent la misère. La douce plainte du conteur qui montre le bonhomme résigné, content de son sort, ne demandant qu'à récolter les fruits de son poirier, est plus persuasive qu'un canon de fusil. Oui, Misère restera sur la terre tant que le monde sera monde » (*Histoire de l'imagerie populaire*, 1869, pp. 177-178). Il oppose l'immortalité d'ouvrages comme cette légende à la nature purement éphémère des « guerres, transformations industrielle et sociale » (*Histoire*, p. 180, et *De la littérature populaire en France*, 1861, conclusion). Page 178 de l'*Histoire*, il identifie le Bonhomme Misère au « petit propriétaire » et il ajoute: « La philosophie de nos pères est inscrite à chaque page du conte et il serait à regretter qu'elle ne restât pas la philosophie de nos jours. La situation du peuple s'est largement améliorée depuis un siècle; elle fait maintenant plus que jamais de rapides progrès. Elle ne sera réellement fructueuse qu'avec des goûts modestes et peu de besoins. C'est pourquoi le bonhomme Misère prêtera toujours à méditer, et je ne doute pas qu'un Franklin, s'il avait eu connaissance d'un tel conte, ne l'eût vulgarisé parmi ses compatriotes » (*Histoire*, p. 179). Champfleury n'a d'ailleurs pas oublié l'édition qu'il a faite, avec Wallon en 1848, du *Bonhomme Richard*.

conclure son étude des images populaires, il rend compte du *Triomphe de la Mort* de Rethel (1849) qui enseigne au peuple la futilité de la révolte[145]. Au début du XIXe siècle, l'étude de l'histoire était inspirée en France par les grandes luttes sociales et par l'expérience que l'on avait du changement comme loi du présent, tandis que l'on considérait le présent comme un moment historique crucial; Champfleury la transforma en une étude de la permanence des niveaux inférieurs de culture, du caractère intemporel des arts et des idées populaires[146]. Dans ce retournement, il ressemble à son contemporain, Heinrich Riehl, l'historien allemand de la culture populaire, qui entreprit dans les années cinquante une double enquête, littéraire et sociale, sur le bas peuple et, surtout, sur la paysannerie[147]. C'est également le résultat des soulèvements de 1848 qui amena Riehl à ces études; mais, alors que Champfleury avait été, pour un temps, républicain, alors qu'il n'avait jamais perdu une sorte de respect conventionnel pour l'idéal de la liberté, Riehl trouva dans les événements de 1848 une confirmation à son conservatisme inné et il entreprit d'enseigner à la nation allemande que sa vraie force résidait dans ses masses paysannes conservatrices.

En proposant deux arts, un art traditionnel, populaire, et un art urbain, plus réaliste, le premier conservateur et didactique tandis que le second reproduit le spectacle du progrès moderne, Champfleury répondait parfaitement et avec le langage même d'un conseiller gouvernemental à ce que demandait le régime de Napoléon III qui venait de le décorer[148]. Ce régime s'appuyait sur le soutien des paysans et sur l'expansion et la prospérité économiques extraordinaires que connut la France entre 1850 et

---

145. *Histoire*, pp. 268-285.

146. *Ibid.*, pp. 179-180, sur la grande durée des idées et de la littérature paysannes.

147. Wilhelm Heinrich RIEHL (1823-1897), *Die Naturgeschichte des Volkes als Grundlage einer deutschen Sozial-Politik*, quatre vol., 1851-1864.

148. Page 140 de l'*Histoire de l'imagerie populaire*, 1869, il indique pourquoi la légende et l'image paysannes éduquent plus efficacement le peuple que ne peut le faire une institution officielle. « L'enseignement découle du récit lui-même, sans être marqué des puérilités de la *littérature enseignante* à l'aide de laquelle les gouvernements, aux moments de troubles, croient pouvoir apaiser les esprits irrités, et que le peuple repousse n'y trouvant trop souvent que doctrine lourde et pédantesque. »

1870. Ces dernières assurèrent le triomphe final du réalisme, non pas sous son aspect plébéien ou insurrectionnel, mais en tant qu'esthétique personnelle, tendant à la représentation de l'expérience individuelle et positive du monde qui culmina dans l'impressionnisme; l'attitude des paysans suscita un goût pour les arts de la paysannerie immobiliste et des cultures primitives. À la fin du siècle, au moment des crises et du pessimisme social, celles-ci purent prendre la place du réalisme en tant que modèles de style personnel.

L'évolution de Champfleury affecta ses relations avec Courbet. Plus l'écrivain devenait conservateur, plus le peintre affirmait son radicalisme, bien que, dans les années soixante, son art eût moins de signification politique qu'au début des années cinquante, quand le souvenir de la République et de sa suppression était encore frais dans les esprits. Mais il convient d'observer qu'au début de leurs relations, Courbet était politiquement aussi instable que Champfleury. Ils s'étaient sans doute déjà rencontrés en février 1848, quand Courbet dessina la première page — une scène de barricades — du journal de Champfleury et de Baudelaire[149]. Dans ses derniers écrits, bien qu'il mentionne souvent le peintre, Champfleury ne parle jamais du *Salut public* ou de cette œuvre de Courbet, et il indique que leur premier contact fut sa propre « découverte » de Courbet au Salon du printemps 1848[150]. Dans un compte rendu de cette exposition, il avait distingué, pour tout ce qu'elle promettait, une *Nuit de Walpurgis* (inspirée de Goethe), par-dessus laquelle Courbet peignit par la suite ses *Lutteurs*[151]. Ils étaient à ce moment-là tous les deux romantiques et la barricade dessinée par Courbet n'était pas plus le fruit d'une forte conviction politique que ne l'était l'édition du *Salut public* par Champfleury. Au printemps 1848 et durant les combats de juin, le peintre écrivit à sa famille qu'il était opposé au soulèvement et qu'il

149. Reproduit par Léger, *Courbet*, 1929, p. 40.
150. *Souvenirs*, p. 171.
151. *Ibid.*

préférait la méthode de l'intelligence[152]. Vers 1851, Courbet semble être devenu fermement républicain[153]. Quand il exposa, en 1850-1851, ses nouvelles peintures, plus puissantes que les précédentes, *Les Casseurs de pierres*, *Le Retour de la foire* et *L'Enterrement à Ornans*, c'est Champfleury qui le défendit dans la presse et qui justifia son nouveau réalisme sur un plan artistique et social. Pendant quelques années, on rapprocha leurs noms comme ceux des représentants les plus importants du réalisme, en dépit de la grande différence de qualité qui existait entre leurs ouvrages respectifs; et il est pratiquement certain que la possibilité de défendre Courbet servit à donner un profil à la carrière de Champfleury en tant qu'écrivain. Courbet correspondit avec lui pendant quelques années, il peignit son portrait et lui donna une place de premier plan dans *L'Atelier*. En échange, Champfleury écrivit un roman, *Les Demoiselles Tourangeau*, sur la famille de Courbet, fruit de vacances passées dans le Jura en 1856[154]. Mais, dès cette époque, ils avaient commencé à emprunter des voies divergentes et leurs relations devenaient plus tendues. Champfleury était désormais accepté par la *Revue des Deux Mondes*, de tendance conservatrice[155], et il était embarrassé et exaspéré par la personnalité de Courbet, par sa vanité, énorme et naïve, par ses liens politiques et son esprit de lutte, que le public assimilait au réalisme en tant que théorie esthétique. Quand il écrivit sur Courbet en 1855, Champfleury put encore citer et approuver Proudhon trois fois dans le même article[156]. Mais, à l'ouverture de l'exposition privée de Courbet, le « Pavillon du réalisme », il trouva la com-

---

152. « Voilà deux ans que je fais la guerre de l'intelligence » (26 juin 1848); RIAT, *op. cit.*, p. 50.

153. Il écrivit cette année-là : « Je suis non seulement socialiste, mais bien encore démocrate et républicain, en un mot partisan de toute la Révolution » (ESTIGNARD, *op. cit.*, p. 123).

154. Publié en 1864.

155. Ses *Sensations de Josquin* furent acceptées par la *Revue* en 1855; mais Buchon, avec l'aide de Champfleury, y avait déjà été publié en 1854. Sur l'attitude de la *Revue* à l'égard du réalisme, cf. Thaddeus E. DU VAL Jr., *op. cit.*

156. L'article « Sur M. Courbet. Lettre à Madame Sand » est publié dans *Le réalisme*, 1857, pp. 270-285.

pagnie de Proudhon à cette exposition ennuyeuse et ridicule[157]. *L'Atelier* également lui déplut à cause de la manière dont il y était représenté, bien que, dans ses écrits sur cette œuvre, il la critiquât d'un point de vue moral[158]. Il avait de son côté agacé Courbet en caricaturant la personnalité de son patron Bruyas dans un roman[159]. Vers 1860, Champfleury était devenu complètement hostile au travail de Courbet, mais il continuait à publier des articles sur son ancien ami[160]. Ce champion de la « sincérité en art » trouva *Les Demoiselles du bord de Seine* « effrayantes, effrayantes »[161] et il écrivit à leur ami commun, Buchon, que Courbet était un artiste fini[162]; il répugnait à lui accorder le moindre talent en peinture, excepté une habileté mécanique. En 1867, Champfleury accepta le ruban de la Légion d'honneur de la part de l'empereur, qui avait exilé Buchon et qui était méprisé par les écrivains et les artistes de l'ancien groupe; en 1870, Courbet rejeta avec grand bruit la même récompense. Moins d'un an après, le peintre devait prendre part à la Commune et être poursuivi pour la destruction de la colonne Vendôme qu'on lui attribua par malveillance. Champfleury resta silencieux et ne fit rien pour son ancien ami. Et quand, après la mort de Courbet, on projeta de publier ses lettres, Champfleury refusa de coopérer; il en détruisit peut-être un certain nombre qui auraient pu, par la suite, jeter une lumière déplaisante sur ses relations avec le peintre[163].

157. Lire sa lettre à Buchon, dans *La Revue mondiale*, 1919, vol. 133, pp. 533-534; voir aussi les *Souvenirs*, 1872, où il rapporte ses conversations avec Proudhon vers 1860. En dépit de son manque de sensibilité artistique et du vague idéalisme de son esthétique, Proudhon était respecté par Baudelaire, qui voyait en lui une personnalité indépendante et un économiste intéressé à la condition du petit débiteur dans le capitalisme. Cf. les *Lettres* de Baudelaire, Paris, 1906, pp. 404, 409-410, 425.

158. Voir ci-dessus, n. 114.

159. Dans les *Sensations de Josquin*, 1855, 1857. Cf. LÉGER, *Courbet selon les caricatures*, 1920, p. 118.

160. *Grandes Figures*, 1861, pp. 231-263; *Souvenirs*, 1872 (écrits en 1862-1863), pp. 171-192 et *passim*. Dans ces derniers, il parle de « 1852, époque de notre séparation » (p. 192), bien qu'aux pages 245-246, il fasse allusion aux vacances qu'il passa avec Courbet à Ornans en 1856, et qu'il dise, p. 317, qu'il a vécu une douzaine d'années avec Courbet et « sa ménagerie de vanités ».

161. Dans une lettre à Buchon, *La Revue mondiale*, 133, 1919, p. 544 (1857).

162. *Ibid.*, pp. 540, 705 *sq.*

163. Cf. LÉGER, *Courbet selon les caricatures*, pp. 118 *sq.*

Cependant, s'il est vrai que Champfleury et Courbet suivirent des voies séparées dans le domaine politique, il n'en reste pas moins qu'en tant qu'artistes, ils suivent un chemin semblable qui les mène d'une conception d'abord agressive du réalisme — qui contient quelque chose des préoccupations sociales de la IIe République — à une vue plus personnelle et esthétique[164]. Courbet a beau prétendre, dans les années soixante, qu'il va peindre des tableaux « socialistes »[165], ce n'est là qu'un vœu vague, sans substance, sans possibilité de réalisation. Les marines de cette période représentent son véritable élan artistique ; et Champfleury, qui avait maintenant pris ses distances par rapport au réalisme en tant que mouvement, pouvait les approuver en y voyant le fruit de la solitude, de l'introspection et la vision de « quelque chose d'immatériel », situé « au-dessus de la Réalité », « qui, se détachant du cœur de l'homme, donne naissance à des élans que la seule observation est incapable de rendre »[166]. Mais cet ancien ennemi réaliste du didactisme en art[167] recommandait maintenant à l'État les images populaires et leurs anciennes leçons conservatrices dans la mesure où elles constituent l'instrument le plus sûr d'harmonie sociale.

On trouve déjà dans le grand *Enterrement* de Courbet une trace de la double attitude de Champfleury en face des événements de 1848 et de 1849. Durant une période de violence révolutionnaire et de changement politique capital, Courbet rassemble la communauté autour de la tombe. Il devait dire que « la seule histoire possible est l'histoire contemporaine »[168], mais ici l'histoire de l'homme ressemble à l'histoire naturelle ; elle prend un caractère intemporel et anonyme, à l'exception

---

164. Dès 1857, peu après avoir publié *Le Réalisme*, Champfleury pensait que le réalisme était fini : « Le public est fatigué des romans d'observation. *Madame Bovary* sera le dernier roman bourgeois. Il faut trouver autre chose » (*Souvenirs*, p. 246).

165. « Je vais partir pour Ornans et faire encore quelques tableaux nouveaux, bien sentis et socialistes », écrivit-il en 1868 à Bruyas (cf. BOREL, *op. cit.*, p. 108). Sur ses relations avec Proudhon, voir RIAT, *op. cit.*, pp. 208 *sq.*

166. *Souvenirs*, p. 191.

167. *Grandes Figures*, p. 236 : « Malheur aux artistes qui veulent enseigner par leurs œuvres, ou s'associer aux actes d'un gouvernement quelconque. »

168. SILVESTRE, *Histoire des artistes vivants*, 1856, p. 266, dans un résumé des idées de Courbet sur le réalisme et la peinture historique.

des costumes qui montrent la succession historique de générations. La coutume funéraire remplace l'événement particulier, la cause et les conséquences d'une mort individuelle. La communauté présente autour de la tombe absorbe l'individu. La conception antiromantique implique aussi l'état d'esprit tranquille et résigné de réconciliation que Champfleury considérait comme le « but suprême de l'art », et qu'il ne trouvait qu'incomplètement réalisé dans la *Danse de la Mort* de Rethel, une œuvre qui fait de la Mort la seule victorieuse des barricades. Ainsi la conscience d'appartenir à une communauté, conscience éveillée par la révolution de 1848, apparaît pour la première fois dans une peinture monumentale, avec toute sa richesse allusive, déjà rétrospective et inerte.

Un tableau de Van Gogh.

Le *Champ de blé* (ill. 1) est pour moi, entre toutes les œuvres de Van Gogh, la plus profondément révélatrice. Une lettre où l'artiste parle de ce tableau, peint quelques jours avant son suicide, témoigne du même état d'esprit. La toile a d'abord de singulières proportions ; elle est longue et étroite, et, comme si elle était destinée à deux spectateurs, elle offre un tableau qu'un seul regard ne peut saisir. À ce format extraordinaire correspond le sujet même, qui n'est pas simplement panoramique, mais représente un champ, que trois chemins divergents font se déployer à partir de l'avant-plan. Ainsi le spectateur est-il troublé parce qu'il est maintenu dans le doute devant le grand horizon ; de plus, il ne peut accéder à ce dernier par aucune des trois routes qui sont devant lui, car elles vont se perdre dans les champs de blé, ou en dehors des limites du tableau. L'incertitude de Van Gogh se traduit ici par l'incertitude des mouvements et des orientations. Le réseau qui forme le champ vu en perspective, et que l'artiste avait peint nombre de fois auparavant, est maintenant renversé ; les lignes, pareilles à d'impétueux torrents, convergent de l'horizon vers l'avant-plan,

---

« On a painting of Van Gogh *(The Crows in the Cornfield)* », *View*, Fall 1946, pp. 9-14. Traduit par Blaise Allan, « Un tableau de Van Gogh », *Profils*, n° 1, octobre 1952, pp. 140-154. Repris dans Meyer Schapiro, *Selected Papers, Modern Art, 19th & 20th Centuries*, New York, George Braziller, 1978, pp. 87-99.

Traduit par Blaise ALLAN. On a donné la traduction proposée par Beerblock et Roëlandt (1960) de certains passages des lettres de Van Gogh.

1

1. Van Gogh, *Le Champ de blé aux corbeaux*, 1890 (huile).
Musée national Vincent Van Gogh, Amsterdam.
Photo Gemeente Museum Amsterdam.

2. Van Gogh, *Champ labouré au soleil levant*, 1889
(dessin, craie noire et plume).
Staatliche Graphische Sammlung, Munich. Photo du Musée.

comme si l'espace avait soudain perdu son foyer et que tout se retournait agressivement contre le spectateur.

Dans d'autres œuvres, ce champ est représenté par de nombreux sillons, qui entraînent inéluctablement l'œil vers le lointain. Ces lignes sont celles du fougueux élan de Van Gogh vers l'objet aimé. Qu'on se souvienne de la façon dont Cézanne atténuait l'intensité de la perspective, en retenant *dans le fond* du tableau la convergence des lignes parallèles; en même temps, il rapprochait du spectateur les objets lointains, et créait ainsi un effet de contemplation, où le désir reste en suspens[1]. Van Gogh, par une opération contraire, transporte cette convergence de l'avant-plan puissant à l'horizon immensément agrandi et rendu dans le moindre détail; ce faisant, il amplifie le fond même de l'espace; il veut saisir le vaste monde, et c'est poussé par l'anxiété de ce désir qu'il donne à la perspective son caractère de compulsion pathétique. Cette structure de la perspective est de la plus grande importance pour Van Gogh, et constitue l'une de ses principales préoccupations artistiques. Dans ses premiers dessins, quand il débutait en luttant avec les lois de la perspective, il utilisait un dispositif mécanique pour tracer les formes en raccourci qui le troublaient et l'enchantaient; il sentait déjà le caractère concret de ce plan géométrique de représentation et, à la fois, son élément subjectif et vigoureusement expressif. En pratique, la perspective linéaire n'était pas un ensemble de lois abstraites, mais quelque chose d'aussi réel que les objets eux-mêmes, une qualité du paysage que le peintre étudiait. Cet arrangement paradoxal déformait les objets et, en même temps, les faisait paraître plus réels; il attachait l'œil de l'artiste plus servilement aux apparences, mais il le mettait en jeu plus activement dans le monde. Alors que, dans les tableaux de la Renaissance, la perspective linéaire était un moyen de construire un espace objectif, complet en soi et distinct du specta-

---

1. Sur le caractère de la perspective chez Cézanne, il existe un admirable ouvrage de Fritz Novotny, *Cézanne und das Ende der wissenschaftlichen Perspektive*, Vienne, 1938.

teur, quoique fait pour l'œil de celui-ci, — comme c'est le cas aussi d'une scène de théâtre. Dans les premiers paysages de Van Gogh, au contraire, c'est de l'œil du spectateur que le monde semble surgir, en un gigantesque épanchement, et un mouvement perpétuel de lignes qui convergent très vite. Van Gogh écrit d'un de ses dessins les plus anciens : « Les lignes des toits et des gouttières s'élancent vers le lointain comme les flèches d'un arc; elles sont tirées sans hésitation. »

Dans la dernière partie de l'œuvre de Van Gogh, cet envol vers un but rencontre, presque toujours, un obstacle et n'arrive pas à son terme. La plupart du temps, des éléments s'interposent qui contrecarrent cet élan vers le but, et des diversions en résultent. Dans un dessin de champ labouré (ill. 2), les sillons nous conduisent à un groupe de buissons, informe et tourmenté; à droite, le soleil énorme, avec ses rayons qui tracent des lignes concentriques. Ici deux centres, deux formes centrées, se font concurrence; l'un de ces centres est subjectif et, avec le point de fuite, il représente la projection de l'artiste, non seulement en tant qu'œil qui concentre l'image, mais aussi en tant qu'être plein d'aspirations violentes et de passions au sein même du monde; l'autre centre, plus extérieur, pareil à un objet, est chassé sur le côté, mais n'est pas moins fécond d'émotion. Ils vont ensemble, comme un puissant désir et son accomplissement; mais ils ne coïncident pas, en fait, et ne peuvent pas coïncider. Chacun d'eux a sa propre puissance de mouvement; l'un se suffit à lui-même, il est en plein déploiement, il s'épanche et fait rayonner ses inépuisables qualités; l'autre se dirige fixement vers un but inaccessible.

Dans *Le Champ de blé*, ces centres sont complètement disloqués. Les lignes convergentes sont devenues des chemins divergents, qui rendent impossible le mouvement centré vers l'horizon; le grand soleil rayonnant s'est brisé et transformé en une sombre masse qui, dépourvue de foyer, s'éparpille; les corbeaux noirs avancent de l'horizon vers l'avant-plan et leur approche empêche le spectateur de voir normalement le lointain; c'est le spectateur qui est, pour ainsi dire, leur foyer, leur point de fuite. Dans leur ligne brisée, ils rejoignent, de façon de plus en plus évidente, la configuration incertaine des trois routes qui ondulent, et ils unissent, en un seul mouvement transversal, les directions contradictoires des voies humaines et des symboles de la mort.

Si les oiseaux grandissent en s'approchant, les champs triangulaires échappent aux déformations de la perspective et s'élargissent rapidement à mesure qu'ils s'éloignent. On aperçoit donc les corbeaux dans une perspective exacte pour l'œil, et qui correspond à l'accroissement de leur pouvoir émotif, à mesure qu'ils s'approchent comme des objets d'angoisse; groupe mouvant, ils incarnent la perspective du temps, l'imminence croissante de l'instant à venir. Mais la terre solide et familière, qu'enlacent les chemins, semble résister au contrôle de la perspective. La volonté de l'artiste est bouleversée; le monde se meut vers lui; il ne peut pas aller vers le monde. Tout se passe comme s'il se sentait lui-même complètement arrêté et, en même temps, voyait un destin sinistre courir vers lui. Le peintre-spectateur est devenu l'objet terrifié et déchiré des corbeaux qui approchent, et dont la figure brisée se retrouve, nous l'avons vu, dans les lignes divergentes des trois routes.

C'est là, dans ce désarroi pathétique, que nous découvrons soudain une puissante réaction de l'artiste, qui se défend contre la désagrégation. Contrastant avec le tumulte du travail du pinceau et des moindres détails, l'ensemble de l'espace est d'une ampleur et d'une simplicité incomparables, et évoque un cosmos entier dans son espace primitif de couches superposées. La surface la plus vaste et la plus stable est la plus éloignée : le ciel rectangulaire bleu foncé, qui traverse la toile entière. Il n'y a de bleu qu'ici, et jusqu'à complète saturation. Vient ensuite, dans l'ordre quantitatif, le jaune du champ de blé, qui est formé de deux triangles renversés. Puis le rouge profond et purpurin des routes, — trois fois. Puis, le vert de l'herbe sur ces routes, — quatre fois (ou cinq, si nous comptons la mince bande à droite). Enfin, en un groupe innombrable, le noir des corbeaux qui approchent. Chacune des couleurs du tableau est utilisée un nombre de fois inversement proportionnel à l'étendue et la stabilité des surfaces. L'artiste semble compter : un est l'unité, l'ampleur, l'ultime résolution, le ciel pur; deux est le jaune complémentaire des masses jumelles, mais divisées et instables, du blé qui pousse; trois est le rouge des chemins divergents qui ne conduisent nulle part; quatre est le vert complémentaire des abords couverts d'herbe de ces routes; la progression sans fin des corbeaux en zigzags représente l'image de la mort qui vient du fond de l'horizon.

Exactement à la façon dont un homme, en proie aux tourments d'une névrose, compte et calcule pour s'accrocher fermement aux choses et affronter la violence, Van Gogh, à l'extrémité de son angoisse, découvre un ordre arithmétique des couleurs et des formes qui lui permet de résister à la désintégration.

Il fait un effort intense de contrôle et d'organisation. Les contrastes les plus élémentaires deviennent des figures essentielles, et si, dans cet ordre fondamental, deux aires sont séparées spatialement, comme le ciel et les routes, l'artiste les relie par des touches supplémentaires qui se font écho et qui, sans changer le jeu des forces plus importantes de l'ensemble, créent des liens entre des régions éloignées. Les deux taches vertes dans le ciel bleu constituent des reflets, si faibles soient-ils, du vert des routes; à l'horizon, de nombreuses petites touches rouges sur le champ de blé répètent le rouge des routes.

Dans la lettre à laquelle j'ai fait allusion, Vincent écrit à son frère : « Là — revenu ici je me suis remis au travail — le pinceau pourtant me tombant presque des mains et — sachant bien ce que je voulais, j'ai encore depuis peint trois grandes toiles. Ce sont d'immenses étendues de blé sous des ciels troublés et je ne me suis pas gêné pour chercher à exprimer de la tristesse, de la solitude extrême. »

Mais, à notre grande surprise, il continue : « Vous verrez cela j'espère sous peu...ces toiles vous diront, ce que je ne sais dire en paroles, ce que je vois de sain et de fortifiant dans la campagne. »

Comment est-il possible qu'un immense tableau de tourment, de tristesse, d'extrême solitude, puisse lui paraître « sain et fortifiant »?

Il ne savait donc pas, semble-t-il, ce qu'il faisait : les sensations et les sentiments divers que provoqua en lui le même objet sont très éloignés les uns des autres, ou bien ils se contredisent. Les cyprès que, par la beauté de leurs lignes et de leurs proportions, il compare à des obélisques égyptiens, deviennent, dans ses tableaux, des formes inquiètes qui flamboient. Pourtant, il exerçait son art avec une conscience extraordinairement pénétrante; c'était, d'après ses propres paroles, « uniquement travail et calcul sec ». Ses lettres jettent parfois de remarquables lumières sur les problèmes de la peinture; on pourrait, à l'aide des déclarations dispersées dans cette correspondance, construire toute une esthétique. Mais, quand il contemple son œuvre terminée, Van Gogh semble souvent la voir d'une manière contradictoire ou témoigner, en interprétant l'effet général d'une scène, d'un arbitraire passionné qui nous déconcerte. Quelquefois, il s'agit du symbole ou de la qualité émotive d'un ton, que Vincent interprète selon un code tout à fait personnel : « une note de vert malachite intense, quelque chose d'absolument déchirant. » Dans une autre lettre où il décrit un tableau qui représente un champ de blé, avec un soleil et des lignes convergentes, — un tableau pareil au dessin cité plus haut, et qui traite, peut-être, le même sujet, — il affirme que cette œuvre exprime « du calme, une grande paix ». Cependant, d'après ce qu'il dit lui-même, le tableau en question est fait « des lignes fuyantes, des sillons montant haut dans la toile »; il présente aussi des centres qui se font concurrence et exigent une énorme tension de l'œil. Pour un autre artiste, des lignes de cette espèce signifieraient l'inquiétude, la surexcitation. Van Gogh parle d'un tableau de sa chambre à coucher, à Arles, comme de l'expression même « d'un repos absolu ». Pourtant, avec ses convergences rapides et ses étourdissantes angularités, ses couleurs intenses qui s'opposent et ses taches disséminées en groupes diagonaux, ce tableau est tout ce qu'on voudra, sauf reposant. C'est une œuvre passionnée, véhémente, qui n'est peut-être reposante que par rapport à un état antérieur de surexcitation encore plus grande; ou bien elle lui rappelle un lieu de calme sommeil.

Dans cette contradiction entre le tableau et l'émotion qui s'empare de Van Gogh spectateur devant la scène ou l'objet, il y a deux phénomènes différents. L'un est l'intensification des couleurs et des lignes à laquelle il se voit contraint, quel que soit son sujet; les éléments qui, dans la nature, lui paraissent calmes, paisibles, ordonnés, deviennent instables tandis qu'il peint, et ils sont en proie à une impétueuse surexcitation. D'autre part, toute cette violence de sentiment ne semble plus exister pour lui dans l'œuvre achevée, même s'il l'a reconnue dans le paysage.

Ses lettres montrent que la paradoxale description du *Champ de blé* ne tient pas à une défaillance fortuite ni à une confusion; de fait, elles révèlent une réaction qui se répète maintes fois. Quand Van Gogh peint un sujet bouleversant ou attristant dont l'émotion est puissante, il se sent soulagé. Son travail terminé, il connaît une impression de paix, de calme, de santé. La peinture est une véritable purgation. L'ultime effet qu'il éprouve, après le tourbillon du sentiment, est celui de l'ordre et de la sérénité.

Oui! il y a quelque chose de salubre et de fort pour Van Gogh dans le paroxysme qu'il atteint, en rendant le champ de blé et le ciel. Le travail du peintre a, pour lui, une fonction reconstituante, dont il a conscience. Il croyait depuis quelque temps déjà que c'est uniquement la peinture qui l'empêchait de devenir fou. « Je filais comme une locomotive vers ma peinture », écrit-il, quand il sent qu'une crise approche. Il appelle son art « le paratonnerre contre ma maladie ». On dépeint communément Van Gogh comme un fou inspiré dont le pouvoir créateur était dû à un état mental malheureux; il l'admettait, en effet, lui-même. Évoquant le souvenir des jaunes intenses dans son œuvre de 1888, il dit : « Pour atteindre la haute note jaune que j'ai atteint (*sic*) cet été, il m'a fallu monter le coup un peu. » Mais il voyait aussi qu'il n'était pas fou, bien que sujet à des crises : « Pour autant que j'en puisse juger, je ne suis pas fou proprement dit. Vous verrez que mes toiles exécutées dans les périodes intermédiaires sont très sobres, comme le sont les autres. » Quoi qu'on puisse dire du rapport entre sa vocation artistique et ses conflits mentaux, il reste vrai que, pour Van Gogh, la peinture était un acte d'intelligence supérieure, lui permettant de prévenir l'effondrement qui approchait. Selon ses propres mots, il « savait bien ce qu'il voulait ». Dans un livre sur les grands artistes schizophrènes où il étudie les vies de Hölderlin, de Strindberg et de Van Gogh, le psychiatre et philosophe Jaspers observe, comme un trait distinctif de Van Gogh, « son attitude souveraine en face de la maladie », l'observation constante qu'il exerce sur lui-même, son effort de contrôle[2]. Le peintre, plus que quiconque, souhaitait comprendre son propre état. Avec une rare lucidité, il surveillait son comportement, afin de prévoir les crises et de prendre des précautions contre elles, jusqu'à ce qu'enfin son désespoir l'anéantît.

Si Van Gogh tirait de ses conflits mentaux l'énergie et la passion qui animent son œuvre (et, peut-être, certaines structures originales de la forme), ses qualités valent tout autant par la résistance qu'il a su opposer à la désintégration. Parmi ces qualités, l'une des plus importantes est l'attachement de Van Gogh à l'objet, son réalisme personnel. Je n'entends pas le « réalisme » dans le sens limité et défavorable qu'il a pris aujourd'hui, où on le qualifie, non sans légèreté, de « photographique », — la photographie, elle aussi, dans sa fascinante révélation des objets, a un côté plus profondément expressif, — mais plutôt le sentiment que la réalité extérieure fait l'objet d'un désir ou d'une nécessité puissante; cette réalité extérieure est un moyen de possession et une façon, pour l'homme en lutte, de s'accomplir; elle constitue donc le fondement nécessaire de l'art. Quand Van Gogh décrit ses tableaux, il désigne les objets et leurs couleurs comme une substance et une caractéristique inséparables; au contraire, les peintres impressionnistes sont peut-être des observateurs plus aigus, mais ils se montrent moins intéressés par l'objet; ils se complaisent dans la dissolution de ce dernier, dans une atmosphère de rêverie sans désir, comme si la distance originelle entre l'homme et les objets neutres qui l'entourent se fût résorbée par leur commune submersion dans un état passif, appelé sensation. Pour Van Gogh, l'objet était le symbole et la garantie de sa santé d'esprit. Il parle quelque part de « l'aspect familier et rassurant des choses »; et dans une autre lettre : « Personnellement, j'aime les choses qui sont réelles, les choses qui sont possibles. » «...Je sens la terreur de m'écarter du possible... » Les lignes foncées si fortes qu'il dessine autour des arbres, des maisons et des visages, soulignent l'existence de

---

2. La psychose de Van Gogh, il faut le dire, reste encore obscure, et certains médecins, qui ont fait des recherches à ce sujet, voient dans sa maladie un développement du type épileptique plutôt qu'un cas de schizophrénie.

ceux-ci et leur caractère propre, avec une conviction inconnue auparavant dans l'art. Dans sa lutte contre la perspective, qui diminue à ses yeux un objet particulier, il rend cet objet plus grand que nature. La façon dont l'artiste charge la matière même de sa couleur traduit, en partie, cette attitude et constitue un effort effréné pour conserver dans l'image des objets leur substance palpable et pour arriver, sur la toile, à une création aussi consistante, aussi concrète que ces objets. La personnalité elle-même est un objet, car Van Gogh est rempli d'un inextinguible amour pour l'être humain, substance séparée de lui, mais autre lui-même; il est donc capable de se peindre lui-même et de peindre les autres, comme des objets complets qui s'affirment, et d'éprouver, par ces tableaux, la solidité, la présence certaine des objets en jeu, bref, de les posséder. C'est pourquoi, face au ciel sinistre et au champ de blé, tandis que s'approchent les corbeaux, il est capable de peindre non seulement cette tristesse et cette solitude, mais aussi la santé et la force que seule la réalité peut lui donner.

Nous sommes obligés de nous demander si cette dernière peut vraiment les lui donner. Ne s'agit-il pas d'un effort désespéré pour obtenir du paysage ce que lui-même ne possède plus? Sa fervente tentative de se retrouver entièrement à travers la représentation des objets étant sans espoir, Van Gogh n'est-il pas le dernier grand peintre de la réalité et le précurseur d'un art antiobjectif? Est-ce là l'échec personnel et décisif, le tragique succès, qu'il paie de sa vie? Nous avons vu comment la vision du monde extérieur à laquelle il s'était consacré se chargeait de formes lourdes d'émotion, qui renversaient les rapports de la perspective; comment la convergence vers l'horizon, — convergence qui présente normalement l'espace entier sous une forme adaptée au regard immuable du spectateur, — se trouble de divergences et de complexités, nées de contraintes intimes propres à l'artiste, et qui s'opposent à cette harmonie, à ce système préétabli de coordination visuelle. Mais, aujourd'hui, la nature est étrangère à l'homme, qui est sa conscience et son miroir les plus élevés. Elle a cessé d'être un modèle d'harmonie et de force internes. Dès lors, la réalité extérieure n'offrira plus aux artistes des objets d'amour « salubres et fortifiants », mais seulement des éléments assemblés au hasard, à l'usage des rêves et des arrangements artistiques.

Mais les rêves sont précisément ce que Van Gogh évitait car ils conduisent à la folie. « Notre devoir est de penser et non de rêver », écrit-il. À son ami Bernard, qui lui avait dépeint ses nouveaux tableaux religieux, inspirés du christianisme médiéval, l'ancien étudiant en théologie, et l'ancien missionnaire, répond qu'une telle tentative est, à notre époque, une évasion illusoire. « C'est une zone enchantée, mon vieux, et l'on s'y trouve rapidement acculé au mur »; seule la réalité de notre temps est capable de fournir à l'art et à la satisfaction de l'homme leur terrain. Mais Van Gogh même ne pouvait pas subsister sur ce terrain, qui impliquait la foi en un ordre social dont il percevait l'injustice, la cruauté, le chaos grandissant. De son temps déjà, pour les artistes pénétrants, la « réalité » signifiait, en grande partie, contrainte et destruction. Vincent observait que, dans les conditions actuelles, les artistes sont inévitablement un peu désaxés : « Tout le monde aura peut-être un jour la névrose. » Sans ironie, il opposait au tableau de Bernard, *Le Jardin de Gethsémané*, son propre tableau du jardin de l'hospice où il était enfermé. Il refusait de se tourner vers un monde intérieur de visions fantastiques, qui aurait pu le consoler, car il savait que, pour lui, cette solution signifierait sûrement la folie. Sur la fin, il fut parfois porté vers des hallucinations religieuses, mais il les combattait comme malsaines. La figure du Christ humain l'attirait encore. S'il décrivait Dieu comme un artiste dont la seule grande création, le monde, était « une étude manquée », il révérait cependant le Christ, en tant qu'artiste suprême, « l'artiste plus grand que tous les autres, dédaignant le marbre et l'argile et la couleur, travaillant en chair vivante ». Mais les rares sujets chrétiens qu'il peignit à l'asile furent, sans exception, copiés d'après les gravures d'autres artistes; fait significatif, ils représentent des images pathétiques, le bon Samaritain et le Christ mort. Sa sincérité, qui exigeait toujours de lui d'être fidèle à l'expérience directe, l'empêchait d'inventer des tableaux religieux. Quand il fut inspiré par la vision de *La Nuit étoilée* (ill. 3), il mit dans sa peinture du ciel l'exaltation que provoquait chez lui le désir d'une

3. Van Gogh, *La Nuit étoilée*, juin 1889 (huile sur toile).
Museum of Modern Art, New York,
acquis par le Lillie P. Bliss Bequest. Photo Giraudon.

4. Dessin pour *La Nuit étoilée* ou *Cyprès*, juin 1889.
Kunsthalle, Brême. Photo du Musée.

communion et d'une délivrance mystiques; celle-ci ne s'accompagnait pourtant d'aucune théologie, d'aucune représentation allégorique du divin. Quelque temps auparavant, il avait écrit à Théo, après avoir exposé son projet de représenter des scènes difficiles, prises sur le vif: « Cela n'empêche que j'ai un besoin terrible de — dirai-je le mot — de religion... alors je vais la nuit dehors pour peindre les étoiles. » Cependant, dans la gigantesque nébuleuse qui s'enroule et dans le croissant étrangement lumineux, — un singulier complexe où la lune, le soleil et l'ombre de la terre sont unis dans une éclipse[3], — il y a peut-être un souvenir inconscient du thème apocalyptique de la femme enceinte, entourée du soleil et de la lune, couronnée d'étoiles, et dont l'enfant est menacé par le dragon (Apocalypse, XII, v. 1 et suiv.). La flèche de l'église, au premier plan, traduit également les sentiments et les souvenirs qui sont enfouis dans cette œuvre. Cette flèche du nord, caractéristique par son élan et par son effilement, se retrouve dans un dessin plus ancien (*Nuit étoilée*, juin 1889; Brême; titre allemand: *Zypressen*; ill. 4); elle s'y perd au milieu d'une profusion d'arbres qui se dressent convulsivement; monotonie d'une émotion sans contrôle — mais, dans l'œuvre définitive, l'intelligence picturale, en clarifiant les formes, rend plus puissante l'expression du sentiment.

Avec ce tableau, l'effort de Van Gogh pour dépasser les simples données des objets usuels atteint sa limite; il marque de plus — il y a lieu de le souligner — l'expérience du ciel nocturne de la Provence, une image du lieu et du temps où l'âme solitaire de l'artiste subit un appel religieux. Ici, contrairement aux principes qu'il professe et en dépit de sa crainte d'un

3. Un de mes étudiants, Richard Held, a signalé le caractère anormal de la lune. Il a remarqué que Van Gogh, dans une lettre à Gauguin, décrit un tableau antérieur, représentant un ciel nocturne; il dit du croissant de lune qu'il émerge de l'ombre de la terre. Mais aucune éclipse lunaire n'a été visible en France autour de l'année 88. C'est pourquoi il est possible que l'artiste, ayant peut-être lu quelque article concernant une éclipse de ce genre, ait confondu ce phénomène avec l'explication des phases de la lune. M. Held a suggéré, en outre, que, dans ce tableau, la relation lune / ombre de la terre / soleil symbolise inconsciemment une famille, — père, mère et enfant, — d'où mon propre rapprochement avec l'épisode apocalyptique que le Moyen Âge a souvent représenté, en l'entourant d'une grande magnificence, et qui s'identifie à une éclipse.

abandon mystique à Dieu, — abandon qui serait passif et vague, — Van Gogh donne un champ plus libre à la fantaisie et à des tendances émotionnelles jusqu'alors réprimées. Sa vision demeure, cependant, fondée sur un terrain réel, sur le monde spatial commun, sur ce que ses propres yeux ont éprouvé. Ainsi, même dans cette œuvre exceptionnelle, où se manifeste volontairement une tendance religieuse, nous découvrons la ténacité de son esprit objectif.

De même, ses couleurs symboliques, où il s'exprime avec effusion, telles que le vert malachite qu'il qualifie de « déchirant », le vert plus profond qui représente les « terribles passions humaines », le bleu intense de l'arrière-plan qui évoque l'infini dans le portrait d'un artiste ami, s'appliquent toutes à des objets particuliers qu'on peut voir, ainsi qu'aux sentiments que le peintre éprouve à leur égard.

Mais l'intérêt que porte Van Gogh à la valeur symbolique des couleurs marque déjà un changement d'attitude. En même temps, il décide de peindre moins exactement, de désapprendre la perspective et d'appliquer la couleur d'une façon plus prononcée, plus chargée d'émotion. Dans ce changement, dont témoignent certains tableaux et certaines lettres de l'été 1888, je crois que nous pourrions voir une influence des milieux parisiens qu'il avait connus l'année précédente, milieux avec lesquels il reste en correspondance pendant toute l'année 1888, et tout particulièrement avec Gauguin et Bernard, les chefs de la nouvelle tendance symboliste en peinture. Vincent était un homme profondément réceptif, toujours avide d'amitié, toujours prêt à travailler en commun; au cours de son séjour à Arles, loin de ses amis, il ne cessa de remuer dans son esprit des projets collectifs qui devaient le réunir avec ses camarades de Paris. Dans sa lettre à Théo où il exprime ses idées sur le symbolisme des couleurs, il en attribue l'origine à Delacroix; il n'y a guère de doute qu'elles ne soient plus récentes et qu'elles ne représentent l'opinion de la jeune avant-garde parisienne. Si, l'année suivante, il critique sévèrement Bernard pour ses tableaux religieux, Vincent, le même été, entreprend plusieurs œuvres du même genre, non pour se faire l'émule de Bernard et de Gauguin — nous avons vu que les tableaux religieux de Van

Gogh sont des copies — mais par sympathie, par esprit fraternel, et dans le désir de partager les problèmes de ses amis. Néanmoins, ces aspirations vers les thèmes religieux sont passagères et ne représentent que des déviations sans importance. Il y a, dans l'art de Van Gogh, un développement interne si étroitement lié à son état d'esprit et à la solution de ses conflits intérieurs que Vincent paraît puiser le symbolisme et l'expressionisme entièrement du fond de sa propre personne, en complète indépendance de tout ce qui se passe autour de lui. Très probablement, il n'aurait pu formuler son art sans le stimulant de son expérience parisienne et de son contact avec des hommes dont la commune indépendance intellectuelle se doublait d'une attitude d'innovation artistique, qu'il n'aurait jamais soupçonnée avant de les rencontrer. Il reste, toutefois, fidèle jusqu'à la fin au monde des objets, fidèle à la suite d'un serment qu'il avait fait au commencement de ses études. Les tableaux exécutés pendant les derniers mois de sa vie, quelque fantastiques que puissent paraître certaines de leurs formes, sont parmi les plus pénétrants, par leur vision des choses et leur réalité. Son autoportrait, avec les lignes flamboyantes qui tourbillonnent à l'arrière-plan — une des œuvres les plus audacieuses de son temps et qui annonce l'expressionnisme abstrait — est aussi une merveille d'exactitude dans l'art du portrait; il s'y révèle une animation singulièrement mystérieuse du visage. Il avait donné, une fois pour toutes, sa réponse à Bernard, pendant l'hiver 1889, alors que des mouvements contradictoires le tourmentaient à l'extrême : « Il s'agit vraiment surtout de bien se retremper dans la réalité, sans plan conçu d'avance, sans parti pris parisien. »

Quand le « moi », frôlant la destruction, se cramponne aux objets avec une telle persistance, nous observons — dans sa réaction de défense — que l'attachement de Van Gogh pour les objets n'est pas passif ou uniquement motivé par un souci de reproduction photographique; il n'est pas dû non plus au simple fait que le peintre a connu sa première formation au cours d'une période d'art naturaliste; cet attachement représente une fonction constructive et tient à des racines émotives très profondes. Quand, visiteur étranger, Vincent arrive à Arles, il se met à peindre tout ce qu'il voit dans cette ville qui lui paraît caractéristique : des scènes diurnes et nocturnes, des gens, des enfants, des familles entières, des maisons, des cafés, des rues, sa propre chambre, la campagne environnante. Il peint comme pour pénétrer tout à fait dans son nouveau milieu. Les impressionnistes qui peignent dans une station de villégiature ou dans un site agreste ne nous donnent, en revanche, que fort peu le sentiment des choses et des gens. Même les objets que Van Gogh met dans ses natures mortes, quelque ordinaires ou fortuits qu'ils puissent sembler, ne sont pas sans signification ; ils constituent pour lui un monde intime et essentiel. Il a besoin d'objectivité, de l'espèce la plus humble et la plus indiscutable, comme d'autres ont besoin de Dieu, d'anges ou de formes pures ; les visages amis, les objets sans problèmes qu'il voit autour de lui, les fleurs, les routes, les champs, ses souliers, sa chaise, son chapeau, sa pipe, les ustensiles sur sa table ; tous sont ses objets personnels, qui viennent au-devant de lui et qui lui parlent. Prolongements de son être, ils représentent les valeurs et les conditions nécessaires à la santé de son esprit. Nous pouvons citer ici ce que Van Gogh dit par ailleurs : « Cela peut paraître assez grossier, mais c'est parfaitement vrai : pour la réalité, le sentiment des choses elles-mêmes est plus important que le sentiment pictural ; tout au moins est-il plus fécond et plus vital. »

Nous comprenons, dès lors, pourquoi Van Gogh appelait la peinture imaginative une « abstraction », bien que cette peinture représentât les formes de la vie ; et pourquoi, d'autre part, malgré tout ce qu'il y a d'abstrait dans sa composition, *Le Champ de blé* représente, avec une véracité pleine de tourments, un paysage que l'artiste a connu par expérience directe. Mais ce tableau marque un moment de crise, où des impulsions opposées, étrangères à la réalité, s'affirment et traduisent la fièvre violente du sentiment. Il y a, dans *Le Champ de blé*, quelque chose de l'état d'esprit de *La Nuit étoilée*. Dans le ciel sombre et palpitant du *Champ de blé*, le travail du pinceau, qui semble emporté par une tempête motrice, et les taches vertes, qui s'arrondissent au-dessus de l'horizon, rappellent le mouvement des nébuleuses et des étoiles du tableau nocturne. Après avoir vu, dans ce dernier, le ciel transfiguré qui nous saisit, après avoir senti l'extase panthéiste qui remplit l'immense espace bleuté de toute l'effervescence d'une émotion obscure et irrésistible, nous reconnaissons sans peine, dans *Le Champ de blé*, les traces d'une aspiration analogue. Le ciel sans fin nous apparaît alors comme une image du grand « tout » et semble répondre à un désir hystérique d'être englouti et de perdre son « moi » dans l'immensité. Dans le format anormal de cette œuvre, on trouve déjà comme un engloutissement de la volonté. L'horizontale, qui s'impose, est une qualité de l'état d'esprit plus que le fait du cadre ou de la toile ; elle a le caractère nettement distinct ainsi que l'intensité du bleu ; elle appartient aux grandes profondeurs de l'œuvre. Elle n'est pas exigée par la multiplicité des objets qui peuvent se présenter dans une vue panoramique, ni par une série d'éléments peints en largeur. Dans les proportions normales d'un tableau, qui se rapprochent de celles de la section d'or (0,618 : 1), la plus grande dimension a nécessairement affaire à un petit côté d'une certaine importance : de sorte que le rapport du « moi » et du monde, exprimé dans cette opposition, apparaît comme un conflit où les deux éléments sont actifs et distincts. Ceci correspond à un esprit classique, ainsi qu'à la notion admise de l'harmonieux et du normal dans notre société. Dans le format qui échappe à la convention et qui est propre à Van Gogh, l'horizontale gouverne l'espace comme une gigantesque dominante, auprès de laquelle la perpendiculaire n'existe qu'à peine et reste sans écho (la dominante analogue d'un seul côté, mais cette fois-ci de la verticale, se retrouve dans *La Route aux cyprès*, où l'étoile et la lune, comme deux soleils, présentent l'image obsédante d'une surexcitation que rien ne saurait contenir). Dans les paysages plus anciens de Van Gogh, les lignes, convergeant en profondeur, concentraient le mouvement vers l'arrière-plan et donnaient une énergie très sûre à l'essor de la perspective ; ici, la profondeur sans fin a été transformée en pure étendue, qui dépasse le regard de l'individu et finit par l'absorber.

L'objet personnel, sujet de nature morte.
À propos d'une notation de Heidegger sur Van Gogh.

Pour illustrer une caractéristique intrinsèque de l'œuvre d'art — le dé-voilement de la vérité — Heidegger s'est servi, dans son essai « L'origine de l'œuvre d'art », de l'interprétation d'une peinture de Van Gogh[1].

Il commence, à cet effet, par distinguer trois modes d'existence des objets : le produit utilitaire, le produit de la nature et l'œuvre d'art. Il se propose de décrire en premier lieu, « sans faire appel à une théorie philosophique », une « paire de chaussures de paysan » ; et, « pour en faciliter une aperception visuelle », il choisit « une toile bien connue de Van Gogh qui, à plusieurs reprises, peignit des chaussures de ce genre ». Mais, « afin d'appréhender l'être instrumental de l'objet utilisé », il nous faut savoir « de quelle façon les chaussures sont en fait utilisées ». La paysanne se sert de ses souliers sans y prêter attention, voire sans leur accorder un regard. C'est par la marche et

1. Martin HEIDEGGER, « Der Ursprung des Kunstwerkes », in *Holzwege*, Francfort, Klostermann, 1950, pp. 7-68. Réimprimé en ouvrage séparé avec une introduction de H. G. GADAMER, Stuttgart, Reclam, 1962. [Trad. franç. par Wolfgang Brokmeier, in *Chemins qui ne mènent nulle part*, Gallimard, 1962, pp. 11-68.]

Je suis redevable à Kurt GOLDSTEIN d'avoir attiré mon attention sur cet essai qui, à l'origine, fut présenté sous forme de conférences au cours des années 1935 et 1936.

« The Still Life as a Personal Object. A Note on Heidegger and Van Gogh », in *The Reach of Mind: Essays in Memory of Kurt Goldstein*, ed. by Marianne L. Simmel, New York, Springer Publishing Company, Inc., 1968.

Traduction de Guy DURAND.

Une autre traduction de cet essai a paru dans la revue *Macula*, n° 3-4, 1978, pp. 6-10. Nous reproduisons ici trois notes de la Rédaction de cette revue.

la station debout que la paysanne apprécie l'utilité de l'« être instrumental de l'objet utilisé ». Quant à nous :

> Tant que nous nous contenterons de nous représenter une paire de souliers « comme ça »,« en général », tant que nous nous contenterons de regarder sur un tableau de simples souliers vides, qui sont là sans être utilisés, nous n'apprendrons jamais ce qu'est en vérité l'être-produit du produit. D'après la toile de Van Gogh, nous ne pouvons même pas établir où se trouvent ces souliers. Autour de cette paire de souliers de paysan, il n'y a rigoureusement rien où ils puissent prendre place : rien qu'un espace vague. Même pas une motte de terre provenant du champ ou du sentier, ce qui pourrait au moins indiquer leur usage. Une paire de souliers de paysan, et rien de plus. Et pourtant.
>
> Dans l'obscure intimité du creux de la chaussure est inscrite la fatigue des pas du labeur. Dans la rude et solide pesanteur du soulier est affermie la lente et opiniâtre foulée à travers champs, le long des sillons toujours semblables, s'étendant au loin sous la bise. Le cuir est marqué par la terre grasse et humide. Par-dessous les semelles s'étend la solitude du chemin de campagne qui se perd dans le soir. À travers ces chaussures passe l'appel silencieux de la terre, son don tacite du grain mûrissant, son secret refus d'elle-même dans l'aride jachère du champ hivernal. À travers ce produit repasse la muette inquiétude pour la sûreté du pain, la joie silencieuse de survivre à nouveau au besoin, l'angoisse de la naissance imminente, le frémissement sous la mort qui menace. Ce produit appartient à la *terre*, et il est à l'abri dans le *monde* de la paysanne. Au sein de cette appartenance protégée, le produit repose en lui-même (pp. 24-25)[2].

Le professeur Heidegger n'ignore pas que Van Gogh peignit à plusieurs reprises des chaussures de cette sorte; mais il ne précise pas quelle est la toile à laquelle il se réfère, comme si les différentes versions étaient interchangeables et nous présen-

---

2. Heidegger a fait une autre allusion au tableau de Van Gogh dans une conférence prononcée en 1935, puis révisée, traduite et réimprimée dans *Introduction à la métaphysique* (trad. par G. Kahn, Paris, P.U.F., 1958). À propos du *Dasein* (l'*être-là* ou l'*étant*), il désignait un tableau de Van Gogh : « Une paire de gros godillots de paysan, rien d'autre. L'image ne reproduit rien à proprement parler. Cependant on se trouve tout de suite seul avec ce qui est là, comme si soi-même, tard un soir d'automne, quand charbonnent les derniers feux de pieds de pommes de terre, on rentrait fatigué des champs avec la pioche sur l'épaule. Qu'est-ce qui, dans tout cela, est *étant*? La toile? Les touches de pinceau? Les taches de couleur? » (p. 44).

Van Gogh, *Vieilles chaussures* (catalogue La Faille, VI, nº 255).
Stedelijk Museum, Amsterdam. Photo du Musée.

taient une identique vérité. Un lecteur qui voudrait comparer cette description à l'aspect d'un original ou d'une reproduction photographique ne manquerait pas d'être embarrassé pour faire son choix. Parmi les toiles exposées à l'époque où Heidegger rédigeait son essai, le catalogue de La Faille a répertorié huit tableaux de Van Gogh qui représentent des chaussures. (Cf. n° 54, fig. 60; n° 63, fig. 64; n° 255, fig. 248; n° 331, fig. 249; n° 332, fig. 250; n° 333, fig. 251; n° 461, fig. 488; n° 607, fig. 597[3].) Dans seulement trois de ces toiles, nous pouvons distinguer cette « obscure intimité du creux de la chaussure » qui sollicite si vivement la pensée évocatrice du philosophe (n°s 255, 332, 333). Or, il est clair que l'artiste a peint là non pas des souliers de paysan mais ses propres chaussures. Ce pourraient être des souliers qu'il aurait portés en Hollande. Mais les toiles ont été peintes pendant le séjour que Van Gogh effectua à Paris, en 1886-1887 : l'une d'entre elles porte cette date « -87 » (n° 333) et est signée « Vincent-87 ». De la période antérieure à 1886, au cours de laquelle il peignit des paysans hollandais, demeurent deux toiles représentant des chaussures — une paire de galoches de bois bien propres, posée sur une table à côté d'autres objets (n°s 54 et 63). Plus tard, à Arles, ainsi qu'il écrivit dans une lettre à son frère, datée d'août 1888, il peignit « une paire de vieux souliers », qui étaient évidemment les siens (n° 461; *Correspondance complète...*, Paris, 1960, lettre n° 529, vol. III, p. 182). Il fait mention d'une seconde « nature morte de vieux souliers de paysan » dans une lettre de septembre 1888, adressée au peintre Émile Bernard; mais on ne découvre là ni la « fatigue des pas du labeur », ni l'« obscure intimité du creux »

---

3. Note de la Rédaction de *Macula* : « Depuis la parution de cet article de Meyer Schapiro, une neuvième nature morte de Van Gogh, représentant des chaussures, a été retrouvée. Ce tableau n'est pas recensé dans l'édition de 1928 ni dans l'édition de 1939 du catalogue de La Faille (*Vincent van Gogh*, Paris, 1939), mais il est dans la nouvelle édition de ce livre en anglais (*The Works of Vincent van Gogh, His Paintings and Drawings*, Amsterdam, Meulenhoff International, 1970). C'est le numéro F 332 a. Il est daté de l'hiver 1886-1887 (p. 159). — D'autre part, le catalogue de La Faille ne classe pas la *Nature morte au chou* (F. I), dans sa rubrique de sujets, parmi les toiles comportant « une paire de socques en bois bien propres, placée sur une table parmi d'autres objets » dont parle Meyer Schapiro (F. 54 et F. 63). Datant de 1881, exposé dès 1903, ce tableau complète ici la série des chaussures ».

évoquées par la description de Heidegger (n° 607; *Corr. complète*, vol. III, lettre n° B 18 F, p. 225).

En réponse à la question que je lui avais adressée, le professeur Heidegger a aimablement précisé que le tableau auquel il se référait était l'un de ceux qu'il avait pu voir au cours d'une exposition de mars 1930, à Amsterdam[4]. Il paraît clair qu'il devait s'agir du tableau n° 255 du catalogue de La Faille (voir ill. p. 353); figurait, dans la même exposition, une peinture représentant trois paires de souliers (F, n° 332, fig. 250); et il se pourrait que la vue de la semelle apparente d'un de ces souliers ait inspiré les réflexions du philosophe à ce propos. Néanmoins, pas plus l'aspect de ces deux toiles que celui de n'importe laquelle des six autres ne saurait nous permettre de dire qu'un tableau où Van Gogh a peint des souliers exprime l'être ou l'essence de la paire de chaussures d'une paysanne, ainsi que le rapport de celle-ci avec la nature et avec son travail. Il s'agit des chaussures de l'artiste, d'un homme qui, à cette période, résidait dans la ville, d'un citadin.

L'œuvre d'art, écrivait Heidegger, nous fait savoir ce qu'est en vérité la paire de souliers. Ce serait la pire des illusions que de croire que c'est notre description, en tant qu'activité subjective, qui a tout dépeint ainsi pour l'introduire ensuite dans ce tableau. Si quelque chose doit ici faire question, c'est que nous n'ayons appris que trop peu à proximité de l'œuvre, et que nous ne l'ayons énoncé que trop grossièrement et trop immédiatement. Mais avant tout l'œuvre n'a nullement servi, comme il pourrait sembler d'abord, à mieux illustrer ce qu'est un produit. C'est bien plus l'être-produit du produit qui arrive, seulement par l'œuvre et seulement dans l'œuvre, à son paraître.

Que se passe-t-il ici? Qu'est-ce qui est à l'œuvre dans l'œuvre? La toile de Van Gogh est l'ouverture de ce que le produit, la paire de souliers de paysan, *est* en vérité (pp. 26-27).

Le philosophe s'est malheureusement illusionné lui-même: de sa rencontre avec la toile de Van Gogh, il a tiré une émouvante série d'images, associant le paysan à la terre, mais il est évident que celles-ci n'expriment pas le sentiment intime extériorisé par

---

4. Communication personnelle, lettre du 6 mai 1965.

le tableau, mais proviennent d'une projection perceptive de Heidegger et qui lui est propre, où s'exprime sa sensibilisation à ce qui se rattache à la glèbe, élément primordial de l'assise de la société. En fait, c'est lui qui « a tout dépeint ainsi, pour l'introduire dans le tableau ». Ce qu'il a pu éprouver devant cette toile est ainsi à la fois trop riche et insuffisant.

Le malentendu ne résulte pas seulement de cette projection de l'imagerie personnelle qui se substitue à l'observation attentive de l'œuvre d'art. À supposer que Heidegger ait vu une toile représentant réellement, selon les termes de sa description, des « souliers de paysanne », on se tromperait en estimant que l'aspect de vérité qu'il découvrait dans ce tableau — l'être de la chaussure — fût quelque chose qui s'exprimerait là une fois pour toutes, quelque chose que seule la vue de la peinture pourrait nous permettre de percevoir. Dans la description imaginative que fait Heidegger des souliers de Van Gogh, je ne vois rien qui n'aurait pu lui être suggéré par la vue d'une véritable paire de souliers de paysan. Bien qu'il attribue à l'art le pouvoir de donner à la représentation d'une paire de souliers cet aspect suggestif où leur être se dé-voile — en fait, l'« essence universelle des choses » (p. 27), « le monde et la terre dans leur jeu réciproque »[5] — cette notion d'un pouvoir métaphysique de l'art demeure ici purement théorique. L'exemple qu'il invoque et interprète avec tant de vigueur et de conviction ne peut lui permettre de l'étayer solidement.

L'erreur de Heidegger proviendrait-elle simplement du choix erroné de son exemple? Supposons que la peinture de Van Gogh représente vraiment les souliers d'une paysanne. Heidegger n'aurait-il pas simplement mis en évidence l'expression de ces qualités, de cette sphère de l'être qu'il a décrite avec un tel pathétique?

---

5. « Dans le tableau de Van Gogh, la vérité advient. Cela ne veut pas dire qu'un *étant* quelconque y est bien rendu, mais que, dans le devenir-manifeste de l'être-produit des souliers l'*étant* dans sa totalité, monde et terre dans leur jeu réciproque, parviennent à l'éclosion. [...] Plus simplement et essentiellement les seules chaussures [...] entrent et s'épanouissent dans leur essence, plus immédiatement et manifestement l'*étant* tout entier gagne avec elles plus d'être. » *Chemins qui ne mènent nulle part*, p. 43.

Même en ce cas, il aurait oublié de tenir compte d'un aspect important du tableau : la présence de l'artiste dans son œuvre. Sa description évocatrice du sujet ne fait pas mention de tout ce qu'il y a de typiquement personnel et physionomique dans ces chaussures, ce qui, au regard de l'artiste, en faisait un sujet si attachant — et sans parler de l'accord intime des tonalités, des formes, du rendu du pinceau dans l'œuvre d'art elle-même. Quand Van Gogh peint les sabots de bois d'un paysan, il les présente à l'état neuf, sous la même forme lisse et nette que les autres objets, déposés auprès d'eux sur la même table, en nature morte : l'écuelle, les bouteilles, un chou. Quand il peint ultérieurement, dans un autre tableau, les savates de cuir d'un paysan, il les présente vues par l'arrière (F, n° 607, fig. 597). Ses propres chaussures, il nous les montre seules, posées sur le sol, nous faisant face, et d'un aspect si personnalisé et si déformé par l'usage que nous pouvons y découvrir l'image véridique de souliers aux derniers stades de l'usure[6].

6. L'idée d'un tableau représentant ses chaussures lui fut peut-être suggérée par un dessin reproduit dans la monographie de SENSIER sur Millet (p. 127 de l'édition américaine, *J.-F. Millet, Peasant and Painter*, Boston et New York, 1896). Van Gogh avait été profondément impressionné par le livre, et s'y réfère souvent dans ses lettres (*Verzamelde brieven van V. Van Gogh*, Amsterdam, 1952-1954, 4 vol. : vol. I, pp. 322-323 ; vol. II, p. 404 ; vol. III, pp. 14, 47, 85, 151, 328 ; vol. IV, pp. 32, 33, 120. Trad. franç. par M. Beerblock et L. Roëlandt, *Correspondance complète de V. Van Gogh*, Paris, Gallimard-Grasset, 1960, 3 vol. Dans l'ordre, vol. I, lettre 180 pp. 322-323 ; vol. II, lettre 363*a* p. 331 ; vol. II, lettre 400 p. 419, lettre 417 p. 459, lettre 453 p. 503, lettre 454 p. 556 ; vol. III, lettre 545 p. 229 ; vol. I, lettre R 8 N. pp. 376 *sq.* et vol. II, lettre R 47 p. 356).

Le nom de Millet apparaît plus de deux cents fois dans sa correspondance. La comparaison entre le dessin de Millet (sabots) et les tableaux de Van Gogh (chaussures) confirme ce que j'ai dit de la référence personnelle très particularisée chez ce dernier. Les sabots de Millet sont présentés de profil, sur le sol, avec des traces d'herbes et de foin (Meyer Schapiro, note ajoutée en 1977).

Le livre d'Alfred SENSIER, *La vie et l'œuvre de Millet*, était paru à Paris en 1881. Les deux éditions (américaine et française) comportent un dessin signé représentant des sabots, mais ils ne sont pas identiques. On trouve, page 183 de l'édition française, un dessin titré *Les Sabots*, « de la collection de M. Le baron de Girardon » (sans date), et, page 187 de l'édition américaine, un dessin daté et dédicacé de la main de Millet (« À Mon ami Alexandre Piedagnol / Barbizon 26 Août 1864 »). Sensier commente : « Quand il était trop sollicité, il me faisait passer un dessin. Aux dames, c'était des épis ; aux hommes, plus ou moins inconnus, c'était presque toujours une paire de sabots. Il m'en fit parvenir cinq ou six paires pour des admirateurs éloignés. C'étaient ses armes parlantes et comme un salut de politesse qu'il rendait » (édition

Il me semble que nous touchons de plus près au sentiment qu'éprouvait Van Gogh à l'égard de cette paire de chaussures quand nous lisons ce paragraphe de Knut Hamsun, décrivant, en 1888, ses propres chaussures, dans son roman *La Faim* :

> Comme si je n'avais encore jamais vu mes souliers, je me mis à étudier leur aspect, leur mimique quand je remuais le pied, leur forme et leurs tiges usées, et je découvris que leurs rides et leurs coutures blanchies leur donnaient une expression, leur communiquaient une physionomie. Quelque chose de mon être avait passé dans ces souliers, ils me faisaient l'effet d'une haleine qui montait vers mon « moi », d'une partie respirante de moi-même... (pp. 27-28)[7].

Si nous comparons la peinture de Van Gogh avec le texte de Hamsun, nous arrivons à une interprétation bien différente de celle de Heidegger. Le philosophe voit, dans cette représentation d'une paire de souliers, une évocation véridique du monde vécu par le paysan en dehors de toute réflexion. Hamsun voit les chaussures réelles telles que les ressent ou les subit, à demi consciemment, le porteur qui les contemple, et qui est aussi l'écrivain. Le personnage de Hamsun — un vagabond qui s'observe et qui réfléchit sur sa condition — est plus proche de la situation où se trouvait Van Gogh que de celle du paysan évoqué par Heidegger. Néanmoins, Van Gogh, d'une certaine façon, est proche de la condition paysanne : il s'acharne obstinément, dans son œuvre artistique, à la poursuite d'une tâche à laquelle il est voué, qui représente toute sa vie. Certes, Van Gogh, aussi bien que Hamsun, possède d'autre part un don exceptionnel de représentation par l'image : il sait transposer sur la toile, avec une force singulière, les formes et les qualités

française, p. 182. Le dessin publié dans cette édition comportait *et* des épis de blé *et* des sabots). La description de Meyer Schapiro se rapporte au dessin publié dans l'édition américaine (note de la Rédaction de *Macula*).

7. Trad. franç. de G. Sautreau, *La Faim*, Paris, Le Club Français du Livre, 1950.
    La traduction américaine du roman de Hamsun, dans le passage que cite Meyer Schapiro, se terminait ainsi : « *They affected me, like a ghost of my other I — a breathing portion of my very self* » [« Ils m'affectaient comme le fantôme de mon autre Je — une partie vivante de mon propre moi »] (note de la Rédaction de *Macula*).

d'être des choses; et certaines choses le touchent profondément, telles, en ce cas, les chaussures — choses qui font corps avec lui-même et qui sont propres à faire surgir la conscience de sa condition. Van Gogh les a vues chargées de ses sentiments et de ses rêveries personnelles, mais elles n'en sont pas moins objectivement rendues. En isolant sur la toile cette paire de chaussures, il les tourne vers le spectateur, il en fait une part d'un autoportrait — cette part d'un accoutrement avec laquelle nous foulons la terre, et en laquelle nous retrouvons la tension du mouvement, les impressions de fatigue, de hâte et de pesanteur : le poids du corps debout, touchant le sol pour son assise. Les chaussures portent cette marque inéluctable de notre position sur terre. « Chausser les souliers de quelqu'un »[8] c'est partager, dans la vie, la situation fâcheuse ou la condition d'un autre. Et, quand un peintre prend pour sujet de tableau sa paire de souliers usagés, il entend exprimer ainsi son appréhension en face du sort fatal qu'il subit dans la société. Bien que le paysagiste qui parcourt les champs partage quelque peu la vie de plein air du paysan, les chaussures ne représentent pas à ses yeux un instrument utilitaire, mais bien, selon les termes de Hamsun, une « partie de moi-même ». Tel est le sens que nous révèle le sujet de la toile de Van Gogh.

Gauguin qui, en 1888, à Arles, cohabita avec Van Gogh, avait bien senti qu'une peinture de son ami, représentant une paire de souliers, se rapportait à un épisode de son histoire personnelle. Parmi ses souvenirs qui ont trait à cette période de compagnonnage avec Van Gogh figure une anecdote particulièrement touchante et qui n'est pas sans avoir quelque rapport avec les souliers du peintre :

> Dans l'atelier, une paire de gros souliers ferrés, tout usés, maculés de boue ; il en fit une singulière nature morte. Je ne sais pourquoi, je flairais une histoire attachée à cette vieille relique, et je me hasardai un jour à lui demander s'il avait une raison pour con-

---

8. *To be in someone's shoes* : l'expression anglaise n'a pas d'équivalent littéral en français, où la même idée s'exprime par des locutions telles que « Se mettre à la place de quelqu'un », « Entrer dans la peau d'un autre », « Être logé à la même enseigne » *(N.d.T.).*

server avec respect ce qu'on jette ordinairement à la hotte du chiffonnier.

— Mon père, dit-il, était pasteur, et je fis mes études théologiques pour suivre la vocation que, sur ses instances, je devais avoir. Jeune pasteur, je partis un beau matin, sans prévenir ma famille, pour aller en Belgique dans les usines prêcher l'Évangile, non comme on me l'avait enseigné, mais comme je l'avais compris. Ces chaussures, comme vous le voyez, ont bravement supporté les fatigues du voyage.

Alors qu'il prêchait aux mineurs du Borinage, Vincent entreprit d'en soigner un qui avait été victime d'un incendie survenu dans la mine. L'homme était à ce point brûlé et mutilé que le médecin avait perdu tout espoir de le guérir. Seul un miracle, pensait-il, pouvait l'en tirer. Pendant quarante jours, Van Gogh s'occupa de lui, avec une attention pleine d'affection, et il lui sauva la vie.

« Avant de quitter la Belgique, j'eus la vision, devant cet homme portant sur son front une série de cicatrices — telle la couronne d'épines —, j'eus la vision du Christ ressuscité. »

Gauguin poursuit : « Et Vincent reprit sa palette ; en silence il travailla. À côté de lui une toile blanche. Je commençai son portrait, j'eus aussi la vision d'un Jésus prêchant la bonté et l'humilité » (pp. 53-54)[9].

Le tableau que Gauguin avait vu à Arles, où figurait une unique paire de souliers, n'a pas été clairement identifié. Il indique que le sujet était peint dans une tonalité violette, contrastant avec les murs jaunes de l'atelier. Cela importe peu. Bien que son récit ait été écrit avec quelques années de recul, et non sans quelque apprêt littéraire, il confirme le fait, essentiel à nos yeux, que ces souliers de Van Gogh étaient pour lui comme un morceau de son existence.

9. J. de Rotonchamp, *Paul Gauguin, 1848-1903*, Paris, Crès, 1925 (2ᵉ éd.), pp. 53-54. Il existe une autre version de cette anecdote : « Dans ma chambre jaune, une petite nature morte ; violette, celle-là. — Deux souliers énormes, usés, déformés. Les souliers de Vincent. Ceux qu'il prit, un beau matin, neufs alors, pour faire son voyage à pied, de Hollande en Belgique. » (Paul Gauguin, « Natures mortes », *Essais d'art libre*, 1894, 4, pp. 273-275). C'est le professeur Mark Roskill qui a eu l'obligeance d'attirer mon attention sur ces deux textes.

POST-SCRIPTUM, 1981.

D'une note de la réédition récente de l'essai de Heidegger, dans ses œuvres complètes, il ressort qu'il a poursuivi sa réflexion sur le possesseur des chaussures peintes par Van Gogh (Martin Heidegger, *Gesamtausgabe*, V. Klostermann, Frankfurt am Main, 1977, Band V, *Holzwege*, p. 18). Dans la marge, en face de cette constatation : « D'après la peinture de Van Gogh, nous ne pouvons même pas préciser où se trouvent les chaussures *(Nach dem Gemälde von Van Gogh können wir nicht einmal feststellen wo diese Schuhe stehen)* », Heidegger a écrit dans son exemplaire personnel (édition de poche Reclam, 1960) : « ni à qui elles appartiennent *(und wem sie gehören)* ». Selon l'éditeur, les annotations marginales de cet exemplaire ont été tracées à un moment indéterminé entre 1960 et 1976. En en publiant un choix dans la *Gesamtausgabe*, il a, suivant les instructions de l'auteur, choisi celles qui étaient indispensables soit pour faire la lumière sur un texte, soit pour formuler une autocritique, soit pour attirer l'attention sur une évolution de la pensée de Heidegger (*ibid.*, pp. 377-390). Comme le raisonnement de Heidegger, à cet endroit-là et partout ailleurs, se rapporte aux chaussures d'une classe de personnes et non pas d'un individu particulier, et comme il affirme plus d'une fois que ce sont là les chaussures d'une paysanne, on voit très mal en quoi cette annotation pouvait être indispensable pour faire la lumière. A-t-il voulu réaffirmer, malgré un doute qui le visitait alors, que son interprétation était vraie même si les chaussures avaient appartenu à Van Gogh ?

François Gauzi, condisciple de Van Gogh à l'atelier Cormon en 1886-1887, a écrit que Van Gogh lui montra, dans son atelier de Paris, un tableau qu'il était en train d'achever : une paire de souliers. « Au marché aux puces, il avait acheté une paire de vieux souliers lourds, épais, des souliers de charretier, mais propres et cirés de frais. C'étaient de riches croquenots qui manquaient de fantaisie. Il les chaussa un après-midi qu'il pleuvait et partit en promenade le long des fortifications. Maculés de boue, ils devenaient intéressants (...) Vincent copia fidèlement sa paire de souliers. » (François Gauzi, *Lautrec et son temps*, Paris, Perret, 1954, p. 31.)

Mon collègue Joseph Masheck a attiré mon attention sur une lettre à Louise Colet où, faisant les réflexions sur l'inévitable déchéance du corps, Flaubert parle de ses souliers comme d'un objet personnel et d'une similitude de la condition humaine : « Est-ce que la seule vue d'une vieille paire de bottes n'a pas quelque chose de profondément triste et d'une mélancolie amère ! Quand on pense à tous les pas qu'on a faits là-dedans pour aller on ne sait plus où, à toutes les herbes qu'on a foulées, à toutes les boues qu'on a recueillies... le cuir crevé qui bâille a l'air de vous dire : "... après, imbécile, achètes-en d'autres, de vernies, de luisantes, de craquantes, elles en viendront là comme moi, comme toi un jour, quand tu auras sali beaucoup de tiges et sué dans beaucoup d'empeignes." » (G. Flaubert, *Correspondance*, éd. Jean Bruneau, vol. I, 1830-1851, Bibliothèque de la Pléiade, Paris, 1973, p. 418.)

Seurat.

Les admirateurs de Seurat regrettent souvent sa méthode, les petits points. Imaginez, disait Renoir, *Les Noces de Cana* au petit point. Je ne peut pas l'imaginer, mais je ne puis imaginer davantage les tableaux de Seurat peints en touches larges ou fondues. Tout comme le choix de ses tons, la technique de Seurat est intensément personnelle. Mais les points ne sont pas simplement une technique : ils sont aussi une surface tangible, et constituent la base d'importantes qualités, y compris sa finesse. On a trop écrit, et souvent de travers, sur la nature scientifique des points. La question de savoir s'ils donnent au tableau plus ou moins de luminosité est finalement sans importance. Une peinture peut être claire et artistiquement terne ; elle peut aussi être peu colorée et rayonner pour l'esprit. D'ailleurs, peindre éclatant n'est pas un secret qui demande un savoir scientifique spécial. Seurat aurait pu, comme Van Gogh, se servir de couleurs vives en larges zones pour obtenir plus de saturation. Mais sans ses moyens particuliers, nous n'aurions pas cette merveilleuse délicatesse de tons, ces variations innombrables dans une gamme restreinte, cet aspect vibrant et soyeux, qui font de ses tableaux, et surtout de ses paysages, une

« New Light on Seurat », *Art News*, LVII, avril 1958, pp. 22-24, 44-45, 52. Réimprimé dans *Art News Annual*, XIX, 1863, pp. 18-41, 162, sous le titre « Seurat, Reflections ». Repris dans M. Schapiro, *Selected Papers, Modern Art, 19th & 20th Centuries*, New York, George Braziller, 1978, pp. 101-109.

Traduit par Jean-Claude LEBENSZTEJN.

fête pour l'œil. Et nous n'aurions pas non plus sa surprenante conception de l'image, où une forme continue se construit à partir d'éléments discrets, et où des masses compactes émergent d'un éparpillement sans fin de petits points — l'œil assistant au mystère du passage à l'être. Les points dans les tableaux de Seurat ont quelque chose de la qualité des grains noirs dans ses incomparables dessins au crayon Conté, où les variations dans la densité des grains déterminent les gradations de tons (ill. 1). Ce passage du très petit au très grand constitue l'une des nombreuses polarités qui nous frappent dans son art.

S'il est vrai que sa technique découle de ses lectures scientifiques, elle n'est pas, en elle-même, plus scientifique que les méthodes de la peinture en aplat; elle n'est sûrement pas mieux adaptée aux fins de Seurat que la technique d'un bon peintre égyptien n'était adaptée à ses buts spécifiques. Mais Seurat visait-il simplement à reproduire les impressions visuelles par des moyens plus fidèles? Certaines phrases de son testament théorique — une brève déclaration de deux pages — nous inciteraient à le croire, mais plusieurs passages concernant l'harmonie et le contraste (sans parler des œuvres elles-mêmes) disent tout autre chose. Il s'intéressait, bien entendu, à ses sensations et aux moyens de les rendre, de même que les artistes de la Renaissance se passionnaient pour la perspective. Utilisée de manière inventive, la perspective a aussi des implications constructives et expressives. De même, les points de Seurat sont un procédé raffiné qui appartient à l'art autant qu'à la sensation; le monde visible n'est pas perçu comme une mosaïque de points colorés, mais cette microstructure artificielle permet au peintre d'ordonner, de proportionner et de nuancer la sensation par-delà les qualités familières des objets, telles que les couleurs les évoquent. On songe ici à l'aveu de Rimbaud dans son *Alchimie du Verbe*: « Je réglai la forme et le mouvement de chaque consonne », qui devait orienter les poètes de la génération de Seurat vers une recherche analogue dans l'ordre des unités minimales de l'effet poétique.

On peut voir les points de Seurat comme une sorte de collage. Ils créent à l'intérieur du cadre un espace creux, et souvent très profond, mais ils nous obligent à voir le tableau comme une

1. Seurat, dessin au crayon Conté, vers 1885.
Collection privée. Photo G. Braziller.

surface finement structurée faite d'un nombre infini d'unités fixées à la toile. Quand les peintres du XXe siècle se furent désintéressés de ce passionnant sujet artistique, le rendu des sensations, ils s'inspirèrent des inimitables points de Seurat et les introduisirent dans leurs tableaux, à titre de libre motif, généralement associés à d'autres éléments de structure ou de surface. Ce faisant, ils transformaient les points de Seurat — aucune confusion n'est possible —, mais ils lui rendaient également hommage (ill. 2).

Les points de Seurat, comme je l'ai suggéré, servent à créer un ordre spécifique. Ils constituent son unité de mesure, tangible et omniprésente. Par la seule différence des couleurs, ces particules à peu près uniformes font moduler les formes des masses où ils s'intègrent; les variations de densité dans la distribution des points clairs et sombres engendrent des frontières qui définissent des figures, des bâtiments et les limites de la terre, de la mer et du ciel. Un désir passionné d'associer l'unité et la simplicité à la plus grande richesse se fait jour dans cette méthode laborieuse, qu'on a comparée à la trame mécanique de la photogravure. Mais est-elle, entre les mains de ce peintre fanatique, plus laborieuse que la méthode traditionnelle — préparation des fonds, établissement des contours, clair-obscur étudié, glacis soigneusement superposés? Reproche-t-on à Chardin le patient travail qui entrait dans le grain mystérieusement complexe de ses petits tableaux? L'alchimie pratiquée par Seurat n'est pas plus ardue que celle de ses grands prédécesseurs: il est vrai qu'elle détonne à l'époque de la spontanéité impressionniste. Mais sa méthode est parfaitement lisible; tout est en surface, sans cuisine, sans préparation secrète; sa touche est absolument candide, dénuée de « cette infernale commodité de la brosse » que déplorait Delacroix. Elle tend vers l'impersonnel, mais reste personnelle dans sa franchise. La main de Seurat a les qualités que requiert toute virtuosité, l'assurance, l'exactitude sans effort. Elle n'est jamais mécanique, malgré tout ce qu'on a pu dire: je ne puis croire qu'un spectateur qui trouve la touche de Seurat mécanique ait vraiment regardé sa peinture. Dans certaines œuvres tardives, où les points sont particulièrement petits, on peut encore déceler de nettes différences

2. Paul Klee, *In copula*.
Collection Edward Hulton, Londres.
Photo G. Braziller. © A.D.A.G.P. 1990.

3. Seurat, *Un dimanche après-midi
dans l'île de la Grande-Jatte*, 1884-1886. Détail.
The Art Institute of Chicago,
Helen Birch Bartlett Memorial Collection.
Photo Roger-Viollet.

de taille et d'épaisseur; on y trouve aussi de larges touches, et même des lignes. Dans tel tableau où les points ne sont pas orientés, on découvrira une série de petites marques qui suivent une direction, accentuant un contour.

Pour simple et stylisé qu'il paraisse, l'art de Seurat est extrêmement complexe. Ce n'est pas pour s'affirmer qu'il peignait de grandes toiles, ni pour démontrer toutes les possibilités d'une idée unique, mais pour donner corps à une image qui rivalise de plénitude avec la nature. On peut découvrir dans *La Grande Jatte* (ill. 3) un grand nombre de tableaux dont chacun est un monde en lui-même; n'importe quel segment contient des inventions surprenantes, dans les grandes masses comme dans les détails, dans le groupement et la liaison des parties, jusque dans les motifs que forment les points. La richesse de Seurat ne repose pas seulement sur la variété des formes, mais sur la gamme de qualités et la diversité surprenante de contenus que renferme une même œuvre : depuis les formes et leur articulation jusqu'aux points relativement homogènes qui en constituent le fond; une construction austère, et pourtant une telle abondance de nature et de vie; l'observateur froid, tout occupé à résoudre ses difficiles problèmes artistiques, et le monde ordinaire des foules et des amusements de Paris avec ses côtés fantaisistes, voire comiques; l'esprit rigoureux, le théoricien intransigeant dès qu'il est question de sa méthode et de ses principes; et le poète visionnaire, absorbé dans la contemplation de l'ombre et de la lumière mystérieuses baignant un domaine transfiguré. Cette dernière qualité — suprême dans ses dessins — l'apparente à Redon plus qu'à aucun autre artiste. Seurat est le visionnaire du visible, comme Redon est le visionnaire du rêve et de l'imagination hermétique.

L'œuvre de Seurat forme un ensemble d'une maîtrise étonnante si l'on songe qu'il mourut à trente et un ans, en 1891. À cet âge, Degas et Cézanne n'avaient pas donné la mesure de leur génie. Seurat, lui, était un artiste accompli à vingt-cinq ans, l'âge auquel il peignit *La Grande Jatte*. Ce qu'il y a de remarquable dans cette œuvre incroyablement complexe, outre sa perfection, c'est le rôle historique qu'elle a joué. Elle résolut une crise picturale, et ouvrit la voie à des possibilités nouvelles.

Seurat s'appuya sur une tradition classique agonisante, et sur les impressionnistes, engagés dans une impasse et doutant déjà d'eux-mêmes. La solution qu'il adopta, abstraction faite des différences de tempérament et de méthode, est parallèle au travail que Cézanne accomplissait à la même époque, bien que probablement indépendante. S'il est permis d'isoler une influence prédominante sur les jeunes artistes qui peignaient à Paris vers 1885, c'est l'œuvre de Seurat; Van Gogh, Gauguin et Lautrec en portèrent tous trois les marques.

Seurat et Puvis de Chavannes.

Son art est issu de deux contraires: Puvis et l'impressionnisme. Presque au début de sa carrière, il connaissait l'un et l'autre. Dès 1880, ses peintures témoignent de sa familiarité avec la touche et la palette de Renoir.

De même qu'il transforma l'improvisation impressionniste en une méthode plus délibérée, de même il convertit l'imagerie idéalisée de Puvis en une scène du monde moderne, tout en conservant quelque chose de sa monumentalité classique. Déjà, de son vivant, Fénéon le qualifiait de « Puvis modernisant ». Ses rapports avec le peintre académique sont plus profonds qu'on ne l'a soupçonné. Vers 1882, Seurat avait fait une esquisse d'après *Le Pauvre Pêcheur* de Puvis. Mais il y a aussi des ressemblances dans plusieurs de ses grandes compositions, dont les thèmes sont étrangers à Puvis. *La Baignade* de 1883 (ill. 4) rappelle *Le Doux Pays* de Puvis (ill. 5), exposé au Salon l'année précédente; *La Grande Jatte* (ill. 6) fait penser à sa vision de l'antique Marseille (ill. 7); *Les Poseuses* (ill. 8) reprennent l'idée des trois nus associés dans les *Jeunes filles au bord de la mer* de Puvis (ill. 9): les peintres s'intéressaient alors à ce problème des trois corps, tout comme les mathématiciens de l'époque cherchaient à résoudre les équations concernant l'attraction réciproque de trois corps célestes en mouvement. Cette fidélité à Puvis dénote, chez le jeune Seurat, une certaine attention à ce que l'art académique d'alors comportait de meilleur et de plus proche de lui. Seurat annonce par là un goût caractéristique des

4. Seurat, *Une baignade* (Asnières), 1883-1884.
The National Gallery, Londres. Photo Roger-Viollet.

5. Puvis de Chavannes, *Doux pays*, dit aussi *Pastorale*, 1882 (huile sur toile).
Yale University Art Gallery. Photo Bulloz.

6. Seurat, *Un dimanche après-midi
dans l'île de la Grande-Jatte*, 1884-1886.
Photo Roger-Viollet.

7. Puvis de Chavannes, *Colonie grecque*, Marseille, 1869.
Musée des Beaux-Arts (Longchamp), Marseille.
Photo Roger-Viollet.

8. Seurat, *Les Poseuses*, 1888.
Collection McIlhenny, Philadelphie. Photo Giraudon.

9. Puvis de Chavannes, *Jeunes filles au bord de la mer*,
Salon de 1879. Musée du Louvre, Paris. Photo Roger-Viollet.

peintres d'avant-garde vers 1890, par exemple Gauguin. La tradition néoclassique de l'école des Beaux-Arts était alors en
pleine décomposition. Elle se trouvait contaminée par les styles
romantique et réaliste, que la peinture officielle du Salon avait
adoptés sans conviction ni compréhension véritables, un peu
comme l'art académique d'aujourd'hui puise des éléments stylistiques dans l'expressionnisme et l'abstraction, tout en refusant leur source créatrice. Puvis se distinguait des autres acadé-
miciens par sa connaissance de l'art du passé, et par son désir
sincère de créer un style noble et monumental en accord avec
les idées conservatrices de son temps: figurer en de vastes
fresques une communauté stable, austère et harmonieuse. Mais
l'ordre de Puvis manquait de spontanéité et de passion. C'était
un idéalisme froid, dont le système ne laissait aucune place à
l'actualité et aux conflits qu'il prétendait surmonter ou se proposait de résoudre. Ses caricatures, qui n'étaient pas faites pour
être exposées, trahissent la violence affective que Puvis avait
refoulée dans ses œuvres équilibrées et sans couleur.

À vingt ans, Toulouse-Lautrec, dans une parodie spirituelle,
avait montré du doigt la faiblesse inhérente à l'art de Puvis.
Reprenant *Le Bois sacré des Muses*, que Puvis avait exposé au
Salon de 1884 — un paysage pâle avec des figures classiques en
robes blanches et des colonnes grecques —, Lautrec y avait
introduit une foule de visiteurs en costumes modernes, parmi
lesquels son propre corps de nain, dévoilant ainsi la réalité que
recouvrait cet art: tout un monde d'hommes vivants avec leurs
difformités grotesques. Seurat refusait, lui aussi, l'univers
mythique de l'art; mais attaché qu'il était à l'idée que la récréa-
tion et l'harmonie de la nature, ainsi que le monde où vit
l'artiste, constituaient les thèmes majeurs de sa peinture, il
transforma l'Âge d'or, tellement grisâtre dans l'imagination de
Puvis, en un après-midi doré, montrant l'idylle familière des
Parisiens sur les berges ensoleillées de la Seine. Dans *Les
Poseuses*, les trois nus, qui véhiculent si souvent des valeurs
allégoriques ou mythiques, ne sont rien d'autre que les modèles
eux-mêmes, représentés dans l'atelier du peintre et dans leur
fonction évidente, posant ou se déshabillant parmi un décor de
tableaux et de vêtements modernes. Dans *La Baignade* et *La*

Grande Jatte, Seurat, tout simplement, représente, sur une échelle monumentale, le bonheur de ses contemporains, dans son aspect collectif du repos dominical. Ce sont là les peintures d'une société au repos et, en accord avec son art, cette société goûte le monde d'une façon calme et purement contemplative. Ses tableaux sont composés de manière à réaliser ce contenu; les figures principales, marchant ou allongées, sont tournées dans une même direction (à la différence des foules de Degas, où les individus regardent dans tous les sens); elles forment une congrégation séculière, grave et solennelle, recevant la communion dominicale de l'air et de la lumière d'été. La perspective s'adapte, elle aussi, à cette conception : dans *La Grande Jatte*, nous avançons avec la foule de droite à gauche, nous plaçant à la hauteur de chacune des figures qui se succèdent au premier plan.

Dans les douze ou quinze dernières années du siècle, d'autres peintres, qui admiraient également Puvis, poussés par le rêve d'une société harmonieuse, devaient poursuivre leur quête dans un monde primitif, réel mais lointain, en Bretagne ou dans le Pacifique. Seurat, lui, resta attaché à ce qu'il y avait d'élémentaire dans les plaisirs populaires de Paris. Dans ses dernières œuvres, les spectacles du cirque et du music-hall remplacèrent le repos du dimanche au grand air. L'exécutant et son public devinrent son sujet de prédilection, et l'immobilité de ses figures antérieures fit place aux mouvements du danseur et de l'acrobate. On commence à voir apparaître, en même temps que les grandes lignes courbes qui répondent à la norme ingresque du dessin correct, une espèce de gothique aux formes anguleuses, brisées ou en zigzag, dont l'accent comique suggère un goût populaire. On pouvait voir de ces formes dans les œuvres antérieures, mais, dans les derniers tableaux, elles deviennent un principe, un élément structurel répété et diffusé dans toute la composition : ce style devait se généraliser dans les dernières années du siècle. Seurat s'intéresse non seulement aux artistes du music-hall, du spectacle de foire et du cirque, mais aussi aux grandes affiches, ces œuvres d'art populaires qui les annoncent dans les rues de Paris, avec leurs jeux de formes et d'écriture. Son tableau du *Cirque* (ill. 10) comporte plusieurs figures inspirées des affiches du moment. Un de ses principaux éléments, l'écuyère debout sur un cheval dessellé, lui fut probablement suggéré par la litho en couleurs du Nouveau Cirque (ill. 11).

La Tour Eiffel.

C'est dans le même esprit de modernité que Seurat s'intéressa à la tour Eiffel, qui allait devenir une des grandes attractions de Paris.

En peignant la tour en 1889, avant même qu'elle fût terminée, Seurat prit position dans une violente polémique qui divisait les artistes de l'époque. Parmi les ennemis de la tour, on comptait des écrivains comme Huysmans, qui l'appelait la flèche de Notre-Dame-de-la-Brocante et n'y voyait qu'un monument de vulgarité élevé à la gloire de l'industrie et du commerce. Pour Seurat, la tour était une œuvre d'art avec laquelle il se sentait en affinité, et qu'il avait préfigurée dans sa peinture. Sa forme, nette et gracieuse, rappelle invinciblement la silhouette du joueur de trombone dans *La Parade* (ill. 12) et le nu central des *Poseuses* (ill. 13). De plus, le mode de construction de cet immense monument, constitué de petites unités apparentes ayant chacune sa destination propre, et dont la réunion, à travers un entrecroisement visible de parties innombrables, forme un ensemble aérien d'une simplicité et d'une élégance frappantes, n'est pas sans rappeler l'art de Seurat, où une infinité d'éléments minuscules se rassemblent dans une grande forme claire qui garde quelque chose de la légèreté immatérielle évidente dans les parties. À l'origine, la tour était encore plus proche de l'art de Seurat qu'elle ne l'est aujourd'hui, car sa structure métallique était recouverte de peinture à l'émail aux nuances irisées : le poète Tailhade l'appelait le « speculum Eiffel ». Si l'identité du peintre qui peignit les tableaux de Seurat nous était inconnue, on pourrait l'appeler le Maître de la tour Eiffel.

À la même époque, Henri Rousseau, membre de la Société des Artistes indépendants, que Seurat avait contribué à fonder, fut également attiré par la tour Eiffel, les ponts métalliques et les dirigeables, qui vers la fin du siècle étaient pour le peuple autant de signes de la modernité. Rousseau regardait ces merveilles avec la même admiration que l'homme de la rue, et les peignait avec la littéralité attentive d'un primitif moderne, allant jusqu'à les inclure dans son autoportrait. Mais, pour Seurat, leur signification était plus profonde : ils représentaient des modèles de structure, de grandes réalisations de l'esprit rationnel. Dans ses vues des ports de la Manche où il passait les mois d'été — des merveilles de délicatesse et de vision poétique —, il ne se contenta pas de représenter avec une précision scrupuleuse l'architecture de ces endroits — môles, phares, jetées et bateaux ; il donnait aux tableaux eux-mêmes quelque chose de l'exactitude qu'il admirait dans ces constructions (ill. 14, 15, 16). Il est le premier peintre moderne qui ait manifesté, dans les formes et le tissu même de son art, son admiration pour la beauté des techniques modernes. Dans les toiles de Pissarro et de Monet figurant des thèmes analogues, une brume d'atmosphère et de fumée voile la structure des bateaux et des ponts, et les lignes simples dessinées par les ingénieurs se perdent dans le pittoresque des masses irrégulières et des taches de couleur. La sympathie de Seurat pour les aspects mécaniques de l'environnement préfigure un courant important de l'architecture et de la peinture du xxᵉ siècle.

Il tend à nous apparaître, malgré la note de rêverie si souvent présente dans son œuvre, comme l'ingénieur de sa peinture, analysant l'ensemble en éléments modulaires, combinant ceux-ci conformément à des lois générales et aux exigences d'un problème, et laissant apparaître à nu, dans l'œuvre achevée, le jeu des éléments structuraux.

Le goût de Seurat pour le mécanique et son habitude de tout régler s'étendent aussi à l'humain. Le danseur et l'acrobate exécutent leur numéro selon un plan, avec un mouvement de plus en plus schématique. Le grave Seurat est entraîné vers le comique en tant que mécanisation de l'humain (ou peut-être parce qu'il permet d'échapper au mécanique). Dans les derniers tableaux, les figures finissent par être complètement impersonnelles et, quand elles veulent exprimer une émotion, par prendre un air simplifié, caricatural, grotesque. Elles n'ont pas de vie

10

10. Seurat, *Le Cirque*, 1891. Musée du Louvre, Paris, legs John Quinn. Photo Giraudon.

11. Affiche anonyme pour le Nouveau Cirque, vers 1888.

12. Seurat, *La Parade*, étude. Collection McIlhenny, Philadelphie. Photo Giraudon.

13. Seurat, *Les Poseuses*, 1888, détail. Neue Pinakothek, Munich. Photo Giraudon.

11

12   13

14. Seurat, *La Tour Eiffel*, 1889.
Collection Germain Seligman.
(Aujourd'hui : Museum of Fine Arts, San Francisco.)
Photo Galerie Bernheim Jeune.

15. Seurat, *Dimanche à Port-en-Bessin*, 1888.
Rijksmuseum Kröller-Müller, Otterlo.
Photo du Musée.

16. Seurat, *L'Hospice et le phare à Honfleur*.
The National Gallery, collection Chester Beatty, Londres.
Photo Roger-Viollet.

14

15

16

intérieure; ce sont des mannequins qui ne connaissent que les trois expressions — tristesse, gaieté et calme neutre — que sa théorie de l'art répercute sur l'ensemble de la toile par la prédominance des lignes correspondant aux schèmes physionomiques de ces trois états — états que les ingénieurs du divertissement populaire peuvent induire par le stimulus du spectacle, abstraction faite des individus, et en tenant compte davantage de l'effet statistique, de la moyenne humaine.

Il y aurait beaucoup à dire sur cet aspect de l'art de Seurat, qui nous conduirait vers les couches profondes de sa personnalité et les tendances sociales de son époque.

L'introduction
de l'art moderne européen
aux États-Unis:
The Armory Show (1913).

I.

Voici, en quelques mots, ce que fut le grand événement, le tournant de l'art américain dit « exposition de l'arsenal », *Armory Show*. En décembre 1911, divers artistes américains, mécontents des restrictions que l'Académie nationale de dessin imposait à ses expositions, constituèrent une nouvelle compagnie, l'Association américaine des peintres et des sculpteurs, afin d'exposer plus en grand, sans jury ni récompenses. Ses membres n'appartenaient pas à une école artistique à part; ils avaient été plusieurs, du reste, à exposer à l'Académie nationale. S'ils se rassemblaient, ce n'était pas par simple opposition à l'esthétique de l'Académie (bien qu'il y eût parmi eux une tendance assez remuante à la modernité), mais par un besoin professionnel et collectif: créer un marché plus ouvert, pour ainsi dire, un moyen d'exposer accessible aux artistes qui ne sortaient pas de l'école et dont la position n'était pas encore solide. Les éléments les plus actifs de cette nouvelle compagnie étaient les

Essai écrit en 1950; l'essentiel en a été communiqué dans une conférence à Bennington College, au cours de l'hiver 1950-1951 dans un cycle consacré par plusieurs spécialistes aux crises de l'histoire américaine.

Publié dans le volume *America in Crisis*, édité par Daniel AARON, New York, Alfred A. Knopf, 1952, pp. 203-242, sous le titre « Rebellion in art ». Repris sous le véritable titre, « The introduction of Modern Art in America: The Armory Show », dans M. SCHAPIRO, *Selected Papers, Modern Art, 19th & 20th Centuries*, New York, George Braziller, 1978, pp. 135-178.

Traduction de Louis ÉVRARD (I) et Guy DURAND (II-V).

artistes plutôt jeunes et d'avant-garde; mais non pas les plus extrémistes, qui paraissaient alors plus indifférents aux expositions et aux groupements.

À ce dessein de l'Association allait bientôt se superposer un autre objet que les membres n'avaient, sans doute, pas prévu. Leur première exposition, conçue comme une grande montre de peinture et sculpture américaine dans le magasin d'armes du 69e régiment, à New York, devait témoigner que les artistes américains croyaient de nouveau à l'importance de leur œuvre et de l'art en général : elle prit les proportions d'une exposition internationale, où les peintures et les sculptures européennes dépassèrent en intérêt les œuvres américaines, et les éclipsèrent. La cause de ce changement d'intention, c'est que le président, Arthur B. Davies, avait eu l'idée de présenter aussi des œuvres européennes récentes. Avec son collaborateur Walt Kuhn, il visita dans ce dessein les pays étrangers. Le nouvel art européen, dont ils n'avaient eu qu'une faible idée, les grandes expositions nationales et internationales des tout nouveaux mouvements artistiques, organisées en 1912 à Londres, à Cologne et à Munich, produisirent sur eux une impression si forte, qu'ils empruntèrent plus d'œuvres qu'ils ne l'avaient prévu. Le flot mouvant les gagna et les porta, dépassant leurs visées premières, dans un domaine où ils ne pouvaient se maintenir; l'art en mouvement submergea leur œuvre, qui n'avait pourtant rien d'académique. Dans le vaste public qui, au printemps de 1913, visita l'exposition à New York, à Chicago, à Boston, cette peinture et cette sculpture étrangères suscitèrent des réactions d'une extraordinaire variété, depuis l'adhésion enthousiaste à la nouveauté jusqu'à la curiosité, à l'ahurissement, au dégoût et à la rage. Pendant des mois, les journaux et les revues furent envahis de caricatures, de brocards, de photographies, d'articles et d'interviews sur l'art extrémiste d'Europe. Des amateurs d'art brûlèrent le peintre Matisse en effigie; il y eut des scènes de violence dans les écoles; à Chicago, la police des mœurs fit une enquête au sujet de l'exposition, sur plainte d'un défenseur indigné de la moralité. Dans la compagnie des artistes qui avait patronné l'exposition, l'affaire jeta un tel trouble que nombre de sociétaires désavouèrent l'avant-garde et se démirent : parmi eux des peintres comme Sloan et Luks, qui passaient, la veille encore, pour les révoltés de l'art américain. À cause des vifs ressentiments qui l'avaient agitée, l'Association allait bientôt se dissoudre, dès 1914. L'*Armory Show* avait été sa seule exposition. Des années après, on s'en souvenait comme d'un événement historique, comme d'un exemple capital de révolte artistique : un exemple qui stimula les jeunes peintres et les jeunes sculpteurs, leur ouvrit les yeux sur des possibilités nouvelles et lança dans le grand public une image inédite de la modernité. Elle contraignit bien des gens à ne plus ignorer que l'art venait de passer par une révolution et qu'il y avait, dans l'art contemporain tel qu'on l'avait admiré pendant plusieurs décennies, bien des choses douteuses, démodées et promises à l'oubli. Avec du temps, le nouvel art européen révélé à l'*Armory Show* allait devenir un modèle pour l'art des États-Unis.

Vu la très grande émotion suscitée par les œuvres étrangères, il est facile de s'exagérer l'effet que l'*Armory Show* produisit sur l'art américain. Nous ne saurions douter que l'orientation ultérieure de l'art et du goût public ait tenu à d'autres facteurs que cette seule exposition, même s'il nous est difficile d'évaluer précisément l'importance finale de leurs rôles respectifs. Sans l'*Armory Show*, l'art d'aujourd'hui serait peut-être bien ce qu'il est, et nous en penserions peut-être les mêmes choses. Depuis quelques années déjà, on portait, à New York, un intérêt grandissant à l'art européen d'avant-garde, un intérêt soutenu et aiguillonné principalement par Alfred Stieglitz, pionnier de la photographie d'art, dans sa galerie « 291 »; c'est là qu'il exposait des œuvres de Rodin, de Lautrec, de Matisse et de Picasso, et aussi de jeunes artistes américains (Weber, Maurer, Marin, Hartley) qui avaient visité les pays étrangers et s'étaient imprégnés du nouvel art. Tout au long du xixe siècle, peintres et sculpteurs américains s'étaient rendus en Europe pour y étudier, et les meilleurs d'entre eux en avaient rapporté les enseignements tirés des plus récentes œuvres européennes. On put voir à l'*Armory Show* des peintures de plusieurs représentants américains du courant moderniste européen. Depuis 1908, des expositions avaient fait connaître à New York un certain nombre d'artistes qui s'étaient ligués sous le nom d'« indépendants »; à coup sûr, leur production n'était pas aussi audacieuse que celle des artistes exposés par Stieglitz, mais elle préparait utilement le public et les jeunes artistes à recevoir ce qu'il y avait de tout nouveau en art. Chose importante entre toutes — encore qu'il ne soit pas facile de la prouver —, les circonstances qui avaient porté des hommes à innover en Europe devenaient aussi, de jour en jour, celles des États-Unis. Cette séduction du nouvel art concourait avec une aspiration générale à plus de liberté en tous domaines. Finalement, l'art moderne en venait à satisfaire une exigence qui se faisait sentir aussi en architecture, en littérature, en musique, et dans la danse.

Dans ce mouvement continu, l'*Armory Show* marque un temps d'accélération, et il est instructif, pour qui étudie la vie sociale et l'art, de noter que, dans une longue série, tel événement peut, à lui seul, prendre une importance cruciale, parce qu'il rend spectaculaire ou qu'il révèle au grand jour, devant un plus vaste public, ce qui est d'ordinaire l'affaire d'un petit groupe. Par son étendue, par sa soudaineté, cette manifestation du nouvel art fit commotion et agita les sensibilités plus efficacement que n'auraient pu faire une douzaine de petites expositions. Le *Show*, survenant à un moment où l'art européen était en vive effervescence, arracha les gens à l'étroitesse et à la suffisance d'un goût tout provincial, les contraignit de prendre quelque hauteur et de juger l'art américain à vues universelles. Les années 1910 à 1913, période héroïque, virent les innovations les plus surprenantes; c'est alors qu'on créa les modèles sur lesquels allait se fonder l'art des quarante années à venir[1]. Comparée au mouvement de l'art à cette époque, la modernité d'aujourd'hui semble un ralentissement, une stagnation. Vers 1913, les peintres, les écrivains, les musiciens, les architectes, avaient conscience de se trouver à un tournant, à une époque au sens fort du terme, correspondant à un passage tout aussi décisif de la pensée philosophique et de la vie sociale. On sentait qu'un changement allait se produire; on concevait partout des idées de révolte; on se tenait prêt pour de grands événements.

---

1. Comme le *Nu* de Picasso, 1910. Fusain. The Metropolitan Museum of Art, New York. The Alfred Stieglitz Collection, 1949.

Dans les années qui précédèrent la Première Guerre mondiale, il y eut profusion de nouvelles associations d'artistes, d'amples initiatives, de manifestes hardis. Jamais le monde de l'art n'avait été pris d'un aussi vif appétit d'agir; il y avait là comme un esprit militant qui donnait à la vie culturelle la qualité d'un mouvement révolutionnaire, ou d'une religion nouvelle à ses débuts. Les convictions des artistes se communiquaient à un public de plus en plus étendu et faisaient des convertis, chez lesquels l'intérêt devenait passion dominante.

Par sa formule même, cette exposition mettait le public au défi et lui offrait un nouveau rôle à jouer. Il lui fallait réfléchir plus qu'il n'avait jamais fait, en présence d'un art inconnu et difficile. Nul jury n'avait apprêté ses jugements par des choix péremptoires, et il ne pouvait faire fond sur ses critères acquis. Grâce à l'*Armory Show*, l'art moderne surgit à la vue du public, telle une question politique dont on débat et qui impose un choix catégorique. Le goût, qui est délibération personnelle, prenait là une importance nouvelle: la signification de l'art comme tel allait s'en trouver affectée. Jusqu'alors, la notion de grand art s'était incarnée surtout dans les œuvres anciennes de l'Europe, objets solennels, bien authentifiés, d'un prix fabuleux, passés des palais d'une aristocratie déchue, avec des objets des trésors royaux, dans les résidences des riches Américains. Après l'*Armory Show* — pour plus d'une raison, mais surtout à cause de l'essor de l'art moderne —, il allait devenir moins prestigieux de collectionner les œuvres des maîtres anciens. On avait reproduit villas et châteaux de la Renaissance; on se mit à faire des plans de maisons modernes. La loi, elle aussi, reconnut la dignité culturelle de la peinture et de la sculpture modernes; dans l'année qui suivit le *Show*, le collectionneur John Quinn sut persuader le gouvernement de supprimer la taxe sur les œuvres d'art contemporaines importées de l'étranger.

On compte que, dans les trois villes, cette exposition attira trois cent mille visiteurs ou plus: un total qui dépassait, et de loin, celui des entrées aux salons annuels de l'Académie nationale, bien qu'il n'égalât pas le nombre des badauds qui traînaient dans les galeries de peinture des expositions universelles. Or, la montre de 1913 n'était qu'artistique, à la différence

des grandes foires où l'art n'était qu'une chose à voir parmi
d'autres, machines, produits manufacturés et divertissements
populaires. On n'y vint que pour l'art, que ce fût pour le considérer avec sérieux ou pour satisfaire sa curiosité, car l'affaire
faisait sensation et vaste était la réclame. Et cet art-là était
ouvertement contemporain, en un sens tout nouveau et tout
radical — un sens inconnu des expositions précédentes, et qui
fut désormais la norme de toutes les manifestations d'art indépendant : savoir, que la modernité en tant que telle était une
qualité, à telles enseignes qu'en regardant ces œuvres, les visiteurs étaient induits à les envisager comme propres à leur
temps, à l'année 1913, tout comme les autres nouveautés, aéro-
planes, automobiles, idées scientifiques de l'heure ou visées des
groupements politiques d'avant-garde. En vérité, le rôle que
l'*Armory Show* jouait dans le domaine artistique, c'était un peu
celui que les Galeries des machines des expositions universelles,
où s'étalaient les inventions les plus passionnantes, jouaient
dans l'esprit du public à l'égard de la technique. Le « contemporain » en art — ou l'art vivant, comme on l'appelait —, ce
n'était pas simplement tout ce qu'on pouvait faire à ce moment-
là, puisque les anciens styles et les nouveaux, les styles imitatifs
et les inventifs, se trouvaient à la vue du public ensemble et côte
à côte. C'était plutôt le contemporain de sens progressif, celui
qui, modifiant l'acquis du passé, ouvrait la voie à un avenir plus
neuf encore. Et ce sentiment d'une poussée continue du présent
conduisait à une révision de l'image du passé : on choisissait
dans l'histoire une famille des grands modernes d'autrefois, de
ces artistes dont l'esprit d'indépendance avait transformé l'art.
À ceux-là, on avait réservé une salle de l'*Armory Show*. Ingres,
Delacroix, Corot, Courbet et les impressionnistes, tous artistes
en qui les académiques reconnaissaient des maîtres, figuraient,
suite de grands ancêtres novateurs, aux côtés des révoltés
modernes. Ainsi, dans son plan même, le *Show* comportait une
leçon et un programme de modernité. Une leçon d'internationa-
lisme aussi, bien que l'emblème en fût le sapin d'Amérique,
rappel de la Révolution autant que symbole de l'art, verdure et
verdeur éternelles. L'art des Espagnols, des Français, des
Russes, des Allemands, des Anglais et des Américains (dont

beaucoup travaillaient à Paris, loin de leur pays natal) inculquait au spectateur la conscience de la modernité, du présent historique, du présent en marche : aussi cette notion du temps se faisait-elle universelle ; l'heure était celle du monde entier ; l'Europe et l'Amérique s'unissaient désormais en une destinée culturelle commune, et le même art moderne, s'élevant au-dessus des traditions locales, était connu et vécu ici comme à l'étranger.

II.

Cet art nouveau, quelle en est la nature ? En quoi consistent sa nouveauté et le défi qu'il lance à un art qu'il est venu supplanter ?

La très grande diversité de cet art moderne, entraîné dans un processus de développement rapide, a longtemps dissimulé son véritable caractère et suscité des interprétations confuses ou entachées de parti pris. Comment est-il possible de comprendre dans une même formule explicative les toiles limpides et lumineuses de Matisse et la structure complexe du *Nu* de Duchamp ? Ces novateurs n'avaient pas d'objectif ultime qui leur fût commun ; mais ils avançaient, d'une œuvre à l'autre, suivant des conceptions nouvelles dégagées au cours de leurs travaux, sans même imaginer quel en serait l'état final. Ils paraissaient portés par une logique secrète qui se dévoilait peu à peu, engendrant des formes qui les surprenaient eux-mêmes. Tous les artistes et les critiques qui tentèrent de prédire dans leurs écrits quel pourrait être l'avenir de cet art sont tombés dans l'erreur. En l'espace de quelques années, des divergences et des réactions inattendues sont venues s'inscrire en faux contre leurs anticipations. Nous commençons seulement à saisir ce processus dans son ensemble, et il nous apparaît comme étant d'une complexité extrême : un mouvement fluctuant, qui parfois se renie. Ainsi les interprétations plus vagues n'étaient sans doute pas entièrement mauvaises. Les définitions les plus précises rétrécissaient le champ des possibilités et aboutissaient au sectarisme ou à l'indifférence, alors que ce qui se trouvait avant tout en question c'était la liberté de l'artiste d'explorer toutes les ressources que pouvait lui offrir son art. Il faut bien dire que l'*Armory Show* ne pouvait faire mieux que d'entretenir la confusion et qu'elle n'éclairait guère les visées de l'art moderne. Cubistes, expressionnistes, fauves, orphistes, néo-impressionnistes, symbolistes, adeptes du classicisme ou de l'art naïf y étaient exposés côte à côte; et les artistes les plus remarquables y figuraient sur le même plan que leurs imitateurs ou des talents d'un ordre mineur. Parmi la sélection des artistes européens, Odilon Redon, un peintre mystique de sujets poétiques ou allégoriques, occupait la place d'honneur, avec quarante-deux toiles; on pouvait voir quinze tableaux de Puvis de Chavannes, peintre académique du XIXe siècle; Augustus John, peintre anglais moderniste de hasard et d'importance tout à fait secondaire, figurait à égalité avec Matisse; Picasso et Braque étaient comparativement très mal représentés; et le cubisme dont ils avaient été les promoteurs, courant le plus important de l'art moderne et qui devait avoir une influence déterminante sur la peinture et la sculpture des décennies suivantes, n'était présenté aux regards du public que par des tableaux de Picabia et de Duchamp — œuvres marginales en regard des idées forces de ses premiers créateurs. Les œuvres des artistes européens avaient été sélectionnées par des hommes très récemment initiés au modernisme, et dont les conceptions n'étaient pas suffisamment mûries pour l'exercice d'une excellente discrimination critique — leur choix se fondant surtout sur l'enthousiasme des premières découvertes, ou sur diverses suggestions de leurs relations à l'étranger. Néanmoins, en présentant au public un aussi grand nombre d'œuvres diverses au risque de ne lui offrir qu'une sorte de concert inharmonique aux tonalités bizarres, ils lui faisaient découvrir un modernisme sans frontières où, passé l'effet de surprise, un esprit ouvert ne pouvait manquer de découvrir quelque chose qui plaise à son goût. Des groupes plus exigeants, repliés sur eux-mêmes par leur attachement à une idée particulière de l'art, bien que stimulants à première vue, s'avèrent fréquemment trop exclusifs et en fin de compte stériles. L'art moderne exigeait pour se développer un large public de goûts variés et l'enthousiasme de nouveaux talents. Sans aucun doute l'*Armory Show* a contribué à la satisfaction de cette double exigence; et cela en dépit — ou peut-être à cause de son modernisme diffus et peu critique.

Des critiques favorables louèrent le courage, la vitalité et l'intégrité de ces artistes modernes — des qualités qui se retrouvent dans l'art de toutes les périodes historiques — sans s'aventurer à analyser la nouveauté de leurs styles. Les critiques hostiles — quel que fût l'aveuglement, ou l'étroitesse d'esprit que révèle leur dénonciation des entorses faites à la tradition — indiquèrent plus clairement quelles étaient les innovations essentielles du modernisme: la déformation ou une disparition complète de l'image, des formes et des coloris d'une insoutenable intensité, et une si large liberté d'exécution que l'art pouvait paraître totalement absent. Ces caractéristiques apparaissaient avec une particulière évidence dans les travaux d'avant-garde des cubistes ainsi que dans les toiles de Matisse et de Kandinsky; on pouvait citer, parmi les sculpteurs, l'ultra-modernisme de Brancusi. Aussi insuffisantes que puissent paraître ces quelques singularités pour caractériser l'art moderne dans son ensemble, nous n'avons pas l'intention d'en proposer ici une meilleure définition — elles peuvent permettre à tout le moins de mieux comprendre les divergences d'opinions et les jugements contradictoires auxquels cette exposition a donné lieu.

1. Un petit nombre d'œuvres seulement avaient totalement renoncé à l'apparence figurative; mais nombreuses étaient celles qui, représentant les objets sous des formes reconnaissables, les déformaient étrangement. Il est difficile de dire, entre une toile qui rejetait la nature et une autre où elle était déformée, ce qui paraissait alors le plus troublant. L'une et l'autre semblaient annoncer la fin de l'art pictural.

Pendant des millénaires, la peinture avait été un «art de l'image ». Le peintre représentait des objets ou des scènes imaginaires, religieuses, mythiques ou historiques, ou il illustrait le monde qu'il avait sous les yeux par des portraits, des paysages

ou des natures mortes. Le terme « peinture », qui signifie littéralement une « surface couverte de couleur », en était venu à
désigner n'importe quelle forme de représentation, fût-elle verbale ou mentale. Néanmoins, au cours du XIXᵉ siècle, certains
écrivains et artistes avaient suggéré que le véritable objectif de
la peinture n'était pas de conter une anecdote ou d'imiter la
nature, mais bien d'exprimer un état d'esprit, une idée, un
caprice, voire, en prenant modèle sur la musique, de créer des
ensembles harmoniques de coloris et de formes. L'image figurative demeurait néanmoins l'indispensable fondement de l'art de
peindre. Aux environs de 1840, la découverte de la photographie venait renforcer dans l'esprit des artistes la conviction
que l'art devait avoir pour but une recherche purement esthétique ou expressive; mais pendant plus de soixante années
encore la peinture figurative continua de s'imposer, accentuant
même son réalisme dans une étude plus approfondie des éléments de l'apparence : la lumière, l'atmosphère, le mouvement
— démarche qui vient démentir l'idée que l'art moderne est
apparu comme une réponse à la photographie. L'idéal d'une
peinture non figurative, réalisé pour la première fois au XXᵉ
siècle, produisit un effet de choc — il utilisait un jeu arbitraire
de formes et de coloris n'ayant qu'un rapport extrêmement
lointain avec les apparences naturelles. Quelques peintres avaient
découvert qu'en accentuant les éléments techniques de leur
art : la touche du pinceau, le trait, la tache de couleur, la surface
de la toile, et en les détachant des formes familières des objets,
ou même en les éliminant complètement, la peinture revêtait un
aspect plus élaboré — l'apparence d'une œuvre de création
plutôt que celle de la représentation d'une scène —, une forme
entièrement composée qui renvoyait à la personnalité de
l'artiste plus qu'aux apparences du monde extérieur. Ainsi la
peinture devenait-elle un moyen encore plus puissant et plus
direct de communiquer des émotions, ou à tout le moins de traduire les configurations intimes de la sensibilité; les traits et les
taches colorées, selon leurs contrastes, leur légèreté ou leur
poids, leur énergie ou leur passivité, étaient manifestement
« physiognomoniques ». Et dans les tableaux qui demeuraient
encore, dans une certaine mesure, figuratifs, outre les marques

de la main du peintre, qui traduisaient plus ou moins vaguement ses sentiments ou ses penchants, l'image prenait une apparence fantastique ou révélait quelque région obscure de la pensée. Ce furent ces acquis positifs plutôt que la quête d'un quelconque absolu ou la recherche d'une forme idéale depuis longtemps abandonnée qui guidèrent les artistes sur la voie d'un art d'abstraction. Eux-mêmes n'étaient ni des géomètres, ni des philosophes ou des logiciens, mais simplement des peintres qui allaient à la découverte de possibilités nouvelles dans les procédures de leur art. On a longtemps disputé de pureté et de la forme en soi; mais, dans la pratique, cela signifiait qu'il était nécessaire de faire preuve d'une rigueur et d'une économie toute particulière dans l'emploi de ces nòuveaux moyens d'expression.

Précédemment, les visiteurs de l'exposition avaient eu l'occasion de voir des œuvres d'art non figuratives — des formes géométriques ornementales par exemple — et, parmi ceux qui appréciaient cet art nouveau, nombre s'efforçaient de prendre sa défense en comparant ses réalisations aux motifs ornementaux des étoffes et des tapis. (À quoi Théodore Roosevelt avait répliqué, dans une intervention critique, favorable au demeurant à l'exposition, qu'à ces essais d'harmonies il préférait celles du tapis navajo de sa salle de bains.) Ce rapprochement peu convaincant ne faisait cependant qu'obscurcir la véritable nature de cet art nouveau. Même dans ses formes les plus libres, la décoration demeure serve, rattachée à un objet d'usage pratique, et ses motifs portent la marque de cette adaptation utilitaire. L'ornement embellit l'objet, l'enrichit, lui donne plus de charme et plus d'attrait; il accentue le relief des parties terminales marginales — le pourtour, la base, la bordure, le faîte — mais il manque d'intensité et nous sollicite rarement. La texture ornementale d'un tapis pourra reproduire indéfiniment un même motif ou ses variantes, sans nuire apparemment à l'intérêt de l'ensemble; mais quelle serait notre réaction devant un portrait de Rembrandt reproduit à de multiples exemplaires sur une même surface murale? Dans les arts d'ornementation anciens la vue d'un simple fragment pouvait permettre de saisir le sens de tout un ensemble: un motif était reproduit avec une régularité suffisante pour qu'il fût possible de reconstruire le tout. On ne trouvait plus dans le nouvel art de la peinture abstraite de motif central apparent, pas plus que des règles de construction simples. Tout aussi bien que dans la peinture figurative la plus récente, on reconnaissait là une expression de la personnalité profonde de l'artiste, qui exigeait du spectateur un engagement et une réaction. Le caractère imprévisible de l'ensemble aussi bien que les détails de la forme exprimaient les contingences de la vie, avec ses implications diverses, ses conflits et ses espaces de liberté. (Ce n'est sans doute pas le fait du hasard si les architectes modernes, admirateurs de la peinture et de la sculpture contemporaines, ont éliminé dans leurs réalisations tous les éléments purement décoratifs.) Seuls de pâles imitateurs, des personnalités passives ayant une préférence marquée pour la qualité « décorative » de l'image et ne saisissant pas la complexité organique des œuvres nouvelles, voulurent voir dans le cubisme ou l'art abstrait une sorte d'ornement de la toile. Mais aux regards des profanes ou des observateurs de parti pris, les œuvres les plus vigoureuses n'étaient qu'un illisible chaos, sans la moindre apparence ornementale; leur complexité très proche de l'informe exigeait de la part de l'artiste une parfaite maîtrise. Au cours des années 1870, on avait vivement reproché aux maîtres de la peinture impressionniste le caractère informe et inintelligible de leurs tableaux — des paysages d'un dessin flou, sans apprêt, offrant aux regards du spectateur un tourbillon de petites touches de pinceau sur la surface de la toile, où le plus souvent il ne parvenait pas à distinguer l'apparence d'un objet bien défini. L'« impression » passait alors pour quelque chose de purement arbitraire, et il fallut attendre plusieurs décennies pour qu'elle fût reconnue et appréciée en sa qualité d'expérience commune que l'artiste savait communiquer par son art. L'impressionnisme était en fait le véritable précurseur de l'art moderne, pour autant qu'il traduisait sur la toile le moment subjectif de la vision (y compris les couleurs complémentaires qu'elle inspire), ainsi que ces éléments diffus qui n'ont pas de forme ni de place — la lumière et l'atmosphère d'un paysage — tout en donnant à une matière colorée une épaisseur et une existence palpables. Mais, tandis que la vision du peintre impressionniste, fixée sur le lieu et sur l'instant, devait se retrouver dans l'image recréée de son sujet (une image transformée par les touches du pinceau et plus fidèle parfois par l'imprécision même de son apparence), dans l'art moderne, la transformation du sujet était plus complète et plus radicale, et son point de départ était souvent plus singulièrement personnel que l'impression produite par un paysage.

Une peinture sans images, sans objets, mais utilisant une syntaxe aussi complexe que n'importe quel art figuratif, constituait une révolution dans la conception même de l'art. L'image avait toujours mis en valeur un élément extérieur à la personnalité de l'artiste, un univers auquel il lui fallait se plier ou auquel il pouvait emprunter des valeurs qui lui étaient particulièrement chères. Peu importait que l'image fût symbolique, ou fidèle, ou librement interprétée — quel que fût le style d'interprétation et au-delà de l'art, elle conduisait le spectateur vers le domaine commun de la nature, de la religion, de la mythologie, de l'histoire ou de la vie quotidienne. Les objets représentés avaient en eux-mêmes des qualités qui souvent pouvaient conduire à l'appréciation des qualités du tableau. Mais dans l'art nouveau, cette sorte de guide de l'attention du spectateur avait pour une bonne part disparu. Pour la première fois l'art prenait désormais pour sujet l'univers personnel de l'artiste, l'originalité même de sa nature et de son tempérament de peintre. Ses impressions, sa technique, ses modes de perception les plus subtilement différenciés, lui fournissaient les thèmes essentiels de ses réalisations artistiques. Et il exerçait ses facultés de perception, sa sensibilité, et perfectionnait sa technique de façon à pouvoir jouir du maximum de liberté dans la réalisation d'une œuvre personnelle, sans cesse à la recherche des moyens les plus adéquats d'obtenir cette indépendance désirée, favorable à la fécondité de son expression artistique.

Les artistes qui renonçaient à l'image figurative mettaient ainsi un terme à un long processus de rejet de la conception ancienne d'une échelle de valeurs applicable aux sujets représentés. En Occident, on avait traditionnellement estimé que les meilleurs tableaux avaient toujours représenté les plus nobles sujets. Des thèmes d'inspiration empruntés à la religion, à l'histoire, à la mythologie, étaient considérés comme ayant une valeur intrinsèquement supérieure. Aux environs des années 1850, alors que l'emprise des institutions de l'aristocratie et de la religion déclinait, on commença de penser que des sujets plus intimes, représentant des lieux, des personnes, des objets, pouvaient être tout aussi valables. Seules l'originalité et la qualité de l'expression devaient permettre d'apprécier la valeur d'une œuvre d'art. Conscients de cette évolution concernant le choix des sujets, les artistes devaient considérer l'art nouveau comme le plus authentiquement libre, à l'avant-garde de l'humanisation de la culture, mais aussi le plus spirituel, puisque seule l'impression immédiatement éprouvée par les sens et la pensée, délivrée des contraintes de l'objet extérieur, était admise comme sujet de l'œuvre d'art.

On ne manqua pas d'objecter que cette conception aurait pour effet d'isoler l'artiste, de le séparer du public, si bien que finalement il ne communiquerait plus qu'avec lui-même. Mais le fait que de nombreux peintres et sculpteurs aient adopté cette conception artistique et créé librement selon ses principes, appréciant et s'initiant réciproquement de leurs expériences et produisant des œuvres d'une étonnante variété, démontrait que l'abstraction avait dans l'esprit des hommes des bases communes et n'était pas aussi arbitraire et « privée » qu'elle pouvait paraître.

Toutefois, les artistes qui, tout en refusant de se conformer aux normes strictes de la ressemblance, n'avaient pas tranché tous les liens avec le monde de l'apparence objective, étaient encore accusés d'excentricité : du moment, leur assurait-on, qu'ils acceptaient de représenter quelques formes naturelles, ils étaient tenus de les reproduire d'une façon adéquate. En fin de compte il devait paraître évident que c'était précisément au libre jeu de formes objectives et de formes librement conçues que ces œuvres devaient leurs qualités expressives originales ; là encore la présence active de l'artiste se manifestait par sa technique du trait, par sa libre utilisation de la surface de la toile et par la transformation du monde des apparences objectives.

2. Non seulement cet art nouveau entraînait l'observateur

dans le monde totalement inconnu des images non figuratives, mais d'autre part elle le déconcertait par l'intensité des coloris et des formes. Pour de nombreux spectateurs cultivés, dont le goût s'était formé par la fréquentation des maîtres anciens, ces œuvres apparaissaient au surplus comme dépourvues de sens, pis encore, comme privées de saveur. Matisse, artiste respecté du fait de la qualité de ses esquisses reproduisant des formes objectives, utilisait des tonalités contrastées dont l'intensité paraissait choquante, et il soulignait très fortement d'un épais trait noir les contours. Kandinsky, Rouault ou Vlaminck bariolaient la toile de violentes attaques de leurs pinceaux. Le critique Royal Cortissoz, habituellement courtois, qualifiait une *Improvisation* de Kandinsky[2] de « déchets de boucherie jetés sur un morceau de toile »; cependant qu'un autre auteur, un peu plus libéral, jugeait le style de Matisse « tapageusement inepte » et « de nature épileptique ». Il est vrai que les qualités qui font la force originale d'une œuvre d'art, et qui peuvent paraître à première vue choquantes, cessent avec le temps de faire scandale : les tableaux romantiques et impressionnistes, qui offensaient le bon goût par le défaut de cohérence de leurs formes et par la virulence de leurs couleurs, nous paraissent aujourd'hui d'une composition évidente, voire d'une tonalité discrète. Mais on découvre dans l'art des soixante ou soixante-dix dernières années, depuis Van Gogh particulièrement, une véhémence d'expression sans cesse accrue, dont une longue fréquentation des œuvres n'a pas émoussé l'impact. (À l'autre pôle de cette gamme expressive de l'art moderne se trouve une forme d'intensité « négative », qui n'est pas toujours moins difficile ni moins frappante que sa contrepartie positive : une recherche des nuances les plus subtiles, d'une délicatesse et d'un dépouillement extrêmes, qui nous paraissent encore surprenantes — ces qualités, qui sont apparues chez Whistler, Monet et Redon, se retrouvent encore plus récemment dans les tableaux de Malevitch et de Klee, entre autres.)

Dans les styles de peinture du XVIIe au XIXe siècle, les élé-

---

2. *Improvisation n° 27.* Huile sur toile. The Metropolitan Museum of Art, New York. The Alfred Stieglitz Collection, 1949.

ments de la composition étaient accordés et gradués de façon à former un ensemble harmonique où dominait une tonalité ou une clef particulières. On évitait les contrastes trop vifs afin de demeurer dans les limites d'une tonalité moyenne; les couleurs étaient adoucies par des jeux d'ombre et de lumière, les contours des objets s'estompaient dans une atmosphère ombreuse, et les contrastes s'atténuaient de multiples nuances, les objets se présentaient comme en arrière-plan par rapport à la surface de la toile. Rien n'était exprimé de façon discordante ou violente. Les exemples les plus notables d'une palette aux coloris intenses étaient ceux du Titien, de Rubens et de Delacroix, artistes dont le style parfaitement maîtrisé savait adoucir de jeux de lumière et d'ombre les tonalités les plus fortes.

Comparés à ces exemples d'un art tout de mesure, les peintres modernes faisaient figure de ruffians utilisant des outils grossiers, et leur style semblait significatif d'un retour à des temps barbares. Parfaitement conscients de leur rudesse primitive, ils admiraient les œuvres exposées dans les musées ethnographiques et les plus anciens vestiges du Moyen Âge, ainsi que l'art populaire et les dessins d'enfants, tout ce qui pouvait avoir une apparence audacieuse et naïve. À partir de cette admiration pour le primitif où ils découvraient une humanité plus vigoureuse et plus pure, les modernistes du XIXᵉ siècle établissaient les fondements d'un goût nouveau. Les peintres réalistes des années 1840 et 1850, recherchant avec passion la sincérité dans la vie et dans les arts, avaient découvert la beauté des dessins d'enfants, des imageries populaires et des bois sculptés des peuplades sauvages. Mais on cherchait désormais pour la première fois à imiter et à rivaliser avec la vigoureuse simplicité des coloris et de la stylisation des primitifs. Auparavant — et même chez Gauguin — les éléments de la qualité primitive étaient encore dominés par ceux du naturalisme et tempérés par la technique d'un art européen civilisé, avec la perspective en profondeur, l'atmosphère, les jeux de lumière et d'ombre. L'art du XXᵉ siècle n'a pas renoncé à l'utilisation de ces procédés complexes, mais ils ont cessé d'être considérés comme une règle impérative. Le primitivisme n'avait cependant guère le sens d'un retour à l'archaïsme ou à l'art sauvage, comme le prétendaient des critiques peu attentifs. Pour peu que l'on compare avec une peinture primitive des œuvres de Matisse ou de Picasso, on ne manque pas de reconnaître, chez ces artistes modernes, une sensibilité réfléchie et disciplinée, recherchant sans cesse des ouvertures et des possibilités nouvelles. La simplicité du primitif s'exprime dans un style déterminé, souvent rigide, utilisant une gamme limitée d'éléments qui se retrouvent dans l'œuvre entière. Chez l'artiste moderne, la recherche de simplicité constitue seulement une des caractéristiques de l'œuvre. De même qu'une composition complexe dont il a été question précédemment et qui ne le cède en rien à celles des œuvres les plus réalistes de l'art du XIXe siècle, la couleur comporte, outre son intensité, des recherches de nuances, des ruptures de tonalité, et des combinaisons subtiles — héritage des maîtres de l'après-Renaissance, utilisé avec une liberté toute nouvelle. Pour les peintres modernes, l'intensité des couleurs, les contours fortement accusés, les formes géométriques, représentaient une redécouverte des pouvoirs élémentaires de la substance picturale. Il y avait là plus que des éléments esthétiques, car ils permettaient d'affirmer la valeur des émotions, en tant que forces humaines essentielles, malencontreusement négligées ou refoulées par une société utilitariste ou hypocritement puritaine. Avec les correctifs de la simplicité et de l'intensité d'expression — qui retrouvaient apparemment le tuf primitif de la personnalité, manifeste chez l'enfant et chez le non-civilisé et d'où l'art tirait une vitalité nouvelle — les peintres projetaient librement sur leurs toiles — avec beaucoup d'étonnement, de joie et de courage — des fantasmes non travestis et des associations d'idées surprenantes proches du monde onirique; et, par ce double primitivisme de l'image poétique et du style, ils tendaient la main aux moralistes, aux philosophes et aux psychologues qui exploraient les zones profondes et les ressources secrètes de la nature humaine dans un esprit réformiste et critique. La recherche par ces artistes d'une expression plus intense correspondait à une valorisation nouvelle des qualités de franchise, de simplicité, d'ouverture d'esprit, et à une façon de vivre dynamique et allègre.

3. Une technique beaucoup plus libre constituait une autre innovation troublante, en rapport étroit avec les précédentes. Cette libération des normes était même antérieure au développement de l'impressionnisme auquel, dans les années 1870 et 1880, on avait reproché ses terribles gâchis de peinture. Par la suite, les peintres se permirent des libertés plus grandes, épaississant et alourdissant les touches, peignant d'une façon moins précise, parfois avec une frénésie délibérée. La conception ancienne d'une peinture art de magie, faisant surgir un spectacle enchanteur sur une surface plane par un jeu mystérieux d'empâtements et de transparences, cédait la place à des formules plus simples et plus franches. Les peintres modernistes n'étaient pas moins sensibles à la technique de réalisation de leurs œuvres, mais, soucieux d'obtenir un effet immédiat par la qualité expressive des couleurs et des formes, les anciennes normes de *facture* devenaient un obstacle à leurs visées. Ces techniques anciennes, utilisées par des peintres conservateurs contemporains, n'étaient plus que trucs du métier, une habileté sans contenu artistique, une sorte d'art culinaire compliqué dont les présentations paraissaient désormais fades et sans saveur. Certains peintres modernes recouraient même aux procédés des peintres en bâtiment, comme l'application de couches de couleur uniformes, qui leur paraissaient mieux servir leurs intentions : d'autres mettaient au point de nouvelles techniques et des combinaisons de matières qui leur permettaient de disposer d'une gamme expressive plus étendue que celle des techniques anciennes. Peu avant l'ouverture de l'*Armory Show*, les cubistes, avec une audace ou une impudence superbe, avaient commencé de remplacer la matière sacro-sainte de la peinture à l'huile par des collages de papier, des coupures de journaux, des grains de sable, ou d'autres matériaux vulgaires, disposés sur la toile avec un plaisant humour. En sculpture également le marbre et le bronze traditionnels perdaient l'aura et le prestige de la qualité esthétique intrinsèque ; et la pierre de taille, le plâtre, les cailloux, le bois, le cuivre et de nouveaux alliages étaient de plus en plus fréquemment utilisés. Plus particulièrement étonnantes paraissaient ces structures métalliques, sans piédestal ni encadrement, purs assemblages de matériaux

d'industrie, que l'on suspendait aux plafonds ou accrochait aux murs; peu après l'*Armory Show*, elles modifièrent profondément les caractéristiques de la sculpture contemporaine. De même qu'il n'y avait plus dans le domaine artistique de sujets privilégiés, les matériaux et les techniques nobles étaient ramenés au niveau égalitaire d'une matière et de procédés — y compris matériaux et procédés de l'industrie moderne ou des usages quotidiens — que l'art pouvait utiliser à sa pleine convenance. Ces matériaux et ces nouvelles techniques de sculpture avaient, dans leur banalité même, un attrait poétique comparable à celui que peut offrir pour la poésie moderne l'utilisation des termes du langage quotidien; ils permettaient également à l'observateur de se rendre compte des qualités spécifiques des différents matériaux en comparant leur état brut à leurs transformations, et d'apprécier la valeur de la technique, en tant que manipulation librement créatrice des formes.

III.

Il eût été surprenant que cette forme d'art, offerte dans sa première maturité aux regards d'un public peu averti et d'artistes attachés à la tradition, fût accueillie sans résistance.

Les modernistes avaient prévu cette résistance. Ils savaient que tous les mouvements d'avant-garde du XIXᵉ siècle, à commencer par le romantisme, avaient dû subir de violentes attaques, et le fait que les novateurs se soient de tout temps heurtés à l'incompréhension de leur époque passait pour un lieu commun aux regards de la critique. La théorie selon laquelle l'artiste original ferait figure de martyr, tandis que l'art n'évoluerait qu'à travers l'âpre confrontation de partisans de styles opposés, est assez peu conforme aux réalités historiques. Les grands artistes de la Renaissance, créateurs de formes nouvelles, furent reconnus dès le début de leur carrière et bénéficièrent de commandes importantes : les exemples de Masaccio, Van Eyck, Donatello, Léonard de Vinci, Raphaël, le Titien, peuvent en témoigner. Il y eut certes au XVIᵉ siècle des rivalités et affrontements; mais à aucune période dans le passé ils ne furent aussi aigus qu'au cours des cent dernières années — à l'exception sans doute des controverses médiévales à propos du culte des images saintes, qui opposèrent certaines factions à l'intérieur de l'Église et des institutions d'État plutôt que des artistes et des stylistiques nouvelles dans l'art de peindre et de sculpter. L'hostilité du public à l'égard du nouvel art contemporain, la très tardive reconnaissance de la valeur et de l'originalité des artistes, font ressortir, en revanche, les aspects singuliers de la culture moderne. En particulier, de fortes différences de niveau culturel entre diverses catégories d'amateurs d'art, la valeur idéologique attachée à des caractéristiques de style, considérées comme représentatives de points de vue sociaux conflictuels, et l'extraordinaire instabilité de l'art moderne, qui exige de son public beaucoup plus de disponibilité et une plus grande ouverture à la subjectivité d'autrui, ainsi qu'une sensibilité fortement aiguisée — ce qui, dans les conditions de la vie moderne et en dépit d'un goût généralisé pour l'élargissement du champ d'expérience, demeure hors de portée de la grande majorité d'un public potentiel. Mais l'élément le plus important est sans doute celui que constitue la modification des rapports entre la culture et les institutions de la société. Dans le passé, l'art, rattaché à des systèmes sociaux solidement organisés — l'Église, la noblesse, l'État, ou encore au domaine relativement stable et refermé sur lui-même de la cellule familiale — n'innovait que dans les limites d'une échelle de valeurs faisant l'objet d'une acceptation quasi unanime, exprimant des conceptions et des sentiments qui s'étaient répandus ou qui se manifestaient dans le cadre des institutions; cependant que l'art moderne, indépendant, construisant un univers beaucoup plus personnel, et néanmoins plus ouvert, fréquemment critique à l'égard des idées reçues, ne reçoit qu'un soutien minime de la part des groupements organisés et doit surtout obtenir l'appui et l'adhésion de personnes privées, pour la plupart amateurs ou artistes et pour qui l'art est avant tout une affaire personnelle. Généralement, l'art moderne dans toute son originalité est très nettement à l'avant-garde de son public — qui partage le sentiment d'isolement et de liberté des artistes (sous leur aspect à la fois stimulant et déprimant), mais qui n'a pas encore découvert le sens de ces nouvelles expériences et aspirations, vaguement exprimées dans le cadre de croyances, souvent contradictoires, qui lui ont été transmises, alors qu'il lui faut peu à peu assimiler — pour autant qu'il y parvienne, et souvent sous une forme affaiblie et vulgarisée — les expressions artistiques sérieuses qui se propagent dans son milieu. Les innovations artistiques diffèrent en ce sens des inventions de la physique et de la technologie, qui ne touchent guère la sensibilité intime du commun des hommes et sont acceptées d'emblée comme des gadgets ou des idées qui n'exigent pas un engagement personnel ou un changement complet de perspective.

La rapidité de l'évolution de notre culture, la fréquence des changements stylistiques dans l'art du XIXe siècle, avaient eu simultanément pour effet d'affaiblir la force des oppositions à ces styles nouveaux, même s'il fallait compter au moins la durée d'une génération pour que des groupements hostiles à l'origine puissent s'accoutumer et assimiler les formes nouvelles. De nos jours, les conceptions qui s'opposent à celles d'un art d'avant-garde sont elles-mêmes relativement récentes et ont éprouvé au départ les mêmes difficultés à s'imposer. L'expérience des cent cinquante dernières années et les études d'histoire de l'art — qui trouvent une contrepartie pratique dans la collection des pièces d'antiquité — ont accoutumé le public à voir dans chaque style particulier un phénomène d'époque, dépendant d'un ensemble de conditions et d'idéaux caractéristiques d'une certaine période et qui ne tarderont pas à être remplacés par d'autres. Ou encore, si on considère l'évolution des arts comme un processus totalement autonome, ses différents stades devaient être d'une durée limitée et avoir leur nécessité propre, soulevant ainsi d'autres problèmes qu'une période nouvelle avait la charge de résoudre. Vouloir s'en tenir, dans la pratique, à l'art d'une période passée, c'était en fait nier la réalité vitale d'un perpétuel développement, marqué de temps à autre par des bonds en avant et de brusques accélérations — et retourner ainsi à la perspective et aux conditions du passé, ce qui était évidemment hors de question. Cette stagnation n'était donc qu'un aveu d'impuissance, confirmant ainsi le jugement d'excellents critiques du XIXᵉ siècle, qui avaient estimé avoir affaire à une société décadente du fait qu'elle n'avait pas su découvrir un style original en architecture — art le plus symptomatiquement lié à l'évolution de la société. Il fallait en conclure que toutes les époques qui avaient su inventer leur propre style sont égales devant l'éternel — conclusion qui n'était pas du goût de ceux qui ne se résignaient pas à renoncer dans la pratique à tout ce qu'ils trouvaient admirable dans l'art du passé, et qui ne pouvaient découvrir, à leur époque, quoi que ce fût qui leur parût d'une nature aussi noble. Cette notion d'une perpétuelle évolution des innovations stylistiques, qui semblait porter la marque d'un relativisme désespérant, et que certains auteurs assimilaient à un mouvement cyclique, tendant à ramener l'art à ses conditions primitives, était toutefois dépassée dans une conception moderniste, voyant dans l'art des siècles derniers, et même dans celui de périodes plus lointaines, un processus orienté vers un objectif précis : l'émancipation progressive de l'individu s'affranchissant de l'autorité et, par l'intermédiaire de l'art, un approfondissement de la connaissance du « moi » et de sa créativité. Très peu d'artistes estimaient qu'il pourrait y avoir, dans le domaine artistique, un progrès comparable à celui des sciences, de l'industrie et des institutions sociales; mais ils étaient nombreux à être persuadés de l'existence, dans les conditions qui étaient celles d'une époque, d'un art réactionnaire à côté d'un art progressiste; ce dernier, à l'instar de la science, se livrant à un effort constant de recherche; cependant, tout aussi bien que le génie scientifique de Newton ou de Galilée, celui des maîtres de la peinture ancienne ne pouvait être surpassé. Selon cette conception, le grand artiste est essentiellement un esprit révolutionnaire qui s'engage dans la reconstruction de son art, en révélant sans cesse des formes nouvelles. Les réalisations du passé cessent de représenter une tradition morte de noble contenu et d'une perfection accomplie; elles deviennent un modèle d'individualité, d'un effort de construction de l'histoire par une perpétuelle métamorphose. Loin d'être, comme le prétendaient leurs adversaires, des destructeurs de valeurs éternelles, les artistes modernes se considéraient eux-mêmes comme les véritables représentants d'une grande tradition de perpétuelle créativité. L'évolution novatrice, l'accomplissement des possibilités latentes, constituaient, à leurs yeux, l'essence même de l'histoire. La dignité de l'artiste se manifestait par son accord avec ce mouvement aussi bien que par la qualité de son œuvre. Ainsi l'évolution de l'art moderne comporte un contenu éthique : la probité artistique exigeant un souci constant du progrès personnel dans le cadre de l'évolution générale de l'art. Cette croyance en la réalité d'un rôle historique commun, que renforçait l'attitude hostile d'un art statique et conservateur, avait apporté aux artistes modernes la conscience d'une solidarité, d'un engagement collectif et d'une éthique de la créativité, propre à leur apporter soutien et réconfort en un temps où ils se trouvaient coupés des goûts du public et des institutions.

Certains modernistes, suivant une autre ligne de pensée écartant toute référence à l'évolution historique, prétendaient être les véritables héritiers et continuateurs de la plus grande tradition, du fait qu'ils redécouvraient un principe fondamental sur le plan artistique et qui avait été oublié au cours des siècles noirs de la peinture naturaliste. L'art du passé demeurait valable, estimaient-ils, non pas à cause de l'habile maîtrise de la représentation — simple concession, avant l'apparition de la photographie, aux exigences d'un public ignare et de mécènes bourgeois, éloignant les artistes d'une recherche plus noble — mais bien du fait de la puissance expressive d'une forme, capable encore de nous émouvoir quand nous contemplons des statues ou des peintures anciennes dans l'ignorance de leur signification religieuse ou mythologique ; dans cette recherche moderne d'une qualité esthétique de valeur universelle, ils prétendaient représenter la suite d'une grande tradition depuis longtemps négligée. Il est incontestable que cette jeunesse moderniste faisait preuve d'un appétit de connaissance insatiable à l'égard de la richesse des arts du passé ; l'apparition de nouveaux courants allait de pair avec une réappréciation des œuvres d'époques oubliées et avec un approfondissement et un élargissement extraordinaires du champ de la recherche historique, fréquemment par des spécialistes dont les affinités avec les arts du passé procédaient de leur connaissance de l'art moderne.

Deux caractéristiques particulières de la situation culturelle venaient appuyer ce comportement. Dans de nombreux pays, voire dans la plupart des pays à l'exclusion de la France, cette nouvelle stylistique venait suppléer un art retardataire en pleine stagnation. En France, la peinture de Matisse et de Braque n'était pas supérieure à celle de Cézanne et de Renoir; mais, pour la peinture espagnole, Picasso et Gris témoignaient d'un authentique progrès, après des générations de peintres peu inspirés qui avaient succédé à l'éclatante période de Goya; quant aux artistes russes, Kandinsky, Chagall, Lipchitz, ainsi que toute leur école moderne, témoignaient de la renaissance d'un art qui, comparé à celui d'autres nations, n'avait pas produit d'œuvres suscitant quelque intérêt international depuis l'époque des icônes.

Un autre élément tout aussi important était l'extraordinaire vigueur et la diversification des styles de peinture depuis les années 1830 — plus encore que dans le domaine littéraire ou dans les autres arts, à l'exception peut-être de la musique des temps modernes. Tous les grands peintres de cette période — et de nombreux peintres de moindre valeur — ont été des novateurs en matière de composition picturale. En poésie et dans le roman, de très grands écrivains comme Tolstoï, Dostoïevski et Yeats n'ont en aucune façon innové dans le domaine de la forme : ils ont exprimé l'originalité de leurs expériences et de leur vision du monde dans un style et selon un registre de procédés techniques différant fort peu de ceux qu'utilisait la génération précédente. Les véritables innovateurs en ce domaine, comme Mallarmé et Joyce, furent très peu nombreux. En matière de formes, l'exceptionnelle fécondité novatrice de la peinture et de la sculpture modernes est due, selon toute probabilité, au fait que les sujets d'inspiration y sont étroitement liés à la perception, à la sensibilité intime et à une faculté de construction esthétique, si bien que l'originalité de l'invention formelle devient le signe privilégié de la qualité et de la profondeur de l'artiste; l'écrivain demeure soucieux, quant à lui, de représenter un monde où des éléments autres que la qualité purement esthétique ont encore une importance considérable.

Or, tandis que la création de formes nouvelles ou le retour à une éternelle essence de l'art représentait le principal objectif des peintres et des sculpteurs modernes, et qu'aux yeux du public l'art prenait un aspect de plus en plus ésotérique — une activité de professionnels, détachés des centres d'intérêt où ils trouvaient jadis leur inspiration —, les artistes et leurs partisans, voire certains de leurs adversaires les plus déterminés, considéraient cette évolution comme une des caractéristiques de l'époque moderne, marquée par une mutation radicale des modes de pensée et de la sensibilité. La liberté de l'individu, son univers intime et ses aspirations avaient pris rang de valeurs primordiales; et l'art nouveau, par l'affirmation de sa nature propre, par ses couleurs franches et ses formes tranchées, par la liberté de ses techniques, devenait l'instrument de réalisation de ces valeurs, perçues comme valeurs de la collectivité, car l'individualité est une réalité sociale, le but d'une aspiration commune — irréalisable en dehors des conditions du monde moderne et de ses divers media. Les normes idéales de l'artiste correspondaient très largement à l'échelle des valeurs de l'époque, établie et consolidée par les écrits des philosophes, des moralistes, des théologiens, des pédagogues et des théoriciens de l'économie et de la politique, pour lesquels le problème central était celui de l'accomplissement personnel, quelles que fussent les limites de leurs conceptions. Prépondérantes dans la littérature et répandues en de si nombreux domaines de la culture, ces conceptions représentaient le développement des modes de pensée hérités du XIXᵉ siècle. Elles s'imposaient comme inéluctables dans les perspectives du siècle nouveau dont les potentialités paraissaient sans limites — une époque historique plus originale et grandiose qu'aucune autre période du passé.

La réflexion philosophique contemporaine comportait des courants divers et parfois franchement contradictoires; mais plusieurs correspondaient remarquablement aux aspirations de l'art nouveau. Il nous importe peu de savoir si les artistes ont été influencés par les conceptions des philosophes ou s'ils sont arrivés à des conclusions parallèles en réfléchissant aux problèmes et aux objectifs de leur domaine d'activité. Mais il n'est pas sans intérêt de constater que les artistes pas plus que les penseurs ne voulaient faire de la conscience un simple miroir reflétant passivement les aspects de l'univers — simple instrument qui permettrait à l'organisme de s'adapter à son environnement; mais qu'ils faisaient ressortir son rôle créateur dans la formation des idées. La philosophie moderne analysait les formes idéales de la pensée qui permettent à l'homme de mettre de l'ordre dans ses sensations et de contrôler ou de transformer son environnement. De même qu'en peinture les cubistes avaient mis en valeur les rapports formels et les structures de base, les logiciens, analysant les éléments formels dans la connaissance, y décelaient des structures et des opérations élémentaires et irréductibles, soumises à certaines normes de cohérence et de déduction. Contrairement aux conceptions scientifiques et philosophiques plus anciennes, définissant la connaissance comme la reproduction simple et fidèle d'une réalité immédiate, ils décelaient dans la formulation des lois scientifiques une part considérable d'arbitraire ou de convention, voire d'un choix ayant un caractère esthétique, et ils faisaient ressortir le rôle immense de l'hypothèse. Un empirisme fondamental, critiquant la méthode déductive ou contemplative, attribuait à la méthode expérimentale une valeur opératoire dans tous les domaines. Des philosophes faisaient d'autre part ressortir l'importance primordiale de l'affectivité et de la volonté qu'ils considéraient comme étant à l'origine de toute action et comme le ressort de la création des idées. La psychologie, divisée en plusieurs écoles qui analysaient, soit les structures de la perception, soit la formation de la personnalité par l'affrontement conflictuel des pulsions biologiques et des contraintes sociales, fournissait des bases théoriques à de nouvelles conceptions de la forme, de l'expression et de la créativité artistique. Certaines de ces conceptions philosophiques, connues depuis des années, étaient reprises sous une forme systématique et avec une force nouvelle dans le temps même où se tenait l'*Armory Show*. L'évolution des activités scientifiques n'était pas moins significative que celle des conceptions philosophiques et psychologiques. Elle offrait un exemple particulièrement suggestif d'exigence critique de recherches et découvertes personnelles qui n'en étaient pas moins étroitement coordonnées et qui ne reconnaissaient que la seule autorité ou les seuls principes d'une méthode générale fondée sur la logique. La représentation schématique de l'univers, constamment révisée et en grande partie imaginative, faite d'éléments que l'œil ne pouvait percevoir, fournissait néanmoins une explication des phénomènes plus adéquate que celle des théories scientifiques du passé. L'évolution rapide de la connaissance scientifique, sa perpétuelle fécondité, laissaient augurer un rythme de créativité similaire dans le domaine artistique et dans la vie sociale.

Le développement parallèle de ces courants divers qui ne cesse de se poursuivre de nos jours dans le domaine intellectuel se situe quelque peu en marge de l'évolution artistique, mais il n'en fournit pas moins un terrain favorable à l'apparition des styles modernes. Fréquemment, un esprit progressiste dans un certain domaine d'activité s'en tient à des positions conservatrices dans d'autres domaines, et on peut se demander si ces diverses conceptions d'avant-garde peuvent effectivement se concilier. Toutefois, lorsqu'il leur arrive de coïncider, elles donnent plus de force à cette tendance habituelle de la pensée à considérer que le modernisme représente en lui-même une valeur. Cette tendance n'aurait pas néanmoins un effet déterminant dans le domaine artistique si elle ne concordait pas parfaitement avec l'individualité et la subjectivité dont il a été question précédemment.

Rattachés autrefois aux institutions, à des lieux et des circonstances déterminés — à la religion, aux cérémonies, à l'État, à l'école, aux palais, aux foires ou aux festivités —, les arts relèvent désormais de plus en plus du domaine de la vie privée et font l'objet de choix individuels; ainsi constituent-ils des prédilections et des divertissements complètement détachés de la vie collective. Tout ce qui peut intéresser la communauté et dépasser les préoccupations individuelles ne s'en trouve cependant pas exclu : des liens plus lâches, mais qui n'en sont pas moins efficaces, unissent les membres d'une communauté et conditionnent leurs façons d'agir et leurs modes de pensée. Les préoccupations communes font cependant l'objet d'une appréhension individuelle : chacun, en fonction de ses expériences personnelles, choisit des croyances et des relations qu'il demeure libre de modifier ou de critiquer. Des concerts, des expositions, des films, des romans, des recueils de poésie, sont proposés à un large public; mais ils ne sont plus liés à des circonstances étrangères à l'art; alors qu'autrefois les spectacles dramatiques étaient présentés au cours de fêtes religieuses et devaient traiter de sujets ayant quelque rapport avec le caractère solennel de l'événement, les films modernes, réalisations également collectives, défilent en permanence sur les écrans, même lorsque les salles sont à peu près vides. Un film constitue un divertissement qui s'offre au spectateur parmi tout un ensemble de films entre lesquels il peut librement faire son choix. Après les livres et les revues, les disques, la radio, la télévision, permettent les choix personnels d'expériences artistiques sur une base beaucoup plus large et beaucoup plus libre. Cet éventail d'options qui s'offre aux individus conscients de leur liberté et d'un idéal personnel influe également sur la créativité artistique moderne, encourageant des esprits ouverts et inventifs à rechercher le sens de leurs expériences et à découvrir les ressources d'un art susceptible, à travers les perceptions sensorielles, de toucher et d'émouvoir les spectateurs. La peinture et, à un degré moindre, la sculpture ont, parmi les arts, ce privilège unique de pouvoir présenter, d'une façon immédiatement tangible, le sujet même de l'œuvre et les caractéristiques les plus évidentes du travail opératoire — la présence même de l'artiste que matérialise l'œuvre façonnée par son esprit et par sa main. La peinture est, en ce sens, l'art le plus concret qui soit; mais le concret s'y exprime à travers les formes de ce que l'on appelle l'« abstraction », et qui n'a guère de rapport avec les abstractions de la logique ou des mathématiques.

L'enjeu de l'exposition de l'*Armory Show* n'était pas simplement une question de choix esthétique, séparé de tout autre contexte. Accepter l'art nouveau, c'était favoriser la perspective de la culture moderne sous tous ses aspects. Lui dénier toute valeur témoignait d'une attitude de refus critique à l'égard de la modernité tout entière. Une rébellion étudiante qui s'attaquait à l'académisme n'était pas simplement le fait d'un conflit de générations, d'une rupture avec une forme d'art que goûtaient leurs aînés, elle faisait partie intégrante d'une aspiration générale à l'émancipation. En cette année 1913, on avait tendance à

surestimer l'unité spirituelle des exemples de progrès et de
liberté et à penser que toutes les innovations concouraient à
l'accomplissement d'un même objectif — celui du progrès
d'une grande cause. Peu nombreux étaient alors ceux qui estimaient, comme on le pense généralement de nos jours, que la
modernité est problématique et riche d'éléments contradictoires
et irréconciliables.

IV.

L'accueil réservé à cet art nouveau en Amérique n'était pas
très différent de celui qu'il recevait à l'étranger. Il s'agissait là
d'un processus culturel intéressant la culture occidentale dans
son ensemble. Aux États-Unis comme en Europe, un petit
nombre d'amateurs d'art clairvoyants et enthousiastes découvraient très vite certains artistes obscurs dont plus tard la maîtrise serait reconnue. Sur les deux continents, des partisans de
l'art nouveau soutenaient ces positions de principe, sans distinguer entre les œuvres réellement originales et celles de leurs imitateurs. Un peu partout paraissaient de virulentes critiques, où
les artistes étaient qualifiés de fous ou de charlatans, et leur
style personnel considéré comme symptomatique d'une société
en pleine décadence; cependant qu'en Europe comme en Amérique, des esprits timides ou partisans du compromis s'efforçaient, sans trop de conviction, d'assimiler les formes modernes
en y ajoutant des éléments empruntés aux styles plus anciens.

Toutefois, dans le concert de ces réactions, on distinguait des
nuances et des différences de tons correspondant aux singularités de l'héritage culturel et à la situation de l'époque. Les
Anglais, d'esprit plus conservateur, avaient une attitude plus
détachée; en Allemagne, les critiques, les collectionneurs, les
musées même, apportaient à l'art nouveau d'origine nationale
ou étrangère un soutien étonnamment éclairé; mais les Russes
se montraient sans doute les plus enthousiastes. À Paris, des
Allemands, des Russes, des Américains, plus encore que des

Français, entretenaient avec les jeunes artistes modernes d'étroites relations d'amitié. Certes, ces éléments de comparaison ne s'appliquent qu'à la faible minorité des amateurs d'art.

Ce qui frappe surtout dans la façon dont les États-Unis accueillaient cet art nouveau, c'est un mélange singulier d'esprit provincial retardataire et de dispositions généreuses à l'égard de ces styles d'une extrême avant-garde. Sans doute en allait-il de même en plusieurs autres pays.

À la différence des pays d'Europe, il n'y avait pas aux États-Unis d'art officiel : pour soutenir les positions d'une orthodoxie, il n'y avait pas de musées nationaux, pas d'écoles ni de ministère des Beaux-Arts. La National Academy se composait d'un groupe d'artistes n'ayant aucun lien avec des services officiels ; elle avait son siège à New York. On ne trouvait là rien qui ressemblât au Salon officiel parisien ou aux expositions annuelles des académies européennes, patronnées par des personnalités influentes et officiellement reconnues. En France, l'Académie des Beaux-Arts avait depuis longtemps cessé de jouer un rôle prépondérant dans la vie artistique du pays : aucun des grands peintres de la seconde moitié du XIXe siècle n'en avait fait partie, et, dès les années 1820, les peintres novateurs s'étaient heurtés à la résistance de l'esprit de caste de l'académisme. Aux États-Unis, l'Academy était moins dogmatique et autoritaire : les représentants les plus remarquables de l'ancienne génération, les Ryder, Homer, Eakins, Twachtman, figuraient parmi ses membres avec, à leurs côtés, plusieurs jeunes rebelles du Groupe des Huit (Henri, Bellows et Glackens). À l'époque de l'ouverture de l'*Armory Show*, ses expositions étaient d'un moindre intérêt, mais leur faiblesse provenait beaucoup plus d'un état de stagnation artistique que d'un dogmatisme affirmé. Plus tard seulement, alors que l'art académique était totalement discrédité en Europe, un style pseudo-classique similaire se développa aux États-Unis en réponse à la demande d'une décoration symbolique pour les grands projets immobiliers des États et du gouvernement fédéral, ainsi que des résidences somptueuses de nouveaux milliardaires, conçues dans le style des villas et des châteaux de la Renaissance. En 1905, un Institut d'études supérieures artistiques fut fondé à Rome, afin de permettre aux lauréats des États-Unis d'étudier sur place les modèles classiques et l'art de la Renaissance. Cet art académique, bien soutenu, n'avait cependant aucun attrait aux yeux des jeunes artistes de talent. Il représentait tout au plus le complément d'une architecture de pure imitation, qui bénéficiait d'une certaine vogue depuis les années 1890, au détriment d'un style national qui commençait à peine de se développer.

Au demeurant les milieux artistiques des États-Unis faisaient montre de beaucoup plus de libéralisme que leurs homologues européens, parmi lesquels l'antagonisme entre l'art officiel et un art indépendant était d'une virulence singulière. L'Amérique n'avait pas connu ces grands conflits du domaine artistique qui avaient troublé l'Europe du siècle dernier. Les conceptions du romantisme, du réalisme, de l'impressionnisme, importées de l'étranger, n'avaient pas rencontré de fortes résistances et demeuraient exemptes de toutes implications politiques. L'exposition des peintres impressionnistes français, en 1886 à New York, sous le patronage de la National Academy, avait reçu un accueil plus chaleureux que celui que Paris et Londres réservaient à ces mêmes artistes. Et, à l'occasion de l'*Armory Show*, sur les seize cents pièces de l'exposition, environ trois cents furent achetées par des visiteurs — proportion qui paraîtrait extraordinaire de nos jours, alors même que cet art moderne possède des assises beaucoup plus solides. Il n'y avait pas de style national plus ancien, à soutenir contre des formes qui lui étaient étrangères, et il n'y avait pas, parmi les peintres américains, de personnalité marquante, avec son cortège de disciples fidèles constituant une école susceptible d'engager le combat contre une mode venue de l'extérieur. Les peintres d'Amérique étaient tout au plus des rivaux, robustes et originaux, des peintres européens de second plan. En l'absence d'une autorité solidement établie, les peintres accordaient plus aisément une certaine considération à des innovations dans le domaine artistique, mais, du fait qu'il n'existait pas de grande tradition avec ses modèles de recherche créatrice, cet accueil de la nouveauté revêtait souvent un aspect superficiel ou passif.

Est-ce la prédominance de ce provincialisme artistique qui

peut expliquer le rôle secondaire joué par l'Amérique dans le développement de l'art moderne? Il est permis d'en douter. Des pays apparemment tout aussi attardés y trouvèrent bientôt une place de premier plan. Les artistes d'un grand nombre de pays éprouvaient vivement l'attrait du modernisme. Le principal centre de diffusion se situait à Paris, mais les talents individuels de cette avant-garde provenaient d'Espagne, de Russie, des Pays-Bas, d'Allemagne, d'Autriche, de Norvège, de Suisse, de Belgique, d'Italie et de Roumanie. L'art espagnol, alors en pleine décadence, allait révéler Picasso et Juan Gris, et plus tard Miró — cependant qu'aucun artiste anglais ou américain ne devait atteindre une renommée mondiale. Parmi les Américains qui se conformèrent à ce style nouveau tout en y apportant leur note d'originalité propre figuraient des artistes de talent, comme Prendergast, Hartley, Marin, Weber, Davis, Maurer, Demuth — mais aucun ne devait acquérir une stature comparable à celle des grands novateurs européens. Non pas qu'ils aient été simplement des imitateurs d'un art venu d'Europe — chacun d'eux avait sa personnalité et sa saveur propres — mais leur œuvre ne nous paraît pas avoir une aussi grande portée que celle des pionniers d'un autre continent. La peinture américaine ne possède pas les équivalents de Melville, de Whitman ou de James en littérature. Plus récemment, le sculpteur américain Calder inventa, avec ses « mobiles », une forme stylistique qui suscita l'intérêt du monde entier. Et dans la génération des artistes modernes nés après le début de ce siècle, les meilleurs artistes américains sont à situer sur le même plan que les plus remarquables parmi les Européens — une pléiade de moindre renom que celle des pionniers révolutionnaires.

La situation retardataire de la peinture et de la sculpture américaines par rapport à celles des pays d'Europe, et leur incapacité à utiliser les possibilités offertes comme à s'attaquer aux problèmes les plus graves et les plus difficiles, exigeraient une analyse complexe que nous ne pouvons envisager d'entreprendre dans ces pages. Les modes de vie qui conditionnent la formation d'une culture exercent rarement une influence uniforme sur les différentes sortes d'arts : par ses exigences et ses possibilités spécifiques, la peinture se distingue nettement de la littérature et de la musique. En Russie, les grands poètes et romanciers qui sont apparus au XIXe siècle n'ont pas d'équivalents comparables dans les autres disciplines artistiques. Des différences manifestes dans la situation de deux pays, à une même période et dans une même discipline, proviennent le plus souvent de l'apparition dans l'un d'entre eux d'un petit nombre de fortes personnalités — voire d'une seule.

L'incontestable retard de l'art américain au cours des deux décennies qui avaient précédé l'*Armory Show* ne fut sans doute pas étranger aux réactions suscitées par les œuvres européennes qui y étaient présentées. Aux États-Unis, un grand nombre de peintres demeuraient de fidèles partisans du réalisme et militaient en sa faveur, s'attachant à reproduire des scènes de la vie ou des activités citadines, ou l'aspect pittoresque de leur milieu, alors qu'en Europe ces thèmes d'inspiration étaient passés de mode depuis une cinquantaine ou une trentaine d'années. Dans les années 1910, les nouveaux styles pratiqués par les peintres américains étaient plus particulièrement influencés par celui des impressionnistes français. Les réalistes urbains — Henri, Luks, Sloan, Bellows — pratiquaient les méthodes que la peinture française d'avant-garde avaient utilisées dans les années 1860 et 1870. Les Américains, mieux protégés que les Européens, moins perturbés par les événements de l'histoire contemporaine et ne faisant pas preuve d'une aussi large ouverture d'esprit, avaient ignoré l'art d'un Van Gogh, d'un Gauguin, d'un Seurat, et un peu plus tard du Cézanne des années 1880. Seuls quelques jeunes artistes, qui avaient séjourné à Paris au cours des années précédant l'*Armory Show*, connaissaient les œuvres majeures de cette génération qui se trouve à l'origine de toute la peinture de notre XXe siècle. Les artistes aussi bien que le public découvraient avec stupéfaction le changement intervenu depuis la période de l'impressionnisme.

Ce retard ne résultait pas d'une impossibilité de connaître les œuvres les plus récentes. De nombreux Américains, qui fréquemment avaient l'occasion de voyager en Europe, étaient des amateurs de peinture sérieux et compétents. Mais, tandis que les voyageurs des générations précédentes avaient rapporté des Millet, des Corot, des Courbet, des Manet, les collectionneurs des années 1890 et du début du XXe siècle, sous-estimant ou voulant ignorer les œuvres marquantes de l'art contemporain, ne s'intéressaient guère qu'aux chefs-d'œuvre du passé. C'était plus particulièrement le cas des héritiers cultivés de grandes et anciennes fortunes. Par réaction contre une certaine vulgarité américaine, ils s'étaient détachés des éléments les plus vivants et dynamiques d'une culture européenne aussi bien qu'américaine. N'ayant pas à se soucier de contingences matérielles, ils s'attachaient à construire autour d'eux une sorte de paradis esthétique, fait de résidences de style ancien, entourées de jardins et décorées d'objets d'art. Les plus raffinés paraissaient encore animés de la ferveur passionnée d'un Ruskin et de ses disciples américains Jarves et Norton, et ils avaient été séduits par l'art italien de la fin de la période médiévale et de la Renaissance, qui avait su concilier impératifs mondains et convictions religieuses. La délicatesse fragile de l'art de Whistler, le « mouvement esthétique » des années 1880 en Angleterre, le renouveau du préraphaélisme qu'ils avaient connu au temps de leur jeunesse, et la découverte de l'art extrême-oriental confortaient leur prédilection pour des œuvres détachées des incertitudes du présent. Ces penchants sont à l'origine des magnifiques collections des musées de New York et de Boston, commencées à une date bien antérieure à celle de l'*Armory Show*. Ces patriciens étaient souvent des hommes d'une large culture, doués de curiosité et d'une grande finesse de discernement; mais, ignorants des vues les plus originales de leur époque, leur compétence tombait aisément dans le snobisme ou la préciosité. Le critique d'art américain le plus compétent en matière de peinture italienne de la Renaissance, M. Berenson, admirait le métier de Degas, tout en regrettant qu'un tel talent s'abaissât à réaliser des tableaux de blanchisseuses. Certains étaient franchement attirés par les impressionnistes et par les tableaux de Cézanne, œuvres d'une génération d'artistes qui avait précédé la leur, mais peu d'entre eux accordaient un quelconque intérêt aux audaces d'une avant-garde contemporaine. Pour réaliser la décoration murale symbolique de la bibliothèque publique de Boston, on avait fait venir d'Europe le portraitiste en vogue, Sargent, et le pâle helléniste, Puvis de Chavannes. Cette caste fermée des amateurs d'art, qui goûtait par-dessus tout l'aspect décoratif, soutenait la mode stérile d'une architecture calquée sur des modèles historiques — et elle fut peut-être responsable de cet engouement au moment même où les meilleurs architectes européens s'en détachaient, cependant qu'un vigoureux style national commençait d'apparaître aux États-Unis. Au moment de l'*Armory Show*, une période particulièrement favorable au développement de l'architecture urbaine, toute la région de l'Est ignorait délibérément l'architecte Frank Lloyd Wright, seul artiste américain de renommée mondiale, alors que venait de paraître en Europe une première étude monographique de ses travaux qui devait exercer une influence décisive sur l'architecture européenne du XXᵉ siècle. Quinze années plus tard, le nom de Wright ne figurait même pas dans l'*Histoire de la civilisation américaine* de Charles et Mary Beard, auteurs qui ne sauraient être soupçonnés d'indifférence à l'égard du génie autochtone, mais qui, dans leur analyse du développement de l'architecture américaine des temps modernes, avaient étroitement suivi les conceptions de l'académisme. Cette simple omission peut permettre d'apprécier l'importance que revêtait aux États-Unis un goût nostalgique pour les œuvres du passé.

Il faut néanmoins remarquer que ce goût, accompagné d'un effort constant pour surmonter le défaut d'expérience d'une culture américaine, contribua en fin de compte à l'acceptation et au développement de l'art moderne. Il concourait à susciter un sérieux intérêt en faveur de l'art — belle et noble valeur par excellence — indépendamment de l'habileté des représentations — domaine autonome de recherches formelles visant à la perfection esthétique.

Des collectionneurs américains qui très tôt furent attirés par cet art nouveau — les John Quinn, Adolph Lewisohn et Leo Stein, par exemple — n'appartenaient pas au milieu de cet esthétisme de bon ton. Dix années plus tard, le plus important musée d'art moderne qui soit au monde était fondé par Albert Barnes, personnage d'un caractère difficile et peu sociable, dont les conceptions modernistes provenaient de l'influence du peintre Glackens et de celles de Leo Stein et du philosophe John Dewey.

Ce furent principalement des amateurs d'origine étrangère ou leurs descendants qui introduisirent aux États-Unis des spécimens d'art moderne. Ceux-ci y arrivaient directement par le port de New York, qui réserva à l'*Armory Show* un accueil beaucoup plus chaleureux que Boston et Chicago. J'ai mentionné le rôle de pointe joué par Alfred Stieglitz dans la promotion de cet art nouveau. Parmi les premiers artistes acquis aux conceptions modernes, on relève les noms de Max Weber, Abraham Walkowitz, Jacob Epstein, Joseph Stella, Gaston Lachaise, tous d'origine étrangère, à l'exception d'Epstein. Les peintres Marin, Demuth et Maurer, Américains d'origine, appartenaient à des milieux moins influencés par le style affecté d'une culture tournée vers le passé et se trouvaient dans des régions peuplées de populations d'origines très diverses.

Il vaut la peine de noter que les plus fermes soutiens de l'art nouveau étaient des femmes qui achetaient tableaux et sculptures avec une très grande générosité. L'art, contrastant par son raffinement avec les brutales réalités du pouvoir, séduisait l'imagination des épouses et des filles idéalistes des grands magnats, préoccupés avant tout par leur fortune personnelle. Toutefois ce n'est pas simplement le goût des Américaines pour les beaux-arts qui se trouve ici en question, mais la façon dont elles réagissaient devant ces formes nouvelles. En cette période de brassage perpétuel des idées et d'émancipation, les femmes se montraient particulièrement ouvertes aux manifestations d'une liberté très large dans le domaine des arts. Le cas d'Isadora Duncan, personnalité célèbre dans le monde entier, qui, avec une extraordinaire passion, transformait la danse en un moyen d'expression extatique et de libération, est particulièrement représentatif de l'esprit de révolte moderniste qui se manifestait à cette période.

L'art moderne était d'autre part accueilli favorablement par des hommes politiques de tendance progressiste, qui voyaient dans ce comportement révolutionnaire en matière artistique un allié potentiel concourant à la réalisation de leur propre idéal. La terminologie et les thèmes de discussion esthétiques pouvaient être facilement transposés dans le vocabulaire du radicalisme politique. L'académisme, le culte du passé, la tradition, les normes fixes et impératives, représentaient l'autoritarisme et les privilèges sociaux; l'art nouveau, c'était par contre le progrès, la liberté, l'individualisme et l'ouverture vers l'avenir. Dans sa jeunesse, John Reed estimait que le futurisme constituait le complément artistique du socialisme, et il devait un peu plus tard faire l'historique de la Révolution russe. Qui pouvait prévoir alors que ce mouvement et sa doctrine formulée en Italie auraient des rapports avec le fascisme qui glorifierait la valeur même de la violence et de l'action? Mais les leaders socialistes étaient le plus souvent conservateurs en matière artistique. Uniquement préoccupés de politique, ils auraient voulu que les artistes produisissent des œuvres susceptibles de soutenir directement l'idéologie de leur mouvement : des images précises et claires de la misère, de la lutte des classes et de l'avenir radieux du socialisme, ou, pour le délassement, des tableaux représentant les beautés de la nature dans une perspective optimiste; tout autant qu'un quelconque bourgeois conservateur, ils éprouvaient une répulsion profonde pour ce qui constituait, à leurs yeux, l'aspect « nihiliste » de l'art nouveau.

V.

À voir les comptes rendus de l'exposition et l'historique de l'art moderne que nous exposons ici brièvement, il est clair que l'*Armory Show*, loin d'être un moment de crise pour les peintres modernistes américains, fut l'occasion de leur entrée triomphale. Concevoir de telles œuvres, toucher un public et y découvrir des partisans, c'était déjà une sorte d'accomplissement. Ayant devant eux l'exemple de précédentes générations d'avant-garde qui étaient parvenues à s'imposer, ces hommes se sentaient sûrs désormais qu'avant peu la valeur de leur œuvre serait reconnue. Leurs sacrifices et leurs luttes, les dénigrements abusifs qu'il leur fallait subir, devaient rarement les faire douter de la valeur de leurs objectifs; ces obstacles extérieurs ne les acculaient pas dans une impasse; ils continuèrent de travailler et de s'attacher à créer des formes nouvelles.

Mais en quel sens l'*Armory Show* témoignait-il d'un état de crise dans l'art américain? Contrairement aux crises économiques et politiques ou à la guerre, les crises culturelles ne touchent pas de grandes multitudes. Elles n'ont concerné jusqu'à ce jour que l'existence et les problèmes d'une couche professionnelle qui, depuis des siècles, a vécu dans un état d'incertitude chronique; et bien que la vie spirituelle de la communauté en soit affectée, celle-ci n'éprouve pas un besoin urgent de leur trouver des solutions. Le groupe concerné peut néanmoins vivre cette crise comme une situation critique, où se joue la survie de l'art lui-même ou de certaines de ses bases fondamentales.

C'était surtout aux regards de ceux qui voyaient dans ces œuvres nouvelles une monstrueuse dégradation de l'art perpétrée par des fous et des charlatans que l'*Armory Show* était significatif d'un état de crise. Or, pour peu que leurs véhémentes critiques fussent fondées, l'apparition de cet art étrange n'aurait pas dû les inquiéter sérieusement. Aux yeux d'un artiste conscient, une exposition de travaux insensés ou falsifiés ne saurait constituer une provocation réellement redoutable. Un peintre maladroit est vite oublié. Pour qu'il y ait crise véritable, il aurait fallu que les artistes lésés s'avèrent incapables de produire une œuvre valable. Leur style artistique n'aurait pas alors été seul en cause, mais l'art dans son ensemble aurait été en état de crise puisqu'ils étaient convaincus d'avoir entre leurs mains le sort de l'art américain tout entier.

De nombreux artistes étaient néanmoins profondément troublés. Pas simplement parce que de redoutables insensés avaient licence de battre l'estrade pendant quelques mois, mais du fait qu'en dépit de leurs condamnations, ces esprits conservateurs craignaient que cet art de charlatans et de fous ne pût avoir un sens, et offrir une alternative valable à celui qu'eux-mêmes prônaient ou pratiquaient. Cet art nouveau ne les prenait pas au dépourvu: ils pressentaient depuis quelque temps cette offensive, et ils en avaient observé le développement dans les pays européens. Ils pouvaient en apprécier la vigueur croissante par les réactions d'artistes valables qui, après avoir poursuivi des études en Europe, avaient subi l'emprise de ces idées nouvelles. Les plus doués parmi les jeunes artistes américains évoluaient

de plus en plus dans cette direction. Et les adversaires du
modernisme se rendaient bien compte qu'ils avaient eux-mêmes
composé avec le modernisme des générations précédentes, en
incorporant à leurs réalisations académiques certains éléments
qu'il lui avait empruntés. Défenseurs de la tradition, ils savaient
également que leur style artistique ne possédait pas la même
fraîcheur et la conviction qu'ils admiraient chez les grands
peintres du passé, alors qu'à l'évidence les nouveaux venus en
avaient à revendre, même s'ils transgressaient toutes les
anciennes règles. Apparemment, certains des plus fins et des
plus sensibles partisans du conservatisme trouvaient à cet art
nouveau, de même qu'à l'originalité mystérieuse des grands
peintres qui s'était jouée des règles habituelles, la marque d'une
sorte de diabolique maîtrise, en dépit de sa fruste rudesse.

Si cette voie nouvelle était réellement la bonne voie, les
artistes américains en renom faisaient fausse route. Ce qu'on
leur avait enseigné paraissait sans objet. Pendant des siècles, la
formation des artistes avait comporté des études de nu, et une
observation minutieuse de modèles à reproduire en dessin et en
peinture, ainsi que des copies des œuvres des maîtres anciens.
Cette sévère préparation s'avérait inutile. Quelle pouvait être
l'utilité et la valeur de cette longue pratique de la représentation, alors que le peintre ou le sculpteur se proposaient de créer
des œuvres qui ne représentaient plus la forme humaine, ou qui
entendaient la déformer en toute liberté ? Cet art nouveau rejetait les bases essentielles de l'art qu'ils pratiquaient ; ils renonçaient aux formes idéales, à la noblesse du sujet, à l'harmonie, à
la bienséance, à la nature, à tout le monde visible...

Le porte-parole de l'académisme, Kenyon Cox, invoquait les
exemples des grands artistes du passé. Mais sa connaissance de
la tradition ne l'avait nullement aidé à se rendre compte de la
qualité de l'œuvre de Cézanne qu'il déclarait « ... absolument
dépourvu de talent et coupé de toute la tradition. Incapable
d'apprendre à peindre comme les autres artistes, il aura passé
toute sa vie à tenter désespérément de fonder un nouvel art de
peindre qui n'intéressait que lui-même ». Nous avons vu que les
modernistes les plus radicaux se réclamaient eux aussi de la tradition, mais celle-ci avait, à leurs yeux, la valeur et les consé-

quences qui lui sont reconnues dans le domaine de la science : les recherches passées et leurs résultats ne font pas autorité, mais elles représentent des modèles d'une disposition d'esprit indépendante qui permet l'invention de formes nouvelles. Peu après la fin de l'exposition, Cox, inspiré peut-être par ces polémiques, peignait un tableau, où l'on pouvait voir la Tradition, représentée sous la forme symbolique d'une jeune fille portant une lampe à huile qu'elle allumait au flambeau éternel de la Beauté, et, à ses côtés, la Muse de la peinture, vêtue à l'antique. Il estimait sans doute que les rebelles étaient sur le point de renverser l'huile et d'éteindre la flamme, ou de violer la Muse aux belles formes. L'histoire de l'art ne représentait à ses yeux que la tranquille succession des grands maîtres et de leurs disciples, exempte de conflits et de mutations troublantes. Pour les tenants de l'académisme, l'art nouveau c'était la perte de toute certitude ; appuyés sur le passé, ils se découvraient désormais coupés de toutes perspectives d'avenir.

Les peintres conservateurs n'avaient pas à défendre un style qu'ils avaient créé eux-mêmes. Artisans dociles, ils suivaient avec une habileté plus ou moins grande une méthode qui, pour eux, n'avait jamais représenté une découverte, un risque ou un tourment. Certains d'entre eux étaient cependant des hommes de goût, pleins d'admiration et de respect pour les chefs-d'œuvre d'un art ancien. Leur refus d'accepter des normes nouvelles, incompréhensibles à leurs yeux, ne pouvait être comparé à l'attitude négative ou hostile de peintres comme Cézanne ou Renoir, maîtres en leur art, devant le style de peintres plus jeunes. Dans tous les cas il est extrêmement rare qu'un accueil sympathique soit réservé à l'œuvre nouvelle de jeunes artistes ; mais, au nom de l'académisme, les critiques condamnaient alors des tableaux que nous jugeons aujourd'hui — même les conservateurs parmi nous — comme les chefs-d'œuvre de leur propre génération et de la précédente. L'habitude et le confort accusaient les exigences de la vie ; la vieillesse prématurée, aussi morne que respectable, portait plainte contre la jeunesse pour cause de turbulence. Ces hommes défendaient des positions acquises et revendiquaient une sécurité spirituelle qui dépassait largement leurs mérites. Une jeunesse moderniste pouvait encore admirer des anciens, membres de l'Academy, qui avaient fait montre d'un talent original — les Ryder, Eakins et Twachtman, mais non pas les imitateurs, pâles et dévotement fidèles, d'un académisme français. La situation des peintres conservateurs n'était nullement tragique, car rien de précieux n'avait été perdu. Les membres de l'Academy bénéficiaient encore d'un grand prestige, leurs œuvres se vendaient bien, et ils gardaient le contrôle de l'enseignement artistique, tandis que les victimes de leurs attaques se heurtaient à l'indifférence ou à l'hostilité des amateurs d'art. Les peintres réalistes américains critiquaient cet art nouveau avec moins de virulence, mais ils étaient également troublés. Dénonçant avec vigueur le snobisme, le conformisme, le caractère rétrograde de la peinture académique, persuadés que l'art devait suivre étroitement l'évolution de la société contemporaine, ils se trouvaient confrontés à des solutions plus radicales, inspirées de leurs appels au modernisme et à la liberté — solutions qu'il leur paraissait difficile d'accepter, voire de comprendre.

Ces réactions provoquées par l'apparition d'un art nouveau ne révélaient pas seulement les limites du respect conventionnel de la personne dans le cadre d'une culture apathique et conservatrice, mais, plus encore, le caractère précaire d'une conception libérale de l'histoire de l'art. Au cours du XIXᵉ siècle, le classicisme, le romantisme, le réalisme, l'impressionnisme, se succédant avec rapidité, avaient détruit, ou à tout le moins affaibli, la notion ancienne de l'existence d'un modèle de style qui serait celui de l'art à son sommet. On avait reconnu la réalité d'un art créateur de formes diverses, ayant, à chaque période, sa spécificité particulière, permettant éventuellement la réalisation de quelques rares chefs-d'œuvre. On procédait, en conséquence, à une réévaluation de l'art du passé, en renonçant aux normes exclusives; et l'histoire de l'art — sorte de paysage schématique, ordonné autour d'un point culminant, avec ses rampes montantes et ses dépressions prévisibles — se transformait en un merveilleux centre d'exposition des diverses facultés créatrices de l'homme, nourries par ses nouvelles conditions de vie. Mais, confrontée aux manifestations d'un art nouveau au suprême degré, cette conception libérale de l'art, qui permettait d'admirer le génie de Rembrandt aussi bien que celui de Raphaël, commençait elle-même de chanceler. Rejetant la notion d'un style ou de thèmes d'inspiration privilégiés, elle n'avait pu renoncer à celle de la fidélité de l'image, si bien qu'elle conduisait à qualifier ces nouveaux artistes modernes d'« ineptes » ou d'« épileptiques ». Ses partisans voulaient bien admettre toutes les différences de goûts, à condition que l'on consentît à observer un minimum de règles. Ces adversaires de l'art moderne ressemblaient aux libéraux en politique qui, après avoir triomphé de l'absolutisme au cours d'une longue lutte en faveur des « droits de l'homme », traçaient les limites des libertés et de l'égalité afin de mettre un terme à des revendications plus radicales. Ils se considéraient désormais comme les défenseurs d'un héritage menacé, et, au nom de la défense du passé et de ses valeurs les plus sacrées, ils s'opposaient à toute nouvelle expérience artistique.

Les modernistes eux-mêmes allaient être touchés par les incertitudes dont le nouvel art était porteur. En l'espace de quelques années, les premiers inventeurs du cubisme revenaient à un art de représentation, tandis qu'en Allemagne et dans quelques autres pays, l'expressionnisme cédait la place à un style sèchement vériste. L'histoire de ces écoles modernes doit tenir compte des repentirs et des renégats qui renoncèrent aux visées d'un art révolutionnaire. Mais même parmi les partisans du modernisme qui n'avaient pas cessé leurs recherches de formes nouvelles se manifestaient les symptômes d'un malaise croissant. Précédemment, un artiste d'une originalité peu profonde pouvait s'appuyer sur des notions acquises et, comme un artisan habile, perfectionner le style de ses années de jeunesse, persuadé que le public en percevrait finalement la qualité. Il n'en est plus ainsi. Les variations rapides des goûts du public, la diversité des styles en concurrence, font que les jeunes artistes hésitent et deviennent instables, tandis que les artistes arrivés à maturité ne peuvent qu'en être troublés. On ne peut éviter de prendre position, de réagir face aux conceptions présentes, et l'on redoute de se laisser dépasser. Parmi les courants du modernisme, les artistes de second plan sont dangereusement ballottés par les flux et reflux d'une mode que dirigent des hommes plus riches de dons ou aux réflexes plus rapides. Cet état de choses ne résulte pas de l'art nouveau des années 1910-1920; cette caractéristique déprimante d'un art moderne avait déjà été dénoncée dans les années 1840; mais la situation s'est aggravée au cours de ces dernières décennies. Un artiste original qui s'en tient à sa manière personnelle court le risque de paraître manquer de force créatrice. On pensera qu'un grand peintre qui n'a pas changé de style au cours d'une période d'une vingtaine d'années est un homme au talent limité. La valeur de choc d'un art révolutionnaire est devenue une norme. On attend à chaque décennie le retour d'une révolution. Cette poursuite épuisante d'un idéal changeant conduit l'artiste à une perpétuelle recherche de modernisme et à une préoccupation constante de la place qu'occupe son œuvre dans le courant historique de l'époque; elle l'empêche de mûrir lentement, et elle entrave la recherche de la profondeur et de la plénitude qui devrait aller de pair avec celle de la fraîcheur et de la force d'impact.

L'ancienne école, qui s'opposait avec rigueur à toute innovation, n'en avait pas moins quelques objectifs généraux communs avec l'école nouvelle. Il suffisait de quelques modifications des valeurs que reconnaissait l'art américain pour aboutir aux nouvelles valeurs européennes qui semblaient les contredire. Mais le malentendu a commencé à se dissiper avec les œuvres modernes que ces valeurs communes ont inspirées. Le vocabulaire apparemment universel des formes et des couleurs devenait inintelligible pour de nombreux spectateurs du moment que certaines conventions se trouvaient modifiées. Les moyens d'expression, notamment, étaient fort différents, et du fait qu'en matière artistique les formes, élément visible de l'œuvre, ne se distinguent pas aisément de l'objectif visé, il semblait y avoir contradiction entre les moyens et les fins. Le but que les adeptes du classicisme espéraient atteindre en utilisant les formes précises d'une statuaire idéalisante — ces formes « abstraites » vivement critiquées au cours du XIXe siècle —, l'« abstraction » des formes géométriques permettait aux artistes modernes d'en approcher de façon plus convaincante. La vigueur et la pureté du trait, la minutie précise de la composition, l'impersonnalité de l'ordre, sont aujourd'hui des qualités beaucoup plus visibles chez des peintres cubistes de talent que dans les œuvres d'artistes académiques, grands imitateurs d'Ingres et des chefs-d'œuvre de la sculpture grecque. S'il existe en art des valeurs éternelles, seuls les artistes qui s'efforcent de les présenter sous un aspect renouvelé semblent être à même de les préserver.

À l'époque de l'*Armory Show*, les peintres réalistes américains en étaient profondément convaincus, et cette conviction était à l'origine de leur vitalité. Les Henri, Luks, Sloan, Shinn, Glackens, Bellows étaient des hommes qui savaient apprécier la singularité de l'Amérique, et plus particulièrement ses types originaux et le monde de ses villes. Rejetant les méthodes du dessin traditionnel, ils traitaient les sujets de leur choix dans un style d'esquisse incisif et rapide; leur manière était franche et directe et, bien qu'elle manquât généralement de profondeur, elle convenait au rendu qu'exigeait leur sujet. Leur façon maladroite de composer ne devait rien aux calculs d'une composition d'école, et, avec ses brusques et surprenants contrastes, elle paraissait beaucoup plus près du naturel. Cet art typiquement américain donnait l'impression d'une liberté de plus en plus grande, exprimait le plaisir du mouvement, l'excitante animation de la vie dans la cité, l'évolution incessante d'un monde gigantesque, et le jeu vital des passions individuelles — tout cet univers que Whitman avait célébré et qui offrait alors ses thèmes d'inspiration aux romans tragiques de Dreiser.

Les œuvres de ces peintres, qui retraçaient, dans un style quelque peu retardataire, des scènes de la vie moderne prises sur le vif, firent qu'une partie au moins de l'art nouveau européen parut plus accessible au public, qui pouvait y voir l'expression plus radicalement subjective d'une même tendance. Par défi à l'égard d'une recherche traditionnelle de la beauté des modèles, Bellows avait peint le portrait d'un jeune garçon aux yeux bigles[3]; mais le peintre Rouault à ses débuts faisait montre, en traitant le même sujet, de beaucoup plus d'originalité et de profondeur. Les peintres réalistes américains

3. *Cross-eyed Boy*, 1906. Huile. Collection privée.

préféraient les coloris vifs et foncés aux nuances délicatement atténuées; mais la palette de Matisse pouvait leur offrir des tonalités d'une audace inconnue jusqu'alors, avec des juxtapositions surprenantes de teintes neutres et de couleurs violentes[4]. Ils adoraient le spectacle d'une grande cité, avec les encombrements de la circulation et l'essor vertigineux des gratte-ciel; mais Delaunay, dans sa toile *La Tour Eiffel*[5], donnait à ces caractéristiques une expression plus frappante que celle que l'on éprouvait à la vue du tableau de l'Américain John Marin, représentant le Woolworth Building[6]. Ils reconnaissaient la valeur spécifique du mouvement, en tant qu'expression de la vie s'opposant, en un sens métaphysique, à la statique de la peinture traditionnelle; mais le *Nu descendant un escalier* de Duchamp représentait d'une façon provocante le principe même du dynamisme — rappelant la philosophie de Bergson ou la morale nietzschéenne d'un perpétuel dépassement.

Les artistes les plus représentatifs du modernisme européen accordaient aux qualités de la peinture une attention beaucoup plus sérieuse que les peintres américains; ils procédaient à des recherches plus approfondies de toutes les ressources que pouvait leur offrir leur moyen d'expression; et ils faisaient plus largement appel à leurs facultés imaginatives dans l'interprétation du sujet représenté.

Les paysagistes américains, à la suite des peintres impressionnistes français des années 1870 et 1880, avaient appris au public des États-Unis à goûter un art moins formaliste, sachant exprimer le charme et la poésie des aspects les plus familiers des paysages autochtones, par une manière de peindre particulière, en petites taches de couleur aux formes imprécises, mais exprimant, par la texture même du tableau, une atmosphère de lumineuse harmonie — méthode étrangère à la raideur académique.

---

4. *Les Capucines à « La danse »*, deuxième version, 1912. Huile sur toile. Worcester Art Museum, Worcester, Massachusetts. The Dial Collection, 31.750. — *L'Atelier rouge; Le Panneau rouge*, 1911. Huile sur toile. The Museum of Modern Art, New York. Mrs. Simon Guggenheim Fund.

5. Huile sur toile, 1910. Kunstmuseum, Bâle. Emmanuel Hoffmann Stiftung.

6. *Woolworth Building in Construction*, 1912. Aquarelle. Marlborough Gallery, Inc., New York.

Ceux que ce style de peinture avait séduits étaient prêts à goûter l'art d'un Cézanne, d'un Bonnard, d'un Vlaminck, d'un Marquet, où ils découvraient l'utilisation de méthodes similaires pour renforcer le lyrisme et la force de la construction. Ceux qui avaient saisi la qualité de l'art de Ryder — un des plus grands peintres américains de notre temps, poète solitaire qui voyait la nature sous des formes larges, pleines de jeux mystérieux d'ombres et de lumières[7] — découvraient avec enchantement la peinture du Français Odilon Redon, et pouvaient goûter les œuvres d'artistes étrangers qui estompaient les détails pour mieux faire ressortir les masses et les silhouettes. Une partie du public américain était également attachée à une tradition d'idéalisme contemplatif à tendances religieuses et morales dont certains retrouvaient de frappants échos dans la spiritualité d'un Lehmbruck ou d'un Brancusi.

Les valeurs existantes du domaine artistique ou de la vie américaine offraient ainsi un terrain favorable à cet art étranger. Il faut dire néanmoins que ceux qui l'accueillaient avec faveur étaient un très petit nombre. La vue d'excellentes peintures ou sculptures représentait une expérience exceptionnelle très rarement offerte à un large public. Les villageois et les habitants des petites villes, et les groupes installés récemment dans les grandes cités dans des conditions d'existence précaires, n'avaient bénéficié d'aucune éducation artistique et souvent ignoraient même les arts populaires traditionnels. De nos jours encore, près de quarante ans après cette exposition de l'*Armory Show*, alors que l'art moderne s'est largement répandu, il existe d'énormes différences entre le goût éclairé d'un amateur d'art, attentif aux réalisations d'avant-garde, et celui d'un homme de la classe moyenne de bonne éducation. Celui-ci ne s'intéresse guère à l'activité des peintres et des sculpteurs, et il observe avec la plus grande méfiance tout ce qui, en matière d'art, lui paraît dépasser les limites de son horizon. Il a beau s'être familiarisé avec les innovations dans l'exercice de sa pro-

7. Ryder, *Moonlight—Marine*. Huile sur panneau de bois. The Metropolitan Museum of Art, New York. Samuel D. Lee Fund, 1934.

fession, voire apprécier l'originalité, son goût, en matière d'art, se satisfait aisément d'une facilité conventionnelle — ou pis encore. Il peut fort bien se trouver à l'aise dans un univers peuplé de machines et être féru de précision et de calculs, sans pour autant trouver admirable une toile de Léger ou de Mondrian. Il se sent profondément mal à l'aise devant ces œuvres d'un art moderne qui lui offrent, sous un aspect particulièrement sérieux et émouvant, des exemples d'une liberté intérieure qui lui paraîtrait désirable et d'un défoulement expressif auquel il n'ose s'abandonner, ou auquel il n'est pas spirituellement préparé. Il n'a pas l'habitude de goûter le style des choses — qualité qui donne à l'œuvre d'art sa perfection ou sa plus ou moins grande force d'envoûtement. Les Européens éprouvent également ces réactions de malaise, ou d'indifférence, en face de l'art moderne — mais n'est-il pas plus surprenant de les observer en Amérique, pays où l'individualisme et le goût de la liberté passent pour être des caractéristiques spécifiques de ses nationaux ? En dehors des limites d'un milieu qui, par profession, s'intéresse à l'art, un très petit nombre d'hommes apprécient les œuvres novatrices de leurs contemporains, dont ils admirent les facultés d'imagination et l'indépendance d'esprit. Et, dans la riche Amérique, bien peu nombreux sont les mécènes fortunés qui désirent apporter leur soutien à un art nouveau. Les grandes collections de peinture moderne antérieure à l'*Armory Show* ne doivent pas faire illusion ; ce sont de nos jours des valeurs sûres et reconnues ; elles représentent le passé de notre modernisme et offrent à nos yeux l'image d'un monde différent, plus détendu et moins menaçant que le nôtre. Les engouements de la mode et du snobisme et les perspectives de placements fructueux ont souvent joué leur rôle dans le choix des collectionneurs de ces œuvres plus anciennes. Parmi les acheteurs de ces œuvres, très rares sont ceux qui prennent le risque de suivre leur goût personnel ou qui font preuve de quelque curiosité à l'égard des réalisations d'un art plus récent. Il y a toujours, certes, les adeptes d'un goût d'un conservatisme raffiné, qui choisissent des objets anciens pour leur pur agrément et ignorent tous les problèmes de l'art vivant. Et c'est plus particulièrement une jeunesse intellectuelle, dynamique et libre de ses choix, qui se sent attirée par les incertitudes, les surprises et les joies que peut procurer un art contemporain.

Parmi la foule des visiteurs qui se pressaient aux portes de l'*Armory Show*, plus nombreux étaient sans doute ceux qu'attiraient moins les œuvres d'art que la rumeur de scandale qu'elles suscitaient parmi l'élite culturelle. L'art, c'était jusqu'alors des objets précieux, d'une valeur reconnue et d'un prix élevé — d'une noble et fragile beauté. Et soudain l'*Armory Show* offrait à la vue de tous des centaines de toiles et de sculptures, avec des personnages bizarrement déformés, une peinture crûment agressive, avec des couleurs tapageuses et des contours enfantins — une sorte de maison de fous ou de souterrain de l'imaginaire. La nudité — généralement interdite au public, sauf sous une forme raffinée, digne de la contemplation esthétique — occupait la place d'honneur, sous l'aspect déconcertant du tableau de Duchamp *Nu descendant un escalier* — qu'un observateur jovial qualifiait alors d'« explosion dans une fabrique de jalousies ». Le même peintre exposerait plus tard une photographie de la *Joconde*, affublée d'une moustache, et présenterait à la Société des Artistes Indépendants, fondée peu après l'*Armory Show*, un urinoir en guise de sculpture. Dans les réactions du public à ces gestes ironiques de Duchamp, on décelait déjà une sorte de dadaïsme larvé, une attaque contre le culte d'un art pompier et plein de prétention. Les caricatures de l'*Armory Show*, les couplets satiriques et les parodies en vers prenaient des accents euphoriques, comme pour exprimer une joie impatiente de participer à la folie de ce carnaval artistique où la Muse aux atours aristocratiques avait été découronnée. Les explosions de colère des membres de l'Academy et des arbitres du goût qui se sentaient bafoués réjouissaient le public. La presse, tout en brocardant cet art nouveau, misait sur le plaisir que procuraient au public l'exagération et les outrances verbales. Les croquis de ses caricaturistes, ridiculisant l'exposition par des charges grotesques, faisaient preuve de plus d'imagination et offraient plus d'intérêt que leurs pochades habituelles.

Quelques années plus tard, ce même public, peu attentif à l'art, considérait certaines de ces formes bizarres comme la marque d'un style à la fois comique et décoratif. Diffusées par l'intermédiaire de l'industrie et du commerce elles sont devenues familières aux regards de tous. Agréées en premier lieu dans les usines, les aéroports, les bureaux et dans les vitrines d'exposition des magasins, elles ont fini par pénétrer dans les foyers ordinaires, mais pièce à pièce, sans s'intégrer dans un décor homogène. Les modélistes de l'automobile, de l'ameublement, des emballages, de l'outillage, de la confection, se sont inspirés plus ou moins directement des formes abstraites de la peinture et de la sculpture. Les caricaturistes, les spécialistes de la bande dessinée et des posters humoristiques, ont emprunté aux mouvements expressionnistes et surréalistes maints spécimens typiques. Plus que tous les autres arts, l'architecture a été touchée par l'impact de ce mouvement moderniste. Partout où les structures de l'environnement urbain ont été remodelées, elles empruntent à l'art moderne leur aspect de frappante nouveauté. Apparemment cet art moderne a été en fin de compte domestiqué, et ses formes universellement acceptées font l'objet d'une diffusion et d'une production de masse. Leur langage, sorte de *pidgin* moderne avec ses banalités et ses clichés, n'a pas en général les caractéristiques de style d'une forte personnalité, maîtresse en son art, ni la sûreté d'une équipe de bons artisans œuvrant de concert. Ces formes conservent largement des particularités qui ont marqué certains courants de l'art moderne — notamment une construction abstraite, inspirée de la technologie moderne où la personnalité doit s'effacer au maximum; mais elles manquent de la vigueur ou de la finesse caractéristiques des œuvres individuelles et n'ont que peu d'influence sur la façon de vivre de ceux qui acceptent ce modernisme de la masse. Ce goût populaire traduit rarement une conviction, et il ne saurait éveiller l'esprit critique à apprécier les formes originales d'un art contemporain. Une nouvelle norme conventionnelle était ainsi créée, d'autant plus promptement acceptée que l'on se montrait moins exigeant sur sa teneur. Ce n'est cependant que la menue monnaie du modernisme que l'on voit circuler un peu partout dans ces répliques à bon marché.

Il faut dire toutefois que ces nouvelles formes décoratives

n'ont pas réellement pris la place qu'occupaient les anciennes. En dépit de ses progrès et de l'intérêt que lui porte un plus large public, l'art moderne n'a pu s'imposer aux États-Unis comme le style caractéristique d'une époque, avec la même plénitude ou la même évidente exigence qui ont marqué le style de l'art gothique ou celui de la Renaissance. Les produits de fabrique revêtent des formes aussi bien traditionnelles que « modernes » : ce style moderne n'est qu'un style parmi d'autres offerts au choix de la clientèle. En tant que symboles représentatifs de la position sociale et de tout un acquis culturel, les styles anciens conservent encore un puissant attrait. L'architectonique des bâtiments officiels emprunte le plus souvent ses formes à des stylistiques anciennes, et l'ameublement des résidences américaines n'est que très exceptionnellement conçu dans un style d'époque homogène.

Un public, acquéreur d'objets modernes, aux formes abstraites, et produits en série, témoigne encore une préférence marquée pour une peinture banale, sentimentale, d'une fidélité photographique, et se préoccupe assez peu de la qualité artistique. De ceux qui ont quelque conscience de l'art moderne, la plupart sont encore fortement attirés par une imagerie stylisée, dont le dessin accuse légèrement les contours. Après l'*Armory Show* et au cours des décennies qui suivirent, les écoles d'art académique poursuivirent leur carrière, sans apporter de changements notables à leurs méthodes d'enseignement ; elles répondaient aux exigences d'un public qui accueillait avec faveur les œuvres d'habiles illustrateurs impénitents qui offraient des versions avilies des styles de la fin du XIXᵉ siècle.

Nombreux encore sont ceux qui voient dans l'art moderne le produit d'un goût étranger, trop intellectuel et opposé à l'esprit pratique et au franc-parler des Américains. Aux États-Unis, cet art n'en a pas moins contribué à réduire le vieil antagonisme de la culture populaire et de la culture de l'élite.

Très consciemment, le goût le plus avancé, dans les années 1900, était d'un caractère aristocratique, hostile aux coutumes typiquement américaines, attaché à l'esthétisme comme à un mode de vie d'une supérieure excellence. Ses plus notables représentants, Whistler et Sargent, avaient choisi de vivre hors des frontières des États-Unis. Ces deux peintres n'étaient pas à l'avant-garde de l'art de leur époque; mais leur souci de réaliser des toiles d'une perfection technique et d'un style raffinés faisait qu'ils se sentaient plus proches des artistes européens que des peintres d'Amérique. Ils ne possédaient néanmoins ni la frappante originalité, ni la vigueur expressive des grands novateurs européens, ni leur solide appétit de la vie. Cette dernière caractéristique était devenue manifeste, peu avant le début de l'*Armory Show*, chez les meilleurs représentants de la peinture et de la littérature américaines; mais apparemment ces hommes n'étaient pas des artistes exigeants. Les réalistes américains de cette période, pleins de talent et de vitalité, ne montraient que peu d'imagination et peignaient souvent dans un style assez fruste. L'*Armory Show* faisait découvrir aux Américains une étape nouvelle de la tradition picturale européenne, dans laquelle une expression directe de caractéristiques autochtones s'accompagnait de la très vive et très élitiste préoccupation d'approfondir tous les problèmes artistiques. Après cette année 1913, des peintres inventifs et scrupuleux dans leur art, et en même temps opiniâtres, apparaîtront plus fréquemment en Amérique. Cette particularité est plus manifeste encore en littérature où, aux deux personnalités de Henry James et de Mark Twain, succéda le couple différent et très fortement typé de Hemingway et d'Ezra Pound.

Parmi les peintres, cet autre type de personnalité correspondait au mode de vie des artistes. Au cours du XIXe siècle, et plus particulièrement en Europe, ce mode de vie était devenu très différent de celui des hommes d'affaires, des artisans et des membres des professions libérales. À moins qu'ils ne fussent membres d'une académie, jouissant ainsi d'une position sociale privilégiée, les artistes vivaient dans un monde à part, luttant fréquemment contre la misère, dans l'incertitude de l'avenir, soutenus par leur dévotion à un idéal qui faisait l'admiration du public quand il s'agissait de grands noms du passé, consacrés par la renommée, mais dont la pratique n'était nullement recommandée aux jeunes gens de la bourgeoisie. Par leur comportement, leur façon de se loger, de se vêtir, de paraître dans la société, ils se distinguaient des attitudes conventionnelles de leur milieu d'origine. Ils passaient pour désordonnés et irresponsables, ce qui ne manquait pas de jeter le doute sur leur moralité. Mais leur liberté de comportement devenait en fin de compte une sorte de modèle pour ceux qui avaient la possibilité de l'imiter. Nombreux étaient ceux qui estimaient que ces ateliers pauvrement meublés aux grandes ouvertures, ce refus de tout formalisme, cette sensibilité toujours en éveil dans les rapports humains et devant les œuvres d'art, représentaient un mode d'existence d'une qualité supérieure. Les artistes furent les premiers à briser le carcan des anciennes coutumes sociales, la lourdeur collet monté de l'époque victorienne. Ils précédaient en éclaireurs une recherche de franche simplicité qui, avec le développement des agglomérations urbaines et la plus grande mobilité sociale et individuelle, devait peu à peu se généraliser au cours des décennies suivantes. Il est aisé de voir que les caractéristiques de l'art nouveau, beaucoup mieux que celles de l'art du passé, étaient compatibles avec la situation et le mode de vie des artistes. En Amérique, l'importation de l'art nouveau allait de pair avec le prestige de Greenwich Village, centre de la vie bohème des artistes. Il n'était nullement nécessaire qu'un peintre cubiste fût un extrémiste, qu'il affichât une tenue débraillée et une amoralité libertine, mais importait avant tout une atmosphère de liberté d'esprit et de réjouissante gaieté, qui paraissait inséparable de ce mode de vie des artistes.

L'*Armory Show*, qui eut lieu peu de temps avant le début de la Première Guerre mondiale, marqua la fin d'une époque. Elle survenait à un moment où la recherche d'une société idéale tenait une très grande place en Amérique. Même si, pour l'essentiel, cet état d'esprit survécut à la guerre, l'univers intellectuel se modifia sensiblement : tournés vers des préoccupations plus personnelles, les esprits se montrèrent aussi plus ouverts à la psychologie. Dans les années qui précédèrent les événements historiques de 1914, l'état d'esprit que l'on peut qualifier d'idéalisme individualiste était plus sensible aux institutions et à la société dans son ensemble et plus confiant dans sa capacité de les mettre au service de l'homme. Une opinion publique démocratique, confrontée à la puissance de grandes sociétés, issues du foisonnement de petites entités économiques du xixe siècle et qui menaçaient désormais l'exercice d'anciennes libertés, avait tendance à se radicaliser et à militer plus activement. Après la Première Guerre mondiale, cet activisme social allait s'atténuer, cependant que s'accroissait d'une façon décisive la liberté, ou tout au moins la mobilité, dans la vie personnelle, comme dans la culture ou les distractions. Parallèlement, les artistes progressistes, par réaction contre le déclin de la confiance placée dans le progressisme ou la société dans son ensemble, affirmaient avec une vigueur accrue la valeur des idéaux de l'individualisme et de la qualité esthétique. (Dès la fin du xixe siècle, cette attitude était déjà prépondérante parmi les milieux artistiques d'une avant-garde européenne — par suite, peut-on penser, d'une aggravation des antagonismes sociaux dans les divers pays d'Europe.) Alors que l'art nouveau représente une sorte d'accomplissement du rêve américain de la liberté, il en est, sous certains aspects, la négation. En invitant les individus à se préoccuper d'eux-mêmes avant toute chose, il les isole d'une participation active à la vie des groupes et approfondit les discordances entre la culture et le monde du travail et un idéal de progrès social. Cette discordance n'est cependant pas inéluctable, car, à des périodes où cet art se trouvait en plein essor, on a pu le voir célébrer, en formes géométriques, la beauté des machines et les normes de la science et de l'industrie, en tant que promesse d'une harmonie future et du bien-être de l'humanité. Mais cette célébration, de nature presque enfantine, sans contrepartie critique, sans prise de conscience en profondeur, détache la forme technique de son contexte de souffrance et de sujétion et abandonne la spontanéité personnelle, au profit d'une force extérieure impersonnelle qui peut paraître inhumaine.

Mais si cet art nouveau témoigne, en un certain sens, d'un recul par rapport à une conception de la culture à la fois plus positive et plus critique, on remarquera qu'avant l'ouverture de l'*Armory Show* un courant artistique se développait aux États-Unis, qui s'attachait à exprimer l'intimité et le caractère subjectif de la sensation; mais ce courant accusait un retard d'une bonne trentaine d'années sur son homologue français. Les impressionnistes américains, de même que les Européens qui les avaient précédés, s'attachaient surtout à peindre des fragments de paysages de plus en plus réduits, dont ils avaient tout particulièrement goûté certaines nuances de coloris, de lumière et d'atmosphère. Les toiles des principaux membres du « groupe des huit » — qualifié souvent de « populaire », et portant la marque d'un dynamisme typiquement américain, par contraste avec les tendances d'un courant postérieur marqué par l'esthétisme influencé par une peinture étrangère — représentaient des scènes de la vie ou des quais, comme un spectacle croqué sur le vif, sans autre signification que celle du mouvement et de l'agitation des personnages. Ces peintres avaient une prédilection marquée pour les carrousels, le cirque, le théâtre, les sports de combat, les parcs et les plages encombrés par la foule; dans les portraits, ils recherchaient avant tout l'élément pittoresque et le caractère exotique — l'étranger, le Gitan, l'acteur, le gavroche des faubourgs — de modèles qui, par la singularité de la silhouette et de l'accoutrement, témoignaient de leur liberté par rapport aux attitudes conventionnelles et beaucoup moins excentriques de l'Américain moyen. Il ne s'agissait plus d'une recherche de réalisme, ou d'une représentation magnifiée des caractéristiques de la vie américaine, mais de goûter et de faire partager l'impression de la force vitale et le plaisir du mouvement.

La recrudescence d'une agitation politique de gauche au cours de la grande dépression des années 1930 s'accompagna d'une critique de l'art moderne, considéré comme trop renfermé sur lui-même et incapable d'exprimer des valeurs et des réalités sociales plus profondes. De nombreux artistes espéraient alors pouvoir découvrir un lien quelconque entre leur modernisme esthétique et leurs affinités politiques personnelles; mais les faiblesses d'un radicalisme de gauche, les désillusions de l'engouement pour le communisme, les conséquences de la guerre, les reconversions à de nouveaux emplois et l'extension du rôle de l'État dans la société au cours des années 1940 eurent pour effet de diminuer l'attrait et la portée de cette recherche critique. Les artistes d'aujourd'hui, qui éprouvent le désir de peindre des tableaux au contenu profondément humain, destinés à un très large public, des œuvres dont la portée expressive serait comparable à celle de l'Antiquité ou du Moyen Âge, ne trouvent aucune condition qui soit susceptible de favoriser l'exercice ou la promotion de cette forme d'art; ils n'ont d'autre choix que de découvrir et de faire fructifier les domaines les plus riches de leur liberté intérieure — le monde intérieur de leurs sensations, de leurs sentiments et de leur imagination, ainsi que les moyens qui leur permettront de les exprimer.

Aujourd'hui, près de quarante années après cette exposition de l'*Armory Show*, l'art moderne se trouve à nouveau contesté et remis en question aux regards du public, bien qu'une cohorte beaucoup plus nombreuse de peintres et de sculpteurs en poursuive la pratique. De virulentes critiques reprennent les attaques qu'avait suscitées son apparition en 1913. On peut les entendre dans la bouche de représentants officiels de la culture, de membres du congrès ou du Président lui-même. Le directeur du Metropolitan Museum of Art a récemment condamné l'art moderne, en lui reprochant de n'offrir « aucun sens » et d'être « pornographique » — le signe de la civilisation décadente de l'époque. Ces critiques sont fréquemment amalgamées, sans scrupules, aux attaques contre le communisme, contre l'athéisme, et contre la culture étrangère. Elles ont trouvé un parallèle en Europe, parmi des régimes totalitaires qui se sont efforcés de détruire l'art moderne, qu'ils accusent de fournir un exemple insupportable de liberté personnelle et d'indifférence au rôle des institutions d'État. Les nazis supprimèrent toutes les manifestations de cet art qu'ils qualifiaient de « bolchevisme culturel »; le gouvernement soviétique et ses partisans dans les pays occidentaux le dénoncent comme un exemple détestable de « cosmopolitisme » ou de « décadence bourgeoise »; les porte-parole du catholicisme le rejettent en tant qu'expression manifeste d'un athéisme individualiste. Mais on n'a vu paraître aucune alternative sérieuse susceptible de le remplacer. Ceux qui appellent de leurs vœux le renouveau d'un art traditionnel et réconfortant, ou d'un art qui soit au service de l'État, n'ont guère trouvé de motifs de satisfaction dans les œuvres d'une peinture ou d'une sculpture contemporaines, sinon de pâles survivances de l'académisme du siècle dernier, ou des imitations hybrides d'un style moderne datant de plus de cinquante ans —

travaux de peintres conformistes autant que médiocres, qui ne sont guère susceptibles de susciter l'enthousiasme, fût-ce parmi les adversaires du modernisme.

BIBLIOGRAPHIE.

Le catalogue de l'*Armory Show*, qui compte 1 100 œuvres de plus de 300 exposants, est incomplet. Bien des œuvres ajoutées en cours d'exposition n'ont pas été cataloguées ; des ensembles de dessins ou gravures de tel ou tel artiste sont mentionnés comme une seule œuvre. Selon l'estimation de M. Walter PACH, il faut compter en tout quelque 1 600 objets. (*Association of American Painters and Sculptors, Inc., New York. International Exhibition of Modern Art*, 17 février-15 mars 1913. On en a publié une deuxième édition avec un supplément pour l'exposition du Chicago Art Institute, 24 mars 1913 ; et on l'a réimprimée pour la manifestation de Boston, 28 avril-19 mai 1913.) Mlle Chloé HAMILTON s'est essayée à recataloguer toutes ces œuvres et à en refaire l'histoire dans une excellente étude, *The Armory Show: Its History and Signifiance*, 1950, thèse inédite d'Oberlin College. Le regretté Walt KUHN, qui fut l'un des organisateurs du *Show*, en a retracé l'histoire dans une brochure commémorative : *Twenty-Five Years After: The Story of the Armory Show*, New York, 1938 ; un autre des participants, M. Walter PACH, qui a dépensé beaucoup d'énergie à recommander et à emprunter des œuvres européennes pour l'exposition, en a parlé dans son *Queer Thing, Painting*, New York, 1938, chap. XVII. Autres témoignages : Jerome MELLQUIST, *The Emergence of American Art*, 1942, et Olivier W. LARKIN, *Life and Art in America*, 1949. Opinions contemporaines et appréciations critiques : la brochure de James GREGG, *For and Against*, 1913 ; le numéro de mars 1913 de *Arts and Decoration*, III, pp. 149-184 ; *The Nation*, vol. XCVI-XCVII, 1913, pp. 174, 240-243, 281, y compris le compte rendu de Frank JEWETT MATHER ; *Life*, vol. LXI, 1913, pp. 531, 572, 577, 675, 680, 688, 740, 827, 838 ; *Century Magazine*, vol. LXV, 1913-1914, pp. 825 *sq.* ; *Current Opinion*, vol. LIV, 1913, pp. 316 *sq.* On conserve au Museum of Modern Art de New York et à la New York Public Library des collections de coupures de journaux et revues.

Sur les idées qu'on se faisait de l'art moderne à l'époque de l'*Armory ow*, voir Willard HUNTINGTON WRIGHT, *Modern Painting*, New York, et, à un niveau inférieur, Arthur J. EDDY, *Cubists and Post-ionists*, Chicago, 1914 ; Roger FRY, préface au *Catalogue of the french Post-Impressionists Exhibition at the Grafton Galleries*, 912, réimprimée dans *Vision and Design*, Londres, 1929 ; Clive

BELL, *Art*, Londres, 1914; *Blast, Review of the Great English Vortex*, éd. par Wyndham LEWIS, n° 1, Londres, New York et Toronto, 20 juin 1914. Des écrits d'artistes européens, traduits en anglais, ont exercé une influence : Wassily KANDINSKY, *Concerning Spiritual Harmony*, Londres, 1913; Albert GLEIZES et Jean METZINGER, *Cubism*, Londres, 1913; Guillaume APOLLINAIRE, *The Cubist Painters*, New York, 1944. Le goût moderniste américain trouve un organe très important dans le périodique de photographie *Camera Work*, New York, 1902-1917, dont le principal inspirateur fut Alfred STIEGLITZ; sur sa personnalité et son œuvre, voir Waldo FRANK *et alii, America and Alfred Stieglitz: A Collective Portrait*. La grande collection de John Quinn, étroitement associée à l'histoire du *Show*, a été cataloguée : *John Quinn, 1870-1925, Collection of Paintings, Water Colors, Drawings and Sculpture*, Huntington, New York, 1926. [À l'occasion de l'exposition organisée pour le cinquantième anniversaire de l'*Armory Show* au Munson-Williams-Proctor Institute d'Utica, New York, et au même Armory à New York, Milton W. BROWN a publié *The Story of the Armory Show*, The Joseph H. Hirshhorn Foundation, 1963. En plus de nombreux documents sur le *Show*, précédemment inédits, le professeur BROWN a réimprimé le catalogue original avec des révisions et annotations.]

TABLE DES ILLUSTRATIONS

Aubin Imprimeur
LIGUGÉ, POITIERS

Reproduit et achevé d'imprimer en janvier 1990
Nº d'édition 48501 / Nº d'impression L 33897
Dépôt légal, janvier 1990
Imprimé en France

ISBN 2.07.071819.0